★思想政治理论课教学文库★

丛书主编◎王炳林 副主编◎熊晓琳

毛泽东思想和中国特色社会主义理论体系概论

教学用书

主 编◎王炳林 周良书

北京师范大学出版集团
BEIJING NORMAL UNIVERSITY PUBLISHING GROUP
北京师范大学出版社

图书在版编目（CIP）数据

毛泽东思想和中国特色社会主义理论体系概论教学用书/王炳林、周良书主编.—北京：北京师范大学出版社，2011.11（2019.1重印）
（思想政治理论课教学文库）
ISBN 978-7-303-13565-3

Ⅰ.①毛… Ⅱ.①王…②周… Ⅲ.①毛泽东思想－高等学校－教学参考资料②中国特色社会主义－社会主义建设模式－高等学校－教学参考资料 Ⅳ.①A84 ②D616

中国版本图书馆CIP数据核字(2011)第209906号

营销中心电话 010-58802181 58805532
北师大出版社高等教育分社网 http://gaojiao.bnup.com
电子信箱 gaojiao@bnupg.com

出版发行：北京师范大学出版社 www.bnup.com
北京新街口外大街19号
邮政编码：100875

印　　刷：北京溢漾印刷有限公司
经　　销：全国新华书店
开　　本：730mm×980mm 1/16
印　　张：26.5
字　　数：480千字
版　　次：2011年11月第1版
印　　次：2019年1月第7次印刷
定　　价：48.00元

策划编辑：祁传华　　责任编辑：祁传华
美术编辑：毛　佳　　装帧设计：百丰设计
责任校对：李　菡　　责任印制：马　洁

总　序

刘川生

高校思想政治理论课是对大学生进行马克思主义理论与思想品德教育的主渠道，在引导和帮助大学生确立马克思主义信仰，坚定中国特色社会主义的理想信念，树立正确的世界观、人生观、价值观方面发挥着非常重要的作用。

当前，高校思想政治理论课开设的“马克思主义基本原理概论”、“毛泽东思想和中国特色社会主义理论体系概论”、“思想道德修养与法律基础”和“中国近现代史纲要”四门必修课程，都取得了明显成效。2010 年 8 月，中共中央宣传部和教育部颁发了《关于高等学校研究生思想政治理论课课程设置调整的意见》，决定在硕士研究生中开设必修课“中国特色社会主义理论与实践研究”，并开设“自然辩证法概论”和“马克思主义与社会科学方法论”作为选修课；在博士研究生中开设“中国马克思主义与当代”，并开设“马克思主义经典著作选读”作为选修课。2011 年 1 月，教育部印发了《高等学校思想政治理论课建设标准(暂行)》。《标准》的贯彻实施，对于规范高校思想政治理论课的组织管理、教学管理、队伍管理和学科建设发挥了重要作用。

北京师范大学党委高度重视思想政治理论课建设，思想政治理论课的组织管理、队伍建设和学科建设不断得到改善和加强。从事思想政治理论课教学的教师，以饱满的政治热情和严谨的治学精神，充实教学内容，改进教学方法，取得良好的教学效果。学科建设也得到加强。马克思主义学院设有“马克思主义理论”一级学科，下设“马克思主义基本原理”、“马克思主义中国化”、“马克思主义发展史”、“思想政治教育”四个二级学科，并设立了相应的硕士点和博士点，立项和完成了多个国家和省部级课题，发表了大量的学术研究成果，为思想政治理论课建设提供了良好的学术支撑；

他们依托教学改革项目，加强课程建设，自实施新课改方案以来，马克思主义学院先后立项和完成了20多个教学改革项目，课程建设取得新的突破，目前本科生四门课全部被评为北京师范大学校级精品课，其中“毛泽东思想和中国特色社会主义理论体系概论”先后被评为北京市和国家级精品课。他们注重教学研究，搭建由教材体系向教学体系转化的桥梁，发表了若干教学研究论文，尤其是编写出版了全国第一套思想政治理论课系列教案，成为由教材体系向教学体系转化的标志性、示范性成果；他们认真研究现代化教学手段，充分利用多媒体设备和网络资源，建立起思想政治理论课教学网站，开辟了网络课堂；他们努力探索新的教学方法，将教师的讲解、课堂讨论和丰富多彩的视频资料有机结合起来，充分发挥实践教学的作用，深受学生欢迎。

北京师范大学的思想政治理论课教师，在长期从事思想政治理论课教学的实践中，爱岗敬业，教书育人，涌现出了一批优秀教师。自实施新的思政课方案以来，多名教师获得各种奖励，包括北京市劳动奖章、北京市三育人标兵、北京市师德标兵、北京市教学创新标兵、北京市师德先进个人等。“思想政治理论课改革与创新”获得北京市教育教学成果二等奖，“思想政治理论课教学团队”被评为北京师范大学优秀教学团队，还有多名教师被评为北京师范大学教学名师和北京师范大学最受本科生欢迎的十佳教师，多位教师在基本功大赛、多媒体课件比赛、精彩案例评选中获得各种奖励。

为了进一步提高思想政治理论课教学的实效性，北京师范大学马克思主义学院的教师，根据多年的教学经验和研究成果，又精心编写了这部思想政治理论课教学文库。可以看出，这部文库有以下几个特点：一是体系完整、覆盖面广。该文库包括本科、硕士、博士三个阶段6门思想政治理论课必修课的教学用书，通盘考虑了三个阶段学生的不同特点和课程设置的目的和要求，在内容安排上做了精心设计，力图体现“步步高”的意境。二是内容充实、设计新颖。教学文库包括名人名言、专题讲授、案例分析、疑难问题解答、实践教学设计等多项内容，提供丰富的教学资源，展示生动立体的教学环节。三是突出理论前沿、增强教学的针对性。该文库通过疑难问题解答模块，集中解答本学科领域具有挑战性和有深度的理论问题，体现出理论研究的深度和前瞻性，有针对性地回答了学生关注的疑难问题。四是重视教学方法研究、强化实践教学设计。该文库的《思想政治理论课教学方法创新研究》，是在全国高校思想政治理论课教学方法研讨会征文的基础上精选出来的，体现了思想政治理论课教学方法研究的最新成果，提供了多种教学方法，对教师的教学有直接的参考价值，同时，该文库还根据具体的教学内容，设置了实践教学设计环节，明确设计理念和思路，提出具体操作环节，具有较强的针对性和实践性。

我相信，这部教学文库的编写出版，对进一步提高思想政治理论课的教学水平和实效性将起到积极的推动作用。当然，由于是新的探索，文库中难免存在着一些不足和缺点，也希望同行专家提出宝贵意见和建议。我也衷心地希望北京师范大学的思想政治理论课教师在与各校同行的深入交流和学习中不断提高教学水平，努力使思想政治理论课成为大学生真心喜爱、终身受益的优秀课程。

（作者系北京师范大学党委书记）

2011 年 7 月

目　录

第一章　马克思主义中国化的历史进程和理论成果

名人名言

如果我们选择了最能为人类福利而劳动的职业，那么，重担就不能把我们压倒，因为这是为大家而献身；那时我们所感到的就不是可怜的、有限的、自私的乐趣，我们的幸福将属于千百万人，我们的事业将默默地、但是永恒发挥作用地存在下去，而面对我们的骨灰，高尚的人们将洒下热泪。

——马克思(《青年在选择职业时的考虑》，《马克思恩格斯全集》，中文2版，第40卷，7页，北京，人民出版社，1982)

一个民族要想登上科学的高峰，究竟是不能离开理论思维的。

——恩格斯(《自然辩证法》，《马克思恩格斯选集》，2版，第4卷，285页，北京，人民出版社，1995)

马克思主义非但没有衰竭，而且还十分年轻，几乎还处在童年时代：它才刚刚发展。因此，它仍然是我们时代的哲学：它是不可超越的，因为产生它的情势没有被超越。我们的思想不管怎样，都只能在这种土壤上形成。

——[法]萨特(《辩证理性批判》上卷，28页，合肥，安徽文艺出版社，1998)

客观现实世界的变化运动永远没有完结，人们在实践中对于真理的认识也就永远没有完结。马克思列宁主义并没有结束真理，而是在实践中不断地开辟认识真理的道路。

——毛泽东(《实践论》，《毛泽东选集》第1卷，296页，北京，人民出版社，1991)

专题讲授

专题一　马克思主义中国化

一、马克思主义中国化的提出

早在1919年，李大钊在最初传播马克思主义的时候就提出：一个社会主义者，“必须要研究怎样可以把他的理想尽量应用于环绕着他的实境”①。恽代英1920年也曾说过：“我们的任务，在寻求一个适合国情，而又合于共产主义的方针来。”②到1926年，蔡和森又指出：“马克思主义列宁主义在世界各国共产党是一致的，但当应用到各国去，应用到实际上去才行的。要在自己的争斗中把列宁主义形成自己的理论的武器，即以马克思主义列宁主义的精神来定出适合客观情形的策略和组织才行。”③1927年大革命的惨痛失败给了中国共产党人以严重的教训。1930年，毛泽东更是在《反对本本主义》中指出：“马克思主义的‘本本’是要学习的，但是必须同我国的实际相结合。我们需要‘本本’，但是一定要纠正脱离实际情况的本本主义。”④

上述中国共产党的早期领导人李大钊等人都曾提出过把马克思主义应用到中国的实践中去的思想，但在党的幼年时期，对这个问题还没有形成深刻的、完整的、统一的认识。中共中央领导真正认识到这个问题的重要性是在1935年遵义会议以后，而就全党来说，则是在延安整风以后。

1938年毛泽东在中共六届六中全会上所作的题为《论新阶段》的政治报告中最先提出“马克思主义中国化”这个命题。他在报告中指出：“共产党员是国际主义的马克思主义者，但马克思主义必须通过民族形式才能实现。没有抽象的马克思主义，只有具体的马克思主义。所谓具体的马克思主义，就是通过民族形式的马克思主义，就是把马克思主义应用到中国的具体环境的具体斗争中去，而不是抽象地应用它。成为伟大中华民族之一部分而

---

① 《李大钊文集》第3卷，3页，北京，人民出版社，1999。

② 《恽代英文集》上卷，258页，北京，人民出版社，1984。

③ 中央档案馆编：《中共党史报告选编》，24页，北京，中共中央党校出版社，1982。

④ 《毛泽东选集》第1卷，111～112页，北京，人民出版社，1991。

与这个民族血肉相联的共产党员，离开中国特点来谈马克思主义，只是抽象的空洞的马克思主义。因此，马克思主义的中国化，使之在其每一表现中带着中国的特性，即是说，按照中国的特点去应用它，成为全党亟待了解并亟须解决的问题。洋八股必须废止，空洞抽象的调头必须少唱，教条主义必须休息，而代替之以新鲜活泼的，为中国老百姓所喜闻乐见的中国作风与中国气派。"①

二、马克思主义中国化的科学内涵

第一，马克思主义中国化就是运用马克思主义解决中国革命、建设和改革的实际问题。旧中国是一个半殖民地半封建的东方大国，农民占人口的绝大多数，经济和文化都十分落后。在这样的条件下进行革命，必然会遇到许多特殊的复杂问题，靠套用马克思主义一般原理和照搬外国经验，不可能解决这些问题。同样地，在中国进行社会主义建设和改革，也不能把马克思主义当做教条，更无法照抄别人的经验。要真正运用马克思主义来指导中国革命、建设和改革，必须紧密结合中国国情和时代条件，寻找适合中国实际的道路，制定正确的方略。马克思主义中国化，就是为了解决中国的具体问题，把马克思主义应用到中国具体环境的具体实践中去，使马克思主义在中国具体化，从而用"具体的马克思主义"来指导中国的具体行动。

第二，马克思主义中国化就是把中国革命、建设和改革的实践经验和历史经验提升为理论。马克思主义中国化不是关起门来搞纯粹的理论工作，而是运用马克思主义的立场、观点和方法来解决中国的实际问题，它的基础是中国人民的实践。在解决中国实际问题的过程中，必然会产生许多具有独创性的实践经验，通过对这些经验的总结和提炼，就会创造出新的东西，从而丰富和发展马克思主义，也就是毛泽东强调的"使中国革命丰富的实际马克思主义化"。马克思主义中国化还包括要运用马克思主义的立场、观点和方法去总结中国的历史经验。中国是一个有着几千年文明历史的大国，积淀着丰富的历史经验，在马克思主义的指导下，把这些历史经验认真地加以概括和提炼，为马克思主义理论宝库增加新的内容。

第三，马克思主义中国化就是把马克思主义植根于中国的优秀文化之中。这也就是毛泽东强调的要使马克思主义"和民族的特点相结合，经过一定的民族形式"表现出来。马克思主义作为一种外来思想文化传入中国，要

---

① 《解放》，37页，1938年第57期。

使它能为中国人民广泛接受，并在实践中发挥指导作用，就必须寻找到一种为中国人民所能理解和接受的民族形式。

概括地说，马克思主义中国化就是用马克思主义来解决中国的问题，同时又使中国丰富的实践经验上升为理论，并且同中国的历史传统、中国的优秀文化相结合，不断赋予中国马克思主义以鲜明的实践特色、民族特色、时代特色。

三、马克思主义中国化的历史进程和重要意义

马克思主义中国化的历史进程。(1)以毛泽东为主要代表的中国共产党人，把马克思列宁主义的基本原理同中国革命的具体实践结合起来，创立了毛泽东思想，第一次实现了马克思主义中国化。

(2)中共十一届三中全会以来，以邓小平为主要代表的中国共产党人，在总结国内外社会主义建设的历史经验特别是改革开放以来的新鲜经验的基础上，初步回答了“什么是社会主义、怎样建设社会主义”这个首要的基本的理论问题，逐步形成了建设中国特色社会主义的路线、方针、政策，阐明了在中国建设社会主义、巩固和发展社会主义的基本问题，创立了邓小平理论，开辟了建设中国特色社会主义的正确道路，推进了马克思主义的中国化。

(3)中共十三届四中全会以来，以江泽民为主要代表的中国共产党人，根据国内外形势和党的历史方位的新变化，进一步回答了什么是社会主义、怎样建设社会主义和建设什么样的党、怎样建设党的问题，深化了对中国特色社会主义的认识，形成了“三个代表”重要思想，实现了党的指导思想的又一次与时俱进，进一步推进了马克思主义的中国化。

(4)党的十六大以来，以胡锦涛为总书记的党中央立足社会主义初级阶段基本国情，总结我国发展实践，借鉴国外发展经验，适应新的发展要求提出了科学发展观等重大战略思想，进一步回答了实现什么样的发展、怎样发展这一关系到中国未来前途和命运的重大问题，深化了党对共产党执政规律、社会主义建设规律、人类社会发展规律的认识，继续推进着马克思主义中国化的发展进程。

马克思主义中国化的重要意义。(1)马克思主义中国化的理论成果指引党和人民的伟大事业不断取得胜利。在毛泽东思想的指引下，中国共产党领导全国各族人民，经过长期的反对帝国主义、封建主义、官僚资本主义的革命斗争，取得了新民主主义革命的胜利，建立了中华人民共和国；新

中国成立以后，成功地进行了社会主义改造，完成了从新民主主义到社会主义的过渡，确立了社会主义基本制度，发展了社会主义的经济、政治和文化。在毛泽东思想、邓小平理论和“三个代表”重要思想的指引下，我国又不断推进了中国特色社会主义建设和改革的进程，国民经济持续快速健康发展，改革开放取得丰硕成果，社会主义民主政治和精神文明建设成效显著，祖国统一大业取得新进展，人民生活总体上达到小康水平。在新世纪新阶段，党领导全国各族人民全面落实科学发展观，正朝着实现富强民主文明和谐的社会主义现代化目标前进。实践证明，如果离开了马克思主义中国化理论成果的指引，我们的实践就会陷入盲目性，我们的事业就会遭受挫折和失败。

(2)马克思主义中国化的理论成果提供了凝聚党和全国各族人民的强大的精神支柱。一个民族，一个国家，如果没有自己的精神支柱，就等于没有灵魂，就会失去凝聚力和生命力。在当代中国，中国化的马克思主义是全党和全国各族人民的精神支柱。马克思主义中国化的各个理论成果，代表着中国最广大人民在不同历史时期的意志和愿望，是中华民族优秀文化和伟大智慧的结晶，是凝聚党心民心的强大精神力量，是一定历史条件下中华民族智慧的最高表现和理论上的最高概括。特别是在世界多极化和经济全球化的今天，我们面临着很多的困难和极大的挑战，更需要用中国化的马克思主义来统一思想，凝聚力量。

(3)马克思主义中国化倡导和体现了对待马克思主义的科学态度和优良学风，不断开拓着马克思主义在中国发展的新境界。马克思主义中国化进程中形成的理论成果，是马克思主义与中国不同时期实践相结合的产物，体现了坚持和发展辩证统一的马克思主义的科学态度和学风，既反对轻视甚至背离马克思主义的错误倾向，又反对教条式对待马克思主义和静止地孤立地研究马克思主义的错误倾向。它们为马克思主义的理论宝库增添了许多新的内容。它们的形成和发展，既反映了马克思主义基本理论在中国的传承，又体现了马克思主义是一个与时俱进的、不断发展的、开放的、动态的科学体系。它们不但以新的形态发展了马克思主义，而且展示了马克思主义所固有的强大生命力。

四、马克思主义中国化的最新成果

中共十七大报告指出：“高举中国特色社会主义伟大旗帜，最根本的就是要坚持中国特色社会主义道路和中国特色社会主义理论体系。”中国特色社会主义理论体系，就是包括邓小平理论、“三个代表”重要思想以及科学发展观等重大战略思想在内的科学理论体系。这个理论体系，坚持和发展了马克思列宁主义、毛泽东思想，凝结了几代中国共产党人带领人民不懈探索实践的智慧和心血，是马克思主义中国化的最新成果，是党最可宝贵的政治和精神财富，是全国各族人民团结奋斗的共同思想基础。

专题二　毛泽东思想

一、毛泽东思想的形成和发展

第一次国内革命战争时期，毛泽东以马克思列宁主义为指导，通过调查研究，深刻论证了中国社会各阶级在革命中的地位和作用。土地革命战争时期，以毛泽东为代表的中国共产党人成功地开辟了以井冈山为根据地的农村包围城市、武装夺取政权的道路。毛泽东同党内一度盛行的把马克思主义教条化、把共产国际决议和苏联经验神圣化的错误倾向进行了斗争，在理论上论证了中国革命的新道路，强调马克思主义必须同中国实际相结合。这标志着毛泽东思想开始形成。

遵义会议以后，直至抗日战争时期，毛泽东在理论上系统地总结了中国革命的经验，分析和批判了教条主义的错误，并及时吸取抗日战争的新经验，形成了比较系统的哲学思想、军事思想、统一战线思想和党的建设思想，特别是系统地阐述了中国新民主主义革命的基本理论、基本路线和基本纲领，精辟地论证了党在民主革命时期的政策和策略。这标志着毛泽东思想走向成熟。1945年党的七大，把毛泽东思想确立为党的指导思想。

解放战争时期和新中国成立以后，毛泽东进一步提出了人民民主专政理论、社会主义改造和建立社会主义制度的基本方略，提出了要把马克思列宁主义的基本原理同中国革命和建设的具体实际“第二次结合”，找出怎样在中国建设社会主义道路的任务，并且进行了艰辛的探索。这是毛泽东思想的继续和发展。

二、毛泽东思想的科学体系和主要内容

毛泽东思想的科学体系包含着丰富的内容，主要是：新民主主义革命理论，社会主义革命和社会主义建设理论，革命军队的建设和军事战略理论，政策和策略理论，思想政治工作和文化工作理论，党的建设理论。

除了上面讲的这几个方面外，毛泽东思想体系中还有关于国际战略和外交工作思想方法的理论，等等。毛泽东的哲学著作和其他许多包含着丰富哲学思想的著作，从总结中国革命和建设的经验教训中，深刻地论述和丰富了马克思主义的认识论和辩证法。这些都是建设中国特色社会主义的宝贵精神财富。

毛泽东思想的活的灵魂，是贯穿于上述各个理论的立场、观点和方法。它们有三个基本方面，即实事求是、群众路线、独立自主。实事求是，就是一切从实际出发，理论联系实际，不断地深化对中国国情的认识，找出适合中国情况的革命和建设道路，确定我们党领导人民改造中国、建设中国的战略策略，实现推动历史前进的目标。群众路线，就是把马克思列宁主义关于人民群众是历史创造者的原理，系统地运用在党的全部活动中，形成的党的根本工作路线，就是一切为了群众，一切依靠群众，从群众中来，到群众中去。独立自主，就是坚持独立思考，走自己的路，就是坚定不移地维护民族独立、捍卫国家主权，把立足点放在依靠自己力量的基础上，同时积极争取外援，开展国际经济文化交流，学习外国一切对我们有益的先进事物。

三、毛泽东思想的历史地位和指导意义

(1)毛泽东思想是马克思主义中国化的第一个理论形态，是马克思主义中国化第一次历史性飞跃的理论成果。

(2)毛泽东思想是中国革命和建设的科学指南，在毛泽东思想的指引下，我们党领导全国人民，找到了一条新民主主义革命的正确道路，找到了一条从新民主主义向社会主义过渡的道路，在此基础上又对适合中国国情的社会主义道路进行了艰苦探索，并取得了重要的理论成果。

(3)毛泽东思想是中国共产党和中国人民宝贵的精神财富，毛泽东思想包含的许多基本原理、原则和科学方法，具有普遍的意义，依然是中国人民不断奋进的强大精神动力，将长期指导我们的行动。

专题三　邓小平理论

一、邓小平理论的形成和发展

粉碎“四人帮”后，邓小平领导了拨乱反正。1978 年 12 月，他在中央工作会议上作了重要讲话，强调全党要解放思想，实事求是，团结一致向前

看。随后召开的党的十一届三中全会，重新确立了实事求是的思想路线，作出了把党和国家的工作重点转移到社会主义现代化建设上来和实行改革开放的战略决策，由此开创了我国历史发展的新时期。十一届三中全会结束后，党领导人民在各条战线上拨乱反正，有步骤地解决新中国成立以来遗留的很多历史问题；认真总结历史经验，科学地阐述了许多从实践中提出的有关建设中国特色社会主义的理论和政策。1982 年，在党的十二大上，邓小平正式提出了“建设有中国特色的社会主义”的命题。

中共十二大以后，伴随着我国改革开放和现代化建设实践的全面展开，邓小平紧紧围绕着“什么是社会主义、怎样建设社会主义”这一根本问题进行了深入的理论思考，提出了关于中国社会主义建设的许多重要的新论断。1987 年党的十三大第一次比较系统地论述了社会主义初级阶段的理论，制定了党在社会主义初级阶段的“一个中心、两个基本点”的基本路线，概括了邓小平在十一届三中全会以来对社会主义再认识的过程中，在哲学、政治经济学和科学社会主义等方面，发挥和发展的一系列科学理论观点。这些观点构成了邓小平“建设有中国特色的社会主义理论”的轮廓。

中共十三大以后，全党和全国人民经受住了国内政治风波和苏东剧变的严峻挑战，保证了中国特色社会主义沿着党的十一届三中全会确定的正确方向不断发展。1992 年初，邓小平在南方谈话中，从理论上深刻地回答了长期困扰和束缚人们思想的许多重大认识问题，把改革开放和现代化建设推向了新境界。同年 10 月，中共十四大对“建设有中国特色社会主义理论”的主要内容作了系统概括，指出这个理论第一次比较系统地初步回答了在中国这样的经济文化比较落后的国家如何建设社会主义、如何巩固和发展社会主义的一系列基本问题，用新的思想、观点继承和发展了马克思主义。

为了把建设中国特色社会主义事业全面推向 21 世纪，1997 年 9 月召开的中共十五大正式提出了“邓小平理论”这一科学概念，科学阐述了邓小平理论的历史地位和指导意义，郑重地把邓小平理论同马克思列宁主义、毛泽东思想一起，确定为党在一切工作中的指导思想并写入党章，1999 年又载入宪法。

二、邓小平理论的科学体系和主要内容

具体来说，邓小平理论的科学体系包括：

社会主义本质理论。“什么是社会主义、怎样建设社会主义”，是邓小平在领导改革开放和现代化建设中，不断提出和反复思考的首要的基本的理论问题。而搞清楚这个问题，关键是要在科学总结历史经验和坚持社会

主义基本制度的基础上进一步认清社会主义的本质。邓小平根据马克思主义的基本原理和社会主义的实践经验，对这个问题进行了不懈的探索。他指出："社会主义的本质，是解放生产力，发展生产力，消灭剥削，消除两极分化，最终达到共同富裕。"这一科学概括，反映了社会主义社会发展的基本规律，反映了人民的利益和时代的要求，把对社会主义的认识提高到了新的科学水平。

社会主义初级阶段理论。邓小平指出，我国还处在社会主义初级阶段，这是一个至少上百年的历史阶段，制定一切方针政策都必须以这个基本国情为依据，不能脱离实际，超越阶段。我国处在社会主义初级阶段，是邓小平和党对当代中国基本国情的科学判断。这个科学判断，使我们对社会主义建设的长期性、紧迫性、复杂性、艰巨性有了更加清醒的思想准备，也使我们深化了对社会主义建设任务的认识，使我们的方针政策建立在科学的基础之上。

社会主义改革开放理论。邓小平强调改革也是一场革命，也是解放和发展生产力，是中国现代化的必由之路，僵化停滞是没有出路的。对外开放是建设中国特色社会主义的一项基本国策，是改革和建设必不可少的，应该吸收和利用世界各国包括资本主义发达国家所创造的一切先进文明成果来发展社会主义，封闭只能导致落后。党的十一届三中全会以来制定了一系列新的方针政策，这些方针政策概括起来就是改革开放。改革开放是决定中国命运的重大决策，是新时期中国最鲜明的特点。

社会主义市场经济理论。邓小平提出，计划经济不等于社会主义，市场经济不等于资本主义，从根本上解除了把计划经济和市场经济看做属于社会基本制度范畴的思想束缚。在坚持公有制和按劳分配为主体、其他经济成分和分配方式为补充的基础上，把市场经济配置资源的长处和社会主义制度的优越性结合起来，建立和完善社会主义市场经济体制，为我们坚持和发展社会主义经济制度找到了一种新的实现形式，为促进我国的经济发展和社会进步注入了强大而持久的活力。

除了上面指出的几个方面外，邓小平理论体系中还包括社会主义现代化发展战略、社会主义民主政治建设、社会主义精神文明建设、统一战线、军队和国防建设、社会主义国家外交战略、祖国完全统一、党的建设等理论。

三、邓小平理论的历史地位和指导意义

1. 邓小平理论是对中国社会主义建设规律的科学认识。坚持解放思想、实事求是，在新的实践基础上继承前人又突破陈规，开拓了马克思主义的

新境界；它坚持科学社会主义理论和实践的基本成果，抓住“什么是社会主义、怎样建设社会主义”这个根本问题，深刻地揭示了社会主义的本质，把对社会主义的认识提高到新的科学水平；它坚持用马克思主义的宽广眼界观察世界，对当今时代特征和总体国际形势，对世界上其他社会主义国家的成败，发展中国家谋求发展的得失，发达国家发展的经验教训，进行正确分析，作出了新的科学判断。

2. 邓小平理论是改革开放和社会主义现代化建设的科学指南。中共十一届三中全会以来，邓小平理论指引我们进行拨乱反正和全面改革，逐步实现了从“以阶级斗争为纲”到以经济建设为中心、从封闭半封闭到改革开放、从计划经济到社会主义市场经济等一系列重大转变，使我国实现了政治稳定、经济发展、民族团结，社会生产力、综合国力和人民生活都上了一个大台阶，成功地走出了一条具有中国特色的社会主义新道路。

3. 邓小平理论是党和国家必须长期坚持的指导思想。今天我们推进中国特色社会主义的伟大事业，仍然要继续围绕什么是社会主义、怎样建设社会主义这个首要的基本的理论问题，紧紧抓住和深入领会实事求是的思想路线，不断推进思想的解放；紧紧抓住和深入领会关于社会主义本质的科学论断，贯彻执行“一个中心、两个基本点”的基本路线；紧紧抓住和深入领会社会主义初级阶段的理论，努力完成分“三步走”基本实现现代化的战略任务；紧紧抓住和深入领会“两手抓，两手都要硬”的基本方针，推动经济社会的全面发展；等等。这些根本性的指针，关系到中国特色社会主义的命运和前途，不能有任何的动摇。

专题四　“三个代表”重要思想

一、“三个代表”重要思想的形成和发展

“三个代表”重要思想是以江泽民为核心的党的第三代中央领导集体，在新的发展阶段集中全党智慧，殚精竭虑，长期深入思考的结果。

“三个代表”重要思想经历了一个很长的酝酿过程。江泽民指出：“我提出这个问题，是经过了长时期思考的。在实行改革开放和发展社会主义市场经济的条件下，‘建设一个什么样的党、怎样建设党’，是一个重大的现实问题，直接关系到我们党和国家的前途命运。党的十四届四中全会和十五大提出的党的建设的新的伟大工程，就是回答这个问题的。”可见，江泽

民关于“三个代表”重要思想的思考，始于党的建设中的一个重大而现实的问题：“建设一个什么样的党、怎样建设党。”

面对在实行改革开放和发展社会主义市场经济的条件下，“建设一个什么样的党、怎样建设党”这个关系到党和国家的前途命运的重大现实问题，十三届四中全会以来，以江泽民为核心的党的第三代中央领导集体，进行了艰苦的理论探索和实践创新。

经过长期思考，2000 年 2 月，江泽民在广东考察工作时，第一次提出“三个代表”的要求。他指出，只要我们党始终代表中国先进生产力的发展要求，代表中国先进文化的前进方向，代表中国最广大人民的根本利益，我们党就能永远立于不败之地，永远得到全国各族人民的衷心拥护并带领人民不断前进。在同年 5 月的一次讲话中，他又指出：“始终做到‘三个代表’，是我们党的立党之本、执政之基、力量之源。”2001 年 7 月，江泽民在纪念建党 80 周年大会上的讲话，全面阐述了“三个代表”的科学内涵和基本内容，正确回答了在新的历史条件下“建设一个什么样的党、怎样建设党”这一重大问题，提出了按照“三个代表”要求加强和改进党的建设、始终保持党的先进性和纯洁性的任务。

2002 年 11 月，江泽民在中共十六大报告中进一步阐述了“三个代表”重要思想的时代背景、历史地位、精神实质和指导意义，阐明了贯彻“三个代表”重要思想的根本要求，提出要把“三个代表”重要思想贯彻到社会主义现代化建设的各个领域，体现在党的建设的各个方面。他强调指出，贯彻“三个代表”重要思想，关键在坚持与时俱进，核心在坚持党的先进性，本质在坚持执政为民。党的十六大把“三个代表”重要思想同马克思列宁主义、毛泽东思想、邓小平理论一道，确立为党必须长期坚持的指导思想并写进了党章，2004 年又写进了宪法。

二、“三个代表”重要思想的科学体系和主要内容

1.“三个代表”重要思想的科学内涵

“中国共产党必须始终代表中国先进生产力的发展要求，代表中国先进文化的前进方向，代表中国最广大人民的根本利益。”这是对“三个代表”重要思想的集中概括。

始终代表中国先进生产力的发展要求，就是党的理论、路线、纲领、方针、政策和各项工作，必须努力符合生产力发展的规律，体现不断推动社会生产力的解放和发展的要求，尤其要体现推动先进生产力发展的要求，

通过发展生产力不断提高人民群众的生活水平。

始终代表中国先进文化的前进方向，就是党的理论、路线、纲领、方针、政策和各项工作，必须努力体现面向现代化、面向世界、面向未来的，民族的科学的大众的社会主义文化的发展要求，促进全民族思想道德素质和科学文化素质的不断提高，为我国经济发展和社会进步提供精神动力和智力支持。

始终代表中国最广大人民的根本利益，就是党的理论、路线、纲领、方针、政策和各项工作，必须坚持把人民的根本利益作为出发点和归宿，充分发挥人民群众的积极性、主动性、创造性，在社会不断发展进步的基础上，使人民群众不断获得切实的经济、政治、文化利益。

“三个代表”是统一的整体，相互联系，相互促进。发展先进生产力，是发展先进文化的基础，是实现最广大人民根本利益的前提；发展先进文化，是发展先进生产力和实现最广大人民根本利益的重要思想保证；发展先进生产力和先进文化，归根到底都是为了实现最广大人民的根本利益，而人民群众则是创造先进生产力和先进文化的主体，也是实现自身利益的根本力量。

2.“三个代表”重要思想的主要内容

“三个代表”重要思想围绕建设中国特色社会主义这个主题，创造性地运用马克思列宁主义、毛泽东思想、邓小平理论，紧密结合新的实践，提出了一系列新思想、新观点、新论断：关于建立社会主义市场经济体制的思想；关于公有制为主体、多种所有制经济共同发展是我国社会主义初级阶段的基本经济制度的思想；关于按劳分配为主体、多种分配方式并存的思想；关于实行全方位对外开放战略的思想，关于社会主义物质文明、政治文明和精神文明协调发展的思想；关于发展是党执政兴国的第一要务的思想；关于正确处理改革发展稳定关系的思想；关于建设社会主义法治国家的思想；关于依法治国和以德治国相结合的思想；关于走中国特色的精兵之路的思想；关于巩固党的阶级基础和扩大党的群众基础的思想；等等。这些思想、观点和论断构成了“三个代表”重要思想的主要内容。

三、“三个代表”重要思想的历史地位和指导意义

1.“三个代表”重要思想是指导思想的又一次与时俱进，表明党对共产党的执政规律、社会主义建设规律和人类社会发展规律的认识，达到了新的理论高度。

2."三个代表"重要思想是全面建设小康社会的根本指针，为我们正确认识和处理党所处的历史方位和肩负的历史使命等重大课题提供了科学理论和科学方法。

3."三个代表"重要思想是加强和改进党的建设、推进我国社会主义自我完善和发展的强大理论武器。

专题五　科学发展观

一、科学发展观的形成

发展是一个历史过程，中国共产党对发展问题的认识，是随着发展实践的推进而逐步深化的，所以，科学发展观的提出也经历了一个在实践中逐步丰富和发展的过程。

2003年10月，党的十六届三中全会通过的《中共中央关于完善社会主义市场经济体制若干问题的决定》指出："坚持以人为本，树立全面、协调、可持续的发展观，促进经济社会和人的全面发展。"这是党的文件中第一次提出科学发展观。2004年9月，党的十六届四中全会通过的《中共中央关于加强党的执政能力建设的决定》，把树立和落实科学发展观作为提高党的执政能力的重要内容。2005年10月，党的十六届五中全会通过的《中共中央关于制定国民经济和社会发展第十一个五年规划的建议》强调，要坚定不移地以科学发展观统领经济社会发展全局，坚持以人为本，转变发展观念、创新发展模式、提高发展质量，把经济社会发展切实转入全面协调可持续发展的轨道。2006年3月，全国人大十届四次会议通过的《中华人民共和国国民经济和社会发展第十一个五年规划纲要》中指出，"十一五"时期促进国民经济持续快速协调健康发展和社会全面进步，关键是要牢固树立和全面落实科学发展观。

2007年10月，胡锦涛在中共十七大报告中进一步深刻阐述了科学发展观的时代背景、科学内涵、精神实质和根本要求。他强调，在新的发展阶段继续全面建设小康社会、发展中国特色社会主义，必须深入贯彻落实科学发展观，增强贯彻落实科学发展观的自觉性和坚定性，把科学发展观贯彻落实到经济社会发展的各个方面。中共十七大把科学发展观写入了党章。

二、科学发展观的主要内容

科学发展观的第一要义是发展。在社会主义国家，一个真正的马克思主义政党在执政以后，根本任务就是发展社会生产力，发展是硬道理。只有紧紧抓住和不断推动发展，才能从根本上把握人民的愿望，把握社会主义现代化建设的本质，把握我们党执政兴国的关键。

科学发展观的核心是以人为本。以人为本，就是以最广大人民的根本利益为本。坚持以人为本，就要始终把实现好、维护好、发展好最广大人民的根本利益作为党和国家一切工作的出发点和落脚点，尊重人民主体地位，发挥人民首创精神，保障人民各项权益，走共同富裕道路，促进人的全面发展，做到发展为了人民、发展依靠人民、发展成果由人民共享。

科学发展观的基本要求是全面协调可持续。这就要求我们必须按照中国特色社会主义事业的总体布局，全面推进经济建设、政治建设、文化建设、社会建设，促进现代化建设的各个环节、各个方面相协调，促进生产关系与生产力、上层建筑与经济基础相协调。要坚持走生产发展、生活富裕、生态良好的文明发展道路，大力建设生态文明，建设以资源环境承载力为基础、以自然规律为准则、以可持续发展为目标的资源节约型、环境友好型社会，实现速度和结构质量效益相统一、经济发展与人口资源环境相协调，使人民在良好生态环境中生产生活，实现经济社会永续发展。

科学发展观的根本方法是统筹兼顾。坚持统筹兼顾，就是既要总揽全局、统筹规划，又要抓住牵动全局的主要工作、事关群众利益的突出问题。这就要求我们必须正确认识和妥善处理中国特色社会主义事业中的重大关系，统筹城乡发展、区域发展、经济社会发展、人与自然和谐发展、国内发展和对外开放，统筹中央和地方关系，统筹个人利益和集体利益、局部利益和整体利益、当前利益和长远利益，充分调动各方面积极性。要统筹国内国际两个大局，树立世界眼光，加强战略思维，善于从国际形势发展变化中把握发展机遇、应对风险挑战，营造良好国际环境。

三、科学发展观的指导意义

科学发展观是同马克思列宁主义、毛泽东思想、邓小平理论和“三个代表”重要思想既一脉相承又与时俱进的科学理论；是马克思主义关于发展的世界观和方法论的集中体现；是我国经济社会发展的重要指导方针和发展中国特色社会主义必须坚持和贯彻的重大战略思想。

案例分析

案例一　伍修权回忆遵义会议

长征开始以后，部队不断受到损失，士气十分低沉。首先在领导层中，对当时的军事指挥错误就有议论，早已酝酿着不满。湘江战役，进一步暴露了军事指挥上的逃跑主义错误。李德等人的所作所为，以及由此造成的严重后果，迫使人们苦苦思索面临的问题：为什么在临时中央和李德来到根据地以前，中央红军在毛泽东同志指挥下，能够以三四万人的兵力，粉碎了敌人一、二、三次“围剿”，还扩大了根据地，发展了红军。周恩来等同志指挥的第四次反“围剿”，继续按照毛泽东同志的军事思想作战，也取得了胜利。到第五次反“围剿”时，中央红军已发展到10万人以上，中央根据地更加扩大和巩固了。但是，在李德等人的指挥下，红军苦战1年，结果反而是“兵日少地日蹙”，最后来了个大搬家，丧失了整个中央根据地不算，八九万大军只剩下三万来人，使党和红军面临绝境。中央的领导同志，包括曾经犯过“左”倾错误的同志，也陆续有了觉悟。毛泽东同志在长征途中，也利用一切可能的机会，向有关干部和红军指战员进行说服教育工作，用事实启发同志们的觉悟，使大家分清什么是正确的，什么是错误的。这一切都为遵义会议的召开，创造了必要的条件，打下了思想基础。此外客观形势也促成了遵义会议的召开。

1935年1月上旬，红军胜利攻占黔北的重镇遵义。中共中央在遵义旧城一个军阀柏辉章的公馆二层楼上，召开了中央政治局扩大会议，这就是具有伟大历史意义的遵义会议。

会议开始还是由博古主持。开会以后，首先由博古作了总结第五次反“围剿”的主要报告。他也看出了当时的形势，对军事错误作了一定的检讨，但是也强调了许多客观原因，为临时中央和自己的错误作了辩护和解释。接着，由周恩来作了关于第五次反“围剿”军事问题的副报告。

毛泽东同志在会上作了重要发言。他发言的主要内容是说当前首先要解放军事问题，批判了“左”倾冒险主义的“消极防御”方针和它在各个方面的表现，如防御时的保守主义，进攻时的冒险主义和转移时的逃跑主义。他还尖锐地批评了李德的错误军事指挥，只知道纸上谈兵，不考虑战士要走路、要吃饭、也要睡觉，也不问走的是山地、平原还是河道，只知道在地图上一划，限定时间打，当然打不好。又用一、二、三、四次反“围剿”胜利的事实，批驳了用敌强我弱的客观原因为第五次反“围剿”失败作辩护的观点。他指出，正是在军事上执行了“左”倾冒险主义的错误主张，才导致了第五次反“围剿”的失败，造成了红军在长征中的重大牺牲。毛泽东同志的发言反映了大家的共同想法和正确意见，受到与会绝大多数同志的热烈拥护。

紧接着发言的是王稼祥同志。他旗帜鲜明地支持毛泽东同志的意见。严厉地批判了李德和博古在军事上的错误，拥护由毛泽东同志来指挥红军。张闻天和朱德同志接着也表示了明确态度，支持毛泽东同志的意见。朱德同志历来谦逊稳重，这次发言时，却声色俱厉地追究临时中央领导的错误，谴责他们排斥了毛泽东同志，依靠外国人李德弄得丢掉根据地，牺牲了多少人命！他说：“如果继续这样的领导，我们就不能再跟着走下去！”周恩来同志在发言中也支持毛泽东同志对“左”倾军事错误的批判，全力推举毛泽东同志为我党我军的领袖。他指出，只有改变错误的领导，红军才有希望，革命才能成功。他的发言和倡议得到了与会绝大多数同志的积极支持。

会上的其他发言，我印象中比较深的是李富春和聂荣臻同志。他们对李德那一套很不满，对“左”倾军事错误的批判很严厉。彭德怀同志的发言也很激烈，他们都是支持毛泽东同志的正确意见的。其余同志在当时形势下，也支持毛泽东同志的意见。

会上被直接批判的是博古，批判博古实际上就是批判李德。会议过程中，李德也曾为自己及王明在军事上的“左”倾教条主义错误辩护，不承认自己的错误，把责任推到客观原因和临时中央身上。不过这时他已经理不直、气不壮了。当时会议的气氛虽然很严肃，斗争很激烈，但是发言还是说理的。李德本人也意识到已是“无可奈何花落去”，失势无权了，只得硬着头皮听取大家对他的批判发言。

会议的后期，委托张闻天同志根据毛泽东同志的发言精神，起草了《中央关于反对敌人五次“围剿”的总结决议》（遵义会议决议），决议指出，博古和李德（用华夫代名）等人“在反对五次‘围剿’战争中，却以单纯防御路线（或专守防御）代替了决战防御，以阵地战堡垒战代替了运动战，并以所谓‘短促突击’的战术原则来支持这种单纯防御的战略路线。这就使敌人持久战与堡垒主义的战略战术，达到了他的目的。使我们的主力红军受到一部分损失，并离开了中央苏区根据地。应该指出，这一路线，同我们红军取得胜利的战略战术的基本原则，是完全相反的。”《决议》还就博古、李德等在组织路线、领导作风上及利用敌人内部冲突等等问题，一一作了结论。这个决议在会议上被通过了。

——摘自伍修权：《生死攸关的历史转折——回忆遵义会议的前前后后》，《星火燎原》季刊，1982 年第 1 期。

【案例点评】

遵义会议的召开，不是偶然的。它是对“左”倾错误反思的结果；它是血的代价警示的产物；它是中国革命转危为安的需要。第五次反“围剿”由于“左”倾错误路线的指导，革命根据地日益缩小甚至被葬送，中央红军从长征时的 8 万余人锐减为 3 万余人，完全处于被动局面。严酷的事实、惨重的损失、险恶的形势教育了广大党员和干部：只有毛泽东代表的路线，才是引导中国革命走向胜利的路线。因此，结束王明的“左”倾冒险主义，迅速恢复毛泽东的正确路线，成为当时许多人的共同要求。毛泽东思想就是在总结失败的惨痛教训和成功的经验，同党内多次出现过教条主义和经验主义错误的斗争实践中而形成的理论概括。

案例二　邓小平和家庭联产承包责任制

中国的改革是从农村开始的，这并非邓小平的特意安排，而是中国农民的自发行动。然而正是在邓小平的支持下，中国农村改革成了一场翻天覆地的关系中国发展和命运的大变革。

1978 年夏秋之交，安徽发生了百年不遇的特大旱灾，大批农民背井离乡外出乞讨。是年 12 月的一天夜里，安徽省凤阳县梨园公社小岗生产队 20 户农民(两户单身)，聚在村里一间屋里，他们神态极为严峻地写下了一纸契约，全文如下：

“时间：1978 年 12 月　地点：严立华家

我们分田到户，每户户主签字盖章，如此后能干，每户保证完成每户全年上交公粮，不在(再)向国家伸手要钱要粮。如不成我们干部作(坐)牢杀头也干(甘)心，大家社员们也保证把我们的小孩养活到 18 岁。”

到会的 21 个农民，3 人盖了私章，18 人按了血红的手印。他们并不知道，这个小小的契约，却预示着农村一场大变革的开始。

小岗农民为什么担惊害怕，因为过去的历史教训实在太深刻了。

1955 年，农村搞合作化时，中共中央农村工作部部长邓子恢因为主张可以搞包产到组、包产到户，毛泽东在全国省市区书记会上公开批评他“像一个小脚女人，东摇西摆地在那里走路”。

1957 年 7 月 31 日，浙江温州的浙南大众报就针对永嘉县尝试包产到户发表文章说：打倒包产到户，保卫合作化。文章论述了包产到户的“十大祸害”。支持包产到户的永嘉县委农业书记李云河被《人民日报》点名批判，开除党籍，撤销职务，划为右派分子，劳动改造。

1961 年，三年困难时期，天灾人祸导致农村饿死大量人口。在这种严峻的形势下，包产到户作为一种补救措施又在农村流行开来，并且得到了刘少奇、邓小平等人的支持。邓小平还说：“不管黑猫、白猫，能抓耗子的就是好猫。”这就是著名的“猫论”。但是这引起毛泽东的不满，他在 1962 年 8 月政治局会议上，针对刘少奇等人愤怒地说：“一搞包产到户，一搞单干，半年时间就看出农村阶级分化很厉害……”“包产到户是方向的问题。”并由此演绎出他那著名的论断：“千万不要忘记阶级斗争。”

1978 年秋，时任安徽省委书记的万里在京向中央主席华国锋痛陈农民的贫困绝望，并提出非把土地划给农民建立责任田不可，否则无法扭转危局。华国锋、万里二人争论时，叶剑英、邓小平在场。万里得到了邓小平的支持，邓小平在插话中再次重申了他的“猫论”。叶剑英缓和地站在邓小平一边。但华国锋不同意，他认为只有把人民公社精神更深入灌入农民心中，抓紧阶级斗争，才能振兴农村。

1979 年，小岗生产队大丰收，全年粮食产量由原来的 1.5 万多公斤猛增到 6 万多公斤。这个自农业合作化以来从未向国家交过公粮的农村，第一次向国家交了公粮，还了贷款。这是他们做梦都不敢想的事。小岗的突破，产生了极大的示范效应，也引起了激烈的争论。

陕西省委、山西省委、湖南省委等继续强调坚持人民公社，反对包产到户。

然而农民们却受不了饿肚子，行动起来了，1979 年春，各地不少农民把人民公社的土地重新划分，三家五户结为小组，共同拥有那一份共同的土地。到春耕时，全国已有 200 万个村的 3 亿社员采取了这种行动。这也叫包产到组。

正在这时，发生了“张浩事件”。张浩，甘肃档案局的干部，1979 年，他回河南洛阳老家探亲，看到那里正在搞包产到组，分地分牲口。他以激烈的措词给《人民日报》写了一封信，说：三级所有、队为基础搞了二十几年，群众已经习惯。现在搞包产到组、包产到户，是倒退，是脱离群众不得人心，会搞乱干部群众的思想，给生产造成危害。

当时担任国务院副总理、主管全国农业的是王任重。他从《人民日报》一篇社论的送审样上看到华国锋的批示，批示批评农村中抢牲畜闹分队的现象。王任重立即于3月14日给《人民日报》总编辑胡绩伟写了一封信，指出要稳定三级所有、队为基础，决不能倒退回去，并且要《人民日报》站出来说话。

于是，这年的3月15日，张浩的信和编者按一同刊登在《人民日报》头版显要位置。编者按要大家认真读一读张浩的信，不能从队为基础退回去，已经出现包产到组和分田到组的地方，必须坚决纠正。这决不是一封普通来信，而是党的农村政策的最新体现。于是，有的县把已经分田到组的人都合并起来。有的县大批农民当即停止春耕，说："报上又批评啦，算啦，不干啦！"

3月12日至24日，由王任重兼任主任的国家农委请七省农村工作部门和安徽三县负责人在京开会，会后形成纪要，经中央同意批转全国，要求"不许包产到户"。同时，国务院副总理陈永贵批评支持"包产"的万里"好行小惠"、"变相单干"，指责万里不肯学大寨。万里回敬说："你走你的阳关道，我走我的独木桥。"同时，他指示安徽省委给《人民日报》写信，反驳张浩。

整个形势在1980年开始的时候相持不下。弄得各地的干部在表态时左右为难。这就使关于包产到组和包产到户的问题成为党的全部经济方针的焦点所在，这是1979年争论的继续。

正当此时，邓小平于1980年5月31日同中央负责人就农村问题发表了重要谈话。邓小平说："农村政策放宽以后，一些适宜搞包产到户的地方搞了包产到户，效果很好，变化很快。安徽肥西县绝大多数生产队搞了包产到户，增产幅度很大。'凤阳花鼓'中唱的那个凤阳县。绝大多数搞了大包干，也是一年翻身、改变面貌，有的同志担心，这样搞会不会影响集体经济。我看这种担心是不必要的。"

邓小平在关键时刻发表谈话，一下子扭转了乾坤。

——摘自马立诚、凌志军：《交锋》，今日中国出版社1998年版。

【案例点评】

中国特色社会主义是一项全新的事业，没有现成的经验可学。邓小平指出："我们只能在干中学，在实践中摸索。"邓小平一方面强调："改革开放胆子要大一些，敢于试验，不能像小脚女人一样。"另一方面注重及时总结经验，他要求“每年领导层都要总结经验，对的就坚持，不对的赶快改，新问题出来抓紧解决”，逐渐“在各方面形成一整套更加成熟、更加定型的制度。在这个制度下的方针、政策，也将更加定型化”。至于个人的作用，他不无谦虚地说：“我个人做了一点事，但不能说都是我发明的。其实很多事是别人发明的，群众发明的，我只不过把它们概括起来，提出了方针政策。”这也就是说，邓小平理论是改革开放和现代化建设新的实践经验的概括，也是集体智慧的结晶。

疑难问题解答

1. 如何正确理解“马克思主义中国化”命题的来龙去脉?

马克思主义中国化，就是将马克思主义的基本原理和中国革命与建设的实际情况相结合，从而得出适合中国国情的社会主义革命和建设道路。中国共产党人历来十分重视将马克思主义运用于中国实际的具体问题。甚至可以说，中共的创立本身也就是马克思主义中国化的重要成果。

(1)早在1919年，李大钊在同胡适论争时就曾经指出：“大凡一个主义，都有理想与实用两面。例如民主主义的理想，不论在那一国，大致都很相同。把这个理想适用到实际的政治上去，那就因时、因所、因事的性质情形，有些不同。社会主义，亦复如是。”“一个社会主义者，为使他的主义在世界上发生一些影响，必须要研究怎么可以把他的理想尽量应用于环绕他的实境。”在这里，李大钊事实上已经为共产党确立了马克思主义中国化的思想原则。但是由于当时党尚在年幼，这一思想原则也不可能完全为全党所接受，这就是为什么后来瞿秋白“左”倾盲动主义、李立三“左”倾冒险主义和王明“左”倾教条主义能够在党内占据统治地位的主要原因。

(2)在中共党内，最早明确提出马克思主义中国化概念，并自觉推进马克思主义中国化事业的是毛泽东。1938年10月，毛泽东在中共六届六中全会的政治报告《论新阶段》中指出：“没有抽象的马克思主义，只有具体的马克思主义。所谓具体的马克思主义，就是通过民族形式的马克思主义，就是把马克思主义应用到中国具体环境的具体斗争中去，而不是抽象地应用它。成为伟大中华民族之一部分而与这个民族血肉相联的共产党员，离开中国特点来谈马克思主义，只是抽象的空洞的马克思主义。因此，马克思主义的中国化，使之在每一表现中带着必须有的中国的特性，即是说，按照中国的特点去应用它，成为全党亟待了解并亟待解决的问题。”

(3)但是中共六届六中全会以后，特别是党的七大以后，在党的重要文献以及中央重要领导人的讲话和所写的文章中，马克思主义中国化的提法却很少被使用，在新中国成立之后出版的《毛泽东选集》中也把“马克思主义的中国化”改作“使马克思主义在中国具体化”。对于这一提法变化的原因，理论界也有不同看法。不过从当时毛泽东和中国共产党对这个问题慎重处理的情况来看，应该说来自斯大林的外在压力是改变这个提法的最主要原因。但毛泽东和中国共产党并不认为这一提法有什么错误，相反他们一直在为实现马克思主义中国化而不懈努力。

(4)作为毛泽东的继任者和中共第二代领导集体的核心，邓小平虽然一般地不使用“马克思主义中国化”的提法，但他一直坚持马克思主义普遍真理同中国具体实际相结合的原则，并明确指出“把马克思主义的普遍真理同我国的具体实际结合起来走自己的道路，建设有中国特色的社会主义，这就是我们总结长期历史经验得出的基本结论”①。党的十一届三中全会以来，邓小平领导全党运用马克思主义的立场、观点和方法，研究新情况、解决新问题，在改革开放和现代化建设的实践中创立了邓小平理论，从而把马克思主义中国化的事业推向了一个新的发展阶段。

(5)在领导全党创立“三个代表”重要思想的过程中，江泽民不仅强调马克思主义基本原理同中国社会主义现代化建设和改革开放的具体实际相结合，而且还强调马克思主义基本原理同时代和世界形势的新发展、新变化相结合，从而使得马克思主义中国化的内涵得到了进一步深化。在邓小平理论和“三个代表”重要思想分别在党的十五大、十六大被确立为党的指导思想以后，学术界更是掀起了研究“马克思主义中国化”的热潮，“马克思主义中国化”的提法开始频繁出现于学术研究、党的文件和党的领导人的讲话中。党的十六大以后，中共中央总书记胡锦涛多次明确提出要“继续在新的时代条件下把马克思主义基本原理同中国具体实际相结合，不断推进马克思主义的中国化”。这也正是90年来中国共产党在理论上不断有新的突破、实践中不断有新的发展的真谛所在。

2．当前应该如何深入贯彻落实科学发展观？

深入贯彻落实科学发展观，必须始终坚持党在社会主义初级阶段的基本路线，积极构建社会主义和谐社会，继续深化改革开放，切实加强和改进党的建设。

(1)深入贯彻落实科学发展观，要始终坚持“一个中心、两个基本点”的基本路线。党的基本路线是党和国家的生命线，是实现科学发展的政治保证。以经济建设为中心是兴国之要，是党和国家兴旺发达和长治久安的根本要求；四项基本原则是立国之本，是党和国家生存发展的政治基石；改革开放是强国之路，是党和国家发展进步的活力源泉。要坚持把以经济建设为中心同四项基本原则、改革开放这两个基本点统一于发展中国特色社会主义的伟大实践，任何时候都决不能动摇。

(2)深入贯彻落实科学发展观，要积极构建社会主义和谐社会。社会和

① 《邓小平文选》第3卷，3页，北京，人民出版社，1993。

谐是中国特色社会主义的本质属性。科学发展和社会和谐是内在统一的。没有科学发展就没有社会和谐，没有社会和谐也难以实现科学发展。构建社会主义和谐社会是贯穿中国特色社会主义事业全过程的长期历史任务，是在发展的基础上正确处理各种社会矛盾的历史过程和社会结果。要通过发展增加社会物质财富、不断改善人民生活，又要通过发展保障社会公平正义、不断促进社会和谐。实现社会公平正义是中国共产党人的一贯主张，是发展中国特色社会主义的重大任务。要按照民主法治、公平正义、诚信友爱、充满活力、安定有序、人与自然和谐相处的总要求和共同建设、共同享有的原则，着力解决人民最关心、最直接、最现实的利益问题，努力形成全体人民各尽其能、各得其所而又和谐相处的局面，为发展提供良好社会环境。

(3)深入贯彻落实科学发展观，要继续深化改革开放。要把改革创新精神贯彻到治国理政的各个环节，毫不动摇地坚持改革方向，提高改革决策的科学性，增强改革措施的协调性。要完善社会主义市场经济体制，推进各方面体制改革创新，加快重要领域和关键环节改革步伐，全面提高开放水平，着力构建充满活力、富有效率、更加开放、有利于科学发展的体制机制，为发展中国特色社会主义提供强大动力和体制保障。要坚持把改善人民生活作为正确处理改革发展稳定关系的结合点，使改革始终得到人民拥护和支持。

实践教学设计

方案一　观看100集电视文献片《世界历史》第65集《马克思主义的诞生》

【设计思路】

通过观看视频资料，使学生真正理解和把握马克思主义理论诞生的历史条件，明确其诞生的标志以及《共产党宣言》发表的重大意义。

【步骤安排】

1. 组织学生观看100集电视文献片《世界历史》第65集《马克思主义的诞生》

《马克思主义的诞生》从1999年英国最大的媒体——BBC广播公司组织的一次大规模的民意调查谈起，说明马克思主义的诞生并非偶然。它是在资本主义经济迅速发展，社会矛盾日益突出，工人运动惨遭失败急需科学理论作指导的情况下，应运而生。

2. 教师点评

马克思主义的诞生并非偶然，而是有其特定的历史条件。就经济基础来看，工业革命推动资本主义迅速发展，并导致了资本主义经济危机的爆发，使资本主义社会的基本矛盾显现；就阶级基础来看，伴随着资本主义的发展，弊端日益暴露，社会矛盾进一步激化，无产阶级力量壮大并逐渐觉醒，欧洲的三大工人运动法国里昂工人起义、德意志西里西亚纺织工人起义、英国宪章运动，虽然由于缺乏科学理论的指导，运动都失败了，但是标志着无产阶级作为一支独立的政治力量登上了历史舞台；就思想基础来看，马克思批判继承了德意志的古典哲学、英国的古典政治经济学和英法的空想社会主义；就实践基础来看，马克思和恩格斯自身在理论和实践上进行了探索。

方案二　阅读两个历史文献《关于若干历史问题的决议》、《关于建国以来党的若干历史问题的决议》

【设计思路】

通过阅读经典历史文献，使学生了解党的两个历史决议的背景和内容，理解其与两次历史性飞跃的联系，及其在理论上的重要意义和贡献，以加深对中国共产党的了解和认识。

【步骤安排】

1. 布置学生阅读《关于若干历史问题的决议》、《关于建国以来党的若干历史问题的决议》

《关于若干历史问题的决议》是在全党延安整风的基础上形成的。在整风中，党的高级干部通过讨论党的历史，总结党的历史经验，对许多重大历史问题取得了更深刻的认识，对中国民主革命的基本问题的认识达到在马克思列宁主义基础上的一致。1945 年 4 月 20 日在党的六届七中全会上通过该《决议》。

《关于若干历史问题的决议》的通过，标志着整风运动的胜利结束，增强了全党在毛泽东思想基础上的团结，为党的第七次全国代表大会的召开在思想上做好了充分准备。

党的十一届三中全会前后，如何看待建国以后党的历史，如何评价“文化大革命”，如何评价毛泽东思想，成为当时国家政治生活中的一个大问题。《关于建国以来党的若干历史问题的决议》就是在这样的历史背景下起草的。1981 年 6 月 27 日至 29 日，中共十一届六中全会一致通过了《中国共产党中央委员会关于建国以来党的若干历史问题的决议》。

《关于建国以来党的若干历史问题的决议》的通过，标志着拨乱反正的完成。《决议》对建国 32 年来党的重大历史事件特别是“文化大革命”，作出了正确的总结，科学地分析了在这些事件中党的指导思想的正确和错误，分析了产生错误的主观因素和社会原因，实事求是地评价了毛泽东在中国革命中的历史地位，充分论述了毛泽东思想作为我们党的指导思想的伟大意义。《决议》肯定了十一届三中全会以来逐步确立的适合中国情况的建设社会主义现代化强国的正确道路，进一步指明了中国社会主义事业和党的工作继续前进的方向。

2. 要求学生撰写心得体会

3. 教师对学生心得体会点评

点评侧重于两个方面：

(1)如何撰写心得体会。

(2)如何通过对两个历史文献的背景和内容的了解，理解和把握其与两次历史性飞跃的联系及其理论意义。

方案三　课堂讨论“我国如何建设创新型国家”

【设计思路】

通过“我国如何建设创新型国家”的课堂讨论，使学生认识到建设创新型国家的重要性和紧迫性，明确建设创新型国家的着力点，培养学生的创新意识。

【步骤安排】

1. 提前两周布置，要求学生阅读相关资料，为课堂讨论做准备

2. 组织课堂讨论

设计问题，通过以下问题引导学生，层层递进进行讨论。

(1)什么是创新型国家?

(2)我国为什么要建设创新型国家?

(3)我国如何建设创新型国家?

在讨论过程中，鼓励学生充分发表自己的意见，不正确的观点要及时指出和纠正。

3. 教师总结点评

创新是一个民族进步的灵魂，是一个国家兴旺发达的不竭动力！“我国如何建设创新型国家”，这是一个很重要的社会热点话题。

(1)什么是创新型国家?

创新型国家，一般来说，是指将科技创新作为国家基本战略，大幅度提高科技创新能力，从而形成强大的国家竞争优势。

(2)我国建设创新型国家的重要性和紧迫性。

建设创新型国家是提高我国国际竞争力的客观需要。科学技术特别是战略高技术正日益成为经济社会发展的决定性力量，成为综合国力竞争的焦点。面对世界科技发展的大势，面对日趋激烈的国际竞争，我们必须把科学技术真正置于优先发展的战略地位，加快自主创新步伐，增强国家核心竞争力，带动我国社会生产力实现质的飞跃，努力在激烈的国际竞争中赢得和保持发展的主动权。

建设创新型国家，也是贯彻落实科学发展观、全面建设小康社会的重大举措，是解决我国当前发展面临的突出矛盾和问题的紧迫要求。只有通过大力推进科技进步和创新，增强自主创新能力，推动我国经济增长从资源依赖型转向创新驱动型，才能继续保持经济平稳较快和可持续增长，实

现又好又快的发展。

(3)我国如何建设创新型国家?

建设创新型国家，核心就要把增强自主创新能力作为发展科学技术的战略基点，走出中国特色自主创新道路，推动科学技术的跨越式发展；就要把增强自主创新能力作为调整经济结构、转变经济增长方式的中心环节，建设资源节约型、环境友好型社会，推动国民经济又好又快发展；就要把增强自主创新能力作为国家战略，贯穿到现代化建设各个方面，激发全民族创新精神，培养高水平创新人才，形成有利于自主创新的体制机制，大力推进理论创新、制度创新、科技创新，不断巩固和发展中国特色社会主义伟大事业。

考研题解

一、单项选择题

1. (2007年第8题)在中国共产党的历史上，第一次鲜明地提出“马克思主义中国化”的命题和任务的会议是(　　)

A. 党的二大　　B. 遵义会议

C. 党的六届六中全会　　D. 党的七大

二、多项选择题

2. (1996年理科第17题)中共中央《关于建国以来党的若干历史问题的决议》概括的毛泽东思想的活的灵魂有(　　)

A. 阶级分析　　B. 实事求是

C. 群众路线　　D. 调查研究

E. 独立自主

3. (2003年第22题)毛泽东思想、邓小平理论是中国化了的马克思主义，它们都(　　)

A. 体现了马克思列宁主义的基本原理

B. 反映了近代中国的时代要求

C. 揭示了中国革命的特殊规律

D. 包含了中华民族的优秀思想

E. 包含了中国共产党人的实践经验

4. (2002年文理科第29题)2001年7月1日，江泽民同志在庆祝中国共产党成立80周年大会上的讲话中指出，看一个政党是否先进，是不是工人阶级先锋队，主要应看党的理论和纲领(　　)

A. 是不是马克思主义的

B. 是不是规定党员队伍主要由工人组成

C. 是不是代表社会发展的正确方向

D. 是不是代表最广大人民的根本利益

E. 是不是规定有健全的组织制度与严格的纪律

参考答案　1. C　2. BCE　3. ADE　4. ACD

三、(2011年考研政治第36题)材料分析题

材料1：2011年是中国共产党成立90周年。在这90年里，党走过了不平凡的历程。

中华人民共和国成立前夕，毛泽东在一篇文章中指出：“一九一七年的俄国革命唤醒了中国人，中国人学得了一样新的东西，这就是马克思列宁主义。中国产生了共产党，这是开天辟地的大事变。”

材料 2：最近，有一本名为《苦难辉煌》的党史专著，颇受广大读者欢迎。在这部著作中，作者一再追问：为什么中国共产党从最初的几十个人，仅仅经过 20 多年的发展，就打败了强大的对手，取得了辉煌的胜利，建立了新中国？

历史给很多机会，却只给共产党很少机会，但是共产党抓住了这仅有的机会，实现了中国革命的胜利。这又是为什么？

中国共产党从几十人的小党发展到今天 7000 多万人的大党，中国人民解放军从南昌起义后剩下不到 800 人到今天的威武雄师，党和军队为何由小到大，由弱到强，筚路蓝缕，披荆斩棘？中国共产党的力量来自哪里？中国人民解放军的力量来自哪里？

作者回答：我们拥有一批顶天立地的真人。他们不为钱，不为官，不怕苦，不怕死，只为胸中的主义和心中的信仰。

(1) 为什么说中国共产党的成立是开天辟地的大事变？

(2) 结合中国共产党成立以来中国社会变革的历程，说明“主义”和“信仰”是怎样成为“力量”的？

【解题思路】

问题(1)主要从中国共产党对中国革命所作的突出贡献来回答；问题(2)主要从马克思主义中国化的历史进程角度来回答。

【答案要点】

(1)首先，中国共产党的成立使中国革命有了坚强的领导核心，灾难沉重的中国人民有了可以依赖的组织者和领导者。其次，中国共产党的成立，使中国革命有了科学的指导思想——马克思列宁主义。最后，中国共产党的成立，使中国革命有了新的革命方法。

(2)自从中国共产党成立以来，在马克思列宁主义指导下，中国人民相继取得了新民主主义革命、社会主义革命和社会主义建设的伟大胜利。

在新民主主义革命时期，中国共产党人以马克思主义为指导，结合中国实际情况，带领中国人民开辟了农村包围城市、武装夺取政权的道路，毛泽东思想初步形成。抗战时期，毛泽东阐释了新民主主义理论，毛泽东思想得到多方面展开达到成熟。正是在毛泽东思想指导下，中国取得了新民主主义革命的胜利，建立了新中国，结束了中国半殖民地半封建社会的历史。

新中国成立后，中国进入了新民主主义社会。中国共产党以马列主义、毛泽东思想为指导，完成了对农业、手工业和资本主义工商业的社会主义改造，实现了中国历史上最伟大、最深刻的社会变革。

虽然历经“大跃进”、“十年文革”的波折，但是改革开放和现代化建设取得了巨大成就。中国共产党人在十一届三中全会以后终于开辟了中国特色社会主义建设道路，创造性地探索和回答了什么是马克思主义、怎样对待马克思主义，什么是社会主义、怎样建设社会主义，建设什么样的党、怎样建设党，实现什么样的发展、怎样发展等重大理论和实际问题，实现了马克思主义与中国实际的第二次结合，形成了中国特色社会主义理论体系。

第二章 马克思主义中国化理论成果的精髓

名人名言

马克思主义的“本本”是要学习的，但是必须同我国的实际情况相结合。我们需要“本本”，但是一定要纠正脱离实际情况的本本主义。

——毛泽东(《反对本本主义》，《毛泽东选集》第1卷，111～112页，北京，人民出版社，1991)

马克思活着的时候，不能将后来出现的所有的问题都看到，也就不能在那时把所有的这些问题都加以解决。俄国的问题只能由列宁解决，中国的问题只能由中国人解决。

——毛泽东(《马列主义基本原理至今未变，个别结论可以改变》，《毛泽东文集》第8卷，5页，北京，人民出版社，1999)

我读的书并不多，就是一条，相信毛主席讲的实事求是。过去我们打仗靠这个，现在搞建设、搞改革也靠这个。我们讲了一辈子马克思主义，其实马克思主义并不玄奥。马克思主义是很朴实的东西，很朴实的道理。

——邓小平(《在武昌、深圳、珠海、上海等地的谈话要点》，《邓小平文选》第3卷，382页，北京，人民出版社，1993)

专题讲授

专题一　实事求是思想路线的形成和发展

“实事求是”出自《汉书·河间献王德传》。刘德是汉景帝刘启的十四个儿子中的一个，封在河间(今河北河间县一带)为河间王，死后谥献，所以称“河间献王”。他一生酷爱藏书，认真研究古籍。因此，东汉史学家班固高度评价刘德，赞扬他“修学好古，实事求是”。意思是说，刘德爱好古代文化，对古代文化的研究十分认真，总是在掌握充分的事实根据以后，才从中求得正确可靠的结论来。

一、实事求是思想路线的形成和确立

1. 党的思想路线提出过程

在中共历史上，最早把思想路线表述为“实事求是”的是毛泽东。在土地革命战争初期，毛泽东在一封信中第一次提出“思想路线”的概念，用来指对一个问题不同看法的根本原因，其后在相关论述中对这个思想不断发展，尤其是对革命过程中一些挫折的经验总结中，这一思想逐步成熟，最终提出党的思想路线。

1929 年 12 月毛泽东在为中国红军第四军党的第九次代表大会所写的决议，即《古田会议决议》中关于主观主义一节对思想路线问题作了更加具体的阐述：“对于政治形势的主观主义的分析和对于工作的主观主义的指导，其必然的结果，不是机会主义，就是盲动主义。”

1930 年 5 月毛泽东在《调查工作》(即《反对本本主义》)中进一步提出“没有调查，就没有发言权”的论断，批评“那些具有一成不变的保守的形式的空洞乐观的头脑的同志们，以为现存的斗争策略已经是再好没有了，党的第六次全国代表大会的‘本本’保障了永久的胜利，只要遵守既定办法就无往而不胜利。这些想法是完全错误的，完全不是共产党人从斗争中创造新局面的思想路线，完全是一种保守路线。”针对照搬照抄外国经验的教条主义，毛泽东强调“中国革命斗争的胜利要靠中国同志了解中国情况”。也就是在这篇文章中，毛泽东有了实事求是的基本思想。当然，在这个时期，他的相关看法并没有被党中央的大多数同志所认识和接受，这一思想的价值是在革命斗争不断遭受挫折、在总结经验的过程中被发现的。

长征结束后，毛泽东深入思考和总结中国革命的经验教训，批判党内的教条主义。他在《中国革命战争的战略问题》中精辟地阐述了研究战争的方法论，深刻地揭露了党内“左”倾教条主义军事路线的思想根源。1937年春夏之交，他到抗日军政大学讲授哲学，《实践论》、《矛盾论》是其中最有特色、最有理论创见的部分。这两篇著作，从认识论高度深刻概括和总结了中国革命，特别是中国革命战争的经验教训，继承和发扬了中国哲学的精华，丰富和发展了马克思主义的认识论和辩证法，这一时期的理论思考，同样也是围绕着思想路线这个中心问题的，使这个问题在理论上更加丰富，为中国共产党的思想路线奠定了理论基础。

抗日战争爆发后，毛泽东运用唯物论辩证法研究解决军事问题、政治问题、党的建设问题、经济建设问题、文化建设问题等，写出了《论持久战》、《新民主主义论》、《论政策》等有名著作。为了在全党清算教条主义，毛泽东领导了延安整风运动，从思想路线的高度总结历史经验，分清路线是非，从根本上提高党的理论水平。

2. 对实事求是的科学定位

经过长期的摸索和酝酿，1941年5月，毛泽东发表《改造我们的学习》一文，第一次对实事求是的含义作出了完整的解释。他说：“‘实事’就是客观存在着的一切事物，‘是’就是客观事物的内部联系，即规律性，‘求’就是我们去研究。我们要从国内外、省内外、县内外的实际情况出发，从其中引出其固有的而不是臆造的规律性，即找出周围事变的内部联系，作为我们行动的向导。”这样，对实事求是的理解就提高到了唯物主义认识论和方法论的高度，这一思想成为目标明确、意义完整的、具有指导性的思想原则。1941年12月，毛泽东还为中共中央党校题写了“实事求是”四个大字作为校训。实事求是就成为党的工作和党员教育中的工作态度和工作方法，使这一古老的成语成为马克思主义辩证唯物主义基本精神的中国语言表达形式，成为党的辩证唯物主义思想路线的简明概括。1945年，在党的七大报告中，毛泽东把理论联系实际，规定为中国共产党区别于其他任何政党的三大作风的第一项，从而确立了实事求是思想路线在全党的指导地位。

总之，毛泽东一直强调，实事求是是马克思主义的“根本观点”、“根本方法”和“科学态度”，是“党性”和党的“作风”的体现。正是在这个意义上，我们说是毛泽东确立了党的实事求是的思想路线。

二、党的思想路线的重新确立和发展

1. 新中国成立后对实事求是思想的遵循与偏离

1949年新中国成立后，毛泽东也曾多次强调要把理论与实践统一起来，提出了马克思主义基本原理与中国国情第二次结合的问题，并且在社会主义建设初期也提出了许多有价值的见解。但在实践过程中，特别是在1957年以后，我们党却产生了严重背离实事求是思想路线的问题，犯了“左”的错误。

从20世纪50年代后半期开始，由于对大规模的社会主义建设事业缺乏充分的思想准备和科学研究，对经济发展规律缺乏正确的认识和把握，以及在社会主义革命和建设取得的胜利面前滋生了骄傲情绪，毛泽东逐渐不同程度地在思想路线上背离了实事求是，夸大了主观意志和精神力量的作用。在经济建设上急于求成，在生产关系上盲目求纯，发动了“大跃进”和人民公社化运动，使社会主义建设遇到一次大的曲折。此后，毛泽东逐步发现脱离实际的“左”的错误，为纠正这些错误，他号召全党“大兴调查研究之风”，强调人的正确思想只能从社会实践中来，又只有经过实践的考验，才能证明是否反映了客观外界的规律，等等。但是，由于没有在总体上坚持实事求是的思想路线，60年代中期毛泽东又以对社会主义时期阶级斗争状况的错误估计，而发动了“文化大革命”，使社会主义建设遭受了严重挫折。

2. 邓小平恢复和发展了党的思想路线

1976年“文化大革命”结束后，中国走向何处，成为党和人民必须回答的一个现实问题。党和政府面临着彻底清除“文革”遗留问题，进行全面拨乱反正的紧迫任务。其中，首先要解决的就是思想路线的拨乱反正，破除“两个凡是”的影响，重新强调实事求是的思想路线。邓小平对毛泽东思想进行了高度概括，把其中的精髓表达为“实事求是”，率先支持和推动了关于真理标准问题的大讨论。1977年4月10日，尚未恢复工作的邓小平致函中共中央，着重提出：中国共产党必须“用准确的完整的毛泽东思想来指导我们全党、全军和全国人民”。5月24日，邓小平在同胡耀邦、王震谈话时再次重申：“两个凡是”不符合马克思主义，不能割裂、歪曲毛泽东思想，要善于学习、掌握和运用毛泽东思想的科学体系来指导我们的各项工作。邓小平批评“两个凡是”，开启了解放思想、实现思想路线拨乱反正的先导。

1978年5月，理论界展开了从根本上否定“两个凡是”的关于真理标准问题的大讨论。但这场讨论一开始就遭到“凡是”派的压制，当时中央的负责同志就曾指示中宣部对讨论“不表态”、“不卷入”，并多次指责讨论“实际上把矛头指向主席思想”，是“砍旗”、“丢刀子”，甚至责问：“这是哪个中央的意见?”就在真理标准问题的讨论面临夭折的危急关头，邓小平勇敢地站出来旗帜鲜明地支持这场讨论。6 月 2 日，他在全军政治工作会议上指出：“实事求是，是毛泽东思想的出发点，根本点。”并尖锐地批评一些人：“天天讲毛泽东思想，却往往忘记、抛弃甚至反对毛泽东同志的实事求是、一切从实际出发、理论与实践相结合的这样一个马克思主义的根本观点、根本方法。”9 月 16 日，邓小平在同中共吉林省委负责人谈话时再次指出：“两个凡是”不是高举毛泽东思想旗帜，是形式主义的高举，是假高举。在邓小平、胡耀邦等人的支持和指导下，真理标准问题的讨论最终冲破阻力，在全国广泛展开，使人们的思想从教条主义和个人崇拜的禁锢下解放出来，为中国改革开放和开辟建设有中国特色的社会主义道路作了思想上和理论上的准备。

1978 年 11 月，邓小平在中央工作会议上作《解放思想，实事求是，团结一致向前看》的报告中指出：“实事求是，是无产阶级世界观的基础，是马克思主义的思想基础。过去我们搞革命所取得的一切胜利，是靠实事求是，现在我们要实现四个现代化，同样要靠实事求是”，并强调“一个党，一个国家，一个民族，如果一切从本本出发，思想僵化，迷信盛行，那它就不能前进，它的生机就停止了，就要亡党亡国”。在此基础上，党的十一届三中全会重新确立了党的实事求是思想路线。

3. 新时代党的思想路线的新发展

20 世纪 90 年代以来，世情、国情、党情发生了深刻的变化。世界新科技革命日新月异，政治多极化和经济全球化在曲折中发展。国内的改革正处在攻坚阶段，发展进入关键时期，稳定面临着社会生活日益多样化的矛盾。党已经从受到外部封锁和实行计划经济条件下领导国家建设的党，成为对外开放和发展社会主义市场经济条件下领导国家建设的党。在新的历史条件下，新事物、新问题层出不穷。马克思主义的本本无法为此提供现成答案，党只能运用实事求是的精神，从中国的实际出发，在实践中分析和解决这些问题。

由此，江泽民提出了全党要大力进行理论创新的任务。进入新世纪，在提出并阐述“三个代表”重要思想的过程中，他又对新形势下坚持党的思想路线提出了新的要求，那就是在理论和实践上都“与时俱进”。在为党的十六大报告做准备的几次讲话中，江泽民都强调：“在新的历史条件下加强和改进党的建设，必须坚持解放思想、实事求是的思想路线，做到与时俱进、开拓进取。”①党的十六大报告更明确地提出：“坚持党的思想路线，解放思想、实事求是、与时俱进，是我们党坚持先进性和增强创造力的决定性因素。”江泽民把党的思想路线概括为“解放思想、实事求是”，并通过对理论创新和与时俱进的强调，深化了对党的思想路线的认识。

党的十六大以来，我国的经济和社会发展的势头越来越好，群众要求加快发展的积极性也越来越高。与此同时，一些领导干部中也出现了片面追求所谓“政绩”的情况，如，追求脱离实际的高指标，盲目攀比；搞劳民伤财的“形象工程”；虚报浮夸，做表面文章；急功近利，视个人名利重如山；等等。这一切，都违背了党的思想路线，严重地损害了党同人民群众的关系。因此，在贯彻“三个代表”重要思想和提出科学发展观的过程中，以胡锦涛为总书记的党中央突出强调，全党要“大力弘扬求真务实精神、大兴求真务实之风”。这同样深化了对党的思想路线的认识。

专题二　党的思想路线的内容和意义

根据邓小平对党的思想路线的概括，十二大在党章中将其完整表述为：“党的思想路线是一切从实际出发，理论联系实际，实事求是，在实践中检验真理和发展真理。”据此，我们可作如下四个方面的理解。

一、一切从实际出发

从客观实际出发，还是从主观臆想出发，这是哲学中唯物主义与唯心主义两条根本对立的路线。毛泽东强调：“我们看问题不要从抽象的定义出发，而要从客观存在的事实出发，从分析这些事实中找出方针、政策、办法来。”②指出“按照实际情况决定工作方针，这是一切共产党员所必须牢牢记住的最基本的工作方法”③。在毛泽东看来，从实际出发就是从被认识和被改造的客观事物、客观情况出发，以便按照科学的方法从中引出其固有的规律性，作为我们行动的向导，这就正确地解决了人们认识世界、改造

① 《江泽民论有中国特色社会主义(专题摘编)》，634 页，北京，中央文献出版社，2002。

② 《毛泽东选集》第 3 卷，853 页，北京，人民出版社，1991。

③ 《毛泽东选集》第 4 卷，1308 页，北京，人民出版社，1991。

世界的根本出发点问题，为坚持实事求是提供了可靠的基础和前提。

坚持从实际出发，必须对实际采取老老实实的科学态度。首先，“实际”是客观的，坚持从实际出发，就要真正承认客观事实，尊重客观事实，忠于客观事实，对客观事实决不带上任何的主观随意性。这也是列宁所说的“观察的客观性”，它对于真正做到从实际出发，真正认识客观事实的规律性，是十分重要的。

其次，“实际”是全面的，坚持从实际出发，就必须全面看问题，从事实的全部情况出发，绝不能见木不见林，以偏概全。从实际出发，就是要把客观事物的各个部分、不同的侧面和片断，以及个别的实例，联系起来，综合起来，作全面的、整体上的考察，以便尽量把握和研究它的一切方面、一切联系和媒介。虽然我们可能不会完全地做到这一点，但是全面性的要求，可以使我们防止错误和防止僵化。

再次，任何“实际”都是现象与本质的对立统一，从实际出发，必须善于透过现象看到本质。现象是事物的外部表现，本质是事物的内部联系，我们看事情必须要看它的实质，而把它的现象只看做入门的向导，一进了门就要抓住它的实质，这才是可靠的分析方法。反之，不去思考事物的本质，而满足于甲乙丙丁的现象罗列的方法，实在是一种最低级、最幼稚、最庸俗的方法。

最后，一切“实际”又都是不断发展变化着的，从实际出发，就要从不断变化的客观情况出发，对客观事物做动态的考察。毛泽东指出：“真正的革命的指导者，不但在于当自己的思想、理论、计划、方案有错误时须得善于改正”，使之符合于既定的客观实际，“而且在于当某一客观过程已经从某一发展阶段向另一发展阶段推移转变的时候，须得善于使自己和参加革命的一切人员在主观认识上也跟着推移转变，即是要使新的革命任务和新的工作方案的提出，适合于新的情况的变化”①。

二、理论联系实际

理论和实际的统一，是马克思列宁主义的基本原则，以毛泽东为主要代表的中国共产党人，一贯重视并致力于把马克思列宁主义的理论同中国革命的具体实践结合起来，把理论联系实际还是脱离实际、理论和实践相结合还是相割裂的学风问题，看做“是领导机关、全体干部、全体党员的思

① 《毛泽东选集》第1卷，294页，北京，人民出版社，1991。

想方法问题，是我们对待马克思列宁主义的态度问题，是全党同志的工作态度问题”，是“第一个重要的问题”①。

毛泽东指出：“拿一句通俗的话来讲，就是‘有的放矢’。‘矢’就是箭，‘的’就是靶，放箭要对准靶。马克思列宁主义和中国革命的关系，就是箭和靶的关系。”②这种“有的放矢”的态度，就是实事求是的态度，就是理论和实际统一的作风。

由于人民群众是实践的主体，因此邓小平又强调，尊重实践还必须尊重人民群众。尊重群众必须尊重群众的利益和愿望，要以人民拥护不拥护、赞成不赞成、高兴不高兴、满意不满意、答应不答应，作为党的全部工作的出发点和归宿。人民群众在改革开放和现代化建设的实践中创造了各种新鲜经验，为新的理论的形成提供了深厚的实践基础。尊重实践和尊重群众的统一，体现了党的思想路线与党的群众路线的一致性。

三、实事求是

实事求是内在地包含了一切从实际出发、理论联系实际和在实践中检验真理和发展真理的内容。它是党的思想路线的实质和核心。

首先，实事求是内在地包括一切从实际出发、理论联系实际、在实践中检验真理和发展真理的内容。根据实事求是的含义，坚持和发展实事求是有两个基本方面的要求。一是必须承认客观实际，也就是要“求实”，这是坚持实事求是的最起码的要求。按照客观实际的本来面目，如实地承认客观实际，而不附加任何外来成分，不掺杂主观因素。这是唯物主义的基本态度。二是必须努力认识客观实际，就是要使主观和客观相符合，从“实事”中求出“是”来，这是坚持实事求是的又一个基本要求。

其次，实事求是还内在地包含着解放思想、与时俱进、求真务实等内容。第一，要做到实事求是，必须解放思想。第二，要做到实事求是，必然要与时俱进。坚持一切从发展变化着的实际出发，把马克思主义看做是不断随着实践的发展而发展的科学。第三，要做到实事求是，必须求真务实。

总之，解放思想、与时俱进、求真务实以实事求是为目的和归宿，是实事求是在不同时期实践环境的发展。它们反映了党的思想路线的实质的一脉相承性，体现了结合实践发展在具体表现方面的时代特征。

---

① 《毛泽东选集》第 3 卷，813 页，北京，人民出版社，1991。

② 同上书，819 页。

四、在实践中检验真理和发展真理

坚持把实践作为检验真理的标准，并从实际出发在实践中发展真理，这既是实事求是思想路线的一项重要内容，也是实事求是思想路线的目的和最终归宿。

实践是改造客观世界的物质性活动，基本形式是生产活动、阶级斗争和科学实验这三项。社会实践是人类社会存在、发展的基础和动力，也是认识发生、发展的基础和动力。实践观点是马克思主义认识论首要的和基本的观点。是以客观实践作为检验认识真理性的标准，还是以书本或主观因素作为检验认识真理性的标准，这是唯物主义与唯心主义两条思想路线的根本分歧点。

邓小平结合新的历史条件，对真理标准问题作了新的发挥，把实践标准具体化为生产力标准和群众利益标准。1992 年南方谈话中，邓小平明确提出了改革开放中判断一切工作是非得失的根本标准：是否有利于发展社会主义社会的生产力，是否有利于增强社会主义国家的综合国力，是否有利于提高人民的生活水平。以生产力实践为标准，这是事实标准；以人民利益为标准，这是价值标准。“三个有利于”把生产力标准和人民利益标准有机统一在实践标准之中，体现了事实标准与价值标准的统一。

专题三　解放思想，实事求是，与时俱进

马克思主义中国化的基本经验可以从两个方面来概括：一个是从实际出发，走自己的路；一个是要不断地推进理论的创新，做到用理论创新推进实践创新。

一、实事求是是马克思主义中国化理论成果的精髓

所谓精髓，对于某一理论而言，指的是能使这一理论得以形成和发展并贯穿其始终，同时又体现在这一理论体系各个基本观点中的最本质的东西。马克思主义中国化理论成果的精髓是实事求是。其原因是：

第一，实事求是是马克思主义中国化理论成果的逻辑起点和前提条件。20 世纪上半叶，以毛泽东为代表的中国共产党人，在领导中国革命的过程中，解放思想、实事求是、与时俱进，实现了马克思主义与中国实际相结合的第一次历史性飞跃，形成了毛泽东思想。20 世纪下半叶，以邓小平为代表的中

国共产党人，在领导中国改革开放和现代化建设的过程中，解放思想、实事求是、与时俱进，实现了马克思主义与中国实际相结合的第二次历史性飞跃，形成了邓小平理论，其后逐步发展为中国特色社会主义理论体系。

第二，实事求是是马克思主义中国化理论成果的哲学基础。辩证唯物主义认为物质第一性、意识第二性，世界是可知的，思维能反映存在。思想路线又叫认识路线或哲学路线，是人们在认识世界和改造世界中坚持的世界观和方法论，它回答和解决的核心问题是主观与客观、认识与实践、思想与实际的关系，这是思维与存在的关系这一哲学基本问题在实际工作中的表现。实事求是，是党的思想路线，体现着辩证唯物主义世界观和方法论，是指导全党的基本哲学观，因此，它是马克思主义中国化理论成果形成的哲学基础。

第三，实事求是贯穿于马克思主义中国化各个理论成果基本内容的各个方面。毛泽东思想中最具独创性的理论，特别是新民主主义革命和新民主主义社会理论，其中所包含的中国的革命要分两步走，革命的主力军是农民，走农村包围城市的道路，民族资产阶级是统一战线的对象，党的领导、统一战线和武装斗争是中国革命的三大法宝，等等，都是深刻研究中国社会和中国革命的特点的成果，充分体现了解放思想、实事求是、与时俱进的精神。其后的中国特色社会主义理论体系的建设成果也充分体现了这一精神。

第四，实事求是是党的事业胜利的根本保证。实事求是的思想路线，为党提供了一个重要的方法论原则，中国共产党在领导中国人民进行革命、建设、改革的过程中，积累了丰富的经验，制定了一系列正确的路线和政策，形成了许多优良的传统和作风。这是革命、建设、改革不断取得胜利的根本保证。在中国共产党的路线和作风中，最根本的东西就是实事求是，就是不唯书、不唯上，要唯实，从本国实际出发，创造性地工作，把革命、建设和改革事业不断推向新的发展阶段。

二、革命、建设和改革都要走自己的路

坚持实事求是的思想路线，在中国革命、建设和改革问题上，最根本的就是坚持一切从实际出发，敢于和善于走自己的路。

毛泽东在中国革命和建设历程中特别关注理论与实际结合的问题，认为不了解中国实际，读再多的马克思主义的著作都没有用处，所以他立足中国实际，用马列主义的立场观点方法认识中国革命的规律，对社会主义建设规律也进行了一定的探索，取得不少原则性的理论成果。

十一届三中全会以后，邓小平在总结历史经验教训的基础上，强调中国新民主主义革命和社会主义革命，是走自己的路。在社会主义发展道路问题上，同样要敢于和善于走自己的路，建设中国特色社会主义。他说："我们都根据自己的特点，自己国家的情况，走自己的路。我们既不能照搬西方资本主义国家的做法，也不能照搬其他社会主义国家的做法，更不能丢掉我们制度的优越性。比如共产党的领导就是我们的优越性。"①

走自己的路是中国共产党在革命、建设和改革进程中形成的重要结论，是实事求是的必然结果。走自己的路的实质是在尊重客观规律的基础上强调创新。

第一，走自己的路，在思想方法上体现了矛盾的普遍性和特殊性的统一。马克思为人类社会描述了一个光明的未来，但并未指出不同背景、不同时代情况下的各国都要按照统一模式展开。马克思从普遍性角度指明了人类的发展前景，但如何进入这样的前景，仍需要各国依据自己特殊的国情，通过不同的途径去实现。革命不能照抄照搬，建设和改革同样如此，因此我们要坚持马克思主义、坚持走社会主义道路，但必须把马克思主义基本原理与中国具体实际结合起来。

第二，走自己的路在基本立场上体现了独立自主和对外开放的统一。这表现了内外因的统一关系。走自己的路，需要我们大胆吸收和借鉴人类社会创造的一切文明的成果，力求洋为中用，但应主张独立自主，独立自主是前提，对外开放是为了增强独立自主的能力。我们要反对照搬西方的模式，也不能照搬其他社会主义国家的模式。

第三，走自己的路，在理论原则上体现理论与实践的具体的历史的统一。由于中国特色社会主义实践是不断发展的，在新实践基础上又会产生新主观客观矛盾，这就需要根据变化了的实际不断发展对社会主义的认识，使之具体化和深刻化。

当然，无论是做到普遍性和特殊性、内因和外因的统一，还是做到理论与实践具体的历史的统一，都意味着在空间和时间两个向度上对传统势力和主观偏见的突破，因而走自己的路，同时意味着创新。

三、不断推进理论创新

坚持实事求是的思想路线，在今天，就要大力弘扬与时俱进精神，推进理论创新，开拓马克思主义新境界。因为与时俱进是马克思主义的理论

① 《邓小平文选》第3卷，256页，北京，人民出版社，1993。

品质，实践基础上的理论创新是社会发展和变革的先导，是民族进步的灵魂，是国家兴旺发达的不竭动力，也是政党永葆生机的源泉。

1. 与时俱进是马克思主义的理论品质

马克思主义理论的本质特征是实践性，这一特征赋予了它根据新的实践不断丰富和发展自己的内在动力，使其具有了与时俱进的理论品质。19世纪下半叶，马恩根据工人运动的新经验、资本主义的新变化和科学发现的新成果，不断修正原有观点，补充新的思想，完善自己的理论。20世纪初列宁深刻分析了资本主义整体上由自由资本主义转变为垄断的这一事实，提出了社会主义革命在一个国家或几个国家首先取得胜利的理论，并在革命胜利后探索了一条经济文化落后的国家“间接过渡”到社会主义的道路。以毛泽东为代表的中国共产党人，在领导中国的过程中，实现了马克思主义与中国实际相结合的第一次历史性飞跃。以邓小平为首的中国共产党人在领导中国改革开放和现代化建设的过程中，实现了马克思主义与中国实际相结合的第二次历史性飞跃。马克思主义在其诞生的一个半世纪中，在实践中得到了检验和发展，实现了与时俱进。

2. 不断开拓马克思主义理论发展的新境界

与时俱进，就是党的全部理论和工作要体现时代性，把握规律性，富于创造性，不断开拓马克思主义理论发展的新境界。

第一，党的全部理论和工作要体现时代性，把握规律性，富于创造性。体现时代性就是党的全部理论和工作要紧跟时代步伐，用马克思主义的宽广眼界观察世界。把握规律性就是党的全部理论和工作更加符合实践发展的客观规律。富于创造性就是党的全部理论和工作要更加开拓创新。

第二，善于在解放思想中统一思想，用发展着的马克思主义指导新的实践。从马克思主义诞生的一个半世纪中，世界政治、经济、文化、科技等发生了重大变化，我国社会主义建设发生了重大变化，广大党员干部和人民群众工作、生活条件和社会环境发生了重大变化，这些变化对中国共产党执政提出了严峻挑战和崭新课题。面对这些变化，要坚持与时俱进，就面临着如何认识社会主义发展的历史进程，如何认识资本主义发展的历史进程，如何认识我国社会主义改革实践对人们思想的影响，如何认识当今国际环境和国际政治斗争的政治影响的问题。认识这些问题，需要我们继续在解放思想中统一思想。

3. 通过理论创新推动其他各方面的创新

创新是一个民族进步的灵魂，是一个国家兴旺发达的不竭动力，也是一个政党永葆生机的源泉。当新的实践同原有理论中的某些结论产生了矛盾的时候，一个新的重大理论突破，能给实践以强有力的指导，既为实践的发展确定正确的方向，又能开辟新的实践领域，同时为动员最广大群众参与新实践提供精神动力，从而推进了社会的发展和变革。同世界发展大势保持同步，不断实现创新，是古今中外民族进步和国家兴旺的经验总结。

党的全部理论和工作与时俱进，特别要重视理论创新，通过理论创新推动制度创新、科技创新、文化创新和教育创新等其他各方面的创新。因为在所有这一切创新中，理论创新是基础，是关键，其他一切创新都是在理论创新的指导和推动下进行的。要使党和国家的事业不停顿，首先理论上不能停顿。只有坚持马克思主义的科学精神，善于根据客观情况的变化，不断总结人民群众在实践中创造的新经验，并借鉴当代人类文明的有益成果，在理论上不断扩展新视野，作出新概括，才能为制度创新、科技创新、文化创新和教育创新等提供理论根据、价值导向、思想方法和经提炼的实践经验，从而促进其他方面的创新。

4. 创新必须求真务实

科学的本质在于探求事物发展的客观规律性，创新必须建立在求实的基础上。在新时期，坚持科学精神，就是要求真务实。坚持求真务实，就是一切从人民利益和实际出发，察实情，讲实话，办实事，求实效，既积极进取，又量力而行，既立足当前，又着眼长远，同时，还要建立健全各种制度，为坚持求真务实提供体制保证。

案例分析

案例一 冲破禁锢

粉碎“四人帮”后，在如何看待“文化大革命”这个重大而敏感的问题上，国内现实政治生活中存在着日益显露且无法回避的矛盾。

1977年2月7日，《人民日报》、《解放军报》和《红旗》杂志两报一刊发表了题为《学好文件抓好纲》的社论，公开提出：“凡是毛主席作出的决策，我们都坚决维护；凡是毛主席的指示，我们都始终不渝地遵循。”这两句话很快就被概括为“两个凡是”，作为当时必须坚持的指导方针。

推行“两个凡是”的方针，就必然要维护“文化大革命”的错误理论，就难以冲破毛泽东晚年所犯的严重错误的束缚，就难以将党和国家的建设引向正确的轨道。

此时，由于“两个凡是”的阻碍，邓小平还没有恢复工作。但他时刻关注着党和国家的发展。对“两个凡是”的口号，他持坚决反对态度。1977年4月10日，邓小平在给华国锋、叶剑英并转党中央的信中，极有针对性地提出“我们必须世世代代地用准确的完整的毛泽东思想来指导我们全党、全军和全国人民”。7月，复出后的邓小平在十届三中全会的讲话中明确指出：“我说要用准确的完整的毛泽东思想作指导的意思是，要对毛泽东思想有一个完整的准确的认识，要善于学习、掌握和运用毛泽东思想的体系来指导我们各项工作。”

这些重要论述实际上已经涉及了真理标准问题。也正是在邓小平这些重要论述的影响下，一些党的干部和理论工作者开始在质疑中大胆思索。冲破“两个凡是”思想禁锢的力量正在积聚，一场广泛深入的思想解放运动即将来临。

1978年4月上旬，南京大学哲学系教师胡福明寄给《光明日报》的理论文章《实践是检验一切真理的标准》，引起了新任总编辑杨西光的高度重视。杨西光建议作者对该文作进一步修改，以加强现实针对性，并请正在撰写同一主题文章的中共中央党校理论研究室的同志共同参与修改。经反复修改，并经时任中共中央党校常务副校长的胡耀邦审阅定稿后，5月10日，一篇题为《实践是检验真理的唯一标准》的文章，刊登在中共中央党校的内部刊物《理论动态》上。11日，《光明日报》以“特约评论员”的名义公开发表。

当天，新华社转发了此文。12日，《人民日报》和《解放军报》同时转载。

这篇文章深刻指出：社会实践不仅是检验真理的标准，而且是唯一的标准。凡有超越于实践并自奉为绝对禁区的地方，就没有科学，就没有真正的马列主义、毛泽东思想，而只有蒙昧主义、唯心主义、文化专制主义。

显然，这篇文章从理论上对“两个凡是”僵化思想路线给予了否定和批判。

一石激起千层浪。此文一经发表，即在党内外引起强烈反响和热烈讨论，但在当时的政治环境下，它首先遇到的却是主张“两个凡是”的人的责难和压制。

关键时刻，邓小平挺身而出，在中央领导人中率先对这场讨论给予了态度鲜明和坚强有力的支持。5月30日，他在同胡乔木等几位同志谈话时尖锐地指出：“毛泽东思想最根本的最重要的东西就是实事求是。现在发生了一个问题，连实践是检验真理的标准都成了问题，简直是莫名其妙！”6月2日，他在全军政治工作会议上号召人们“打破精神枷锁，使我们的思想来个大解放”。7月21日，邓小平在同中宣部负责人谈话时，针对真理标准的讨论，明确提出：不要再“下禁令”、“设禁区”了，不要再把刚刚开始的生动活泼的政治局面向后拉。

9月中旬，邓小平出访朝鲜回国，随即视察了东北三省和唐山、天津。期间，他多次发表重要讲话，猛烈抨击“两个凡是”的错误观点，强调高举毛泽东思想旗帜，就必须坚持实事求是的思想路线。

邓小平的北方谈话，正如他自己说的“我是来点火的”，他点燃的，是思想解放之火，是烧毁一切禁锢人们思想的条条框框的真理之火。

为了有力支持真理标准讨论，邓小平不仅进行了广泛的思想发动，而且敢于针锋相对地与消极面作直接斗争。

当真理标准讨论的热潮在全国日益形成之时，党的重要“喉舌”、在“文化大革命”中向来并驾齐驱的“两报一刊”，却出现了分歧：作为党中央理论刊物的《红旗》杂志从一开始就采取了“不卷入”政策，对《实践是检验真理的唯一标准》这篇文章不转载，对真理标准的讨论不表态。真理标准的讨论，实质上是实事求是与“两个凡是”两条思想路线的一次正面交锋。《红旗》的不卷入，实际上就是对“两个凡是”的肯定和支持。而且，由于《红旗》杂志的性质、规格及其在中国政治生活中的重大影响力，它的不卷入，对于真理标准讨论的进一步深入和发展是一个很大的阻碍。

1978年11月，谭震林在为纪念毛泽东诞辰85周年而写给《红旗》杂志的文稿中，坚持要写入实践是检验真理的唯一标准的观点。《红旗》杂志负责人考虑到谭震林在党内德高望重，直接改动文稿不合适，于是在11月16

日将该文稿呈送中央常委审阅。邓小平看到后，在批语中写道："我看这篇文章好，至少没有错误。改了一点，如《红旗》不愿登，可转《人民日报》登。为什么《红旗》不卷入？应该卷入。"并一针见血地指出"看来不卷入本身，可能就是卷入"。之后，李先念对这篇文稿也写了支持的批语。在此情况下，《红旗》杂志才不得不刊登了谭震林的文章。由此，实际上结束了《红旗》杂志的不卷入状态，从而为真理标准讨论又扫除了一个障碍。

在邓小平等一批老同志的大力支持和极力推动下，一场关于真理标准问题的大讨论在全国范围内蓬蓬勃勃地开展起来。

真理标准讨论极大地促进了人们的思想解放，为随后召开的十一届三中全会重新确立党的实事求是的正确思想路线，为改革开放政策的提出和实施，为党和国家建设的伟大转折，奠定了坚实的思想基础。

——摘自《冲破禁锢》

【案例点评】

实事求是这一思想路线不能成为一个简单的口号，它必须成为行动中的活的精神。从案例中我们可以看到，实事求是这一思想路线在当时的中国并不是被忘记、被淹没，它在当时是很多人所喊口号的基础。但是，这并不表示喊的人都是懂的人，也不表示喊的人就是真的可以做的人，其实很多人就是喊着毛主席的语录在做着与语录基本精神完全相反的事情，这是这一时期我国社会的基本事实，对于这一历史阶段在思想上的警惕和反思是非常必要的。

邓小平没有跟从社会上的流行话语，在大的历史潮流面前能作出独立的思考，把对实事求是这一思想有清醒认识的人的意愿鼓舞成为一股力量，把握了历史潮流的基本方向，达到了力挽狂澜的效果。这一案例既能让我们看到我国在那样一个特殊历史时期所走过的弯路，和邓小平在这个关键时刻的清醒判断和对扭转局面的不懈努力。同时也让我们反思，如果我们身处那样的历史时期，我们在这一时刻会是怎样的，我们是否可以独立思考，不盲从不跟风，去寻找历史的潮流和未来的方向。

案例二　邓小平 1992 年南方谈话(节选)

改革开放胆子要大一些，敢于试验，不能像小脚女人一样。看准了的，就大胆地试，大胆地闯。深圳的重要经验就是敢闯。没有一点闯的精神，没有一点“冒”的精神，没有一股气呀、劲呀，就走不出一条好路，走不出一条新路，就干不出新的事业。不冒点风险，办什么事情都有百分之百的把握，万无一失，谁敢说这样的话？一开始就自以为是，认为百分之百正确，没那么回事，我就从来没有那么认为。每年领导层都要总结经验，对的就坚持，不对的赶快改，新问题出来抓紧解决。恐怕再有30年的时间，我们才会在各方面形成一整套更加成熟、更加定型的制度。在这个制度下的方针、政策，也将更加定型化。现在建设中国式的社会主义，经验一天比一天丰富。经验很多，从各省的报刊材料看，都有自己的特色。这样好嘛，就是要有创造性。

改革开放迈不开步子，不敢闯，说来说去就是怕资本主义的东西多了，走了资本主义道路。要害是姓“资”还是姓“社”的问题。判断的标准，应该主要看是否有利于发展社会主义社会的生产力，是否有利于增强社会主义国家的综合国力，是否有利于提高人民的生活水平。对办特区，从一开始就有不同意见，担心是不是搞资本主义。深圳的建设成就，明确回答了那些有这样那样担心的人。特区姓“社”不姓“资”。从深圳的情况看，公有制是主体，外商投资只占四分之一，就是外资部分，我们还可以从税收、劳务等方面得到益处嘛！多搞点“三资”企业，不要怕。只要我们头脑清醒，就不怕。我们有优势，有国营大中型企业，有乡镇企业，更重要的是政权在我们手里。有的人认为，多一分外资，就多一分资本主义，“三资”企业多了，就是资本主义的东西多了，就是发展了资本主义，这些人连基本常识都没有。我国现阶段的“三资”企业，按照现行的法规政策，外商总是要赚一些钱。但是，国家还要拿回税收，工人还要拿回工资，我们还可以学习技术和管理，还可以得到信息、打开市场。因此，“三资”企业受到我国整个政治、经济条件的制约，是社会主义经济的有益补充，归根到底是有利于社会主义的。

计划多一点还是市场多一点，不是社会主义与资本主义的本质区别。计划经济不等于社会主义，资本主义也有计划；市场经济不等于资本主义，社会主义也有市场，计划和市场都是经济手段。社会主义的本质，是解放生产力，发展生产力，消灭剥削，消除两极分化，最终达到共同富裕。就是要对大家讲这个道理。证券、股市，这些东西究竟好不好，有没有危险，是不是资本主义独有的东西，社会主义能不能用？

允许看，但要坚决地试。看对了，搞一两年对了，放开；错了，纠正，关了就是了。关，也可以快关，也可以慢关，也可以留一点尾巴。怕什么，坚持这种态度就不要紧，就不会犯大错误。总之，社会主义要赢得与资本主义相比较的优势，就必须大胆吸收和借鉴人类社会创造的一切文明成果，吸收和借鉴当今世界各国包括资本主义发达国家的一切反映现代社会化生产规律的先进经营方式、管理方法。

不搞争论，是我的一个发明。不争论，是为了争取时间干。一争论就复杂了，把时间都争掉了，什么也干不成，不争论，大胆地试，大胆地闯。农村改革是如此，城市改革也应如此。

现在，有右的东西影响我们，也有“左”的东西影响我们，但根深蒂固的还是“左”的东西。有些理论家、政治家，拿大帽子吓唬人的，不是右，而是“左”。“左”带有革命的色彩，好像越“左”越革命，“左”的东西在我们党的历史上可怕呀！一个好好的东西，一下子被他搞掉了。右可以葬送社会主义，“左”也可以葬送社会主义。中国要警惕右，但主要是防止“左”。右的东西有，动乱就是右的！“左”的东西也有。把改革开放说成是引进和发展资本主义，认为和平演变的主要危险来自经济领域，这些就是“左”。我们必须保持清醒的头脑，这样就不会犯大错误，出现问题也容易纠正和改正。

——摘自《在武昌、深圳、珠海、上海等地的谈话要点》，《邓小平文选》第3卷。

【案例点评】

社会历史是不断发展着的，实事求是强调的是理论与具体的实践相结合，所以理论一定要跟上社会实践的发展步伐，不能把实事求是理解为一个僵化的模式或者简单的公式，它需要在历史的发展中不断与新的历史事实相结合，不断解决现实中面对的新的问题，所以在邓小平南方谈话中，提出要不断地摸索，要敢于闯，要富于创造性地开展工作，不断跟上历史的步伐。而在解决这些历史问题的过程中，也并不是没有标准的，这是一个非常关键的问题，设定一个什么样的标准才符合现实的实际，符合历史的逻辑，这也应该是实事求是必须关注的问题。邓小平把现代社会的基本准则与中国特色社会主义建设结合起来，把人民利益作为判断标准的基本依据，同时设计了中国未来发展的共同富裕道路。这是对实事求是理论联系实际精神的具体运用，这段谈话让我们看到了实事求是这一基本思想路线如何在生活中获得持续的生机和活力。

案例三 科学史上的大丑闻："水变油"闹剧

1992年11月22日，一家私营企业——洪成新能源膨化剂有限公司在哈尔滨成立，它的成立与水变油这桩尚未证明的"科学发明"有着不可分割的关系。

它的始作俑者是王洪成。按他的话说，他是经历了7次的实验，直到1983年11月7日才研究成功的。他的理论是配制出一种母液，然后按1∶100000的比例兑上普通的水便变成了"水基燃料"，这种燃料完全可以替代汽油用于汽车的燃烧，而且其燃烧值比汽油还高，成本仅为汽油的千分之一，还没有任何污染。他用类似方法配制的柴油、重油膨化燃料，使用亦优于传统的柴油和重油。

王洪成声称，这种母液的生产很简单，且成本低廉，只用一台简易的机器每20分钟就能生产出1吨，而这1吨就能配制水基燃料10吨。王某的实验已达数百次，现场参观乃至操作过试验的领导不下十余人。一位研究人员不无感慨地说："如果我们能够自己重视起来，王某的产品一年就可以覆盖全世界，晚一天开发王某的发明成果，人类就多一天犯罪。"

王洪成的"发明"刺激了某些人急于暴富的神经，迎合了某些领导迫切实现经济飞速发展的心志。期间，一些著名科学家卷入其中，因此欺骗性很大。正如何祚庥院士所尖锐指出的：水变油丑闻的高潮是由科学家掀起的。哈尔滨工业大学校长和党委书记曾联名10位教授上书最高权力层，保证水变油是千真万确的事实。中央领导没有理睬。去年(1995年)5月全国科学大会时他们又跑到会场散发鼓吹水变油的材料，10位教授还在上面签了名。结果宋健把他们撵走。王洪成案发后，14名政协委员联名提案，要求将事件追查到底，但有关部委的回答是，王洪成是个骗子，但水变油实验还是成立的。那些科学家们大部分仍坚持水变油是真的。

在某些科学家推波助澜之下，一些领导对他的"发明"表现了浓厚的兴趣，给予了全力支持。一时间王洪成成为炙手可热的人物，此事前后折腾了10多年。后来越搞越大，成立了洪成燃料公司，高峰时全国有三百多乡镇、国营企业投资，总投资额估计超出三个亿。王洪成也一跃成了"大腕"，有关部门向他要配方，他竟提出要给他个副总理干他才肯交出。后来有关部委还是妥协了，给了他一个什么基地副司令。几家重要的部委都为他大开绿灯。1993年1月28日，《经济日报》两名记者发了一篇半版的文章，题目是《水真能变成油吗?》，称此是继传统四大发明以来的中国第五大发明，许多小报更是大加介绍，水变油一下子被炒成热点新闻。

其实，这是一起早在三十年代就已在美国被揭穿的伪科学骗局，当时福特汽车公司搞过，后来骗局败露了。军国主义时代的日本苦于能源不足也开发过这个项目，后来真相大白，山本五十六大怒，杀掉了愚弄帝国海军的骗子。

就王洪成的“发明”方面的科学研究暂且不谈，但他已经犯了几个基本科学常识性的错误。

首先，水和油分子式的不相通性否定了二者之间的转化；其次，王洪成关于石油形成的“独到”理论无任何科学数据及原理加以验证。

然而闹剧却在继续升温，抱着侥幸心理的某些人总希望王洪成能侥幸出现“科学奇迹”。

在这样的背景下，何祚庥感到事态过于荒唐，便写了篇质疑文章，但各大报纸称奉某权力部门通知，对此问题不展开讨论。1994 年 12 月 6 日，中共中央关于加强科普工作几点意见出台，其中提出要反对伪科学。在一次研讨会上，科委主任宋健听说何祚庥的文章还未登出，就让何以宋健的名义打电话到科委属下的《科技日报》、《中国科学报》，但仍不顺利。最后宋健亲自批条说，争鸣总还是可以的吧？一篇文章就这样拖了两年才得以发表。

此后，科学界怀疑的声音越来越大，揭露文章相继发表。王洪成的行径引起了人们更多的疑惑，狐狸尾巴渐渐露出来了。

1995 年，何祚庥联合 14 名科学界全国政协委员联合提案，要求对“水变油”骗局立案调查。《中国石油报》的一位记者顶着很大的阻力进行调查，基本搞清这一假发明已导致了国家 4 个亿的直接财产损失。

严重的事态终于引起最高层的重视，决心彻查此案。闹剧以王洪成被绳之以法告终。但它使国家蒙受了巨大的经济损失，使科学界蒙受了莫大的耻辱。它留给人们的思考是非常深刻的。

——摘自《东方信息网》2004 年 7 月 15 日。

【案例点评】

本案例中的“水变油”闹剧之所以成为一个轰动全国的丑闻，首先在于一些人以“眼见为实”为判断事实的基本标准，把个人的感官经验作为准绳，缺少起码的科学精神和对科学的基本了解。于是，这些人不仅自己被蒙在鼓里，且自以为清楚明白，用自己手中的权力为这个荒唐的骗局鸣锣开道，压制反对的声音，而一些不明就里又没有亲身经验过的人则迷信于这些权威的判断，放弃了独立的思考和起码的质疑精神，从而使这个简单的戏法演变成一个旷世的丑闻。这个案例告诉我们，实事求是并不是一劳永逸的，它必须在不同的历史时期，不同的知识领域不断发展性地运用，科学的精神永远都应该是第一位的。

近年来，这类事件并不少见，如"中国芯"造假事件，造假程序简单到比光盘盗版还容易得多，比山寨手机更不需要技术含量，但是居然能在人才济济的科学技术领域中屡次过关斩将，如入无人之境。还有"肖氏反射弧"事件，没有严格的实验阶段和科学的结果，居然屡次获得各种奖项，被社会上一些利益相关机构吹嘘得天花乱坠，堂而皇之地进入临床应用，结果其复杂的结果对很多家庭和患者造成了巨大的损失和伤害。虽然水变油的闹剧已经过去了，但是类似的闹剧还在不断重演，这种现象值得我们深思！

疑难问题解答

1. 如何评价毛泽东对思想路线的贡献？

毛泽东对思想路线的贡献是第一个意识到了思想路线的重要性，并在中国革命和中国社会主义建设的过程中持续思考，深入研究，将马克思恩格斯的唯物史观和列宁的党的建设理论与中国革命和建设的现实结合起来，在马克思主义的发展史上首先提出了思想路线的问题，并确立了“实事求是”这一思想路线。

在民主革命时期，在一次一次的观念分歧中，在一次一次的失误中，毛泽东探索产生这些分歧和失误的原因所在，从而注意到了思想路线的问题。针对教条主义的严重危害，1930 年他在《反对本本主义》中指出：“那些具有一成不变的保守的形式的空洞乐观的头脑的同志们，以为现在的斗争策略已经是再好没有了，党的第六次全国代表大会的‘本本’保障了永久的胜利，只要遵守既定的办法就无往而不胜利。这些想法是完全错误的，完全不是共产党人从斗争中创造新局面的思想路线，完全是一种保守路线。”

1937 年，毛泽东发表了《实践论》和《矛盾论》等著作，从哲学高度对认识问题和工作方法做出了思考，为思想路线问题的阐述奠定了理论基础。1941 年以后，在延安整风运动中，他从工作方法和思想方法，而且从党的思想作风和党性的高度，批判了主观主义、特别是教条主义，强调“实事求是”是马克思主义的“根本观点”、“根本方法”和“科学态度”，是“党性”和“作风”的体现。同时对实事求是这一概念作了详细的阐述，并为中央党校题写了“实事求是”四个字。1945 年，在党的七大报告中，他把理论联系实际规定为中国共产党区别于其他党的三大作风之一。

当然，毛泽东并没有在完整意义上提出过“党的思想路线是实事求是”这样的命题。而且，从他晚年所犯的错误也可以看到，对实事求是问题作出更加系统的科学阐述仍然是必要的。

2. 为什么解放思想是发展中国特色社会主义的一大法宝？

(1)解放思想是党的思想路线的本质要求，是实现实事求是的前提条件。改革开放 30 年来，我们之所以能取得今天这样的成绩，恢复和重新确立党的实事求是的思想路线是重要的思想基础。实事求是是党的思想路线的核心，也是马克思主义中国化的精髓。然而，如果不解放思想，就不可能做到实事求是。在十一届三中全会之前召开的中央工作会议上的讲话中，邓小平就曾经说过，“解放思想，开动脑筋，实事求是，团结一致向前看，首先是解放思想。只有思想解放了，我们才能正确地以马列主义、毛泽东思想为指导，解决过去遗留的问题，解决新出现的一系列问题”。在他看来，只有解放思想，坚持实事求是，一切从实际出发，理论联系实际，我们的社会主义现代化建设才能顺利进行，我们党的马克思列宁主义、毛泽东思想的理论也才能顺利发展。

(2)改革开放以来的实践证明，能不能做到解放思想关系重大。如果思想不解放，一切工作就很难推得动，本来可以办成的事情也办不成；反之，如果思想解放了，想问题的思路就开了，办法就多了，路子就宽了，本来很难办成的事情也能办成。

回顾我们的奋斗历程，特别是改革开放30年的历程，我们在实践上的每一个重大发展，理论上的每一个重大突破，工作上的每一个重大进步，都是解放思想的结果。如果说，1978年12月邓小平发表的题为《解放思想，实事求是，团结一致向前看》的那次讲话是在“文化大革命”结束以后，中国面临向何处去的重大历史关头，冲破“两个凡是”的禁锢和思想僵化的状态，开辟新时期新道路、开创建设中国特色社会主义新理论的宣言书的话，那么，1992年初他发表的南方谈话，则是在国际国内政治风波严峻考验的重大历史关头，坚持十一届三中全会以来的理论和路线，深刻回答长期束缚人们思想的许多重大认识问题，把改革开放和现代化建设推进到新阶段的又一个宣言书。正是经过了这个时期不断的思想解放，实事求是的权威才重新确立起来，改革开放才取得了重大胜利。

(3)解放思想是发展中国特色社会主义的思想保证。在新世纪新阶段，深入贯彻落实科学发展观，我们必须着力转变不适应不符合科学发展观的思想观念，着力解决影响和制约科学发展的突出问题，把全社会的发展积极性引导到科学发展上来，把科学发展观贯彻落实到经济社会发展各个方面。我们只有坚持解放思想，才能科学分析我国全面参与经济全球化的新机遇新挑战，全面认识工业化、信息化、城镇化、国际化深入发展的新形势新任务，深刻把握我国发展面临的新课题新矛盾，正确制定适应时代要求和人民愿望的方针政策，奋力开创中国特色社会主义事业的新局面。

实践教学设计

方案一　观看专题片《真理标准问题大讨论》

【设计思路】

这是中央电视台“新闻调查”栏目在“真理标准大讨论”20年之际推出的专题节目，通过采访当事人和专家学者，描述了真理标准大讨论的历史背景及基本过程，片长50分钟。通过观看该专题节目，使学生更加直观深刻地了解“真理标准”问题的讨论在当时的重要性以及这一讨论结果对中国当前社会发展的重大意义，深化对思想路线问题的认识。

【步骤安排】

1. 交代本片的背景及观看中需要注意的问题，安排学生观看

大家都比较熟悉“真理标准问题大讨论”这个概念，但是对基本过程和其中的一些纠葛并不十分清楚，本片是新闻评论部“新闻调查”栏目的编导们为了纪念真理标准大讨论，促进思想解放所制作的节目。虽然事情已经过去了二十多年，这部片子在制作和播出的时候仍然面临着很大的阻力，所以在编辑过程中对很多敏感问题做了模糊化处理，这使得部分内容看起来不是很清楚，学生在观看的时候可能会有很多不理解，对其细节部分可以做适当的勾连。

2. 本片基本内容

这部专题资料片以“文革”结束为起点，以真理标准讨论过程中及其前后的一些关键人物为采访对象，对整个过程进行了重现。“文革”结束后，一些因为纪念周恩来的“天安门广场事件”而被关进监狱的人被释放出来，全国上下沉浸在一片打倒“四人帮”反革命集团的欢呼声中。

但是，人们出来之后发现，很多问题并没有得到根本性解决，“文革”期间的一些规则，如“公安六条”等仍然支配着人们的思想，在生活和工作中起着支配作用，尤其是“两个凡是”成为思想进一步解放的巨大障碍。如何克服这种障碍，把中国的社会主义建设道路引向前进，是当时一些有识之士都在思考的问题。

在大众面前，知识分子阶层首先公开发出声音，南京和北京的学者首先就这一问题开始发起讨论，他们一起关注什么是真理标准的问题。他们通过投稿的方式表达自己的观点，在报纸、期刊、杂志上面也引发了相关

问题不同看法者之间的争论。

在从中央高层到媒介、报纸的管理者中一些有识之士的合作下，关于真理标准问题的讨论摆在了人们面前，邓小平等领导者们迅速推进了这一讨论在全国的开展。各级单位、各相关部门在论争中深刻认识到了这次讨论对进一步开展工作的重要性，经过论辩，实践是检验真理唯一标准的观念得到了普遍的认同。这一标准的重新确立，对结束“文化大革命”的思想禁锢，迅速推进中国社会主义建设道路起到了重要的作用。

在结尾处，通过对一些重要的专家的采访，再次强调了如何在当前真正做到解放思想的问题，探索了指导中国进行社会主义建设的基本原则。

3. 观看结束后，引导学生进行课堂讨论

首先，回答学生对整个过程不清楚之处的疑问，使历史过程基本清晰完整。然后就相关问题展开讨论，除了对学生的问题作出回答外，有一些问题可以提示给学生，其中比较突出的是：真理标准问题其实在哲学上非常清楚，为什么在实践中仍然会出现“两个凡是”的提法，而且在很长的时间内被认为是指导国家建设的基本指导思想。

点评要点：

这里要强调理论与实践结合的重要性，引导学生正确理解实事求是基本原则的时代性和科学性要随着历史的发展变化而不断地加以应用，同时要时刻把握这一思想路线的基本精神，不能仅仅流于口号，社会的基本发展目标应该是以人民生活是否得到改善等三个有利于为标准，与此相违背的规则、观点都需要作出适合时代的创造性发展或者在实践中放弃自己存在的权利。在当前，凡是把这一精神只体现在口号和本本上的，都是需要警惕的。

方案二 阅读资料《再谈“实事求是”》

【设计思路】

《再谈“实事求是”》(《党政干部学刊》2010 年第 12 期)，是北京大学哲学系朱德生先生近期发表的一篇文章，他是中国西方哲学研究中的著名学者，此前曾经从哲学角度讨论过“实事求是”的问题，随着时代的发展、学术的进步和现实中出现的一些问题，他再次发表文章讨论“实事求是”问题。这对学生深刻理解“实事求是”问题的复杂性具有重要的启示。

【步骤安排】

1. 提供基本资料给同学，交代背景并安排学生阅读，提交读后感想的时间一般要在两周之内。可以通过网上提供电子资源或实际中提供复印资料两种方式把这些资料交给同学。

2.《再谈"实事求是"》的基本内容。朱德生先生用西方哲学认识论的基本规范分析了"实事求是"的概念，更加接近哲学性的理解，呈现了认识问题的复杂性。他提出"实事"不是经验中直接给定的事实，而是经由人的抽象思维能力求得的符合必然性的实存。"求是"不仅仅是一项思维活动的原则，更主要的是一项实践活动的原则。"求是"不仅仅是改造外部世界的活动，同时也是对内部世界的改造。因为改造外部世界与改造内部世界是不可分割的。"实事"和"求是"是一个辩证的发展过程，不能割裂开来理解。

3. 由于这是一篇哲学类的论文，首先要了解学生解读的情况，引导学生准确理解论文的意思，这是讨论问题的基础。然后，就其中什么是实事，什么是求是，以及实事和求是之间如何有机结合的问题深入讨论，促使他们更加准确地理解马克思主义中国化中所面临的理论和实践问题。

方案三　观看12集电视文献片《邓小平》第七集《绘制蓝图》

【设计思路】

通过观看本集文献片，使学生了解中国改革开放是如何开始到逐步布局的，以更加直观生动的方式理解中国特色社会主义建设道路的探索过程，从而了解如何真正做到把马克思主义与中国的历史实际相结合的基本规律。

【步骤安排】

1. 交代基本的背景，安排学生观看《绘制蓝图》。

2. 大致内容。本集讲述了邓小平在改革开放之初对中国当时该如何建设社会主义道路的思考、探索和规划。片中以安徽凤阳小岗村的包产到户为例，描述了中国的改革从农村的自发创新开始，在邓小平的大力支持下，逐渐在全国展开，同时，以此为基础，经过深思熟虑，邓小平举一反三，把改革引导向了整个社会领域。通过观看本集节目，使学生对"实事求是"如何运用于具体实际有更加直观的认识，同时了解中国改革开放的最初探索过程。

3. 教师点评。点评中要围绕马克思主义中国化这一基本精神，理论要应用于具体的实际，必须与实际情况相结合，邓小平理论是马克思主义中国化过程中的重要理论成果，但是这一成果并不是简单的学习和理解马克思主义文本的过程，其重要的内容来自于中国现实与马克思主义基本原理的结合，是对马克思主义作出的创造性发展。

考研题解

一、单项选择题

1. (模拟题)“墙上芦苇，头重脚轻根底浅；山间竹笋，嘴尖皮厚腹中空。”毛泽东在延安整风运动期间用这副对联形象地讽刺了(　　)

A. 主观主义的学风　　B. 宗派主义的党风

C. 党八股的文风　　D. 官僚主义的作风

2. (模拟题)创新是一个民族进步的灵魂，是一个国家兴旺发达的不竭动力，也是一个政党永葆生机的源泉。创新包括理论创新、制度创新、技术创新、文化创新及其他各方面的创新。在各项创新中处于先导地位的是(　　)

A. 科技创新　　B. 制度创新

C. 文化创新　　D. 理论创新

3. (模拟题)毛泽东第一次使用“实事求是”这一概念的代表性文章是(　　)

A. 1929 年 6 月分析红四军党内错误思想的一封信

B. 1930 年 5 月《反对本本主义》

C. 1929 年 12 月《古田会议决议》

D. 1938 年 6 月六中全会作的政治报告

4. (模拟题)邓小平重新确立实事求是思想路线的第一个宣言书是(　　)

A.《全面准确地理解毛泽东思想的科学体系》

B.《解放思想，实事求是，团结一致向前看》

C.《坚持四项基本原则》

D. 1992 年南方谈话

5. (模拟题)“解放思想，实事求是”中的“解放思想”是指(　　)

A. 在马克思主义指导下打破习惯势力和主观偏见的束缚，研究新情况，解决新问题

B.“大胆地试，大胆地闯”

C. 一切从实际出发，走自己的路

D. 排除姓“社”姓“资”抽象理论的干扰

二、多项选择题

6. (模拟题)十一届三中全会以后，邓小平提出的重要思想有(　　)

A. 经济建设中既反保守又反冒进

B. 要完整、准确地掌握毛泽东思想的科学体系

C. 坚持四项基本原则

D. 解放思想，实事求是，团结一致向前看

7. (模拟题)坚持与时俱进，就是党的全部理论和全部工作要(　　)

A. 体现时代性　　B. 把握规律性

C. 富于创造性　　D. 注重协调性

8. (2008 年考研试题第 29 题)党的十七大报告指出，十一届三中全会以来，中国共产党坚持马克思主义的思想路线，不断探索和回答的重大理论和实际问题是(　　)

A. 什么是社会主义、怎样建设社会主义

B. 什么是现代化、怎样建设现代化

C. 建设什么样的党、怎样建设党

D. 实现什么样的发展、怎样发展

9. (模拟题)尊重实践、尊重群众是实事求是思想路线的根本体现。这是因为(　　)

A. 党的思想路线内在地包含着实践标准、群众路线的内容

B. 人民群众是实践的主体，尊重实践就必须尊重人民群众

C. 人民群众是历史的主人

D. 历史全部是由人民群众创造的

10. (模拟题)2004 年 1 月，胡锦涛在一次讲话中强调必须大力弘扬求真务实精神，大兴求真务实之风，并指出求真务实是(　　)

A. 辩证唯物主义和历史唯物主义一以贯之的科学精神

B. 中国共产党的优良传统

C. 共产党人应该具备的政治品格

D. 党永葆蓬勃生机的法宝

参考答案　1. A　2. D　3. A　4. B　5. A　6. BCD　7. ABC　8. ACD　9. AB　10. ABCD

第三章　新民主主义革命理论

名人名言

我们是战争消灭论者，我们是不要战争的；但是只能经过战争去消灭战争，不要枪杆子必须拿起枪杆子。

——毛泽东(《战争和战略问题》，《毛泽东选集》第 2 卷，547 页，北京，人民出版社，1991)

最后决定战争胜负的不是技术，而是政治，而是政治制度和人心的向背。

——朱德(《人民军队，人民战争》，《人民日报》1958 年 8 月 1 日)

方向和目标是确定了，但道路是要我们一步一步去走的。

——周恩来(《建设与团结》，《周恩来选集》下卷，23 页，北京，人民出版社，1984)

专题讲授

专题一　新民主主义革命理论的形成

中国新民主主义革命的理论，既适应“第一次世界大战”和俄国十月革命后“世界历史”变迁的形势，又结合了中国的具体国情，是在对中国革命的时代特征与近代以来国情的深刻把握和科学分析的基础上形成的。同时，也是中国革命经验的概括和总结。

一、近代以来中国国情和中国革命的时代特征

要改造中国社会，首先需要认识中国社会。正确认识近代中国社会的性质和特点，认识近代中国革命的性质和任务，是正确制定革命路线和方针政策的基础。以毛泽东为代表的中国共产党人，依据马克思、列宁对近代中国社会的预见和论述，在对近代中国实际进行深入调查研究的基础上，确认近代中国社会是半殖民地半封建社会，并在此基础上回答了中国革命的一系列基本问题。

近代中国半殖民地半封建的社会性质，决定了社会的主要矛盾是帝国主义和中华民族的矛盾，封建主义和人民大众的矛盾，而帝国主义和中华民族的矛盾，是各种矛盾中最主要的矛盾。

近代中国社会的性质和主要矛盾，决定了近代中国革命的根本任务是推翻帝国主义、封建主义和官僚资本主义的统治，从根本上推翻反动腐朽的政治上层建筑，变革阻碍生产力发展的生产关系，为建设富强民主的国家、改善人民的生活、确立人民当家做主的政治地位扫清障碍，创造必要的前提。近代中国的社会性质和主要矛盾，决定了中国革命是资产阶级民主革命。中国的资产阶级民主革命分为两个阶段，即旧民主主义革命和新民主主义革命。

从鸦片战争到辛亥革命期间，中国的反帝反封建的斗争属于旧民主主义革命。十月革命后，中国的资产阶级民主革命进入了一个新民主主义革命阶段。为什么会发生这样的变化？就是因为世界历史的时代出现了新情况、发生了新的变化。

1917年俄国十月社会主义革命的胜利，改变了整个世界历史的方向，划分了整个世界历史的时代，开辟了世界无产阶级社会主义革命的新纪元，

标志着人类历史开始了由资本主义向社会主义转变的进程。

具体地讲，一方面，这个革命发生和成功的原因并非仅仅在于俄国社会本身，还在于第一次世界大战的影响。它是在第一次世界大战的废墟上，通过对资本主义进行制度性革命而实现的。因此，这个革命所指向和否定的不仅仅是俄国资本主义制度的“特殊”，更有通过俄国资本主义“特殊”所表征的世界资本主义制度的“一般”。它打破了资本主义世界体系的一统性，根本性地改变了国际力量格局。另一方面，这个革命的理论指导是马克思主义，是马克思主义结出的实践之果。因而，它极大地推动了马克思主义和社会主义在世界范围的双重传播。

时代条件的变化，使得发生在半殖民地半封建社会的中国资产阶级民主革命，从原来的属于旧的世界资产阶级民主革命的范畴，属于旧的世界资产阶级民主革命的一部分，转变为属于新的资产阶级民主主义革命的范畴，属于世界无产阶级社会主义革命的一部分。

中国的资产阶级民主革命由旧的资产阶级民主革命转向新的资产阶级民主革命的标志是1919年五四运动，五四运动是中国新民主主义革命的开端。从此，无产阶级开始登上了历史舞台，成为民主革命的领导阶级。五四运动后中国的无产阶级由自在阶级转变为自为阶级，马克思主义在中国广泛传播，并逐步成为中国革命的指导思想。

旧民主主义革命阶段，先进的中国仁人志士为救国救民进行了英勇的斗争，包括自强运动和改良运动，旧式的农民战争，资产阶级革命派领导的民主革命，对推动中国社会走向进步产生了一定的影响，但是都不能完成反帝反封建的革命任务，都不能为中国找到真正的出路。近代中国社会的发展，新的革命形势的出现，需要新的阶级及其政党的领导，也呼唤着新的革命理论的产生。

二、中国革命经验的概括和总结

新民主主义革命理论不是凭空产生的，具有深厚的实践基础，是中国革命实践经验的概括和总结。中国共产党对民主革命规律的认识是一个艰难曲折的发展过程。通过革命实践，从没有经验到有经验，从有较少经验到有较多经验；从未被认识的必然王国逐步地克服盲目性，在认识上有了一个飞跃，达到了比较自由的程度。

中国共产党成立后，逐步将马克思主义与中国革命具体实际结合起来。1922年党的二大明确提出了党在民主革命时期的纲领，1923年党的三大提出了建立国共合作统一战线的思想，1925年党的四大第一次明确提出坚持无产阶级领导权和农民同盟军问题，1926年前后，党逐步形成了新民主主义革命基本思想。

1927年大革命失败后，以毛泽东为代表的中国共产党人，对中国革命的新道路进行了艰辛的探索，并总结实践经验，初步形成了农村包围城市、武装夺取政权这一具有中国特点的民主革命道路。

到了抗日战争时期，中国革命经历了两次胜利两次失败，经过对这些经验教训的总结和理论概括，在遵义会议后，特别是经过抗日战争的锻炼，党对中国革命的认识逐步成熟。毛泽东系统地总结了中国革命的实践经验，在新民主主义革命的基本问题、新民主主义革命的三大法宝、新民主主义革命的基本纲领，人民军队建设、革命根据地建设和党的建设等多方面得到展开，使新民主主义革命理论达到成熟。

新民主主义革命的实践和新民主主义革命理论的形成和发展是密切相连的。没有两次国共合作的实践，就没有关于统一战线的理论；没有建立和巩固农村根据地的实践，就没有关于中国革命道路的理论；没有革命战争的实践，就不会有建立人民军队和关于军事战略的理论；没有在领导中国新民主主义革命的历程中，党由小到大、由弱到强的实践，就不会有党的建设的理论。

专题二　新民主主义革命的总路线和基本纲领

总路线又叫基本路线，是相对于具体路线而言的根本指导路线。新民主主义革命总路线是在总结新民主主义革命实践经验的基础上制定的，它反映了中国革命的基本规律，指明了中国革命的对象、动力、领导力量、依靠力量和发展前途。新民主主义革命基本纲领是新民主主义革命总路线的具体展开和体现，为新民主主义革命指明了具体的奋斗目标。

一、新民主主义革命的总路线

在1939年《中国革命和中国共产党》一文中，毛泽东首次提出新民主主义革命的科学概念和总路线的基本内容；1948年4月，《在晋绥干部会议上的讲话》中，他又完整地表述了新民主主义革命总路线的内容，即：无产阶级领导的，人民大众的，反对帝国主义、封建主义和官僚资本主义的革命。

1. 新民主主义革命的对象

帝国主义是中国革命的首要对象，是中国人民第一个和最凶恶的敌人。帝国主义的侵略是近代中国贫穷落后的主要根源，是中国资本主义发展的主要障碍。帝国主义对中国的侵略，客观上给中国资本主义的发展创造了一定的条件，但是它的目的，绝不是要使封建主义的中国变成资本主义的中国，而是要把中国变成他们的半殖民地和殖民地。反对帝国主义，是指废除一切不平等条约，推翻帝国主义在中国的一切特权，实现中华民族的完全独立。

封建主义是中国革命的另一重要对象。封建制度是帝国主义统治中国和封建军阀实行专制统治的社会基础，是导致近代中国落后挨打的内在原因。封建剥削制度，使中国社会生产力水平低下，人民生活极度贫困，成为中国经济现代化和政治民主化的主要障碍。反对封建主义，是指在经济上消灭封建剥削制度，即地主土地所有制，在政治上推翻封建军阀的专制独裁统治，实现人民的解放。

中国革命的第三个对象是官僚资本主义。官僚资本主义是依靠帝国主义、勾结封建势力、利用国家政权力量而发展起来的买办的封建的国家垄断资本主义。

在半殖民地半封建的历史条件下，近代中国资本主义发展出现了特殊复杂的情况，即中国的资本主义分为官僚资本主义和民族资本主义两部分，中国的资产阶级也相应分为官僚买办资产阶级(又称大资产阶级)和民族资产阶级两部分。新民主主义革命并不是一般地反对资本主义和资产阶级；它反对的只是官僚资本主义。反对官僚资本主义，并不是因为它是资本主义，而是因为这种资本主义同外国帝国主义和本国封建主义紧密地勾结在一起，具有买办性、封建性和垄断性，官僚资本主义对广大劳动人民的残酷剥削和对民族工商业的强取豪夺，严重阻碍着中国经济与社会的发展。

从总体上来说，中国革命的对象是帝国主义、封建主义和官僚资本主义，但是在不同的历史阶段，随着社会主要矛盾的变化，集中反对的主要敌人有所不同。

2. 新民主主义革命的动力

新民主主义革命总路线中所说的“人民大众”，就是新民主主义革命的动力，新民主主义革命的动力是工人阶级、农民阶级、城市小资产阶级和民族资产阶级，而根本的动力是工人和农民。

中国的无产阶级是中国革命的最基本动力。它伴随着外国资本主义在中国直接经营的企业而产生，并随着中国民族工业的产生、发展而壮大，是新的社会生产力的代表。

农民是中国新民主主义革命的主力军，是无产阶级最广大、最可靠的同盟军。马克思主义者历来重视农民问题，认为无产阶级及其政党，如果不同农民运动发生一定的联系，不在实际上支持农民运动，就不可能取得最后的胜利。

中国共产党在新民主主义革命中必须紧密依靠广大的农民。中国的资产阶级民主革命，实质上就是党领导下的农民战争，农民问题是中国革命的基本问题。工人阶级只有与农民结成巩固的联盟，才能形成强大的力量，才能完成反帝反封建的革命任务。工人阶级对于农民的领导，是实现革命领导权的基础。没有工人阶级及其政党的领导，农民的革命动力作用也无法充分发挥。

城市小资产阶级是革命的基本动力之一。城市小资产阶级一般包括广大的知识分子、小商人、手工业者和自由职业者等。他们属于劳动者阶级，同样受到帝国主义、封建主义和官僚资本主义的剥削和压迫，是革命的基本动力之一，是无产阶级的可靠同盟军。在整个新民主主义革命过程中，小资产阶级都是无产阶级及其政党必须团结和争取的对象。

民族资产阶级也是中国革命的动力之一。中国的民族资产阶级既有革命要求又有动摇性（妥协性、不彻底性），是一个具有两面性的阶级。民族资产阶级的这种两面性，使其在中国新民主主义革命各个时期表现为不同的政治态度，中国共产党必须正确分析民族资产阶级的这种两面性。当表现出进步、革命一面的时候，要争取其参加革命的统一战线；当表现出妥协、动摇一面的时候，要同其做必要的斗争，同时要继续争取、团结这一阶级。在统一战线分裂，与大资产阶级进行武装斗争的时候，要努力争取民族资产阶级的同情或中立。应克服在对待民族资产阶级问题上的“左”的或右的两种错误倾向，正确把握对民族资产阶级的政策和策略。

3. 新民主主义革命的领导力量

新民主主义革命总路线的核心是“无产阶级领导”，领导权问题是中国革命的中心问题。区分新民主主义革命和旧民主主义革命的根本标志就在于革命的领导权是掌握在无产阶级手中还是掌握在资产阶级手中。

无产阶级是伴随着外国资本主义在中国直接经营企业而产生的，因此，资历比民族资产阶级要老一些，其社会力量和社会基础也比资产阶级要广大得多。中国的无产阶级，同世界各国无产阶级一样，不占有任何生产资料，富有组织性和纪律性，是历史上最进步的阶级；除此之外，还有自己的许多特殊优点，如革命坚决彻底、便于组织、便于同农民结成亲密的联盟。

无产阶级对中国革命的领导是通过自己的政党——中国共产党来实现的。毛泽东指出，既要革命，就要有一个革命党。没有一个革命的党，没有一个按照马克思列宁主义的革命理论和革命风格建立起来的革命党，就不可能领导工人阶级和广大人民群众战胜帝国主义及其走狗。

无产阶级及其政党要实现对同盟者的领导，必须具备以下两个条件：一是率领同盟者向着共同的敌人作坚决的斗争并取得胜利；二是对同盟者给以物质利益，至少不损害其利益，同时给以政治教育。在无产阶级领导权问题上，中共党内曾经出现过“左”的和右的两种错误倾向。右的倾向是放弃领导权，“把整个队伍送出去”。“左”的错误是把自己孤立起来，“把整个队伍推出去”。

无产阶级及其政党要实现自己的领导权，必须建立巩固的工农联盟；在同资产阶级建立统一战线时，必须坚持独立自主的原则，保持党在思想上、政治上和组织上的独立性，实行又联合又斗争的方针；另外，必须建立一支以农民为主体的强大的革命武装，必须加强无产阶级政党的自身建设。

4. 新民主主义革命的性质和前途

新民主主义革命不是旧式的一般的资产阶级民主主义革命，而是新式的特殊的资产阶级民主主义革命。

新民主主义革命的“新”主要表现在：第一，从革命的阵线看，新民主主义革命已不再是旧的世界资产阶级革命的一部分，而是世界无产阶级社会主义革命的一部分；第二，从革命的领导力量看，不再是资产阶级，而是无产阶级及其先锋队——中国共产党；第三，从革命的指导思想看，不再是资产阶级的民主主义，而是马克思列宁主义；第四，从革命的前途看，不再是要建立资产阶级的民主共和国，而是建立新民主主义的人民共和国，并在此基础上，实现由新民主主义向社会主义的转变。这些是新民主主义革命与旧民主主义革命的主要区别，其中，最主要的和根本的是领导力量的不同。

新民主主义革命与社会主义革命性质不同，是两个不同的革命阶段。新民主主义革命仍然属于资产阶级民主主义革命的范畴，它的主要任务是推翻帝国主义、封建主义和官僚资本主义的统治，在政治上争取和联合民族资产阶级去反对共同敌人；在经济上保护民族工商业，允许有利于国计民生的私人资本主义发展，它要建立的是无产阶级领导的各革命阶级的联合专政，而不是无产阶级专政。社会主义革命是无产阶级性质的革命，它所要实现的目标是消灭资本主义剥削制度和改造小生产的私有制。

新民主主义革命与社会主义革命又是互相联系、密切衔接的两个革命，中间不容横插一个资产阶级专政。毛泽东把新民主主义革命和社会主义革命比喻为文章的上篇和下篇，“只有上篇做好，下篇才能做好”。总之，新民主主义革命是社会主义革命的必要准备，社会主义革命是新民主主义革命的必然趋势。

只有认清民主革命和社会主义革命的区别，同时又认清了两者的联系，才能正确地领导中国革命。

在中国革命发展阶段问题上，中国共产党内曾经出现过“左”的或右的两种错误倾向。一种是把民主主义革命同社会主义革命这两个相互联系的革命完全割裂开来，认为民主主义革命的结果只能是建立资产阶级共和国，无产阶级只能在资产阶级专制的条件下，通过合法斗争集结力量，到时候再进行社会主义革命，这就是“二次革命论”的错误观点；一种是混淆了民主主义革命和社会主义革命这两个有着质的区别的革命阶段的界限，主张民主主义革命和社会主义革命“毕其功于一役”，一举取得民主主义革命和社会主义革命的同时胜利，将消灭资本主义等社会主义革命阶段的任务提前到民主主义革命阶段完成，在反帝反封建的同时，也反对民族资产阶级，在政治上和经济上实行“左”的政策。这是“一次革命论”的错误，给中国革命造成了重大损失。

“二次革命论”和“毕其功于一役”的“一次革命论”的观点，都违背了中国革命的客观发展规律。中国革命必须分两步走，必须通过新民主主义走向社会主义。

二、新民主主义的基本纲领

1940年1月，毛泽东发表了《新民主主义论》，阐述了新民主主义的政治、经济和文化；在1945年党的七大《论联合政府》的政治报告中，他进一步把新民主主义的政治、经济和文化与党的基本纲领联系起来，进行了具体的阐述。

1. 新民主主义的政治纲领

新民主主义政治纲领的基本内容是：推翻帝国主义和封建主义的统治，建立一个无产阶级领导的、以工农联盟为基础的、各革命阶级联合专政的新民主主义共和国。国体是无产阶级领导的以工农联盟为基础，包括小资产阶级和民族资产阶级和其他反帝反封建的人们在内的各革命阶级的联合专政。与国体相适应的政体是实行民主集中制的人民代表大会制。

2. 新民主主义的经济纲领

新民主主义的经济纲领是没收封建地主阶级的土地归农民所有，没收官僚资产阶级的垄断资本归新民主主义的国家所有，保护民族工商业。

第一，没收封建地主阶级的土地归农民所有。这是中国反帝反封建新民主主义革命的主要任务之一，是新民主主义革命的基本问题和中心内容。第二，没收蒋、宋、孔、陈四大家族官僚资本主义归新民主主义国家所有，是新民主主义革命的又一主要任务。第三，保护民族工商业，即保护民族资本主义。新民主主义革命所要消灭的对象，只是封建主义和官僚资本主义，而不是一般地消灭资本主义和资产阶级。

3. 新民主主义的文化纲领

新民主主义文化，是在观念形态上反映新民主主义政治和新民主主义经济，并为新民主主义的政治和经济服务的。新民主主义文化就是无产阶级领导的人民大众的反帝反封建的文化，即民族的、科学的、大众的文化。

所谓民族的，是指反对帝国主义压迫，主张中华民族的尊严和独立；反对形式主义地吸收外国的东西，反对“全盘西化”，反对主观公式地应用马克思主义。

所谓科学的，是指反对一切封建迷信思想，主张实事求是，主张理论和实践相一致；对待中国古代文化，应该剔除其封建性的糟粕，吸收其民主性的精华，决不能无批判地兼收并蓄；要尊重自己民族的历史，决不能割断历史，要给历史以一定的科学地位。

所谓大众的，是指民主的、为全民族中百分之九十以上的工农劳苦民众服务的，即革命的文化运动，应以广大的人民大众为主体。

民族的、科学的、大众的文化，也就是无产阶级领导的人民大众的反帝反封建的文化。是否以无产阶级思想为指导，是区别新民主主义文化同旧民主主义文化的根本标志。

专题三　新民主主义革命的道路和基本经验

在一个以农民为主体的半殖民地半封建国家进行革命，是革命领导者要面对和解决的重大现实问题。以毛泽东为代表的中国共产党人把马克思主义基本原理和中国革命的具体实际相结合，走出了一条不同于俄国十月革命的道路，即农村包围城市、武装夺取政权的革命道路，并取得了宝贵的革命经验。

一、新民主主义革命的道路

中国革命究竟该走什么样的道路，在实践和认识上，中国共产党人经历了一个逐步探索的过程。

1. 对中国革命道路的艰辛探索

党成立初期，主要任务是在城市开展工人运动，对发动农民参加革命、建立农村革命根据地的重要性缺乏足够的认识。

1927 年大革命失败后，党的工作重心从城市转向农村。毛泽东在开辟农村革命根据地的实践中，潜心研究中国革命道路问题。1928 年 10 月和 11 月，他在《中国的红色政权为什么能够存在?》和《井冈山的斗争》等文章中，分析了农村革命根据地发生、发展的原因和条件，提出了工农武装割据的思想，为农村包围城市道路理论的形成奠定了基础。

1930 年 1 月，毛泽东在《星星之火，可以燎原》一文中回答了“红旗到底能打多久”的疑问。这篇文章初步形成了以乡村为中心、先在农村建立和发展红色政权，待条件成熟时再夺取全国政权的思想。

红军长征到达陕北后，毛泽东深入分析了近代中国的国情，论述了中国革命的长期性和不平衡性，进一步丰富了农村包围城市道路的整体战略思想。1938 年 11 月，他撰写了《战争和战略问题》，明确指出：“共产党的任务，基本地不是经过长期合法斗争以进入起义和战争，也不是先占城市后取乡村，而是走相反的道路。”从此，中国特色的革命道路被确定下来。

2. 农村包围城市、武装夺取政权道路的主要内容

首先，阐释了中国红色政权能够存在和发展的原因及条件。近代中国是一个政治、经济、文化发展极不平衡的半殖民地半封建的大国。中国经济发展的不平衡，没有统一的资本主义经济，自给自足的自然经济广泛存在，这就为在农村建立革命根据地提供了条件。由于政治上的不平衡，城市是反革命力量统治的中心，农村则是其统治的薄弱环节，这是农村革命根据地能够存在和发展的根本原因。

红色政权首先发生和能够长期存在的地方，也是那些受过大革命影响、曾经有过高涨的革命群众运动，为农村革命根据地的建立奠定了较好的群众基础的地方。全国革命形势的继续向前发展，是中国红色政权能够存在和发展的又一重要的客观条件。而相当力量正式红军的存在，党的领导及其正确的政策，则是红色政权能够存在和发展的主观原因和条件。

其次，阐释了土地革命、武装斗争、根据地建设三者之间的关系。

中国革命走农村包围城市、武装夺取政权的道路，必须处理好土地革命、武装斗争、根据地建设三者之间的关系。土地革命是民主革命的中心内容；武装斗争是中国革命的主要形式，是农村根据地建设和土地革命的强有力保证；农村革命根据地是中国革命的战略阵地，是进行武装斗争和开展土地革命的依托。要在中国共产党的领导下，实现土地革命、武装斗争、根据地建设三者的密切结合和有机统一。

二、新民主主义革命的基本经验

毛泽东在总结中国新民主主义革命取得胜利的经验时，把统一战线、武装斗争和党的建设作为战胜敌人的三大法宝。三大法宝是新民主主义革命取得胜利的三个基本经验。

1. 统一战线

在半殖民地半封建的中国，要想取得民主革命的彻底胜利，不仅必须而且有可能建立革命的统一战线。

第一，由于敌人的强大和革命力量的弱小。半殖民地半封建的中国在阶级构成上是一个“两头小、中间大”的社会，作为革命领导力量的无产阶级虽然革命性最强，但人数毕竟很少；作为革命对象的大地主大资产阶级，尽管人数不多，但掌握着强大的反动国家机器；而农民、城市小资产阶级，再加上民族资产阶级，即处于无产阶级与大地主大资产阶级之间的社会阶级力量占着绝大多数。因此，作为革命领导者的无产阶级及其政党，要战胜强大的敌人，关键就在于依靠最广大的农民，团结小资产阶级，争取民族资产阶级，结成最广泛的革命统一战线。

第二，由于中国革命的长期性、残酷性和不平衡性。近代中国经济政治发展和敌我力量对比的不平衡性，导致中国革命不可能在一个很短的时间里取得全国性胜利。这决定了无产阶级及其政党必须采取统一战线的策略，利用一切可以利用的矛盾，争取一切可以争取的力量，以便在长期的斗争中逐步壮大自己，削弱敌人，使敌我力量对比朝着有利于自己的方向发展，最终压倒反革命势力，夺取全国革命的胜利。

第三，在半殖民地半封建的中国社会，诸多矛盾交织在一起，使中国最广大的民众处于被压迫受剥削的痛苦境地。这在客观上为无产阶级及其政党利用矛盾建立和发展统一战线提供了可能性。无产阶级和农民、小资产阶级以及民族资产阶级面临着共同的敌人，因此能够结成统一战线。即使是作为革命对象的大资产阶级，在特定情况下，无产阶级及其政党完全可以利用其统治阶级内部的矛盾，同一部分大资产阶级建立统一战线，尽可能地减少革命阻力。

新民主主义革命时期，党领导的统一战线，经历了第一次国共合作的统一战线、工农民主统一战线、抗日民族统一战线、人民民主统一战线四个阶段，并确立了统一战线的基本原则和经验。具体体现在：

其一，正确处理统一战线中两个联盟的关系。中国新民主主义革命统一战线包括两个联盟：一个是工人阶级与农民阶级、广大知识分子及其他劳动者的联盟，即工农联盟；另一个是无产阶级与资产阶级(主要是民族资产阶级，在特殊情况下还包括一部分大资产阶级)的联盟。第一个联盟是劳动者之间的联盟，是统一战线的主要的、基本的联盟，是统一战线的基础和依靠；第二个联盟也是非常重要的，是不可缺少的。无产阶级及其政党应该正确处理这两个联盟之间的关系。

其二，无产阶级及其政党实现对同盟者的领导应具备两个条件。(甲)率领被领导者(同盟者)向着共同敌人作坚决的斗争，并取得胜利；(乙)对被领导者给以物质福利，至少不损害其利益，同时对被领导者给以政治教育。毛泽东强调，没有这两个条件或两个条件缺一，就不能实现领导。

其三，党在统一战线中必须坚持独立自主的原则，对资产阶级实行又联合又斗争的策略方针。在同资产阶级建立统一战线时，无产阶级及其政党必须保持自己在思想上、政治上、组织上的独立性，坚持独立自主的原则，争取和坚持对统一战线的领导权；对资产阶级采取又联合又斗争、以斗争求团结的政策；在被迫同资产阶级(主要是大资产阶级)分裂时，要敢于并善于同大资产阶级进行坚决的武装斗争，同时要继续争取民族资产阶级的同情和中立。这些是中国共产党在统一战线问题上的基本经验。

2. 武装斗争

武装斗争是中国革命必须长期坚持的主要形式。如毛泽东所分析：中国不是一个独立的民主的国家，而是一个半殖民地半封建的国家，在内部没有民主制度，没有起码的资产阶级民主，而受封建制度压迫；在外部没有民族独立，而受帝国主义的压迫；反动统治阶级凭借强大的反革命武装对人民实行独裁恐怖统治，这就决定了中国革命的主要形式是长期的武装斗争，是以武装的革命反对武装的反革命。长期的武装斗争成为中国革命进程的一个基本特点，是中国革命的一个主要法宝。

中国的武装斗争实质上是无产阶级领导的以农民为主体的革命战争。究其原因，首先，中国革命的基本问题是农民问题，中国革命走的是农村包围城市的道路，党的工作重心必须放在农村，农村在一个相当长的时期里成为中国革命战争的主要战场。其次，中国革命的主要力量为农民，农民是中国革命最广大的动力，中国的革命，实质上是农民革命；中国共产党领导的武装斗争，基本是以农民为主体的革命战争。再次，农民是中国军队的主要来源，军队的官兵基本是穿上军装的农民。

中国革命要取得胜利，必须建立一支无产阶级及其政党领导下的革命军队。这支军队必须是无产阶级性质的、具有严格纪律的、同人民群众保持密切联系的新型军队，它是执行革命的政治任务的武装集团，是完成共产党的政治任务的工具。因此，这支军队必须置于共产党的领导之下，接受共产党的领导。“党指挥枪”，而决不是枪指挥党，这是人民军队建设的根本原则。在共产党的领导下，人民军队始终履行全心全意为人民服务的唯一宗旨，执行打仗、做群众工作、筹款三位一体的任务，它既是战斗队，又是工作队。

要取得人民战争的胜利，还必须制定和执行一整套正确的战略战术原则。积极防御是人民战争战略战术的核心，而集中优势兵力、各个歼灭敌人是战胜敌人的根本法则，主要的作战形式则是游击战和带游击性的运动战。

人民军队的政治工作是其他一切工作的生命线。人民军队的政治工作的基本原则是：官兵一致，军民一致，瓦解敌军和宽待俘虏。与此相一致，人民军队实行政治民主、经济民主和军事民主，以保证正确路线的贯彻执行。

以长期的武装斗争为主要形式，并不是说可以放弃其他的斗争形式。开展其他各种非武装的斗争形式(诸如工人运动、农民运动、青年运动、学生运动、妇女运动以及思想政治战线上的各种斗争等)，也是非常必要的；当然，其他形式的斗争要围绕着武装斗争，而不能脱离武装斗争；反之，没有其他各种形式的革命斗争的配合与支持，武装斗争也难以取得最后的胜利。

3. 党的建设

作为新民主主义革命的领导力量，中国共产党不仅要应对来自外部方方面面的挑战，同时更要应对来自自身建设的挑战。自创建的那一刻起，这一政党便有着鲜明的产生和建设特点。

第一，中国共产党成立于十月革命之后，是以工人运动为基础、以列宁领导的布尔什维克党为榜样建立起来的革命政党，这是党成立的突出特点。

第二，中国共产党的产生和建设与共产国际的指导有着非常密切的联系，在新民主主义革命时期，党的建设与发展，党的成功与挫折，都是与共产国际的指导分不开的。

第三，由于中国是一个半殖民地半封建的政治、经济、文化发展不平衡的大国，农民和其他小资产阶级占全国人口的大多数，党内小资产阶级和农民成分占很大比重，因此，各种非无产阶级思想特别是小资产阶级思想必然会反映到党内来，党内无产阶级思想和非无产阶级思想之间的矛盾，马克思主义与非马克思主义思想之间的矛盾，成为党内长时期存在的本质矛盾。

第四，由于中国是一个半殖民地半封建的国家，这就规定了中国革命的性质是资产阶级民主革命，革命的主要对象是帝国主义和封建主义，而民族资产阶级不仅不是革命的主要对象，在一定时期内，民族资产阶级还会参加到革命中来，因此，正确处理与资产阶级建立统一战线的关系，是党的建设面临的又一重要课题。

第五，如前所述，中国革命的主要斗争形式是武装斗争，中国共产党就是在长期的武装斗争中锻炼和成长起来的，正确地处理与武装斗争的关系，是党的建设必须要解决好的另一个重要课题。

第六，由于中国共产党是在一个半殖民地半封建的东方大国领导革命，在革命中遇到许多复杂的难题，而在马克思主义经典著作中和外国革命的经验里很难找到解决这些问题的现成答案，这就要求必须把马克思主义与中国革命的具体实际结合起来，探索适合中国特点的建党理论。

置身于这样的复杂环境，在不断推进自身建设的伟大进程中，中国共产党积累起宝贵的历史经验。其一，把思想建设放在首位。在一个以农民为主体的国度里，农民出身的党员占党员的多数，要把思想建设放在党的建设的首位，这是新民主主义革命时期党的建设的主要经验，也是毛泽东建党思想的主要特点。其二，党的建设要和党的政治路线紧密联系起来。党的建设和党的发展状况与党的政治路线密切相连。党的政治路线正确，党的队伍就发展壮大，党就前进；反之，党的队伍就要缩小，党就要经历挫折和失败。其三，民主集中制是党的组织建设的根本原则。民主集中制是中国共产党根本的组织原则。民主集中制是民主基础上的集中和集中指导下的民主的有机结合。民主集中制的基本要求是个人服从组织，少数服从多数，下级服从上级，全党服从中央。其四，要发扬党的三大优良传统作风。理论和实践相结合、和人民群众紧密地联系在一起以及自我批评的作风，这是中国共产党区别于其他政党的主要标志。它反映了中国共产党人对待马克思主义、对待人民群众和对待自己及周围同志应有的正确态度。这三个方面互相联系，互相促进，不可分割，缺一不可。

总之，统一战线、武装斗争、党的建设，是中国共产党在中国革命中战胜敌人的三个主要的法宝。只有正确理解了这三个问题及其相互关系，才能真正懂得中国革命。

案例分析

案例一　毛泽东对农民的关怀

毛泽东生于农村，与农民息息相通，对贫苦农民怀有真挚而深厚的感情。早在童年时代，毛泽东在读旧小说时，有一件事让他感到很不平。他说："这些旧小说里面，没有种田的农民。所有的人物都是武将、文官、书生，从来没有一个农民做主人公。对于这件事，我纳闷了两年之久，后来我就分析小说的内容。我发现它们颂扬的都是武将，人民的统治者，而这些人是不必种田的，因为土地归他们所有和控制，显然让农民替他们种田。"

学生时代，毛泽东多次深入农村，调查农村和农民情况。1917 年，他曾用一个月的时间，行程 900 里，徒步考察了长沙等五县。对此，毛泽东回忆："我开始在湖南徒步旅行，游历了五个县。""我们走遍了这五个县，没有花一个铜板。农民给我们吃的，给我们地方睡觉。所到之处，都受到款待和欢迎。"

投身革命后，毛泽东以对农民的深厚感情，开始了对农民问题的深入研究。1925 年毛泽东回到家乡韶山从事农民运动。经过和农民接触，他发现农民不仅是个受苦的阶级，而且"非常富有战斗性"。可见，毛泽东对农民的认识已经有了巨大的思想升华，即不仅把农民作为被同情者，而且把农民看做革命的基本动力。1926 年，毛泽东在广州主持农民运动讲习所，讲授中国农民问题。同年，他对江浙及长江流域农村进行了考察，于 9 月份写了《国民革命与农民运动》，鲜明地提出："农民问题乃国民革命的中心问题，农民不起来参加并拥护国民革命，国民革命不会成功。"

为了回击国民党右派对农民运动的污蔑，1926 年底，毛泽东回到湖南，步行 1400 里，走访了五个县，做了 32 天调查，并写了《湖南农民运动考察报告》，作出了"没有贫农，便没有革命。若否认他们，便是否认革命。若打击他们，便是打击革命"的科学论断。秋收起义失败后，毛泽东及时把部队转入农村，建立农村根据地，并不是无路可走时的权宜之计。长期以来形成的关于农民问题的思想，是他建立农村根据地的思想基础。

毛泽东深知，农民最关心的是土地问题，解决这一问题，出路只有一条就是搞土地改革。土地革命是中国革命的基础和主要内容，在整个民主革命的过程中，他为了解决农民"吃饭"问题，不断进行土地革命实践。

1928年毛泽东总结了一年来的土地革命经验，制定了我们党历史上第一个土地法《井冈山土地法》，规定农民有土地使用权。1929年，毛泽东根据中央六大决议并结合实际经验，制定了《兴国土地法》，使闽西根据地出现了"收拾金瓯一片，分田分地真忙"的局面。全民抗战时期，为了扩大抗日民族统一战线，无法满足农民无偿分配土地的愿望，毛泽东提出了关怀农民的折中措施，减租减息。为了减轻陕北农民的负担，他还发动军队搞了轰轰烈烈的大生产运动，使部队和机关1943年以后分别达到自给或部分自给。进入解放战争后，毛泽东及时调整土地政策，把减租减息改变为没收地主土地分配给农民的政策。到1947年在全解放区已有2/3的地区解决了土地问题，在农村发生翻天覆地变化的情况下，党中央又及时发布《中国土地法大纲》，"废除封建性及半封建性剥削的土地制度，实行耕者有其田的土地制度"。

解决了农民最关心的土地问题，农民的革命积极性也就被激发出来。农村包围城市、武装夺取政权道路的胜利，关键在于广大农民的加盟和全力以赴的奉献。比如，解放战争时期，决定胜负的三大战役的开展，全靠着农民的支持。他们有钱出钱，有粮出粮，要人出人，要啥献啥，不仅付出了经济上的巨大牺牲，甚至贡献出宝贵的生命。仅华北解放区就有近百万翻身农民参军；东北地区达160万人。"到主力去，到前线去"是当时农民最响亮的口号，母子相送，夫妻相送，兄弟相送，父子战友，兄弟上阵，叔侄并肩战斗，夫妻双双立功。后方农民"一切为了前线"，三大战役民工达539万人。淮海战役中，农民向前线运粮的小车排成行，可以从南京排到北京排五行。对此，陈毅曾形象地说："淮海战役的胜利，是人民群众用小车推出来的。"

——摘自《毛泽东百周年纪念——全国毛泽东生平和思想研讨会论文集（上）》，北京，中央文献出版社，1994。

【案例点评】

哈佛大学龚忠武博士曾著述了《中国向农村的贫穷开战》一文，其中有这样的一段话："中国广大的农村是中国社会的基础，从古到今，谁能够解决农民问题，谁就能够控制农村，谁就能够统治中国，就能使中国长治久安。当然毛泽东和中国共产党早就敏锐地看到了中国政治上的这个诀窍，这个千古不易的中国历史规律，所以中国共产党胜利了，国民党失败了。"这段话精辟地阐释了中国革命之所以胜利，就是因为毛泽东敏锐地抓住并解决了中国革命的根本问题——农民问题。

本案例通过毛泽东对农民的关怀及其探索解决农民问题的实践历程，鲜活地再现了以毛泽东为代表的中国共产党人，在领导新民主主义革命过程中结合本国国情，紧紧抓住农民最关心的土地问题，进行了一系列富有创造性的改革，因时因地提出了一系列新的革命理论以指导实践，为无产阶级找到了最牢固、最可靠的同盟军。这不仅极大地丰富了马列主义关于农民问题的理论，走出了一条农村包围城市、武装夺取政权的中国特色的革命道路，而且最终夺取了新民主主义革命的伟大胜利。

案例二　在清华入盟入党参加学运

1948 年辽沈战役的胜利，打通了解放平津的道路。为了以较小的代价解放平津，党领导国统区人民继续开展反蒋斗争，学生运动是其中的重要力量之一。作为历史的亲历者，已故党史专家龚育之先生曾对当时党领导下的清华学生爱国民主运动有着深刻的记忆：

我是 1947 年冬季从湖南长沙的明德高中毕业，1948 年暑期在上海报考，考进清华大学的。我报考了三个大学：北平的清华大学、杭州的浙江大学、上海的交通大学。清华、浙大、交大，倒都录取了。三所学校，选择哪一所呢？没有犹豫，我选了清华。这是因为我一直向往北平的如火如荼的学生爱国民主运动。

入学注册，我得到一个学号：37199。头两个字“三七”，表示民国三十七年(即 1948 年)入学。

一到校，我就加入了地下党团领导的一个以三七级新生为主体的学生团体——春泥团契。这个团契已经活动约一个月了。这自然与前我一年已到清华的老同学李敉功预先的介绍有关。我们在长沙时、在通信中，对对方的政治倾向已经相互深知。我到清华以后，又告诉他我的父亲是地下党员，告诉他我父亲说在清华一定有地下党。进步学生们想找党，党也想发展进步学生们入党。

团契本来是基督教在青年中进行传教活动的一种形式，共产党借用这种形式来做学生工作。春泥团契主体是一年级新生，也有一些高年级生作骨干。活动无非是组织读书——当然是读进步的文艺书、历史书、哲学书和政治书，组织唱歌——当然是唱学运的歌、民间的歌、《山那边哟好地方》之类的歌，组织跳舞——跳集体的舞、民间的舞，组织游览，去圆明园、颐和园，去八达岭看万里长城……

春泥团契里还有一种活动，叫轮流日记。一人记一天，有什么观感，发什么牢骚，写一首诗，写一封信，什么都可以，然后传给下一个人，由他记另一天。

我到北平来，本来是向往那如火如荼的学生运动，可是，1948 年下学期，罢课游行已经转入低调。我只在十月底参加过一次短时间的停课，是教师为物价飞涨要求加薪而罢教，学生声援教师并要求全面公费待遇以谋求最低生活而"总请假"。那时学生运动的工作重点，似乎已经转向团结和引导学校师生，关心时局，保存力量，发展组织，准备迎接解放。

不久，大约十一月初，团契里的一位同学——机械系二年级的徐乃明，来发展我加入新民主主义青年联盟(新联)。我当然高兴地加入了。后来知道，这新联，是地下党的外围青年组织中的一个。适应地下工作的环境，这样的外围组织不止一个，在清华就有新联、民青(民主青年同盟)、民联(民主青年联盟)等六个之多。

又过了一个月，大约是十二月初，凌瑞骥同我谈话，问我愿不愿加入中国共产党，谈了党对党员的要求，主要是要服从党的纪律，保守党的秘密，为党的事业奋斗，哪怕牺牲个人的自由乃至牺牲个人的生命。我欣然说愿意、愿意。过几天，凌瑞骥又来找我，郑重地跟我握手，说：我代表组织接受你加入中国共产党，从这一天开始，你就是一名布尔什维克了！这就是我的入党仪式。

清华大学有学生自治会，学生运动则大体上是以社团为主要阵地进行活动，1948 年底随着国共力量对比的变化，进步学生力量更大了，遍布各系级。于是，组织宣传队进城迎接解放的工作，在"迎接解放人民服务委员会"的领导下，以系级为主来进行。在饭厅里开会，大家都赞成组织进城工作的宣传队。全校成立五个宣传大队，每个大队下设几个中队，中队下又设小队。

我们这个大队的大队长和中队长们大多是地下党员。地下党的不同系统这时已经开始打通关系。大队要决定什么事项，党员先开会，再同全体中队长一起开会。1948 年的最后一天，化学系的同学们在化学馆包饺子，一起听新华社广播的元旦社论《将革命进行到底》。一些教师也来参加。

平津局势发展极快。天津给解放军一举打下来了。人们亟盼的北平和平解放却姗姗来迟。在清华园里为准备进城而学习的时间，在人们的感觉里拉得很长。

在颐和园对面的清华大学农学院内地下党团干部作过一次报告。报告人我记得是荣高棠，这次报告会还是采取地下活动的形式。这是我第一次听党的干部作大报告。他告诫我们：要团结广大青年，不要看不起落后分子。现在的形势是进步潮流不可挡。进步分子固然面孔向前，领着推着群众前进；中间分子面朝四边，也在人群中随着大流前进；就是落后分子，面孔朝后，想往后走，但在人群中被挤着，被裹着，身不由己，也在前进。

进步、中间、落后，这是当时流行的划分人群的方法。这种划分，根据一个"政治标准"，就是其人对当前政治形势、政治运动、政治学习的态度。这番话正中了"进步分子"自视甚高、用固定眼光看人、看不到人们变化的要害。

人们的确是变化的。我们班的一位同学，功课很好，曾经说过：哪怕它哀鸿遍野，只要有一间实验室，我就要在那里埋头做实验。话虽这样说，无非表示我们这位同学对化学对科学的执着，而现实的沸腾的生活，还是不时把他从实验室里引出来，走到为遍野的哀鸿而斗争的行列里来。我们班还有一位同学，也曾经说过：为什么要参加组织？牛羊才成群，而虎豹都是独来独往的。可是，时势使独来独往的他，终于明白了一个时代的真理：个人奋斗的时代已经过去了，只有组织起来，才是强有力的群体。

——摘自龚育之：《党史札记末编》，北京，中共党史出版社，2008。

【案例点评】

翻开解放战争的历史画卷，国共两党军事争战惊心动魄，中共中央、毛泽东高超的军事谋略令人叹为观止。然而，在这军事争战的背后，还有一个人们知之不多的"战场"，这就是中国共产党领导下的以学生运动为先导的国民党统治区人民的爱国民主运动，毛泽东称其为与人民解放军的军事战争相配合的"第二条战线"。

本案例通过北平学生运动亲历者——龚育之先生的回忆和感悟，不仅再现了当年清华学生开展爱国民主运动的生动实践，同时也体现了我们党在领导这一伟大运动的过程中，尽可能地扩大革命统一战线，积极发展党的外围力量，审时度势地开展活动，坚持"发展进步势力，争取中间势力，孤立顽固势力"的正确原则，使得以学生运动为先导的第二条战线成为人民解放战争顺利推进的左膀右臂。

疑难问题解答

1. 如何理解中国革命的实践与新民主主义革命理论之间的关系？

新民主主义革命理论不是凭空产生的，而是中国革命实践经验的总结和概括。

(1)党成立后，经历了领导工人运动和第一次国共合作的实践，初步形成了新民主主义革命的基本思想。中国共产党成立后，开始把马克思主义与中国革命具体实际相结合。党的二大明确提出了党在民主革命时期的纲领。此后，京汉铁路工人罢工失败的教训也使党认识到，中国革命必须建立广泛的统一战线。党的三大提出了建立国共合作统一战线的思想，但是，并没有明确提出无产阶级的领导权问题。随着大革命的兴起和发展，统一战线内部争夺领导权的斗争日益激化。到党的四大，第一次明确提出了坚持无产阶级领导权和农民同盟军的思想。1926 年前后，党逐步形成了新民主主义革命的基本思想。

(2)大革命失败后，毛泽东对党成立以来的经验，尤其是党在大革命时期的经验进行了比较系统的总结，对中国革命的新道路进行了艰辛探索，这样的总结和探索拓展了新民主主义革命理论。在党的八七会议上，毛泽东总结大革命失败的教训，提出“须知政权是由枪杆子中取得的”著名论断。在创建农村革命根据地的过程中，毛泽东论述了中国红色政权存在和发展的原因及其条件；总结了实行“工农武装割据”的经验；提出中国革命应当先占乡村、后取城市的战略，初步形成了农村包围城市、武装夺取政权这一具有中国特色的民主革命道路理论。

(3)抗日战争时期，经过对中国革命两次胜利与两次失败的深刻总结，特别是经过抗日战争时期的锻炼，党对中国革命的认识逐步成熟，相应地，新民主主义革命理论达到成熟。具体地讲，中国革命经过了北伐战争的胜利和失败，也经过了土地革命战争的胜利和第五次反“围剿”战争的失败，积累了丰富的实践经验。特别是经过抗日战争时期的锻炼，党对中国革命的认识逐步成熟。毛泽东系统总结了中国革命的实践经验，对新民主主义革命的基本问题、新民主主义革命的三大法宝、新民主主义革命的基本纲领、人民军队建设、革命根据地建设和党的建设等方面内容进行了深入阐述，使新民主主义革命理论达到成熟。

(4)抗日战争胜利后，党和毛泽东总结中国革命尤其是解放战争以来新的经验，完整地表述了新民主主义革命的总路线，提出了从新民主主义向社会主义转变的思想；新中国成立前夕，毛泽东又系统地论述了人民民主专政的思想，指出人民民主专政是中国革命的主要经验和主要纲领，为新中国的成立奠定了理论和政策基础。这些进一步完善了新民主主义革命理论。

总之，从新民主主义革命理论的形成来看，没有两次国共合作的实践，就没有关于统一战线的理论；没有建立和巩固农村根据地的实践，就不会有关于中国革命道路的理论；没有革命战争的实践，就不会有建立人民军队和关于军事战略的理论；没有在领导中国新民主主义革命历程中，党由小到大、由弱到强的实践，就不会有党的建设的理论。一句话，没有中国革命的实践，没有对实践经验的概括和总结，也就不会有新民主主义革命理论的形成、发展和完善。

2. 为什么说中国革命和中国共产党的发展道路，是在同中国资产阶级的复杂关联中走过的？

中国的资产阶级包括依附于帝国主义的大资产阶级和既有革命要求又有动摇性的民族资产阶级。中国共产党同中国资产阶级的复杂关联主要表现在同资产阶级建立或被迫分裂革命统一战线。具体地讲：

(1)大革命时期，党同民族资产阶级建立了国民革命统一战线。但是在后期，党内因陈独秀右倾错误导致对资产阶级妥协退让，统一战线最终破裂。大革命失败后，党领导工农大众同大地主大资产阶级的反动统治进行了坚决的武装斗争；党内“左”倾冒险主义者将民族资产阶级看成中国革命最危险的敌人，革命遭受挫折。

(2)1935年以后，党确立抗日民族统一战线策略，不仅同民族资产阶级再次建立了统一战线，而且把一部分大资产阶级也包括在内。党及时纠正了王明的新投降主义错误，制定了发展进步势力、争取中间势力、孤立顽固势力的策略总方针，保证了抗日战争的胜利发展。抗战胜利后，党领导人民同发动内战的大地主大资产阶级统治集团展开了两种命运的决战，建立了包括民族资产阶级在内的广泛的人民民主统一战线，赢得了革命的胜利。

(3)在同资产阶级建立统一战线时，党内容易出现右的错误，在分裂时容易犯“左”的错误，正确的做法是对民族资产阶级实行又联合又斗争的政策。所谓联合，一方面是指在一定时期一定程度上同民族资产阶级甚至一部分大资产阶级建立统一战线；另一方面是指在统一战线破裂时，要注意团结、争取民族资产阶级。所谓斗争，一方面是指在统一战线中，同资产阶级进行必要的斗争，坚持独立自主的原则；另一方面是指在分裂时，同当权的大地主大资产阶级统治展开武装斗争。感悟到这样的历史经验，党领导新民主主义革命最终取得胜利。

实践教学设计

方案一　问题研讨

【设计思路】

从现实社会中产生的腐败等现象，引出“党的建设”这一话题，目的是使学生对新民主主义革命时期“党的建设”的理论与实践有深入的了解和体会。同时，客观理性地看待现今的执政党建设问题。

【步骤安排】

1. 提前两周布置，要求学生阅读相关资料，为课堂讨论做准备

2. 组织课堂讨论

设计问题，通过以下问题引导学生进行深入讨论：

(1)新民主主义革命时期，在不同阶段，党如何进行自身建设?

(2)党的建设为何被称为新民主主义革命胜利的一大法宝?

3. 教师总结点评

办好中国的事情关键在于党。因此，加强党的自身建设，是中国革命、建设和改革取得胜利的关键。新民主主义革命时期，围绕着党的建设，毛泽东等党的领导人特别强调党员要在思想上入党。实践中，形成了理论联系实际、密切联系群众及批评与自我批评的三大优良作风；这些不仅是中国共产党区别于其他政党的显著标志，也是新民主主义革命取得胜利的重要保证。

方案二　观看教学片

【设计思路】

通过观看视频资料，使学生真正理解新民主主义革命的基本纲领，深切体会中国共产党领导的新民主主义革命和建设的艰辛。

【步骤安排】

1. 组织学生观看《建国大业》

《建国大业》以宏大的历史视野，客观再现了共和国多党合作和政治协商制度从诞生到确立这一重大历史事件，反映了新中国基本政治制度建立的艰辛历程。

2. 教师点评

新中国基本政治制度是人民代表大会制度、共产党领导的多党合作与政治协商制度以及民族区域自治制度。这样的政治制度是在新民主主义革命和建设实践过程中逐步形成的，按照这种制度构建的国家权力和政权组成模式，是中国有史以来最能反映民意的模式、最民主的模式、最能集中绝大多数人民意志的模式。这个模式，无论是在封建社会还是在半殖民地半封建社会，都是不可能出现的。

方案三 名人访谈

【设计思路】

通过面对面的访谈交流，使学生获取到更鲜活的素材，这既是丰富知识、提升能力、激发兴趣的锻炼，又是一次深刻的爱国主义教育。访谈结束后，组织学生相互交流心得体会，让他们学会辨别网上信息的真伪，带着温情和敬意来看待新民主主义革命的相关问题。

【步骤安排】

1. 布置学生拟定访谈提纲

引导学生围绕着设计好的访谈提纲，对尚健在的革命老红军、抗日战争时期或解放战争时期的老干部，甚至是研究相关新民主主义革命史的专家学者等，进行深入采访。

2. 要求学生撰写采访体会

3. 教师对学生采访体会进行点评

点评侧重于两个方面：

(1)如何撰写心得体会。

(2)如何领会和掌握新民主主义革命的基本理论。

考研题解

一、单项选择题

1. (2011 年考研试题第 5 题)1927 年大革命失败后，党的工作重心开始转向农村，在农村建立革命根据地。农村革命根据地能够在中国长期存在和发展的根本原因是：(　　)

A. 中国是一个政治、经济、文化发展极不平衡的半殖民地半封建的大国
B. 良好的群众基础和革命形势的继续向前发展
C. 相当力量正式红军的存在
D. 党的领导及其正确的政策

二、多项选择题

2. (2009 年考研试题第 27 题)在民主革命和社会主义革命的关系问题上，中国共产党内曾经出现过不同的观点和主张，其中错误的有：(　　)

A.“毕其功于一役”　　B. 二次革命论
C.“无间断革命”　　D. 中国革命分“两步走”

3. (2010 年考研试题第 29 题)解放战争时期，在国民党统治区形成了以学生运动为先导的人民民主运动，成为配合人民解放战争的第二条战线。第二条战线形成的原因是：(　　)

A. 国民党政府专制独裁、官员贪污腐败　　B. 国民党在军事上的失利
C. 国民党顽固坚持内战政策　　D. 国统区爆发严重经济危机

参考答案 1. A　2. ABC　3. ACD

三、(2007 年考研试题第 36 题)材料分析题

减租减息是中国共产党在抗日战争时期解决农民问题的基本政策。减租又称二五减租，即规定地主的地租一律照原租额减收 25%，地租的最高额不得超过 37.5%，减息的原则是“分半减息”，规定放贷的年利率最高不超过 10%。下表系 1942 年至 1944 年对北岳、太行等五个抗日根据地调查的数据。

阶层		地主	富农	中农	贫农	雇农	其他
户数	抗战前	3.6	7.2	28.4	54.0	5.0	1.8
	减租后	2.4	6.7	38.0	47.0	2.5	3.4
土地	抗战前	29.5	21.0	29.5	19.0	0.8	0.2
	减租后	13.5	17.5	42.5	22.5	0.6	3.4

结合材料回答问题：

(1)当地土地流向及农村阶级关系发生了什么变化?

(2)简述实行减租减息政策的意义。

(3)解决农民土地问题是新民主主义革命的一项主要任务，结合此表说明减租减息政策的局限性。

【解题思路】

减租减息是中国共产党在抗日战争时期处理土地问题的基本政策。这一政策兼顾农民和地主两方面的利益，既有利于团结大多数地主抗日，又可以削弱地主剥削，能把发展统一战线和解决农民问题较好地结合起来，但也存在着一定局限。本题考核的是对这一方针政策的理解和掌握程度。

【答案要点】

(1)从调查的数据可知，地主的土地显著减少了，富农的土地有所减少，中农的土地显著增加了，贫农的土地有所增加，土地流向主要从地主和富农，向农民尤其是中农转移，农民获得了比以前较多的土地。

(2)实行减租减息政策，虽然不能根本解决土地问题，但仍在政治上动摇了封建统治，在经济上削弱了封建剥削，这是在民族战争的条件下兼顾农民和地主两方面利益，把坚持统一战线和解决农民问题恰当地结合起来的政策。经过减租减息，农民不仅得到了经济实惠，而且增强了自己的政治优势，大大提高了农业生产积极性。在提高农业生产的基础上，工业生产和各项经济事业也有了发展。同时，也为贯彻争取中间势力这一抗日民族统一战线的总方针提供了重要条件，有利于争取愿意抗日的地主和富农共同抗日。

(3)农民问题是中国革命的中心问题，其中最主要的又是土地问题。消灭封建地主阶级，实现土地制度的根本改革，这是新民主主义革命的一项基本任务。在抗日战争时期，实行减租减息政策以后，虽然削弱了封建剥削制度，但并没有消灭封建剥削制度，没有从根本上解决土地问题。从调查的数据可知，地主和富农在人口中的比例不到10%，所拥有的土地却达到31%；贫、雇农人口接近50%，拥有的土地却只有23%左右，这说明封建的土地所有制和剥削关系依然存在，土地分配仍不合理。

第四章　社会主义改造理论

名人名言

一切社会变迁和政治变革的终极原因，不应当到人们的头脑中，到人们对永恒的真理和正义的日益增进的认识中去寻找，而应当到生产方式和交换方式的变更中去寻找；不应当到有关时代的哲学中去寻找，而应当到有关时代的经济中去寻找。

——恩格斯(《社会主义从空想到科学的发展》，《马克思恩格斯选集》，2版，第3卷，741页，北京，人民出版社，1995)

社会主义革命的目的是为了解放生产力。农业和手工业由个体所有制变为社会主义的集体所有制，私营工商业由资本主义所有制变为社会主义所有制，必然使生产力大大地获得解放。

——毛泽东(《社会主义革命的目的是解放生产力》，《毛泽东著作选读》下册，717页，北京，人民出版社，1986)

我们还需要艰苦奋斗，不应当只管个人利益和目前利益，而忽视全国的和长远的利益。

——刘少奇(《在中国共产党第八次全国代表大会上的政治报告》，《刘少奇选集》下卷，232页，北京，人民出版社，1985)

专题讲授

专题一　从新民主主义到社会主义的转变

党领导人民进行新民主主义革命的目的，“是要建立以中国无产阶级为首领的中国各个革命阶级联合专政的新民主主义的社会”，“然后，再使之发展到第二阶段，以建立中国社会主义的社会”。新民主主义社会是一个过渡性的社会形态，是中国由半殖民地半封建社会走向社会主义的中介和桥梁。

一、新民主主义社会是一个过渡性的社会

中国的新民主主义社会经历了两个发展阶段。新中国成立以前，新民主主义社会是在局部地区建立起来的，也就是当时的各个解放区。在这里，半殖民地半封建的社会制度被废除，但民主革命的任务尚未完成，这时的新民主主义社会还不具备向社会主义过渡的条件。1949 年中华人民共和国的成立，标志着新民主主义革命阶段的基本结束和社会主义革命阶段的开始，即进入由新民主主义到社会主义的过渡时期。这时的新民主主义社会，就已经是一个“属于社会主义体系的和逐步过渡到社会主义社会去的过渡性质的社会”了。

1. 新民主主义社会的经济成分及其发展变化

1949 年到 1952 年国民经济恢复工作的胜利完成，使我国的经济制度发生了根本性的变化，半殖民地半封建残余彻底被摧毁，资本主义经济也受到一次洗礼，以社会主义国营经济为领导的，包括合作经济、国家资本主义经济、私人资本主义经济、个体经济在内的新民主主义的经济制度在全国范围内得到确立。

新民主主义社会存在五种基本经济成分，即国营经济、合作社经济、个体经济、私人资本主义经济和国家资本主义经济。主要经济成分是社会主义经济、个体经济和资本主义经济。

为了给社会主义社会奠定比较坚实的物质基础，新中国制定了正确的经济发展政策，这主要体现在《共同纲领》中。纲领作了 15 条规定，其中有：“中华人民共和国经济建设的根本方针，是以公私兼顾、劳资两利、城乡互助、内外交流的政策。达到发展生产、繁荣经济之目的。”国家要从多方面

"调剂国营经济、合作社经济、农民和手工业者的个体经济、私人资本主义经济和国家资本主义经济，使各种社会经济成分在国营经济领导之下，分工合作，各得其所，以促进整个社会经济的发展"。必须完成旧有土地制度的改革，实现耕者有其田。国营经济为社会主义性质的经济，是整个社会经济的领导力量。合作社经济为半社会主义性质的经济，要扶助其发展，并给以优待。凡有利于国计民生的私营经济事业，应鼓励其经营积极性，并扶助其发展。根据必要与可能，鼓励私人资本向国家资本主义方向发展。所有这些，都是新民主主义建设阶段所必需、因而也最能促进社会经济发展的政策。

在公私兼顾的原则下，社会主义国营经济、合作社经济、国家资本主义经济、个体经济和私人资本主义经济都得到了发展。由于国家的支持和社会主义经济的优越性，在五种经济成分共同发展中社会主义经济和半社会主义经济的发展更为迅速，在整个国民经济中所占的比重不断增大。1949年，社会主义工业的总产值为37.3亿元，在全国工业总产值中所占的比重为34.7％。国家资本主义工业的产值为10.31亿元(其中公私合营工业的产值为2.2亿元，资本主义工业接受加工订货的产值为8.11亿元)，在全国工业总产值中所占的比重为9.5％。资本主义工业自产自销部分的产值为60.17亿元，在全国工业总产值中所占的比重为55.8％。到1952年，社会主义工业总产值增加为151.2亿元，国家资本主义工业的总产值为72.65亿元(其中公私合营工业的产值为13.67亿元，资本主义工业接受加工订货的产值为58.98亿元)，分别比1949年增长5～6倍，在全国工业总产值中所占的比重分别上升为56％和26.9％，两项合计为89％。在此期间，资本主义工业的总产值也有增加，但在全国工业总产值中所占的比重则下降为39％，自产自销部分产值在全国工业总产值中只占17.1％。在商业中，1950年国营商业、合作社商业和国家资本主义商业在社会商品总批发额中只占23.9％，在社会商品总零售额中只占16.5％，在1952年分别上升为63.7％和42.2％。在农村，则有40％的农户走上了互助合作的道路，合作经济有了很大发展。

国民经济特别是社会主义、半社会主义经济的迅速发展，为稳步地向社会主义过渡打通了道路。

2. 新民主主义社会的阶级构成及主要矛盾

新民主主义社会由哪些阶级构成？他们之间的关系如何？这样的问题事实上与新民主主义的经济构成连在一起，早在新中国成立前夕已被提出，并列入1949年3月中共召开的七届二中全会的决议中。决议分析了新民主主义社会的经济状况和基本矛盾，论述了从农业国转变为工业国、新民主主义社会转变为社会主义社会的任务及其主要途径。与此同时，决议指出，全国胜利并解决了土地问题以后，中国社会经济中存在着五种成分，主要的经济成分是社会主义经济、个体经济和私人资本主义经济三种。其中的个体经济是处于十字路口的经济，它既可以被引导着走向社会主义，也可以自发地走向资本主义。与这三种基本的经济成分相适应的是，产生三种基本的阶级力量，即：工人阶级、农民及其他小资产阶级、资产阶级。他们之间的矛盾，集中地表现为无产阶级与资产阶级的矛盾、社会主义与资本主义的矛盾。这就是说，新民主主义革命胜利后，中国还存在着两种基本的矛盾：国际上是新中国同帝国主义的矛盾，国内是工人阶级和资产阶级的矛盾。

对新民主主义社会的基本矛盾作这样的认定，实际上是把进行社会主义革命的任务提了出来。

3. 新民主主义社会中社会主义因素与非社会主义因素的存在及斗争

新民主主义社会的基本特征是，经济上实行以国营经济为主导的包括合作社经济、国家资本主义经济和私人资本主义经济等五种经济成分并存的新民主主义经济制度；政治上实行以工人阶级为领导，以工农联盟为基础，包括小资产阶级和民族资产阶级联合专政的人民民主专政的国家制度；文化上实行以马克思主义为指导的民族的、科学的、大众的文化，即新民主主义文化的方针。

在新民主主义社会条件下，无论是经济、政治还是思想等领域，既存在着社会主义因素，又存在着包括资本主义因素在内的各种非社会主义因素。诸如，在经济结构中，存在着私人资本主义经济、个体经济和国家资本主义经济；在政治结构中，民族资产阶级作为一个阶级参加国家政权的管理；在文化领域，存在着包括资产阶级思想在内的各种非无产阶级思想。但是，社会主义因素在经济、政治、文化领域中都处于领导地位。具体地讲，经济上国营经济和合作社经济占主导地位，政治上工人阶级是领导地位，文化上无产阶级思想(共产主义思想、马克思主义)占指导地位。

在新民主主义社会中，社会主义因素与非社会主义因素之间存在着限制与反限制、改造与反改造的斗争。矛盾斗争的结果，决定着中国新民主主义社会的过渡性及其向社会主义过渡的必然性。

1954 年 9 月 15 日，刘少奇在《关于中华人民共和国宪法草案的报告》中，对新民主主义社会过渡性等相关问题再次作了深入的论证。他说：“我国正处在建设社会主义社会的过渡时期。在我国，这个时期也叫做新民主主义时期，这个时期在经济上的特点，就是既有社会主义，又有资本主义。”“社会主义和资本主义两种相反的生产关系，在一个国家里面互不干扰地平行发展，是不可能的。中国不变成社会主义国家，就要变成资本主义国家，要它不变，就是要使事物停止不动，这是绝对不可能的。”“所以我国只有社会主义这条唯一的光明大道可走，而且不能不走，因为这是我国历史发展的必然规律。”

二、党在过渡时期的总路线

1. 过渡时期总路线的提出

土地改革和恢复国民经济的任务完成后，从 1953 年起，我国开始实行发展国民经济的第一个五年计划，同时，中共中央在 1952 年下半年开始酝酿和提出过渡时期总路线，以便逐步实现向社会主义的转变。

中国共产党从创建时起，就把在中国建立社会主义社会作为自己的奋斗目标。但是，由于中国原来是一个经济非常落后的国家，特殊的国情决定了中国革命必须分两步走，即先完成新民主主义革命，再进行社会主义革命。中共七届二中全会曾明确地提出了使中国稳步地由农业国转变为工业国，由新民主主义国家转变为社会主义国家的历史任务。但是，究竟如何向社会主义转变，当时还缺乏实践经验。中共中央曾经设想，在革命胜利后，经过一段“相当长久”的新民主主义建设阶段，至少要 10 年，多则 15 年或 20 年，使国家实现工业化，国营经济壮大，新民主主义内部的社会主义因素得到加强。待条件成熟时，即采取“严重的社会主义步骤”，一举实行资本主义工商业的国有化和个体农业的集体化。

随着国民经济恢复任务的完成，随着形势的变化和经验的积累，中共中央的认识发生了变化。1952 年 9 月 24 日，毛泽东在中共中央书记处会议上提出：在“十年到十五年，基本上完成社会主义，不是十年以后才开始向社会主义过渡”。刘少奇、周恩来等也都论述过“从现在逐步过渡到社会主义去”的设想。这种认识上的改变，主要有两方面的原因：

一方面，1949 年至 1952 年的实践表明，中国向社会主义的过渡在事实上已经开始了。同时，国内的阶级关系和主要矛盾也发生了深刻的变化。1952 年 6 月，在“三反”、“五反”运动行将结束、全国范围内土地改革基本完成之际，毛泽东即指出：“在打倒地主阶级和官僚资产阶级以后，中国内部的主要矛盾即是工人阶级与民族资产阶级的矛盾，故不应再将民族资产阶级称为中间阶级。”中共中央正是从变化了的实际出发而改变了原先的设想。

另一方面，随着国民经济的恢复和初步发展，中国社会的经济成分(即生产关系)发生了重要变化。这集中地体现在公私比例的变化上。到1952年，国营经济已成为我国社会经济生活中相对强大的力量，它在全国现代工业总产值中的比重，已占67.3%，私营经济占32.7%，国营经济已经超过私营经济。这种变化，用周恩来的话说，就是“社会主义成分的比重一天一天增加，国营经济的领导地位一天一天加强”。

正是基于以上两方面的情况，中共中央在1952年底开始酝酿党在过渡时期的总路线。1953年6月，毛泽东在中央政治局会议上正式提出了过渡时期总路线和总任务。

2. 过渡时期总路线的主要内容及特点

1953年12月，在毛泽东亲自修改审定的中共中央宣传部关于过渡时期总路线的学习和宣传提纲中，形成了对过渡时期总路线的完整准确的表达，即：“从中华人民共和国成立，到社会主义改造基本完成，这是一个过渡时期。党在过渡时期的总路线和总任务，是要在一个相当长的时期内，逐步实现国家的社会主义工业化，并逐步实现国家对农业、手工业和对资本主义工商业的社会主义改造。”

上述内容被概括为“一化三改”。“一化”即社会主义工业化；“三改”即对个体农业、手工业和资本主义工商业的社会主义改造。两者相互促进、相辅相成。这是一条社会主义建设和社会主义改造同时并举的路线，体现了解放与发展生产力、变革生产关系与发展生产力的有机统一。

3. 过渡时期总路线的历史必然性

中共中央提出的过渡时期的总路线，适应了中国政治经济发展的客观趋势，反映了历史的必然。

第一，这是迅速发展社会主义国营经济，顺利实施第一个五年计划的客观要求。实现国家的社会主义工业化，是国家独立和富强的必然要求和必要条件。新中国成立后，通过没收官僚资本，使旧中国的主要经济力量集中到国家手中，这个变革同时具有社会主义革命的性质。国营经济既是支持国家财政、稳定经济形势、保障人民和社会利益的主要经济力量，又是现有基础工业的主体，第一个五年计划的主要任务由它来承担。中国要实现工业化，只能主要依靠社会主义国营经济，而不能依靠资本主义私营经济。历史证明，民族资产阶级没有能力领导中国民主革命达到胜利，更没有能力担负起实现工业化的重任。在当时的中国，私人资本是无力投资兴建新的、足以为国家的工业化奠定基础的大型工业骨干企业的。只有国家有能力来做这件事。“一五”计划确定的大型工业建设项目，基本上是由国营经济来承担的。这就是说，当时工业建设的发展，首先就意味着社会主义性质的国营经济的发展和它在整个国民经济中比重的增加。这是中国选择社会主义的一个基本因素。

第二，对资本主义工商业进行社会主义改造，是实现社会主义工业化、建设社会主义强大国家的迫切需要。中国民族资本主义经济力量很弱，发展困难，不可能成为中国工业起飞的基础。当然，由于中国经济非常落后，原有的资本主义工业企业也是中国工业建设中的一个重要力量。因此，中共七届二中全会制定了对资本主义工商业实行利用和限制的政策。当时毛泽东就指出，这种限制政策必然要受到资产阶级以各种方式进行的反抗。事实正是如此，新中国诞生之后，资产阶级就以哄抬物价，捣乱金融，施放“五毒”，抢购粮油等物资，扰乱市场为内容，和无产阶级连续较量了三个回合。针对资产阶级的进攻，党和政府给予坚决回击，并对广大工商业者进行普遍的守法经营教育。同时，在同资本主义经济的不法行为和消极作用进行斗争的过程中，在合理调整工商业的过程中，国家采取措施，创造了加工订货、统购包销、公私合营等一系列从低级到高级的国家资本主义形式。一方面限制了资本主义工商业的消极因素，另一方面帮助私营工商业克服困难，扶持其生存和发展。这些措施是受到资本家欢迎的。国家在实际工作中积累起来的利用和限制私营工商业的经验，事实上是对其进行社会主义改造的最初步骤，说明对资本主义工商业逐步进行改造的具体途径已经形成。

第三，对个体农业、手工业进行社会主义改造，是发展农业和整个社会生产力的迫切需要。土地改革以后，农业生产摆脱了封建生产关系的束缚，一个时期有过相当大的发展，但是，这种在土地私有基础上实行的个体经营，使农业的发展受到很大的限制，当时个体经济已成为农村主要的经济成分。这种分散落后的个体经济不利于发展多种经营和兴办大规模农田水利建设，限制了农业生产力的发展。许多农户不但无力进行扩大再生产，就连维持简单再生产也不易。这就不能满足人民和国家工业化对粮食与工业原料日益增长的需要。与此同时，在土改以后，在许多地区已经建立了各种生产互助合作组织，这些组织不但能帮助贫苦农民克服困难，增加生产，改善生活，而且也是防止资本主义自发趋势、引导农民向社会主义方向发展的适当形式。这些实际工作中积累起来的农业互助合作的经验，实际上已成为对个体农业进行改造的最初步骤。这说明对个体农业进行社会主义改造，不仅符合历史发展的趋势，而且势在必行。

第四，当时的国际环境也促使中国选择社会主义。新中国成立后，以美国为首的帝国主义国家不甘心在中国的失败，对我国军事上侵略威胁，经济上封锁禁运。中国不但不可能从资本主义大国得到什么援助，就连进行普通的贸易和交往都很困难。当时只有社会主义国家和战后为独立而斗争的国家同情中国。只有苏联能够援助中国。这也是促使中共中央和毛泽东认为应当提出开始向社会主义逐步过渡的一个因素。

总之，中国只能走社会主义道路，不能走别的道路，这是中国历史发展的必然。新民主主义的前途必然是社会主义，也已经深入人心。随着国内外形势的发展变化，随着实际工作经验的积累，以毛泽东为核心的党中央敏锐地看到向社会主义过渡的问题已经摆在面前。经过深思熟虑，在国民经济恢复任务即将结束时，党适时地提出了过渡时期总路线。

专题二　社会主义改造道路和历史经验

随着过渡时期总路线的提出和宣传，对个体农业、手工业和资本主义工商业的社会主义改造有步骤地展开。实践中不仅探索出适合中国特点的社会主义改造道路，还形成了丰富的历史经验。

一、适合中国特点的社会主义改造道路

建立社会主义，就必须建立社会主义的经济制度，前提就是要完成“三大改造”。社会主义三大改造是中国历史上最伟大最深刻的社会变革，中国特点的社会主义改造道路体现了马克思主义基本原理与中国实际的有机结合。

1. 对个体农业、手工业的社会主义改造

在对农业的社会主义改造中，我们党创造性地运用和发展了马克思列宁的合作化理论，从中国农村实际出发，制定并实行了一整套适合中国特点的农业社会主义改造的方针、政策和办法。具体体现在：

采取了积极领导、稳步前进的方针，遵循自愿互利、典型示范和国家帮助的原则。

创造了经过社会主义萌芽性质的临时互助组到常年互助组，发展到半社会主义性质的初级农业生产合作社，再到社会主义性质的高级农业合作社，由低级到高级逐步过渡的形式，引导农民逐步摆脱私有制。互助组是在维持农民生产资料个人所有制的前提下，由几户或者几十户农民通过交换劳动力和生产工具而组织起来的，它带有社会主义萌芽性质。初级合作

社以土地入股和统一经营为特点，带有半社会主义性质。高级合作社是农民将原来所有的土地、耕畜和主要生产工具交给合作社，归合作社集体所有，统一经营，集体劳动，具有完全社会主义性质。

贯彻了依靠贫下中农、团结中农的阶级路线，从而引导了广大的农民共同走上合作化的道路。

在对农业进行社会主义改造的同时，党和政府采取积极引导、稳步前进的方针，对个体手工业进行了社会主义改造。手工业合作化的组织形式，是由手工业生产合作小组、手工业供销合作社到手工业生产合作社，步骤是从供销合作社入手，由小到大，由低到高，逐步实行社会主义改造和生产改造。

2. 对资本主义工商业的社会主义改造

中国共产党根据马克思、恩格斯、列宁关于和平赎买的设想，结合中国的具体情况，创造性地开辟了一条对资本主义工商业实行社会主义改造的道路。具体体现在：

严格区分官僚资本和民族资本的界限，对民族资本采取利用、限制和改造的政策，实行和平赎买，使我国和平地实现生产关系的深刻变革。

创造了从低级国家资本主义形式（委托加工、计划订货、统购包销、委托经销代销）到高级国家资本主义形式（公私合营，包括个别行业的公私合营和全行业公私合营两个阶段）的过渡形式，保证了社会主义改造的顺利进行。

在整个公私合营的过程中，在利润分配上实行过两种不同的方式。在个别行业公私合营阶段，对企业利润实行当时所说的“四马分肥”，即将企业利润分为国家所得税、企业公积金、工人福利费、资方红利四部分，大部分归国家和工人，资方红利加上他们的薪酬可占全年营业额的 1/4 左右。全行业合营后对私股实行定息的办法，即把资本家的利润限制在一定的利息上，统一规定年息为 5％，共付十年。对资本家和资方代理人按照“包下来”的计划和“量才使用，适当照顾”的原则作了人事安排，保留他们的高薪。这样最后实现了马克思和列宁曾经设想过的对资产阶级的和平赎买。

注意把对企业的改造与对资本家的改造逐步结合起来，把他们改造为自食其力的劳动者。

对资本主义工商业社会主义改造的完成，实现了马克思、恩格斯设想的和列宁提出但没有做到的对资产阶级的和平赎买，丰富和发展了马列主义关于国家资本主义的学说，在共产主义运动史上是一个创举，也是毛泽东思想在社会主义时期的一个重要发展。

二、社会主义改造的历史经验

1. 坚持社会主义工业化建设与社会主义改造同时并举

社会主义改造是变革不适应工业化发展要求的生产关系，是围绕着社会主义工业化建设这个中心任务进行的。在改造过程中，党和政府所采取的实际步骤，力求使之与促进工业化进程和经济发展的要求相适应。坚持这一方针，对于在深刻的社会变革中保持社会稳定，促进生产力发展和社会进步，具有十分重要的意义。

2. 采取积极引导、逐步过渡的方式

对个体农业、手工业和资本主义工商业的改造采取了区别对象，用不同的办法积极引导、逐步过渡的方式。由此不仅避免了在改造期间可能发生的社会震荡和经济破坏，而且促进了生产力的发展。

3. 用和平方法进行改造

在社会主义改造之前，无论是资本主义工商业，还是农业和手工业的个体所有制，都具有私有制的性质。在我国的条件下，用和平的方法，不但可以改变个体的所有制为社会主义集体所有制，而且可以改变资本主义所有制为社会主义所有制。坚持用和平方法，保证了我国社会主义改造的顺利进行。

需要指出的是，由于指导思想上急于求成，工作方法上过于简单以及思想认识上的一些偏差，我国社会主义改造也出现了一些失误。主要是1956年夏季以后，农业合作化以及对手工业和个体商业的改造要求过急，工作过粗，改变过快，形式过于简单划一，以致在长时期内遗留了一些问题。资本主义工商业改造基本完成以后，对于一部分工商业者的使用和处理也不很适当。

专题三 社会主义制度在中国的确立

随着生产资料私有制的社会主义改造的基本完成，社会主义的基本经济制度在中国全面地建立起来。这是中国进入社会主义社会的最主要标志。

一、社会主义基本制度的初步确立

1956年，中国的社会经济结构发生了根本性变化，社会主义公有制经济已经占绝对统治地位。同1952年相比，1956年国民收入中各种经济成分的比重，国营经济由19.1%上升到32.2%；合作社经济由1.5%上升到53.4%；公私合营经济由0.7%上升到7.3%；个体经济由71.8%下降到7.1%；资本主义经济由6.9%下降到接近于零。国营经济、合作社经济和基本上属于社会主义性质的公私合营经济合计为92.9%，占到国民收入的绝大多数。这表明，中国几千年来以生产资料私有制为基础的阶级剥削制度已经基本上被消灭，以生产资料公有制为基础的社会主义经济制度已经建立起来。

在社会主义经济制度确立的同时，政治领域也发生了重大变化，中国共产党领导的人民民主专政的社会主义政治制度得以确立。随着人民代表大会制度的实行和《中华人民共和国宪法》的制定与颁布实施，为逐步健全社会主义民主和法制，逐步健全和完善我国社会主义政治制度，奠定了基础。这表明新民主主义国家已经转变为实质上是无产阶级专政的社会主义国家。

在思想文化领域，以马克思主义为指导的社会主义意识形态已经在各方面树立了领导地位。

伴随着社会经济制度和社会经济结构的根本变化，我国社会的阶级关系也发生了根本变化。帝国主义侵略势力已被清除出中国大陆；官僚资产阶级在中国大陆被消灭；原来的地主、富农被改造为自食其力的新人；民族资产阶级分子被改造为自食其力的社会主义劳动者；工人阶级成为国家的领导阶级，其队伍进一步扩大；亿万农民和其他个体劳动者已经变为社会主义的集体劳动者；知识界已组成为一支为社会主义服务的队伍。广大劳动人民从此摆脱了被剥削被奴役的地位，成为国家和社会的主人。

相应地，我国社会的主要矛盾发生了变化：过渡时期无产阶级同资产阶级之间的矛盾已基本上解决，人民对于经济文化迅速发展的需要同当前经济文化不能满足需要的状况之间的矛盾成为社会的主要矛盾。党和人民面临的主要任务，就是集中力量解决这一矛盾。

社会主义改造的基本完成和由此带来的社会各方面的变化，表明社会主义基本制度已经在我国的经济领域、政治领域及社会生活其他领域全面确立，中国已经从新民主主义社会进入到社会主义社会。

二、确立社会主义基本制度的重大意义

1. 社会主义制度的确立是中国历史上最深刻最伟大的社会变革，也是20世纪中国又一次划时代的历史巨变，为把中国建设成为一个独立、富强、

民主、文明的社会主义现代化国家创立了不可缺少的经济、政治、文化和社会条件，为当代中国一切发展进步奠定了制度基础。

2. 中国社会主义制度的确立，使占世界人口四分之一的东方大国进入了社会主义社会，这是世界社会主义运动史上的又一个历史性的胜利。对增强世界社会主义力量，维护世界和平，对其他相对落后国家探索民族独立、人民解放的发展道路有着重要意义。

3. 中国社会主义制度的确立，是马克思列宁主义关于社会主义革命理论在中国正确运用和创造性发展的结果；其独创性的理论原则和实践经验丰富和发展了马克思主义的科学社会主义理论。

案例分析

案例一　过渡时期总路线制定的台前幕后

要在中国实行社会主义，这是中国共产党成立时就已确定的奋斗目标。不过，如何实现这个目标，却经历了较长时间的探索。新中国成立之初，在1949年9月举行的一届全国政协第一次会议期间，有民主人士问毛泽东："中国什么时候搞社会主义？"毛泽东答曰："大概二、三十年吧。"当时的设想是，先进行新民主主义建设，再向社会主义过渡。由此，1951年2月中央政治局会议上提出了"三年准备，十年建设"的战略构想。

然而，短短的两年时间，上述思想发生了很大改变，向社会主义过渡由渐变转向了突变。原因何在呢？

1952年秋，在土地改革、镇压反革命、抗美援朝"三套锣鼓"一起敲的同时，国营工商业和私营工商业的产值比例发生了根本性的变化，国营经济上升到67.3%，私营经济下降到32.7%，国营经济已经大大超过私营经济。同时，土地改革后农村向何处发展的问题也逐渐凸显出来。特别是实行大规模的工业化建设，对总体上还很落后的中国来说，不能不遇到诸多矛盾，突出的是资金、物资和人才的短缺。为使有限的资金、物资和技术人才集中使用到重点建设上去，有必要强化国家实行统一调度的职能。而这一职能的有效发挥依赖于比较集中的管理体制。

基于此，党的指导思想发生了根本性改变。毛泽东提出：十年到十五年基本上完成社会主义，不是十年以后才过渡。现在，工业，私营与国营是三七开；商业零售是倒四六开。再发展五年比例会更小(资小我大)，这还不是社会主义。五年以后如此，十年以后会怎么样，十五年以后会怎么样，要想一想。

在毛泽东看来，上述变化表明了中国的社会结构和阶级力量对比，无论是政治上或经济上工人阶级都已占据优势；况且，资本主义的"性质也变了，是新式的资本主义：公私合营，加工订货，工人监督，资本公开，技术公开，财政公开……他们已经挂在共产党的车头上了，离不开共产党了"。特别是，我们党通过农业生产互助合作，已经找到了改造个体农业的过渡形式。通过互助组、初级社等，组织起来的农民获得了实实在在的好处。

有了这样的背景，党的领导人认为，解决工人阶级与资产阶级的矛盾，在农村和城市开始逐步采取消灭资本主义的步骤不仅必要也有可能，从现在起我们应该提出向社会主义过渡的战略。

这一想法得到了当时作为老大哥的苏联的赞同。1952 年 10 月，刘少奇率领中共代表团参加苏共第十九次全国代表大会，毛泽东委托刘少奇将中国向社会主义过渡的设想告诉斯大林，并征求他的意见。斯大林听后说：我觉得你们的想法是对的。当我们掌握政权以后，过渡到社会主义去应该采取逐步的办法。你们对中国资产阶级所采取的态度是正确的。

出于慎重，为确切掌握新中国成立后资本主义工商业的变化，研究和确定对资本主义工商业改造的具体途径，中共中央指派中央统战部部长李维汉率领调查组，到武汉、上海、南京、无锡、常州、济南等地进行调查研究。

调查组邀请各地党的和财经行政各主管方面的负责人进行座谈，谈情况，摆问题，讲看法。根据调查结果，李维汉给中央写了调查报告，其中主要是《资本主义工业中的公私关系问题》。这个报告根据三年多来对资本主工商业实行利用和限制政策的经验及其存在的问题，向中央提出了加强党的统一领导，积极发展国家资本主义(尤其是作为国家资本主义高级形式的公私合营)，经过国家资本主义改造资本主义工业的重要建议。

李维汉在信中说：经验比较有力地证明，国家资本主义的各种形式(其中一部分由低级向高级发展)，是我们利用和限制工业资本主义的主要形式，是我们将资本主义工业逐步纳入国家计划轨道的主要形式，是我们改造资本主义工业使它逐步过渡到社会主义的主要形式，是我们利用资本主义工业来训练干部、并改造资产阶级分子的主要环节，也是我们同资产阶级进行统一战线工作的主要环节。抓住了这个主要形式和主要环节，在经济和政治上都有利于领导和改造资本主义和资产阶级分子的其他部分。所以建议我们在目前集中地或着重地来解决我们同这一主要部分的资本主义工业的关系问题。

毛泽东、刘少奇等中央领导人，对中央统战部的这份调查报告非常重视。关于社会主义改造的途径问题，此时也比较明朗了。即：经过由低级到高级的国家资本主义形式，逐步将资本主义工业改造为公私合营企业，与 1951 年提出的经过互助组、初级合作社到高级合作社，把个体农业逐步引到社会主义集体农业的过渡形式一起，构成了过渡时期总路线对生产资料所有制改造的完整途径。

由此，毛泽东明确提出：“党的任务是在 10 年至 15 年或者更多一些时间内，基本上完成国家工业化和社会主义的改造。所谓社会主义改造的部分：(一)农业；(二)手工业；(三)资本主义企业。”

1953年6月15日，中央政治局召开会议。会议决定通过国家资本主义的道路对资本主义工业进行社会主义改造，过渡到社会主义。与此同时，毛泽东首次对过渡时期总路线和总任务的内容作了比较完整的表述。他说：“党在过渡时期的总路线和总任务，就是要在10年到15年或者更多一些时间内，基本上完成国家工业化和对农业、手工业、资本主义工商业的社会主义改造。这条总路线是照耀我们各项工作的灯塔。不要脱离这条总路线，脱离了就要发生‘左’倾或右倾的错误。”

——摘自林蕴晖、范守信、张弓：《凯歌行进的时期》，北京，人民出版社，2009。

【案例点评】

1953年，恢复国民经济的任务已提前完成，抗美援朝、土地改革、镇压反革命三大运动取得了伟大胜利，“三反”、“五反”运动业已结束，工人阶级在同资产阶级的较量中，取得了新中国成立后的第一个回合的胜利，这一切预示着一个全国范围的大规模建设就要开始了。正是在这样的大背景下，毛泽东经过深思熟虑，谨慎地提出了党在过渡时期总路线这个重大命题。

本案例回顾了过渡时期总路线出台的前前后后，反映了这条总路线是我们党在科学分析认真调研的基础上谨慎地提出来的，代表了当时对社会主义的理解及认识水平。依据这条总路线，社会主义改造尽管来势迅猛，却没有引起剧烈的社会震荡，社会生产力不但没有遭到破坏，反而有所发展。这说明，以毛泽东为核心的第一代中央领导集体，集中全党智慧和全国人民的实践经验，成功地走出了一条独特的中国社会主义改造道路。

案例二　被誉为“五亿农民的方向”的耿长锁农业合作社

早在1943年，毛主席发表了《组织起来》一文，给我国农民指出了一条走向社会主义集体化的道路。这年冬天，河北省饶阳县五公村耿长锁等四户农民建立了一个土地合伙组。这一合伙组是当时革命根据地农民，为响应“组织起来”的伟大号召，在党的领导下最初建立的一批互助合作组织之一，被毛泽东称为“五亿农民的方向”。

1948年冬天的土地改革运动，打垮了封建势力，五公村的广大贫农和下中农提高了阶级觉悟，要求组织起来的越来越多。土地改革后，他们有的参加了耿长锁的合伙组，有的在合伙组的影响下另外成立了互助组。那时候，中农也有人愿意入组，不少人却还留恋单干的道路。他们有的直截了当地说，“入了组怕吃亏”。个别经济实力比较雄厚的富裕中农更加不相信组织起来的道路，他们公开宣扬单干好，要同合伙组、互助组在生产上较量较量。

1950年春，五公村有个实力相当雄厚的富裕中农提出要同耿长锁的合伙组搞比赛。合伙组在党支部的支持下，接受了他的挑战。耿长锁鼓励大家说，善者不来，来者不善，既然他们敢给咱下战表，咱就要挺起胸膛应战，在这场战斗里，我们一定要战胜它，坚决把他们远远地抛在后面。当时合伙组虽然已经办了几年，由于组员大多数是贫农，耕地土质仍然较差，耕畜和农具仍然不足。对手认为自己的地肥、畜壮、技术好，赛过合伙组易如反掌。这个估计，事实证明是错误的，因为没有估计到合伙组的集体力量和干劲。合伙组的耕地虽然土质薄，为了比赛，组员们把上年分到的两万斤花生和八千斤豆子交给合伙组开办油房，用榨了油的油饼作肥料。那一年组员的生产干劲真大，他们精耕细作勤管理，样样农活走在前面。第一年比赛的结果，合伙组薄沙地里“小红谷”的产量，就赶上了对手蒙金地里的“齐头黄”；第二年又全部超过了他。比赛的第三年即1952年，五公村碰上了大旱，单干的富裕中农眼看着庄稼要旱死，干着急，没办法。而耿长锁领导的合伙组已扩大为二十五户的初级社，他们依靠集体力量，在这年春天打了一眼洋井，一眼砖井，采取水车浇、挑水灌等办法，把全社的耕地浇了一半。正在这时，竞赛对手家里却有人生病，劳力不足，无力抗旱。当时如果不是耿长锁的初级社向他伸出援助之手，那一年的旱灾他是难以渡过的。三年比赛，单干同集体的比赛，最后见了分晓：集体胜利了。1952年，耿长锁的初级社丰产谷子亩产达400多斤，比单干农民高一倍多。同村其他初级社和互助组的产量，也比单干户高得多。

比赛见了分晓，1952年冬天，五公村出现了合作化运动的高潮。全村农民，包括比较富裕的上中农也纷纷参加了合作社。就在这年冬天，五公村内其他十多个初级社，经过酝酿讨论，决定以耿长锁初级社为基础，成立一个包括全村400多户农民的大社。

从1953年起，耿长锁农业生产合作社成了一个规模较大的初级农业生产合作社，社以下分为许多生产队。当时有些新入社的中农，特别是比较富裕的中农，集体思想还不巩固。他们半心半意入了社，就把两条道路的斗争，从社外带到了社内。有些入社不久的富裕中农说起怪话来，弄得个别老社员对办大社的信心也不坚定了。耿长锁等老骨干没有退缩，他们在党支部的支持下，依靠贫农、下中农社员想办法，为巩固大社奋斗。当时，耿长锁找了一些贫农、下中农积极分子开会讨论，向大家提出，现在有些富裕中农又抓住我们办大社没有经验来嘲笑我们，我们是向困难低头，还是扫除障碍继续前进？这一问把大家的勇气激励起来了。原来办小社的一帮硬骨头争先发言，他们说，路是人走出来的，当初怕这怕那，就没有今天。会上，大家按照办小社时解决问题的民主传统，你一言我一语地提出了很多好建议。1954 年，经营管理工作有条不紊，大社便于大办水利，积极发展生产，结果夏秋两季都获得了丰收。到冬季，那些退社不到一年的人，看到组织起来道路宽，大多数又回到社里来了。

1955 年冬天，响应党中央稳步前进的政策号召，五公村初级农业生产合作社在社员觉悟进一步提高的基础上，遵照自愿互利原则，经社员大会讨论决定，办成了完全社会主义性质的、按劳分配的高级农业生产合作社，过去退社的社员此时全部回来了。

五公村的农民发挥集体的力量，办了不少事情，其中很值得提及的有三件大事：第一件是植树造林根治风沙。五公村原在滹沱河边，河水绕村而过，给它留下了一大片沙荒。1951 年冬天，合伙组改名为农业社以后，集体力量大了，耿长锁于是领导社员年复一年地在一片片沙地上建圃育苗，植林造林。经过努力，片片草苗不长的沙滩，逐渐变成了浓荫密布的桑林和果园。第二件是办水利。五公村办水利也是从办初级社开始的。利用集体力量打砖井，用畜力带动的水车提水灌溉，还打了一眼水源较大，井底下了管子，可以吸取深层地下水的所谓“洋井”。这为抗旱防旱奠定了坚实基础。第三件是农业技术革新。

总之，走集体化道路所取得的成绩令五公人骄傲。早在 1953 年，河北省人民政府曾发给耿长锁农业合作社一面奖旗，上写“社会主义之花”六个大字。的确，当时它就像开放在河北平原上的一朵鲜花，吸引着广大农民走向组织起来的道路。

——摘自《人民日报》1963 年 12 月 7 日。

【案例点评】

中国的特点是农民占人口的绝大多数，如何将几亿农民的个体所有制改造成集体所有制，是个历史性难题。以毛泽东为代表的中国共产党人根据马克思列宁主义关于农业社会主义改造的基本原理，从我国农村实际出发，开辟了一条适合中国国情的农业社会主义改造道路。被毛泽东誉为“五亿农民的方向”的“耿长锁农业合作社”就是其中的典型代表。

通过“耿长锁农业合作社”诞生的案例，使我们清晰地看到组织起来前后五公村发生的翻天覆地的变化。这样的发展变化说明，占农村60%～70%的大多数贫下中农，由于经济、生产条件比较贫困，有自觉走农业合作化道路的要求；而这正是我们党推动农业合作化的客观依据。总之，20世纪50年代的农业合作化运动，为新中国工业化建设作出了重要贡献。今天，我们一定要以客观历史的眼光来看待这场生产关系的伟大变革。

疑难问题解答

1. 为什么说社会主义基本制度的建立为当代中国一切发展进步奠定了制度基础?

1949年到1956年，新中国通过对个体农业、手工业和资本主义工商业的社会主义改造，实现了由新民主主义到社会主义的转变，社会主义基本制度在我国初步确立。社会主义基本制度的确立，是20世纪中国一次划时代的历史巨变，为当代中国一切发展进步奠定了制度基础。具体地讲：

(1)从经济方面看，以公有制为基础的社会主义生产关系的建立，为生产力的发展开辟了道路，奠定了当代中国一切发展进步的经济基础。

1956年，伴随着生产资料私有制的社会主义改造的完成，在我国的国民经济中，全民所有制和劳动群众集体所有制这两种社会主义公有制经济已经居于绝对统治地位。这种情况反映到国民收入的结构上，1956年底，在国民经济中，国营经济占32.2%，合作社经济占53.4%，公私合营经济占7.3%，资本主义经济下降到0.1%，个体经济则下降到7.1%，也就是说，在整个国民经济中，公有制经济占了绝对优势。生产资料所有制是生产关系的基础与核心，决定着生产关系中的另外两个因素——生产过程中人与人之间的关系，以及产品的分配关系。生产资料公有制的建立，表明社会主义生产关系已经在我国建立起来。它与相应程度的社会生产力相统一，构成了社会主义的生产方式。这种生产方式制约着整个社会生活，包括经济生活、政治生活、精神生活，决定社会的性质以及社会形态由低级向高级的发展。

社会主义制度的确立，极大地提高了工人阶级和广大劳动人民的积极性、主动性和创造性，能够允许社会生产力以较高的速度和较大的规模持续地向前发展，使生产力的发展达到现有技术装备所能提供的程度，从而为中国的现代化建设创造了重要条件。在这一制度的奠基下，我国逐步建立起较为独立完整的工业体系和国民经济体系，农业生产条件发生了显著变化，生产水平有了很大提高，教育、科学、文化、卫生、体育事业有了很大发展，主要工农业产品的产量在世界的位次有了显著提高。

(2)就政治方面而言，人民代表大会制度、中国共产党领导的多党合作和政治协商制度、民族区域制度等基本政治制度的确立，从根本上保证了人民当家做主的地位，保证了国家的统一及国内各民族之间的团结。

第一，人民民主专政的社会主义国家政权是社会主义现代化建设的必要条件和根本前提。社会主义改造的完成及工业化建设的展开，广大工农群众的生活有了提高，工农联盟在新的基础上得以巩固，以工农联盟为基础的人民民主专政的国家政权也就更加巩固。这是对外防止帝国主义侵略，维护国家主权和领土安全，对内维护团结统一和安定团结，创造有利于社会主义工业化、现代化建设的必要条件和根本前提。

第二，人民代表大会制度的建立，保证了国家统一有效地组织各项事业，保证一切权力属于人民，保证了人民当家做主的地位。实行人民代表大会制度是中国社会主义民主政治最鲜明的特点。在国家机构体系中，人民代表大会作为最高权力机关统一行使国家权力，实行民主集中制，集体行使职权，集体决定问题；国家行政机关、审判机关、检察机关由人民代表大会产生，对它负责、受它监督，合理分工、协调一致地工作，保证了国家统一有效地组织各项事业，保证一切权力属于人民。正如邓小平指出的："我们实行的就是全国人民代表大会一院制，这最符合中国实际。如果政策正确，方向正确，这种体制益处很大，很有助于国家的兴旺发达，避免很多牵扯。"

第三，中国共产党领导的多党合作和政治协商会议制度的确立，既有利于发扬民主、活跃国家政治生活，又有利于增进人民团结、维护国家政局稳定，有利于加强、改善共产党的领导和充分发挥民主党派的参政党作用，从而实现统一领导与广泛民主、富有效率与充满活力的有机统一。它巩固和扩大了统一战线，为调动一切积极因素建设强大国家、构建和谐的政党关系，进而促进社会和谐提供了制度保证。

第四，民族区域自治制度的确立，成为正确处理我国民族关系、维护国家统一和民族团结的基本国策，为维护中华民族的团结和统一，促进各民族的平等、团结、互助和共同繁荣提供了制度上的保证。

民族区域自治是解决我国民族问题的基本政策，是国家的一项基本政治制度。实行这种制度，体现了我国坚持实行各民族平等、团结、合作和共同繁荣的原则。

此外，中国社会主义制度的确立，使占世界1/4人口的东方大国进入了社会主义社会，这是世界社会主义运动史上又一个历史性的伟大胜利。它为其他相对落后的国家探索民族独立、人民解放和走符合本国国情的发展道路提供了重要经验。而世界和平与发展力量的增长，必将创造一个有利于中国现代化建设的国际环境。基于上述的方方面面，所以说，社会主义基本制度的建立，为当代中国一切发展进步奠定了制度基础。

2.20世纪50年代中国为什么要实现国家工业化？怎样选择了社会主义工业化道路？

回答这一问题，需要从以下几方面来分析：

(1)实现国家工业化，是近代以来中国人民的殷切期望。

工业化是人类社会向更高阶段迈进的必要条件和途径。工业发达与否，是衡量与判断一个国家发展水平，以及能否实现现代化的根本尺度。

1840年鸦片战争后中国被动挨打，根本原因在于政治腐败，经济技术落后，没有现代工业。面对国弱民贫、山河破碎的局面，先进的中国人开始思考救国救民的出路。发展实业，实现国家的工业化，使中国变成一个工业强国，成为先进的中国人梦寐以求的理想。林则徐、魏源提出了“师夷长技以制夷”的主张，但是并没有涉及国家工业化的完整方案。洪仁玕的《资政新篇》提出了全面学习西方资本主义，实现国家工业化的完整方案，但却没有付诸实行。19世纪60年代开始的洋务运动历时三十多年，在“自强”、“求富”的主张下优先发展军事工业，同时发展若干民用工业，客观上对中国的早期工业化和民族资本主义的发展起了某些促进作用，但是，甲午战争中北洋水师全军覆灭的事实，宣告了洋务运动的失败，表明封建统治阶级中的开明绅士不可能把中国引上国强民富的工业化、现代化道路。

民主革命的伟大先行者孙中山认为，落后国家的现代化主要是实现国家的工业化。由于时代的局限性和阶级的局限性，民族资产阶级及其政党没有能力领导中国反帝反封建的民主革命走向胜利，因而也就不可能完成中国工业化的历史任务。

以毛泽东为代表的中国共产党人在领导中国革命的过程中，把工业化作为自己的理想和追求，致力于“使中国由农业国变为工业国”。为了创造实现工业化的根本政治条件，中国共产党领导人民进行新民主主义革命，推翻了帝国主义、封建主义和官僚资本主义的统治，解放了被束缚的社会生产力。新中国成立后，党在恢复和发展国民经济基础上提出的以逐步实现国家的社会主义工业化为主体的过渡时期的总路线，反映了一百多年来中国人民追求国家独立与富强的美好夙愿。

(2)实现国家社会主义工业化是新中国独立与富强的根本保证和必要条件。要从根本上改变中国贫穷落后的面貌，实现真正的独立，并把中国从一个落后的农业国变为一个富强的工业国，就必须实现国家的工业化。

新中国成立后，经过党和人民的努力，到1952年，国民经济得到恢复和初步发展。但是，我国工业生产还是十分落后，现代工业在工农业总产值中的比重只有26.6%，重工业在工业总产值中的比重只有35.57%。

为了国家的独立、富强和人民的福利，我国必须逐步实现国家的工业化，使我国拥有强大的工业，可以自己制造种种必要的工业装备，使现代化工业能够完全领导整个国民经济并在工农业生产总值中占据绝对优势。周恩来在1953年9月的一次讲话中，还从世界意义的高度强调说：我国是一个近六亿人口的大国，地下资源很丰富，如果不努力建设自己的工业，特别是建设重工业，那就不能立足于世界。旧中国的工业基础很薄弱。我们要迎头赶上。现在我们有机会，要加紧赶，不赶就要全盘皆输，就站不住脚。

(3)中国走社会主义工业化道路具有客观必然性。

从世界历史上看，实现国家工业化主要有两条道路：一条是资本主义工业化道路，这是欧洲各国、美国和日本走过的并且也走通了的道路；一条是社会主义工业化道路，这是苏联走过的并且也走通了的道路。通过总结历史经验，并对不同国家工业化道路的比较鉴别，中国共产党断然否定了资本主义工业化道路，果断选择了社会主义工业化道路。

中国选择社会主义工业化道路的原因之一，是因为近代以来的历史表明，资本主义工业化道路在中国行不通。由于旧中国未能形成一个独立的、比较完整的工业体系和国民经济体系，这就决定了独立以后的中国如果不搞社会主义，而走资本主义道路，就不可能摆脱对于外国垄断资本的依赖，就难免成为外国垄断资本的加工厂和单纯的廉价原料、廉价劳动力的供应地。这种危险是现实存在的。近代以来中国的历史证明，资本主义道路在西方行得通，在中国却行不通。因为我国已经丧失了通过资本主义工业化进入强国行列的机遇，如果搞资本主义就只能成为帝国主义的附庸。

中国选择社会主义工业化道路的原因之二，是因为世界历史证明，走资本主义工业化道路必然损害广大人民群众的利益。发端于西方的资本主义工业化，以血淋淋的资本原始积累为起点，以牺牲大部分人的利益特别是广大农民的利益为前提。正因为如此，早在新中国成立初期，毛泽东就明确指出："资本主义道路，也可增产，但时间要长，而且是痛苦的道路。我们不搞资本主义，这是定了的，如果又不搞社会主义，那就要两头落空。"为使人民免遭痛苦，更快地实现国家的工业化，中国共产党只能把社会主义制度作为实现中国工业化的最佳选择。

中国选择社会主义工业化道路的原因之三，是因为苏联走社会主义工业化道路的成就显示了社会主义的优越性，对中国具有示范作用。以生产资料公有制为基础的社会主义制度具有集中力量办大事、能够促进社会生产力迅速发展的巨大优越性，这种优越性在苏联得到了证明。在当时，对于中国这样一个经济文化落后的国家来说，通过走社会主义道路来实现国家工业化，无疑是一种很自然的选择。

(4)20世纪50年代的中国客观上具备了走社会主义工业化道路的必要条件。具体体现在：人民民主专政国家政权的建立，为社会主义工业化建设提供了所必需的政治条件；相对强大和迅速发展的社会主义国营经济，为国家社会主义工业化建设提供了必要的经济条件；在国民经济恢复时期，我国农业和手工业开始向合作化方向发展，工商业出现了一系列从低级到高级的国家资本主义形式，这些都有助于国家的社会主义工业化道路的选择；当时国际形势的发展，为我国走国家社会主义工业化道路提供了有利的国际环境。

(5)中国的社会主义工业化道路具有不同于苏联的鲜明特点。新中国工业化道路的一个显著特点，就是联系农业来发展工业，强调农业对工业化的重要意义，实践中注重农业、轻工业和重工业的比例关系。中国是一个农民大国、农业大国，农业的重要性比其他国家显得尤为突出，这是中国工业化道路必须立足的一个基本国情。苏联过分强调了重工业的优先增长，结果在计划中把农业忽略了。

综上所述，新中国选择的工业化道路，既不同于近代史上西方资本主义国家通过“羊吃人”的方式及长期着重发展轻工业的工业化道路，也不同于苏联通过农副产品价格的“剪刀差”实现高积累并过分偏重发展重工业“把农民搞得相当苦”的工业化道路。20世纪50年代中国选择的社会主义工业化道路，是一条切合中国国情的新型的工业化道路。

实践教学设计

方案一　开展专题讲座

【设计思路】

邀请相关方面党史研究专家，就社会主义改造实践过程中党内外不同思想的争论，广大农民、手工业者与资本主义工商业者的真实心理状态等进行深入细致的讲解；特别是针对改革开放以来因“大包干”的实行与私营工商业的产生和发展，有些人提出“早知如此，何必当初”的疑问，给予客观翔实的分析和解答。通过这样的专题讲座，使学生全面了解和把握社会主义改造的得失，树立起正确的价值观和世界观。

【步骤安排】

1. 提前两周给学生布置相关阅读材料

2. 专题讲授后要求学生提交一份心得体会

3. 教师评阅

对学生提交的心得体会仔细评阅，给出相应成绩，作为平时考核的一部分。

方案二　演讲辩论

【设计思路】

通过演讲辩论，让学生深入认识社会主义改造与国家工业化之间的关系，增进对过渡时期总路线的学习兴趣和领悟力；同时，提高自主学习的能力。

【步骤安排】

1. 提前三周给学生布置相关阅读材料，为演讲辩论做好准备

2. 组织演讲辩论

设计问题，以“社会主义改造对中国工业化进程有何影响”为主题，组织学生进行演讲辩论。

3. 教师点评

社会主义改造与工业化建设事实上有相辅相悖的两个方面，相应地，“三大改造”对工业化也就产生了积极和消极两方面的作用。在工业化初创阶段，社会主义改造对工业化建设的影响，不同年度其作用的程度不同。

“第一个五年计划”期间，特别是前四年，积极因素是主要的；1957年以后，消极因素逐渐占据上风。

方案三　读书心得交流

【设计思路】

结合社会主义基本制度建立后新中国在政治、经济、文化、教育、医疗、卫生、科技等领域取得的重大成就，选择一本书籍让学生阅读，读罢开展心得交流活动。通过读书心得交流，引导学生深刻理解新中国在20世纪50年代选择社会主义的历史必然性及其伟大意义，使学生全面了解党在不同历史时期的路线、方针及政策，并养成阅读好书的习惯。

【步骤安排】

1. 提前半个月布置阅读《我们的时代——现实中国从哪里来，到哪里去》一书

2. 结合读书，课堂上让学生集中谈“新中国对私有制实行快速变革”的理解和体会

3. 教师点评

恩格斯曾经说：“一切社会变迁和政治变革的终极原因，不应当到人们的头脑中，到人们对永恒的真理和正义的日益增进的认识中去找，而应当到生产方式和交换方式的变更中去寻找；不应当到有关时代的哲学中去寻找，而应当到有关时代的经济中去寻找。”

从这一道理来看，新中国为何对私有制实行快速变革？其中的重要原因之一是为了国家工业化建设。具体地讲，国家工业化建设需要大量粮食，故而粮食的增产就显得尤为迫切。那么，如何快速增产呢？对此，陈云讲得很明白：“农业增产有三种办法：开荒，修水利，合作化”，“搞合作化，根据以往的经验，平均产量可以提高百分之十五到三十”，“并且只有在农业合作化以后，各种增产措施才更容易见效。所以，合作化是花钱少、收效快的增产办法”。

另外，在资金、资源等比较短缺的情况下，国家工业化建设需要人力、财力、物力的集中统一调度；对私有制进行社会变革，有利于降低统一调度的组织成本。就资本主义工商业的社会主义改造而言，便于克服私人与国家争夺材料、劳动力、市场等问题。

实行私有制的社会变革尽管十分必要，那么，被变革的社会主体是怎样想的？他们愿不愿接受呢？总体看来，广大农民、手工业者与资产阶级愿意跟着共产党走，愿意接受改造。

考研题解

一、单项选择题

1. (2011年考研试题第10题)1953年9月，彭德怀在一份报告中说，抗美援朝战争的胜利证明：西方侵略者几百年来只要在东方一个海岸上架起几尊大炮就可霸占一个国家的时代一去不复返了。这场战争的胜利(　　)

A. 结束了西方列强霸权主义的历史

B. 打破了美国军队不可战胜的神话

C. 奠定了民族独立人民解放的基础

D. 赢得了近代以来中华民族反抗外敌入侵的第一次完全胜利

二、多项选择题

2. (2010年考研试题第22题)1952年党中央在酝酿过渡时期总路线时，毛泽东把实现向社会主义转变的设想，由建国之初的“先搞工业化建设”再一举过渡，改变为“建设和改造同时并举，逐步过渡”，这一改变的原因和条件是(　　)

A. 我国社会主义经济因素的不断增长和对资本主义经济的限制

B. 为了确定我国工业化建设的社会主义方向

C. 我国工业化建设取得了重大成就

D. 民主革命的遗留任务已经完成

3. (2011年考研试题第29题)中国根据马克思列宁主义关于农业社会主义改造的思想，从我国的实际出发，开创了一条有中国特色的合作化道路，成功地实现了对个体农业的社会主义改造，其历史经验主要有(　　)

A. 国家用先进的技术和装备发展农业经济

B. 遵循自愿互利、典型示范和国家帮助的原则

C. 在土地改革后不失时机地引导个体农民走互助合作道路

D. 采取从互助到初级社再到高级社的逐渐过渡形式

参考答案　1. A　2. ABD　3. BCD

三、(2010年考研试题第36题)材料分析题

材料1：1949年10月1日。下午15时整，北京，天安门城楼。毛泽东向全世界庄严宣告：“中华人民共和国中央人民政府已于本日成立了！”

广场沸腾了！震天的欢呼直冲云霄，帽子、围巾甚至报纸在空中飞舞……

身着深色旗袍的宋庆龄站在城楼上，看着眼前涌动的人潮，看着广场上矗立的孙中山画像，不禁热泪盈眶。8天后，她这样向世人讲述在天安门城楼的那一刻。“连年的伟大奋斗和艰苦的实践，又在我眼前出现。但是另一个念头抓住我的心，我知道，这一次不会再倒退了，这一次，孙中山的努力终于结了果实，而且这果实显得这样美丽……”

——摘自《人民日报》2009年9月6日。

材料2：2009年10月1日。上午10时整，首都各界庆祝中华人民共和国成立60周年大会在北京天安门广场隆重举行，20万军民以盛大的阅兵仪式和群众游行欢庆伟大祖国的这一盛大节日。

天安门城楼红墙正中悬挂着新中国缔造者毛泽东的巨幅彩色画像。人民英雄纪念碑前竖立着伟大的革命先行者孙中山先生的画像，纪念碑两侧超宽电子屏上“伟大的中华人民共和国万岁”、“伟大的中国共产党万岁”等标语格外醒目。广场东西两侧，56根绘有各族群众载歌载舞图案的民族团结柱，象征着56个民族共同擎起祖国繁荣富强的伟大基业。

胡锦涛发表重要讲话。他指出：“60年前的今天，中国人民经过近代以来100多年的浴血奋战终于取得了中国革命的伟大胜利，毛泽东主席在这里向世界庄严宣告了中华人民共和国的成立。中国人民从此站起来了，具有5000多年文明历史的中华民族从此进入了发展进步的历史新纪元。”

——摘自《人民日报》2009年10月2日。

请回答：

(1)如何理解宋庆龄所说的“孙中山的努力终于结了果实”？

(2)为什么说中华人民共和国的成立标志着“中华民族从此进入了发展进步的历史新纪元”？

【解题思路】

没有共产党，就没有新中国。历史证明，资产阶级共和国道路在中国行不通，只有共产党才能救中国，只有走社会主义道路才能发展中国。本题考核的正是这样的知识点和历史逻辑。

【答案要点】

(1)孙中山立志救亡图存，振兴中华，领导辛亥革命，结束中国的君主专制制度，建立资产阶级共和国，但是民主共和的理想并没有实现。中国共产党人继承孙中山的遗志，开辟了中国革命的正确道路和新的发展方向，领导全国人民进行艰苦卓绝的斗争，终于完成了反帝反封建的民主革命任务，建立了中华人民共和国。

(2)国家统一基本完成，对外获得民族独立；人民民主专政国家政权建立，人民当家做主；中国共产党成为执政党。这些为社会主义基本制度的建立和当代中国一切发展进步奠定了根本政治基础。新中国成立以来，中国共产党团结带领全国各族人民在革命、建设、改革的伟大实践中，取得了举世瞩目的成就。贫穷落后的中国变成了一个初步繁荣昌盛、充满生机和活力的社会主义国家。

第五章　社会主义本质和根本任务

名人名言

过去干的一件事叫革命，现在干的叫建设，是新的事，没有经验。

——毛泽东(《经济建设是科学，要老老实实学习》，《毛泽东文集》第8卷，72页，北京，人民出版社，1999)

我们搞社会主义才几十年，还处在初级阶段。巩固和发展社会主义制度，还需要一个很长的历史阶段，需要我们几代人、十几代人，甚至几十代人坚持不懈地努力奋斗，决不能掉以轻心。

——邓小平(《在武昌、深圳、珠海、上海等地的谈话要点》，《邓小平文选》第3卷，379～380页，北京，人民出版社，1993)

什么叫社会主义，什么叫马克思主义？我们过去对这个问题的认识不是完全清醒的。马克思主义最注重发展生产力。我们讲社会主义是共产主义的初级阶段，共产主义的高级阶段要实行各尽所能、按需分配，这就要求社会生产力高度发展，社会物质财富极大丰富。

——邓小平(《建设有中国特色的社会主义》，《邓小平文选》第3卷，63页，北京，人民出版社，1993)

专题讲授

专题一 社会主义从理论到实践

邓小平曾强调，对什么是社会主义的问题我们并没有真的搞清楚，所以对这个问题要重新进行思考。从马克思主义思想发展的历史来看，邓小平的这一判断是非常有见地的，从而为探索什么是社会主义、怎样建设社会主义开辟了一条新的道路。那么我们首先要知道社会主义从理论到实践的过程是怎样的。

一、"社会主义"与"共产主义"

1987年4月26日，邓小平说："最根本的一条经验教训，就是要弄清楚什么叫社会主义和共产主义，怎样搞社会主义。"也就是说，社会主义和共产主义这两个概念之间的问题需要更加仔细的辨析。在这种辨析过程中，我们应该注意到理论在现实中的发展过程，认识到马克思主义是在实践中不断发展的理论。

1. 两个词的基本含义

"社会主义"和"共产主义"这两个词并不首创于马克思和恩格斯，不过马克思和恩格斯在探索社会发展道路和革命方向的时候更多地使用了这些词汇，并且用这两个词阐述了社会发展和社会运动的相关理论，使两个概念最终转变成改造社会现实的运动。所以，我们在谈到这两个词的时候一般会自然想到马克思和恩格斯两个人。我们先从这两个词的最初意义来看。

"社会主义"一词在欧洲18世纪中叶才出现，它来源于古拉丁文socialis，意为"同伴的"、"同伙的"、"同志性的"、"善于社交的"等等。后加上后缀ism即socialism意为社会主义，该词表示了一种关于伙伴、同志的思想学说。

由于以个人主义为理论基础的资本主义在不断发展过程中带来了一系列社会问题，从19世纪初开始，人们对资本主义制度及其个人主义的基本原则进行反思。在反思的过程中，"社会主义"这个概念受到推崇。这时，"社会主义"所表达的是与个人主义相对，强调人的社会性、人和人之间的有机联系以及集体观念的意思。这一理解成为空想社会主义者和后来的社会主义者使用这一概念的基础。

“共产主义”这个词出现的相对较晚，是在19世纪30年代才出现的。该词源于拉丁文communis，意为公有，更强调其公有制的制度含义。在前面对柏拉图《理想国》思想的介绍中我们可以看到，从古代希腊开始，关于公有制和公共生活的讨论就已经开始，这些观念成为后来各个时期不同理想社会思想的萌芽。由于这一思想强调制度控制下的公共生活，消除人的自私心产生的源头，非常符合一些有共同追求的小群体、尤其是宗教群体的追求，从古希腊到中世纪，在一些欧洲宗教人士中曾经有过很多类似的尝试。

2. 两个词含义的现代应用

到了19世纪30年代，由于对私有制的反思、批判，关于公有制的相关思想又开始被重视，这样拉丁文意义的communi的意义被再次提起，产生了communism——共产主义一词。

“共产主义”和“社会主义”同样在19世纪初期流行起来，是基于同样的社会背景，也就是对建立在私有制基础上的资本主义制度的反思和批判。当然，这两种思想中有一些接近的元素，如都反对资本主义，在一定意义上都强调人和人之间和谐关系和集体主义倾向。

但是两者的意义并不完全一致，其中“社会主义”是针对“个人主义”提出来的，批判所指为资本主义的思想基础，所以与现实制度的关涉是间接的，显得比较温和。它的很多社会变革措施是以改变控制社会的思想基础，调整思维方式、进行局部性制度变革的尝试并推广以达到改造社会的目的。而“共产主义”的批判所指为资本主义的经济制度——私有制，目标是直接的社会制度改造，是社会制度的彻底重建，显得比较激进。

所以，在当时的欧洲，社会主义一词主要是在知识分子当中，在英法的空想社会主义者当中使用，着重强调社会公正、社会平等。而共产主义一词则首先是在工人当中，在法国工人秘密结社组织当中使用，着重强调消灭私有制，建立公有制。“社会主义”和“共产主义”在当时并不体现为一种社会制度和社会形态，而是两种社会思潮。这两种社会思潮有一定的一致性，但也存在着重要的差别。

3. 马克思恩格斯对两个词的早期使用

马克思和恩格斯在1840年前后接触到社会主义思想和共产主义思想。当时，恩格斯主要在英国，而马克思主要在德国，所以虽然两个人这个时候都接触到这两个概念，理解并不完全一致。当时在英国，社会主义思想在知识分子和上层社会成员中流行，共产主义思想在社会下层和工人群众中流行，恩格斯比较全面地接触到了这些思想，当然，他更多地接触到了社会主义思想。

而由于当时德国的资本主义生产方式处于发展时期，封建势力还非常强大，德国的知识分子除了对封建势力和资本主义进行批判，还对德国的发展并追上周边的发达国家抱有很大的期望，所以，对资本主义和封建主义的批判都非常激烈，社会渴望剧烈的变革，于是具有激进色彩的共产主义思想在德国的社会群体中、尤其是工人群体中更加流行。同时，由于德国哲学思想的传统，通过改变思想实现社会的超越性变革的观念，在知识分子当中也很有感召力，于是具有革命性倾向的共产主义思想在黑格尔哲学之后具有更强的影响力。所以，马克思当时更多地接受了共产主义思想。

马克思在文章中第一次使用的概念是“共产主义”而不是“社会主义”。在1842年10月15日写的《共产主义和奥格斯堡“总汇报”》中，马克思在转述别人的话时说：“我们向群众毫无掩饰地介绍了共产主义者。”

而恩格斯在文章中第一次使用的是“社会主义”，同时也论述了“共产主义”。他在1843年5～6月间写的《伦敦来信》中写道：“社会主义并不是一个关门的政治党派，但它一般是在资产阶级下层和无产者中间征集自己的拥护者，由此可见，在英国，一个阶级的社会地位愈低，愈‘没有教养’，它就愈进步，愈有远大前途。”恩格斯同时注意到了“社会主义”与“共产主义”的联系：“但就在社会主义者当中也有理论家，或者像共产主义者所称呼的十足的无神论者，而共产主义者则被称为实践的无神论者。”也就是说，恩格斯似乎对社会主义这个概念更接近些，当然也接触到了共产主义的思想。

后来，马克思和恩格斯经过一段时间的摸索，开始用共产主义一词来表明自己的思想，把自己的学说称为共产主义。到《共产党宣言》发表时，马克思恩格斯系统地表达了自己的共产主义思想，并批评了形形色色的社会主义和共产主义，确立了他们关于共产主义的独立概念。同时，以这一思想为指导，在实践中建立了世界第一个共产主义政党——共产主义者同盟。这时，马克思和恩格斯是站在共产主义的立场上的。

正如恩格斯在1890年所写作的《共产党宣言》德文版序言中所说：“当时，社会主义，至少在大陆上，是上流社会的，而共产主义却恰恰相反。既然我们当时已经十分坚决认定‘工人阶级的解放是工人阶级自己的事情’，所以我们就一刻也不怀疑究竟应该在这两个名称中间选定哪一个名称。而且后来我们也根本没有想到要把这个名称抛弃。”

4. 马克思恩格斯对两个词用法的调整

1848年欧洲革命失败后，欧洲各国进入了一个政治上的反动时期。共产主义运动受到压制。

到60年代初，欧洲工人运动和民主运动再次出现高涨，吸取以前政治反动时期的经验教训，为利用资本主义制度的调整给工人阶级获得解放争取更多的空间，在这些运动中，通过民主方式达到目标的运动占有了一定的比例，这些运动具有了一定的“社会主义”性质，社会主义流派在工人队伍中出现。

1864年成立的国际工人协会，成为无产阶级群众反对资本主义制度的国际组织。由于当时工人中存在着很多社会主义流派，为了适应工人运动发展的需要，马恩在公开场合停止使用显得较为激进的共产主义一词，之后较多用社会主义一词来表达自己的思想，他们把自己创立的科学社会主义思想，用当时工人运动能接受的较温和的形式进行表达。

当时马克思在给恩格斯的信中写道：“要把我们的观点用目前水平的工人运动所能接受的形式表达出来，那是很困难的事情……这就必须实质上坚决、形式上温和。”也就是说，他们的根本观念和目标没有变化，但是表达的方式和沟通的方式变得更加温和，更易于被广大工人接受和理解，同时也更易被社会接受。所以这个时期他们更多地使用了社会主义这个概念来表达自己的思想。

真正对这两个词作出制度上区分的是列宁。

5. 列宁对两个词概念的重新确立

马克思和恩格斯策略性地用社会主义这个词包含了共产主义，这一理论表达习惯一直沿用到第二国际晚期。由于第一次世界大战爆发，第二国际中的大党所在国家参与战争，各个大党纷纷放弃无产阶级原则，支持本国的资产阶级政府打帝国主义战争，导致第二国际在无产阶级的社会主义运动中破产。“社会主义”这个概念变得模糊起来。为了清理当时社会主义思想的影响，列宁有意识地恢复使用马克思主义在创立时期较多使用的“共产主义”一词，并结合当时的革命需要对这个概念作出了创造性的理解。

在1916年7月写的《关于自决问题的争论总结》一文中，列宁用“社会主义”和“共产主义”分别指称未来社会前后相继的两个不同发展阶段。在1917年8、9月间写作的《国家与革命》一书中，列宁进一步详细论述了这一观点：“我们在向往社会主义的同时深信，社会主义将发展为共产主义。”从这一思想出发，在其他方面，列宁也进一步发展了马克思恩格斯的思想，对社会主义和共产主义的相关概念作出了调整。

专题二　社会主义道路的早期探索

一、苏联对社会主义道路的探索及问题

1. 列宁对社会主义建设道路的探索

列宁领导的苏维埃俄国对社会主义道路的探索，大体上经历了两个时期：战时共产主义时期、新经济政策时期。

战时共产主义政策。从1917年11月到1918年春天，苏维埃政权基本上完成了“剥夺剥夺者”的任务，银行和大工业的国有化使无产阶级掌握了国家的经济命脉。但是，当时国际国内的形势对新兴的苏维埃政权非常不利。为了保证新兴的苏维埃政权不被各种反动势力联合绞杀，从1918年夏天到1921年春，列宁领导的苏维埃政权实行了以取消商品货币关系为主要特征的“战时共产主义政策”，在经济上采取一系列非常的、特殊的又带有强制性的措施。

战时共产主义政策主要包括：实行余粮收集制；在工业领域，实行工业的全面国有化；在交换方面，政府实行最小限度的商品交易和最大限度的国家分配；实行普及于一切阶级的成年人劳动义务制，实行“不劳动者不得食”的原则。

这样，大多数社会产品无偿地或接近无偿地集中到国家手中，后又无偿或接近无偿地供应军队、工人、职员和其他居民。战时共产主义政策是战争环境和帝国主义武装干涉俄国迫使无产阶级采取的一种临时性政策。正如列宁后来所说的：“为了拯救国家，拯救军队，拯救工农政权，当时必须这样做。”①

战时共产主义政策的实施，对于粉碎国际帝国主义的武装干涉和国内反革命叛乱，保卫新生的苏维埃政权，起了重要作用。这些做法脱离了小农占优势的苏维埃国家生产力的发展水平，违背了经济发展的客观规律，忽视了广大农民的特点和需要，损害了中农和贫农的物质利益，因此长期执行这种政策破坏了农业生产力的发展，威胁到工农联盟的巩固。

因此，1921年初决定废止战时共产主义政策向新经济政策过渡。新经济政策主要包括以下几个方面：以征收粮食税代替余粮收集制；1922年的

① 《列宁全集》，中文2版，第41卷，10页，北京，人民出版社，1986。

《土地法令大纲》允许农民自由使用土地和在苏维埃监督下出租土地和雇佣工人；流通方面通过了关于交换的法令，实行产品交换，允许私人在地方范围内进行商业往来；工业方面一切涉及国家经济命脉的重要厂矿企业仍归国家所有，由国家经营，中小企业和国家暂时无力兴办的企业则允许私人经营；外资方面，1920 年 11 月，发布租让法令，允许外国资本家在苏俄经营租让企业或同苏维埃国家组织合营股份公司。

新经济政策的实施，扭转了国家的严重危机，活跃了苏维埃的城乡经济，发展了生产，大大加强了苏维埃的社会主义经济基础，也改善了工人、农民和其他劳动者的物质文化生活。

2. 斯大林对社会主义建设道路的探索

列宁逝世后，联共(布)党内及理论界在苏联社会主义发展道路问题上出现了严重分歧，争论的结果最终是斯大林的理论和政策主张占据了主导的地位。1936 年 12 月，在苏维埃第八次非常代表大会通过的宪法中，宣布苏联已经建成了社会主义。在这个过程中，苏联模式也得以形成并最终确立。

苏联模式的基本特征，从经济方面来看，主要是由经济发展战略和经济体制两部分组成。在发展战略方面，主要是以高速度发展国民经济为首要任务，以重工业为发展重点，实现从农业国到工业国的转变。与这种发展战略相适应，在经济体制方面，主要是在所有制结构上形成了单一的生产资料公有制形式，在经济运行中排斥市场机制，完全采用行政手段，形成了过度集中的指令性计划经济模式。从政治方面来看，主要表现为过度集权的党和国家领导体制，自上而下的干部任命制，软弱而低效的监督机制等。

苏联模式是在特定的历史条件下产生的，曾经促进了社会主义制度的巩固和发展，推动了社会生产力的高速度发展，确保了重工业，特别是国防工业的发展，为处在帝国主义包围中的苏联社会主义建设奠定了物质基础，人民的物质和文化生活水平也有了提高。这种模式在第二次世界大战中为苏联反法西斯战争的胜利提供了强有力的物质和人员保障。但是，随着经济社会的发展，这种模式的弊端逐步显现，主要是集中过多，管得过死，否定市场的作用，严重束缚企业和劳动者的积极性。社会主义发展的历史证明，苏联模式是特定历史条件下的产物，它并不是社会主义的唯一模式。

由于苏联社会主义模式的建立基本是在世界其他社会主义国家建立和建设的过程前确立的，所以，这一建设模式对其他社会主义国家的建设产生了必然的影响。这种影响是多方面的，包括经济体制、政治组织形式、文化模式等等，各个社会主义国家都在一定程度上受到苏联模式的影响。

3. 苏共二十大与赫鲁晓夫时期的苏联社会主义建设

1956年2月14日到24日，苏联共产党在莫斯科举行第二十次代表大会。世界上大多数共产党派出代表团参加了这次大会。大会闭幕的当晚(24日午夜)在旧的中央委员会已经结束历史使命，而新的中央委员会还没有开始工作这个新旧交替的时间里，赫鲁晓夫向大会代表和社会主义国家各代表团的团长作了题为《关于个人崇拜及其后果》的秘密报告，这个报告批判了个人崇拜并全盘否定了斯大林。这一举动对苏联国内的政治经济的变化，对国际关系的变化，对当代国际共产主义运动的发展变化都带来了一系列深远的影响。

在国内，二十大提出了要在反对个人崇拜的旗帜下反对领袖人物的"神化"，反对思想僵化和教条主义，这就在一定程度上解脱了对人们思想的禁锢。二十大揭露了斯大林时期肃反扩大化的错误，并表达了要健全苏维埃社会主义民主和法制的决心，因而确定了对一些冤、假、错案平反昭雪、恢复名誉的方针，同时还提出要贯彻和遵守党的集体领导的方针，坚持批判党的错误等等，这些无疑对苏联的政治生活带来了积极的影响。

在国际共产主义运动内部，首先赫鲁晓夫在苏共二十大上承认了不同的国家向社会主义过渡的形式将会不同，这就在客观上承认了东欧国家可以按照自己的民族特点走"社会主义道路"，而对强加在东欧国家的"苏联模式"无异于是一个冲击波。其次，赫鲁晓夫在二十大上提出资本主义国家"和平过渡"到社会主义的可能性，这对西欧各国共产党克服教条主义，贯彻独立自主的原则，探索本国革命的实践道路也打开了一个缺口。此外，由于二十大对斯大林对外关系中的大国沙文主义的粗暴做法作了批评，这客观上导致了苏联与各国社会主义政党之间那种不平等、不正常的关系有所缓和。使国际共产主义运动开始摆脱一个大党的操纵和干预而走向多元化、民主化和独立自主的道路，迎来了一个新的转折时期。

赫鲁晓夫向出席二十大的全体代表所作的"秘密报告"把苏联出现的个人崇拜及其产生的后果完全归罪于斯大林的个人品质和性格，归结为个人道德问题，对斯大林持完全否定的态度，而没有从根本上找出导致这种错误的思想根源和社会历史原因，这就把反对个人崇拜的斗争引向了歧途。实际上是为赫鲁晓夫自己树立个人崇拜，赫鲁晓夫虽然批判个人崇拜和个人专断，但是最终他自己也沿着这条道路走了下去。赫鲁晓夫后来集党政军权力于一身，重演了斯大林时期的权力控制和个人崇拜问题，而且他经常心血来潮地作出一些决策，许多改革措施未经深思熟虑便草草实施，又草草收场。

赫鲁晓夫之后，苏联仍然在斯大林的社会主义建设模式的背景下通过修修补补进行社会主义建设，这些问题不断积累，官僚体制、腐败问题、老人政治等越来越突出。1980 年，76 岁的柯西金辞去部长会议主席职务，接替他的是 75 岁的吉洪诺夫。在勃列日涅夫去世以后，先后担任国家领导人的是安德罗波夫(1982～1984)、契尔年科(1984～1985)。也就是说，从 1982 年到 1985 年近四年的时间里，有三位国家领导人死在任上。苏联的政治几乎走入绝境。

4. 戈尔巴乔夫改革失败与苏联解体

1985 年，戈尔巴乔夫担任苏共中央总书记。戈尔巴乔夫认识到当时苏联政治、经济、文化等领域出现的问题是系统的，所以试图进行彻底改革。但是，由于他的改革措施缺乏慎重思考和周密的布置，过于简单和草率，过高估计了西方政治家的真诚，过低估计了国际政治丛林斗争的复杂性和残酷性，没有充分估计到问题的连锁性反应和爆炸性效应，结果是问题一发而不可收拾，最终导致世界上最早建立的社会主义国家——苏联解体。

二、中国对社会主义道路的初步探索

中国特色社会主义道路的初步探索，主要指的是以毛泽东为代表的第一代中央领导集体，从 20 世纪 50 年代后期开始的，长达二十多年的曲折发展时期的艰辛探索。

在这次探索过程中，毛泽东和中共领导集体，取得了一些宝贵的理论成果，积累了一些经验。但这个过程异常曲折，代价巨大。出现了“大跃进”和“文化大革命”两次重大失误，使社会主义建设经受了严重损失，留下了深刻的教训。

1956 年，毛泽东提出要把马克思主义同中国实际第二次结合，探索中国自己的社会主义建设道路，这一战略举措同中国在第一个五年计划期间积累起来的经验教训有重要的关系，更是毛泽东和中国共产党善于把马列主义同中国实际相结合特点的展现。从某种意义上说，苏联问题的暴露构成了这一战略转变的重要原因。毛泽东和中共中央提出的方针是：以苏联为鉴，走自己的路。

1956 年党明确地把经济建设确立为自己的中心工作和任务。这意味着中国共产党三十余年来历史的一个根本性的转变。八大深入分析了我国形势的新变化，认为党领导人民已经完成了资产阶级民主革命，并且基本上取得了社会主义革命的胜利，它表明我国无产阶级同资产阶级之间的矛盾已经基本解决，几千年来的剥削制度的历史已经基本结束，社会主义制度在我国已经基本建立起来。

据此，八大指出，我国国内的主要矛盾已经是人民对建立先进的工业国的要求同落后的农业国的现实之间的矛盾，已经是人民对于经济文化迅速发展的需要同当前经济文化不能满足人民需要之间的矛盾。党和人民的主要任务，就是集中力量来解决这个矛盾，把我国尽快地从落后的农业国变为先进的工业国。在此基础上，中共八大提出了“团结全党，团结国内外一切可以团结的力量，为建设伟大的社会主义中国而奋斗”的路线。

1956 年 4 月，在经过大量调查研究的基础上，毛泽东作了《论十大关系》的重要讲话，围绕把国内外一切积极因素都调动起来为社会主义事业服务的基本方针，深刻阐述了正确处理经济建设和社会发展中的一系列重大关系。

“论十大关系”报告中所讲的十个问题，就是中国社会主义建设中的十个矛盾。这些矛盾涉及政治、经济、文化、对外关系等各个方面，但主要是讨论经济问题。他把重工业和轻工业、农业的关系、沿海工业和内地工业的关系、经济建设和国防工业的关系摆在前面，就是鉴于苏联的教训，强调要更多地发展农业和轻工业，更多地利用和发展沿海工业，尽量降低军政费用的比重，以利经济的更好的发展。第四、第五条讲国家、生产单位和生产者个人的关系，中央和地方的关系，则着眼于有利经济发展的体制性改革。至于后五条，即汉族和少数民族之间的关系、党和非党的关系、革命和反革命的关系、是非关系、中国和外国的关系等，虽然不是直接谈经济问题，但都属于当时中国面对的重要政治和文化问题，正确认识和解决这些问题将有助于调动各种积极因素，实现建设伟大社会主义国家这个中心任务。

以毛泽东为代表的中国共产党人包括刘少奇、周恩来、朱德、陈云等在初步探索中提出的许多重要思想观点，尽管有的还不够成熟，有的并未付诸实施，有的在实践中没能坚持下去，但他们都为后来的探索做了开拓工作，有着十分重要的理论和实践价值。当然，在这次探索中由于种种原因，出现了严重的曲折，主要表现为“大跃进”和“文化大革命”两次大挫折，给国民经济和社会发展造成了重大损失。正如邓小平后来指出的：“现在我们还是把毛泽东同志已经提出、但是没有做的事情做起来，把他反对错了的改正过来，把他没有做好的事情做好。今后相当长的时期，还是做这件事。当然，我们也有发展，而且还要继续发展。”

出现于1958年的“大跃进”和人民公社化运动，是十年探索中最严重的失误，也对这十年历史的大部分内容构成了重要影响。大跃进在生产关系上，急于过渡，大刮共产风；在经济建设上违背客观经济规律，急于求成，提出一些不切实际的目标和要求，片面追求工农业生产和建设的高速度，大幅度地提高和修改计划指标，造成国民经济比例严重失调。

1966～1976年长达十年的文化大革命，则是在“左”的思想发展基础上，确立了以阶级斗争为纲的错误路线，在“无产阶级专政下继续革命”错误理论的指导下，形成的一场全国性的动乱，给党、国家和人民带来严重的灾难。

总之，自20世纪50年代后期开始的这一长达二十多年的初步探索，虽然取得了一些理论成果，但也存在着很多严重的问题。这既表现在我们没有能够从根本上摆脱斯大林模式的束缚，也表现在后来对社会主义社会矛盾问题和阶级斗争等问题上的错误理论和实践。

专题三　社会主义本质及其任务

一、社会主义的本质

到20世纪80年代为止，社会主义无论在理论上还是实践上，都有了较长的历史了。从理论上来说，以1848年《共产党宣言》发表为标志，科学社会主义理论已经有了将近一个半世纪的历史了；从实践上看，苏联作为第一个社会主义国家，到80年代初，也有60多年。即使晚于苏联的中国社会主义，到此时也有将近30年的历史。而且，世界上曾经有十几个国家搞过社会主义，实行社会主义。社会主义国家的人口和幅员，都曾占到差不多世界土地和人口的三分之一左右，更不要说当时世界上信奉社会主义的共产党曾经达到六十几个。社会主义有了如此长的历史和如此大的规模，但邓小平却在80年代初指出，我们以往并没有搞清什么是社会主义，还需要继续认识什么是社会主义的问题。

1. 社会主义本质理论的提出

关于社会主义的传统理解是，社会主义是“以生产资料社会主义公有制为基础的社会制度，是无产阶级通过革命斗争，夺取政权，建立无产阶级专政后产生的”，这是马克思主义经典作家在当时的历史条件下对社会主义本质的认识。但是在新的历史时期，到底什么是社会主义，怎样建设社会主义，邓小平对其作了深入的思考，创造性地对社会主义本质进行了新的概括，深化了对社会主义本质的认识。他指出："社会主义的本质，是解放生产力，发展生产力，消灭剥削，消除两极分化，最终达到共同富裕。"邓小平的社会主义本质论是根据我国社会主义建设实际和实践检验，通过长期的反复的思考而逐步形成的。

1980 年，邓小平指出："社会主义是一个很好的名词，但是如果搞不好，不能采取正确的政策，那就体现不出社会主义的本质。""经济长期处于停滞状态总不能叫社会主义，人民生活长期停止在很低的水平总不能叫社会主义。""根据我们自己的经验，讲社会主义，首先要使生产力发展，这是主要的。只有这样，才能表明社会主义的优越性。"

1986 年 9 月，邓小平在回答美国记者关于"致富光荣的口号同社会主义的关系"时说："社会主义财富属于人民，社会主义的致富是全民共同致富。社会主义的原则，第一是发展生产，第二是共同致富。"这段话成为社会主义本质论的雏形。

1988 年，邓小平又指出："社会主义的特点不是穷，而是富，但是这种富是人民共同富裕。"1990 年底，邓小平进一步指出："社会主义不是少数人富起来、大多数人穷，不是那个样子。社会主义最大的优越性就是共同富裕，这是体现社会主义本质的一个东西。"1992 年邓小平在南方谈话中明确提出了关于社会主义本质的著名论断。

2. 社会主义本质的科学内涵

社会主义本质的科学内涵就是：解放生产力，发展生产力，消灭剥削，消除两极分化，最终达到共同富裕。

社会主义本质论，要从三个层面予以理解：第一，"解放生产力，发展生产力"。这是从生产力的角度来揭示社会主义本质的，是实现社会主义本质的手段和基础。第二，"消灭剥削，消除两极分化"。这是从生产关系的角度来揭示社会主义本质的，是实现社会主义本质的前提和根本保证，是社会主义的发展方向。第三，"最终达到共同富裕"。这是从社会主义的最终目的和根本目标角度来揭示社会主义本质的，是社会主义生产力和生产关系相互运动的结果。社会主义本质论的这三个层次互为条件，互为前提，紧密联系，不可分割，它们在社会主义本质论中各有着特定的地位和作用，充分体现了社会主义生产力和生产关系的统一、社会主义根本任务和根本目标的统一、社会主义物质基础和社会关系的统一、社会主义发展过程和最终目标的统一。

二、社会主义的根本任务

1. 发展才是硬道理

社会主义的根本任务是什么？作为改革开放和中国特色社会主义事业奠基人的邓小平明确地回答：是发展生产力。他不仅把解放和发展生产力纳入到社会主义本质的认识中来，而且把社会主义重中之重的任务，归结为发展生产力。他的名言是："发展是硬道理。"他深刻指出，"不发展生产力，不提高人民的生活水平，不仅是不符合社会主义要求的问题，而且必然是死路一条"。"现在虽然我们也在搞社会主义，但事实上不够格。只有到了下世纪中叶，达到了中等发达国家水平，才能说真正搞了社会主义。"

基于这样的认识，他领导全党确立了以经济建设为中心的基本路线，把全党全国的工作重心转移到经济建设上来，并要求一百年不动摇。

继邓小平之后的中央新的领导集体提出了中国特色社会主义的新成果。"三个代表"重要思想和科学发展观，继续坚持邓小平发展生产力是社会主义根本任务的思想和路线，并根据新形势、新情况进一步丰富和发展了这一思想，这一发展集中体现在，他们把发展生产力提高到党执政兴国第一要务的重要地位。

把发展生产力作为社会主义的根本任务，决不仅仅是改革开放以来中央领导集体主观认识的产物或仅仅从思想理论本身出发，更主要的是由中国社会的状况和发展的要求决定的。因此，认识与了解这方面的情况，有助于我们加深对社会主义根本任务观点的理解。

第一，我国社会主义的状况，决定了必须把发展生产力作为全部工作的中心。

社会主义，无论是国际的，还是中国的，历史都不算短，但从世界范围来看，社会主义与资本主义谁更有优越性的问题还没有解决，这两种社会制度的较量是长期的。而其最终的结果将取决于哪一个制度最后通过不断发展，取得优势地位。这不仅仅是两个制度的比较问题，更是一个关系到民族、国家的前途命运问题。

第二，社会主义初级阶段各种社会矛盾解决，有待于生产力的不断发展。

在目前这个时期，一个突出的现象是各种社会矛盾凸显，如地区差异、城乡差异、行业差异以及收入分配严重不平衡等导致了社会各阶层利益矛盾多样和尖锐，如不解决这些矛盾，不仅经济社会的发展受到阻碍，社会的稳定也不能保障。而解决这些矛盾，当然需要调整政策和统筹各方面的利益关系等改革方面的努力，但最根本的是要通过发展去解决。因为中国目前发展阶段出现的社会矛盾，在很大程度上是由于发展还不够造成的，解决这些矛盾的一个重要条件和手段是进一步发展生产力，从而提供更多的财力、物力条件。

第三，建设与发展社会主义政治文明和精神文明，也需要以生产力的发展为基础。

社会主义建设是全面的建设，目的是要建成一个繁荣、民主、文明的社会主义现代化国家。因此，社会主义建设不仅要发展经济，还要进行政治建设、文化建设、社会建设等，其中政治建设是要建立起高度的社会主义民主政治。文化建设是要形成普遍的、高度的精神文明。

政治建设、文化建设都有自己特定的内容和方式，需要分别以特定的方式努力进行。但是经济建设和生产力的发展，却是它们必不可少的基础和条件。民主政治也好，精神文明也罢都属于上层建筑，都是由经济基础决定的。马克思历史唯物主义理论对经济基础和上层建筑的关系阐述得十分明确和透彻，即经济基础决定上层建筑，有什么样的经济基础就有什么样的上层建筑，经济基础变化了，上层建筑就要发生相应的变化，当然，上层建筑对于经济基础也有反作用，但最终是由经济基础决定的。

2．如何理解党必须始终代表中国先进生产力发展要求？

江泽民同志在论述“三个代表”重要思想时指出，“我们党要始终代表中国先进生产力的发展要求”；在“七一”重要讲话中又指出，“这是我们党始终站在时代前列，保持先进性的根本体现和根本要求”。党的十六大以来，胡锦涛同志也始终强调发展先进生产力的重要性。

人类社会的历史进程是先进生产力不断取代落后生产力，我们要实现的社会主义现代化目标必须建立在先进生产力的基础之上，党作为现代化建设的领导者只有代表先进生产力的发展要求，才能加快推进现代化建设的进程。

生产力不是孤立的，它同生产关系、上层建筑有着密切的联系，因此，发展先进生产力不能忽略生产关系和上层建筑的完善，只有建立起与先进生产力水平相适应的生产关系和上层建筑，才能更好地发展先进生产力；而在生产力的各要素中，人是最活跃的因素。党要始终代表中国先进生产力的发展要求，就必须充分发挥全体人民的积极性、主动性、创造性，不断提高工人、农民、知识分子和其他劳动群众以及全体人民的道德素质和科学文化素质，不断提高他们的劳动技能和创造才能；邓小平曾说过，“科学技术是第一生产力”，科技在当今世界各国的竞争中表现得越来越突出，因此，先进的生产力必须是用先进科学技术武装起来的生产力，党始终代表先进生产力的发展要求，就必须大力推进科技进步和创新，努力实现生产力的跨越式发展。总之，全党同志必须不断提高贯彻这一论断的自觉性。正如江泽民同志所说，“全党同志无论在什么岗位上，都要对自己所从事的工作经常加以检查和总结，看看是不是符合先进生产力的发展要求，符合的就毫不动摇地坚持，不符合的就实事求是地纠正。这样，才能充分体现共产党人的先进性和时代精神”。

案例分析

案例一　列宁与哈默

1921年，23岁的阿曼德·哈默已经成为他所就读的哥伦比亚医学院中独一无二白手起家的百万富翁。当年6月，他克服种种困难来到了苏俄。他原先是想帮助苏俄人民医治当时流行的斑疹伤寒，但大量事实使他更为饥荒所引起的灾难而震惊。他立刻用100万美元在美国购买了100万普特小麦，用船运到苏俄去销售。

这件事被列宁知道了。他热情地邀请哈默来克里姆林宫会面。列宁用英语同哈默交谈，对哈默说："你们和我们可以互相取长补短。我们是个落后国家，资源丰富而未经开发。美国可以在这儿找到原料和销售机器的市场，以后还可以在这里推销工业产品。而我们需要美国的技术和方法，以及美国的工程技术人员。"列宁顺手从桌子上拿起一本《科学的美国人》杂志，一边翻着，一边说道："瞧！这是你们人民做出的成绩。这就是进步的含义，高楼大厦，发明，发展机械来替代人的双手。"列宁又问哈默："你在我国旅行过吗?"哈默说："我刚在饥荒地区和乌拉尔区呆了一个月。"列宁听了，脸色顿时变得有些忧郁，缓慢地说："是的，饥荒，我听说你本来想做些医务救济工作，这种工作非常需要，不过，我们最需要的是美国商人。我们真正需要的，是美国的资本和技术，用这些来使我们国家的轮子再次运转，对不对?"哈默对列宁谈起了访问乌拉尔区的印象。他认为，俄国的物资和人力都很充足，许多工厂的状况比他预计的要好。列宁点点头："不错，问题就在这里。内战使一切陷于停顿。现在我们必须从头做起。新经济政策要求重新发展我们的经济潜能。我们希望建立一种给外国人以工商业承租权的制度，来加速我们的经济发展。它将为你们提供很好的机会。"

不久，哈默就成了第一个在苏俄经营租让企业的美国人。他还劝说大资本家亨利·福特到俄国开办企业。这个坚决反共的老头子，终于听从了哈默的建议，成了在苏俄经销福特汽车和拖拉机的唯一代理人。福特一开先例，其他的公司也一拥而上。后来，老福特还在俄国修建了一个汽车工厂。尽管他一向与布尔什维克主义为敌，却对这笔生意颇为满意。因为苏维埃政府按照列宁的新经济政策，保证了外国商人有利可图，有钱可赚。

1922年冬天，列宁的健康情形恶化，右边身体瘫痪。当他住在乡间别墅疗养的时候，还通过他的德国医生给哈默捎去口信："告诉年轻的哈默，我并没有忘记他，并祝他一切顺利。他要是有什么困难，叫他一定告诉我。"这个口信使哈默感动得几乎落泪。就在这年年初，哈默向列宁打电报，报告给他的石棉矿工人运粮食的火车被一名站长卡住，要勒索500普特粮食，作为"过桥费"。在列宁过问下，运粮列车很快到达了目的地，那个站长被枪毙了。

——摘自《新经济政策》，http：// cache. baidu. com

【案例点评】

在改革开放以前，我们一直以是否是公有制来划分资本主义和社会主义这两种体制，认为社会主义就等于公有制，私有制就等于资本主义。而且，社会主义和资本主义在经济上是不可能有交集的，所以有"养三只鸡是社会主义，养四只鸡就是资本主义"的基本看法。这些在今天看来荒唐的观念，在当时就是铁打不动的规则。

而列宁与哈默之间的故事，让我们可以看到在什么是社会主义、怎样建设社会主义的探索过程中，20世纪20年代时期列宁的思考及行动已经远远超出我们曾经既有的观念。在列宁所推行的新经济政策中，并没有公有制和私有制水火不容的概念，除了在土地领域中可以进行租赁和雇工，在工业领域中也给民营工业留出了巨大的发展空间，为了促进本国技术的进步、增加经济活力，还主动地与资本主义国家的资本家联系，鼓励他们到苏联投资并给他们赚钱的机会。他能这样做的原因是多方面的，除了苏联的现实发展困难外，有两个方面是值得我们学习的。其一就是立足于人类文明发展的整体来看问题，看到人类文明发展的整体趋势和现实价值标准，从根本上来说，就是要有真正的历史唯物主义观。其二，就是对资本主义国家的制度和社会主义国家的制度有准确的认识，世界上并不存在着绝对完美的制度，任何一种制度都有其自身的长处和缺点，所以在社会主义制度建设的过程中，要善于吸收资本主义制度中对自身有益的成分来丰富和发展社会主义制度，从根本上来说，也就是彻底的辩证法观点。

案例二　邓小平1992年南方谈话(部分)

抓住时机，发展自己，关键是发展经济。现在，周边一些国家和地区经济发展比我们快，如果我们不发展或发展得太慢，老百姓一比较就有问题了。所以，能发展就不要阻挡，有条件的地方要尽可能搞快点，只要是讲效益，讲质量，搞外向型经济，就没有什么可以担心的。低速度就等于停步，甚至等于后退。要抓机会，现在就是好机会。我就担心丧失机会。不抓呀，看到的机会就丢掉了，时间一晃就过去了。

我国的经济发展，总要力争隔几年上一个台阶。当然，不是鼓励不切实际的高速度，还是要扎扎实实，讲求效益，稳步协调地发展。比如广东，要上几个台阶，力争用20年的时间赶上亚洲“四小龙”。比如江苏等发展比较好的地区，就应该比全国平均速度快。又比如上海，目前完全有条件搞得更快一点。上海在人才、技术和管理方面都有明显的优势，辐射面宽。回过头看，我的一个大失误就是搞四个经济特区时没有加上上海。要不然，现在长江三角洲，整个长江流域，乃至全国改革开放的局面，都会不一样。

我们自己这些年的经验来看，经济发展隔几年上一个台阶，是能够办得到的。我们真正干起来是1980年。1981、1982、1983这三年，改革主要在农村进行。84年重点转入城市改革。

经济发展比较快的是1984年至1988年。这五年，首先是农村改革带来许多新的变化，农作物大幅度增产，农民收入大幅度增加，乡镇企业异军突起。广大农民购买力增加了，不仅盖了大批新房子，而且自行车、缝纫机、收音机、手表“四大件”和一些高档消费品进入普通农民家庭。农副产品的增加，农村市场的扩大，农村剩余劳动力的转移，又强有力地推动了工业的发展。这五年，共创造工业总产值6万多亿元，平均每年增长21.7%。吃、穿、住、行、用等各方面的工业品，包括彩电、冰箱、洗衣机，都大幅度增长。钢材、水泥等生产资料也大幅度增长。农业和工业，农村和城市，就是这样相互影响、相互促进。这是一个非常生动、非常有说服力的发展过程。可以说，这个期间我国财富有了巨额增加，整个国民经济上了一个新的台阶。1989年开始治理整顿。治理整顿，我是赞成的，而且确实需要。经济“过热”，确实带来一些问题。比如，票子发得多了一点，物价波动大了一点，重复建设比较严重，造成了一些浪费。但是，怎样全面地来看那五年的加速发展？那五年的加速发展，也可以称作一种飞跃，但与“大跃进”不同，没有伤害整个发展的机体、机制。那五年的加速发展功劳不小，这是我的评价。治理整顿有成绩，但评价功劳，只算稳的功劳，还是那五年加速发展也算一功？或者至少算是一方面的功？如果不是那几年跳跃一下，整个经济上了一个台阶，后来三年治理整顿不可能顺利进行。看起来我们的发展，总是要在某一个阶段，抓住时机，加速搞几年，发现问题及时加以治理，尔后继续前进。从根本上说，手头东西多了，我们在处理各种矛盾和问题时就立于主动地位。

对于我们这样发展中的大国来说，经济要发展得快一点，不可能总是那么平平静静、稳稳当当。要注意经济稳定、协调地发展，但稳定和协调也是相对的，不是绝对的。发展才是硬道理。这个问题要搞清楚。如果分析不当，造成误解，就会变得谨小慎微，不敢解放思想，不敢放开手脚，结果是丧失时机，犹如逆水行舟，不进则退。

从国际经验来看，一些国家在发展过程中，都曾经有过高速发展时期，或若干高速发展阶段。日本、南朝鲜、东南亚一些国家和地区，就是如此。现在，我们国内条件具备，国际环境有利，再加上发挥社会主义制度能够集中力量办大事的优势，在今后的现代化建设长过程中，出现若干个发展速度比较快、效益比较好的阶段，是必要的，也是能够办到的，我们就是要有这个雄心壮志！

——摘自《在武昌、深圳、珠海、上海等地的谈话要点》，《邓小平文选》第3卷。

【案例点评】

邓小平在这部分内容中主要谈当前中国社会主义建设的主要任务，首先是要发展，这就是后来我们经常强调的“发展是硬道理”，在这个历史时期所说的发展，关键是要发展经济。这一判断是从整个世界发展的大趋势中得到的，是在与周边国家和地区的对比中得到的，对于中国当时的具体情况来说，如果经济持续没有发展，在开放的格局中，在与周边国家和地区的对比中，人民最终会失去信心，所以发展经济改善人民生活是至关重要的。

邓小平同时提出了如何判断发展的问题，这种发展是相对的，是在与周边国家和地区的发展速度中衡量出来的，不能只做国内的内部衡量，不做与周边国家和地区的对比，也就是说要从整体格局上来看发展问题，中国现在的发展要和世界各国的整体发展状况来对比，未来仍然是如此，这实际上就提出要把中国的发展置于整个世界发展的衡量体系中来，不仅观念和市场向国际开放，思维观念也要能跟得上。而且，鉴于世界各国的发展经验，中国阶段性地获得较快的发展速度是可以做到的。

中国经济发展当前可以靠发展中国家的“后发优势”获得，但是要获得长期的持续发展，必须以科技和教育为依靠，没有科技和教育的进步，发展就很难获得持续的动力支持。这一点在当前已经非常明显，而且是当前中国正在面对的问题。

案例三　从小岗村到中国改革

1978 年末安徽凤阳小岗村的 18 户农民，勇于打破旧的生产关系的束缚，冒着坐牢的危险，实行联产承包责任制，揭开了我国农村改革的序幕，在大包干协议书上，明确写明："收下粮食后，首先交给国家，保证国家的，留足集体的，剩下都是自己的；如果队干部因为分田到户而蹲班房，他家的农活由全队社员包下来，还要把小孩养到 18 岁。"事实正如他们想的一样，关于大包干对与错的争论一直争论了多年。

1982 年中央一号文件中指出："目前实行的各种责任制，包括小段包工定额计酬，专业承包联产计酬，联产到劳，包产到户、到组，包干到户、到组，等等，都是社会主义集体经济的生产责任制。不论采取什么形式，只要群众不要求改变，就不要变动。"这个文件对包产到户、包干到户是社会主义经济的界定，彻底地解决了人们对包产到户、包干到户的后顾之忧，促进了"双包"制在全国的广泛推行。

中国改革开放的顺序也是"农村包围城市"。伟大的中国改革开放大幕的拉开是在一个毫不起眼的安徽省小村庄——凤阳县小岗村。从 1978 年底安徽省凤阳县小岗村生产队 18 户农民签订全国第一份包干到户合同起，以包产到户、包干到户等为主的责任制迅速在中国得以推广。1987 年，全国有 1.8 亿农户实行了家庭联产承包为主的责任制，占全国农户总数的 98%。

1984 年 1 月 1 日，中共中央发出《关于 1984 年农村工作的通知》(简称 1984 年中央一号文件)。《通知》指出：1983 年 1 月发出的《当前农村经济政策的若干问题》，经过一年的试行，取得明显的成效，证明所提出的基本目标、方针、政策是正确的；中央决定作为今后一个时期内指导农村工作的正式文件，继续贯彻执行。1984 年农村工作的重点是：在稳定和完善生产责任制的基础上，提高生产水平，梳理流通渠道，发展商品生产。《通知》要求：土地承包期一般延长到十五年以上，以鼓励农民增加投资，培养地力，实行集约经营；生产周期长的和开发性的项目，如果树、林木、荒山、荒地等，承包期应当更长一些；制止对农民的不合理摊派，减轻农民的额外负担；农村工业适当集中于集镇；发展林牧渔业；加强农村工作的领导，提高干部的素质；加强农村思想政治工作和文化教育工作。16 日至 26 日，农牧渔业部召开全国农业工作会议，讨论如何贯彻落实《通知》精神，表示要用大胆探索、勇于改革的精神，巩固和完善联产承包责任制，迅速把主要精力转到抓好商品生产上来，使广大农民尽快富裕起来。

——摘自《小岗村》，http：//baike. baidu. com

【案例点评】

穷则思变，人在进入一种困境之后必然寻求破除困境的方法，一个人是如此，一个群体也是如此，这是社会发展的动力之一。中国改革的最早突破就是从困境中的农村开始，当时被集体＝社会主义、单干＝资本主义这一观念束缚着的广大农村，虽然很多人都意识到问题的存在，但是没有人敢于跨越雷池，在这种困顿中酝酿着突破的第一步。安徽凤阳的小岗村就是第一个迈步的，他们根据自己的判断分田单干，结果生产上获得了前所未有的好收成。当然，第一个吃螃蟹的，总是要冒极大的风险，经过争论，最终党中央对这种探索给予了肯定和支持，并以此为经验，把相关的改革引入城市之中，开启了中国改革开放的历史阀门。

这里所涉及的首先是以什么为评价问题的标准问题，在历史中我们可以看到，我们并不缺少关于理论如何结合实际的理论表述，却往往缺少对理论结合实际的切实行动。小岗村就是一个非常典型的例子，从当时既有的理论上来看，他们的分田到户已经离开了“社会主义”的道路，是极大的冒险，所以大家立下了生死字据，而且在分田到户获得好收成之后仍然受到广泛的批判和指责，可见观念对人的束缚有多深。邓小平以自己高屋建瓴的理论视野从中发现了宝贵的经验并不断发展，最终开辟了中国从农村到城市改革的新道路，并深化了对什么是社会主义、怎样建设社会主义的思考，这种理论视野和独立思考、实事求是的精神和方法是值得我们学习的。

疑难问题解答

1. 我们对社会主义认识没有完全搞清楚的原因

社会主义这个概念，在马克思和恩格斯的论述中也经历了一个由否定到肯定的过程。马克思和恩格斯最早倾向使用的是“共产主义”而不是社会主义，在他们的观念中，社会主义和共产主义是完全不同的概念，所以在《共产党宣言》中，我们可以看到马克思和恩格斯对形形色色社会主义思想的批判。而且，我们曾经用来评判“社会主义”的一些提法，主要是《共产党宣言》中马克思恩格斯论定共产主义的标准。

后来，随着欧洲革命形势的变化，马克思和恩格斯开始策略性地使用社会主义这个概念来代替以前所坚持的共产主义概念。恩格斯后来对为什么有这一变化有过说明，并重申他们自己是坚持共产主义的思想的。

在列宁探索苏联建设道路的思考中，创造性地把共产主义和社会主义两个概念结合起来，使其成为社会发展的两个前后相继的阶段，这是我们后来对社会主义和共产主义关系的一个基本看法。

所以，从文本上来说，要从马克思的经典文本中获得更多对“社会主义”这个概念的直接论定比较困难，并且再以列宁对社会主义和共产主义关系的理解来诠释马克思的相关思想也需要仔细斟酌。这就造成在理论上对社会主义这个概念理解上的困难。

同时，理论总是对一类事物的抽象论定，现实却总是具体而丰富的，马克思和恩格斯的相关理论主要是针对当时欧洲的资本主义社会制度而作出的理论把握，这与其后的社会主义运动的发展和现实有很大的差别，如马克思和恩格斯认为只有在资本主义充分发展之后，欧洲的工人阶级集体行动中，优越于资本主义的新制度才可能诞生，但是现实的发展中却是这种新制度先在生产方式相对落后的国家首先诞生，从这里可以看到理论和现实的差别，同时也对理论的发展提出了新的任务。所以，就算马克思恩格斯对社会主义有过明确的论定，在现实面前也需要根据具体情况对相关理论进行契合实际的发展和运用，列宁正是在这一基础上创造性地发展马克思主义的，从列宁对社会主义的建设道路探索的经验来看，在不同的历史时期也需要采取相应的发展策略，没有固定的一成不变的社会主义，而后来斯大林模式的出现使整个社会主义阵营都受到了这一模式的影响，大家忽视了理论与实际需要实事求是地结合这一点。所以，社会主义究竟是什么，该怎样建设，各国还需要根据本国的具体情况去自己探索。

2. 如何评价毛泽东对中国社会主义道路的初步探索?

毛泽东是中国社会主义建设道路的最早探索者，并在理论上取得了初步成果，他的探索成果为邓小平创立新理论奠定了基础。

(1)关于我国基本国情和社会主义发展阶段的探索。这包括两个方面：一是阐明基本国情：中国是个大国，人口多，底子薄，经济文化落后，生产力不发达，也很不平衡，这是我国的基本国情。二是明确发展阶段：社会主义分为两个阶段，第一阶段是不发达的社会主义，第二阶段是比较发达的社会主义。社会主义制度还需一个完善和巩固的过程，并且认为这个过程的时间很长，任务也很艰巨。

(2)关于社会主义民主政治建设方面的探索。毛泽东提出，要把“造成一个又有集中又有民主，又有纪律又有自由，又有统一意志、又有个人心情舒畅、生动活泼，那样一种政治局面”作为努力的目标；把正确处理人民内部矛盾作为国家政治生活的主题，坚持人民民主，尽可能团结一切可以团结的力量；处理好中国共产党同各民主党派的关系，坚持长期共存、互相监督的方针，巩固和扩大爱国统一战线；切实保障人民当家做主的各项权利，让人民参与国家和社会事务的管理；社会主义法制要保护劳动人民利益，保护社会主义经济基础，保护社会生产力。

(3)关于社会主义文化建设方面的探索。毛泽东提出，要坚持马克思主义的指导地位，实行“百花齐放、百家争鸣”的方针，对古今中外的优秀文化实行古为今用、洋为中用、百花齐放、推陈出新的方针；思想政治工作是经济工作和其他一切工作的生命线，要实行政治和经济的统一、政治和技术的统一、又红又专的方针；知识分子在革命和建设中具有重要作用，要建设一支宏大的工人阶级知识分子队伍；要向科学进军，不能走世界各国发展科学技术的老路，而应独立自主、自力更生、奋发图强，努力赶超世界先进水平。

(4)关于在执政条件下加强共产党自身建设方面的探索。毛泽东最早觉察到帝国主义的“和平演变”战略的危险，号召共产党人提高警惕，同这种危险作斗争。同时，他又十分警惕党在执政以后可能产生的种种消极现象。为此，他提出：共产党员必须坚持共产主义的远大理想，务必继续地保持谦虚、谨慎、不骄、不躁的作风，继续地保持艰苦奋斗的作风；各级领导干部必须自觉地运用人民赋予的权力为人民服务，依靠人民群众行使这个权力，并接受人民群众的监督；必须以普通劳动者的姿态出现，平等待人；必须防止在共产党内、在干部队伍中形成特权阶层、贵族阶层，坚决地反对党内和干部队伍中的腐败现象；必须切实解决“培养无产阶级的革命接班人”的问题。

(5)关于国防建设和军队建设方面的探索。毛泽东提出必须加强国防、建设现代化正规化国防军和发展现代化国防技术的重要指导思想；还提出国防建设要服从国家经济建设大局的方针，并为巩固国防制定了积极防御的战略思想，积累了军事斗争同政治斗争、外交斗争相结合的独创性经验。

总之，以毛泽东为主要代表的中国共产党人所阐明的这些重要思想，为党继续进行探索并系统形成中国特色社会主义理论提供了重要的基础。所以，薄一波提出一个重要的命题，认为中国特色社会主义事业，“始于毛，成于邓”。胡绳也曾经指出：毛泽东是探索中国社会主义建设道路的开创者，“他领导全党和全国人民抗拒来自国外的强大影响和强大压力，从而发动并且坚持进行这种探索。所以毛泽东作为这种探索的开创者的历史功绩应当用最浓的笔墨记载在史册上”。

实践教学设计

方案一 阅读讨论《共产党宣言》第三部分

【设计思路】

《共产党宣言》是马克思主义中第一个公开阐明未来理想社会的历史文献，在这一文献中的第三部分是“社会主义的和共产主义的文献”，在这一部分中，马克思和恩格斯批判了当时的形形色色的社会主义思想，阐明了他们的共产主义主张，阅读这一文献，可以更加直观地理解和把握马克思主义的基本观点，同时便于理解清楚关于社会主义和共产主义之间关系的基本理论问题。

【步骤安排】

1. 提前一周对阅读讨论活动进行安排，首先对《共产党宣言》的整体背景作基本介绍，鼓励学生进行全篇阅读

强调第三部分的理论意义，阅读这一部分，不能带着既定的社会主义观念去阅读，要知道马克思和恩格斯在当时是主张用共产主义这个概念来描述代替资本主义社会的未来理想社会的，以此为基础，马克思和恩格斯对当时的各种社会主义制度进行了批判。然后安排学生阅读，提醒学生注意区分几种社会主义制度，同时注意这些社会主义制度有哪些区别。区分小组，要求各个小组课下完成阐明文章内容和组织讨论内容的工作。

2.《共产党宣言》第三部分为：“社会主义的和共产主义的文献”，其基本内容是：

反动的社会主义

(甲)封建的社会主义

(乙)小资产阶级的社会主义

(丙)德国的或“真正的”社会主义

保守的或资产阶级的社会主义

批判的空想的社会主义和共产主义

3. 进行课堂讨论

首先让部分小组阐明第三部分中各个段落的基本内容和马克思恩格斯的思想，小组之间可以进行适当的补充，最后老师完成对文章内容的整体阐释。然后，围绕什么是社会主义的问题进行讨论。

讨论中的点评要点：首先，马克思和恩格斯在《共产党宣言》写作时期，

要明确地区分社会主义和共产主义这两个概念，他们倾向于共产主义概念，所以，对以空想社会主义者为代表的社会主义思想进行了批判。其次，要注意到，马克思和恩格斯始终认为，共产主义社会的实现有两个基本的前提，一个是资本主义社会充分发展，二是发达资本主义国家集体行动，所以他们认为不发达的资本主义国家（包括德国）当时要做的工作主要是如何充分发展资本主义，而不是直接批判资本主义制度。再次，要注意提醒同学，马克思和恩格斯晚年的时候根据社会历史发展的实际需要而不加区分地同时使用了社会主义和共产主义，其后，列宁发展了马克思和恩格斯的思想，提出社会主义在一个国家首先取得胜利的可能，当然，在这些国家里社会主义建设道路要经历曲折的发展过程。

方案二　观看《大国崛起》之《风云新途》

【设计思路】

这部资料片主要介绍了社会主义国家苏联的建立到解体以及解体后的俄罗斯近年来走过的基本历程。苏联作为世界上第一个社会主义国家，在20世纪曾经有过辉煌的阶段，影响了其后建立的所有社会主义国家，也对世界政治、经济、文化、军事格局产生了深刻的影响。但是仅仅七十多年就走完了它的历程，这个过程留给我们更多的深思，通过观看该片，可以增加学生对社会主义建设的深刻认识，理解社会主义建设道路探索的艰难，吸取教训，增加建设中国特色社会主义道路的信心。

【步骤安排】

1. 介绍《风云新途》的基本背景，首先了解俄罗斯这个民族的基本历史，尤其要关注俄罗斯民族同欧洲的历史交往和互相影响

在彼得大帝之后，俄罗斯踏上了学习欧洲文明建设新型国家的道路，在彼得大帝之手，通过强有力的改革，俄罗斯建立起了强大一时的国家，称雄欧洲，但是由于本土历史、文化的原因，彼得大帝的改革道路并不顺利。到叶卡捷琳娜时期，这个来自欧洲的俄罗斯君主又一次为了建设强大的国家而做出努力。虽然没有达成最初的日标，但是追求发达国家，并领导世界的追求已经深入俄罗斯民族的文化之中。在欧洲资本主义发展之后，俄罗斯又一次被迅速甩到欧洲的后面，为改变这种局面，实现国家的发展和民众生活的改善，俄国开始走上新的道路。

2. 观看《风云新途》

基本内容：社会主义苏联建国；建国以后，苏联面临着内忧外困，国

内多地的匪帮不断冲击着新兴的苏维埃政权，在国外一些资本主义国家联合起来试图扼杀新兴的苏维埃政权，在不得已的情况下，人民委员会通过法令，开始实行战时共产主义政策；战时共产主义政策实行四年多的时间，集中了大量的人力物力财力，保卫了新兴的苏维埃政权；但是，由于战时共产主义政策尽最大可能集中全国的人力物力财力，多年来民众的生活并没有得到明显改善，甚至在一定程度上生活水平下降了，民众中的不满情绪严重积累，出现了对新政权的抵制情绪，人民委员会根据现实，实行了新经济政策，新经济政策有效地改善了民众的生活，在探索如何使用资本主义发展手段发展社会主义经济的方面做出了有益的探索；斯大林掌握国家政权后，根据对社会发展环境的判断，实行了新的政策，以计划的方式通过国家和政府的控制发展国家工业，形成了斯大林模式，斯大林模式带来了强大的苏联，为在第二次世界大战中战胜德国法西斯奠定了基础，但是也留下一系列问题；在斯大林之后，历届苏联领导人都尝试对斯大林模式带来的问题进行调整，但是效果都不明显，最终在戈尔巴乔夫的改革新思维中解体；苏联解体后，俄罗斯国家继承了苏联的大部分遗产，新的俄罗斯在大国争锋的环境中继续探索适合本国的新道路。

3. 对《风云新途》进行点评

点评要点：社会主义首先不是固定的模式，不能用任何固有的模式要求社会主义制度应该如此这般；苏联的探索过程有经验也有教训，从总体上来说，列宁的新经济政策在当时是一种比较适合苏联在和平时期进行社会主义建设的一种制度形式，但是它也只是具有启示意义，任何国家都要结合本国的实际需要，结合人类文明的大道来探索本国的社会主义道路。

方案三　观看纪录片《邓小平》第十二集《晚年情怀》

【设计思路】

十二集文献纪录片《邓小平》比较完整地介绍了邓小平从出生到晚年生活的整个过程，是介绍邓小平的相关影视资料中比较全面的。《晚年情怀》是本纪录片的最后一集，呈现了邓小平退休前后的生活，突出了邓小平为建立更加合理的领导交替制度主动从领导岗位上退下来，以及在南巡谈话中系统探讨了自己长期思考关于如何在中国建设社会主义制度所获得的结论。通过观看这部纪录片，可以让学生更真切地了解中国在领导制度建设方面的进步，理解邓小平在国家制度建设方面的贡献，同时通过邓小平在南巡谈话中关于社会主义建设一系列重大问题的论断，使学生更好地理解什么是社会主义以及怎样建设社会主义问题的重要性，并对中国当前发展中面临的问题及解决方法有基本的考虑。

【步骤安排】

1. 介绍纪录片的基本背景，对本集的关注要点作出提示。安排学生观看

2. 本集纪录片的基本内容

基本内容分为两个主要的部分，一个是邓小平主动从领导岗位上退下来，为国家领导制度的正常化作出贡献。二是在安享晚年的时候仍然在思考一系列重大问题，通过南巡谈话呈现出自己长期思考的关注点。南巡谈话是邓小平思想中的最杰出作品，凝结了邓小平一生的智慧，在当前对中国特色社会主义建设道路仍然具有无可替代的指导意义。

3. 对本片作出点评，引导学生深入阅读南巡谈话的具体内容

点评要点：社会主义的本质是什么，三个有利于标准是什么，如何看待社会主义建设中的挫折和问题。

考研题解

一、单项选择题

1.（2005 年考研政治试题）邓小平理论首要的基本的理论问题是（　　）

A. 发展才是硬道理

B. 发展是党执政兴国的第一要务

C. 解放生产力，发展生产力

D. 什么是社会主义，怎样建设社会主义

2.（模拟题）社会主义的根本原则是（　　）

A. 不断发展生产，增加社会财富

B. 扩大改革开放，增强综合国力

C. 实行按劳分配，改善人民生活

D. 坚持以公有制为主体，实现共同富裕

3.（模拟题）建设中国特色社会主义首先的基本理论问题是（　　）

A. 正确处理改革、发展同稳定的关系

B. 坚持以经济建设为中心

C. 解放思想、实事求是

D. 什么是社会主义，怎样建设社会主义

4.（模拟题）我国经济和社会发展的根本出发点是（　　）

A. 解放和发展生产力　　B. 巩固社会主义制度

C. 提高人民生活水平　　D. 增强综合国力

5.（模拟题）实现人的全面发展目标的根本途径是（　　）

A. 教育与科技创新　　B. 教育与经济发展

C. 教育与民主建设　　D. 教育与人才培养

二、多项选择题

6.（模拟题）邓小平提出，在改革中我们必须始终坚持的根本原则是（　　）

A. 坚持公有制经济的主体地位

B. 坚持按劳分配与按要素分配相结合

C. 坚持社会主义与市场经济相结合

D. 坚持共同富裕

7.（模拟题）邓小平关于社会主义本质的论断体现了（　　）

A. 解放生产力与发展生产力的统一

B. 生产力和生产关系的统一

C. 发展生产力与实现共同富裕的统一

D. 目的与手段的统一

8. (模拟题)社会主义的根本任务是发展生产力，这是因为，发展生产力是(　　)

A. 社会主义本质的内在要求

B. 建立社会主义市场经济体制的要求

C. 解决社会主要矛盾的要求

D. 巩固社会主义制度的要求

9. (模拟题)毛泽东探索中国社会主义道路的重要意义有(　　)

A. 标志着中国共产党开始摆脱单一的苏联模式

B. 开始独立寻找适合自己国情的社会主义建设道路

C. 探索正确的、有价值的思想观点和创造性的思考成为毛泽东思想的重要组成部分和新财富

D. 对我国社会主义建设取得很大成就起到了指导作用

10. (模拟题)科教兴国的基本含义有(　　)

A. 全面落实科学技术是第一生产力的思想

B. 坚持教育为本，把科技和教育摆在经济、社会发展的重要位置

C. 增强国家的科技实力及向现实生产力转化的能力

D. 提高全民族科技文化素质，把经济建设转移到依靠科技进步和提高劳动者素质的轨道上来，加速实现国家的繁荣富强

参考答案 1. D　2. D　3. D　4. C　5. D　6. AD　7. ABCD　8. ACD　9. ABCD　10. ABCD

第六章　社会主义初级阶段理论

名人名言

认清中国的国情，乃是认清一切革命问题的基本的根据。

——毛泽东(《中国革命和中国共产党》，《毛泽东选集》第2卷，633页，北京，人民出版社，1991)

我们搞社会主义才几十年，还处在初级阶段。巩固和发展社会主义制度，还需要一个很长的历史阶段，需要几代人、十几代人，甚至几十代人坚持不懈地努力奋斗，决不能掉以轻心。

——邓小平(《在武昌、深圳、珠海、上海等地的谈话要点》，《邓小平文选》第3卷，379页，北京，人民出版社，1993)

离开了经济建设这个中心，就有丧失物质基础的危险。其他一切任务都要服从这个中心，围绕这个中心，决不能干扰它，冲击它。

——邓小平(《目前的形势和任务》，《邓小平文选》第2卷，250页，北京，人民出版社，1994)

专题讲授

专题一　社会主义初级阶段理论

一、对社会主义发展阶段的探索

国际共产主义运动与中国革命、建设和改革的历史经验表明，任何一个国家的共产党要领导本国人民夺取革命和建设事业的胜利，必须把马克思主义基本原理同本国的具体实际相结合，制定并实行适合本国国情的路线、方针、政策。一个国家最大的实际就是该国的国情，其中，社会性质及其发展阶段又是一个国家的基本国情。正确认识我国社会的性质及所处的社会发展阶段，是认识我国国情的本质和关键所在。国情是一个非常广泛的概念，是一个国家的社会状况和自然状况的综合。从结构的角度看，国情是由多种因素构成的，它包括政治制度、经济制度、生产力发展的水平、人口因素、民族构成以及传统、阶级状况、文化教育、历史特点、地理状况、自然资源、国际环境等。

马克思主义者历来重视对社会主义社会发展阶段问题的探索。马克思、恩格斯曾根据欧美资本主义社会生产方式的矛盾运动及其发展趋势，对未来社会的发展阶段作了一些原则性的设想。认为无产阶级夺取革命胜利后，未来社会的发展将经历从资本主义到共产主义的过渡时期、共产主义社会第一阶段(或称初级阶段)和共产主义社会的第二阶段(或称高级阶段)等发展阶段。不同国家将经历不同的社会和政治发展阶段才能达到社会主义和共产主义。但对作为共产主义社会第一阶段的社会主义社会，在其历史发展过程中将会经历哪些发展阶段，马恩没有作出进一步的判断。

在社会主义思想发展史上，最早提到社会主义发展阶段问题的是列宁。列宁把马克思所说的“共产主义社会第一阶段”称作“社会主义社会”，把“共产主义社会高级阶段”称为“共产主义社会”，认识到经济文化落后国家从资本主义过渡到社会主义、共产主义需要经历几个发展阶段。提出了“初级形式的社会主义”、“还没有巩固基础的社会主义”、“完备形式的社会主义”和“发达的社会主义”等概念。但是，列宁当时主要回答了俄国怎样过渡到社会主义的问题，还没有来得及具体分析社会主义制度建立以后的发展阶段问题，因而对这一思想未能作出进一步的阐述。

斯大林、赫鲁晓夫等领导的苏联在探索社会主义发展阶段问题上出现了严重的失误，错误地认为社会主义是一个短暂的历史发展阶段。1939 年 3 月，斯大林在联共(布)第十八次全国代表大会上提出，苏联要用 10 到 15 年时间实现从共产主义社会第一阶段到共产主义社会第二阶段的过渡。1959 年 1 月，苏共二十一大宣布，苏联“进入了一个新的、极重要的时期——全面开展共产主义社会建设时期”。1961 年 10 月，在苏共二十二大上，赫鲁晓夫宣布：“在二十年内我们将基本上建成共产主义社会。”虽然苏共后来的领导人对此有所纠正，如勃列日涅夫提出苏联尚处在“发达社会主义社会”、安德罗波夫和契尔年科又提出苏联正处在“发达社会主义社会入口处”等，但是，总的说来，苏共几代领导人都过高地估计了本国社会主义所处的历史发展阶段。这种严重脱离实际的观点，对苏联和其他社会主义国家制定本国发展战略产生了消极影响。

以毛泽东为首的中国共产党人，对中国社会主义发展阶段进行探索，所取得的理论成果主要有：第一，正确区分了建立社会主义与建成社会主义的关系。曾经明确提出我国的社会主义制度只是“刚刚建立”，还没有“完全建成”。第二，认识到在我国建成社会主义需要一个很长的历史发展阶段。第三，提出社会主义社会可能分为不发达的社会主义和比较发达的社会主义两个发展阶段。但探索过程中也有重大失误，给党和国家工作带来巨大损失。中国之所以会发生“文化大革命”等“左”的错误，一个重要的原因就是对我国社会主义发展阶段缺乏科学的、清醒的认识，制定的政策超越了社会主义的初级阶段。

二、社会主义初级阶段理论的形成和发展

以邓小平为代表的中国共产党人，总结中国和其他社会主义国家探索社会主义社会发展阶段的经验与教训，重新审视中国的基本国情，逐步认清了我国社会主义社会所处的历史阶段，提出了我国处在社会主义初级阶段的科学判断。十三届四中全会以来，以江泽民为代表的中国共产党人，进一步深化了认识，丰富和发展了社会主义初级阶段理论。

1979 年 3 月，邓小平提出，中国的底子薄、人口多、耕地少，因而现代化建设必然是长期的。这是社会主义初级阶段理论形成的开始。

1979 年 9 月，叶剑英在庆祝建国三十周年大会的讲话中提出：“我国现在还是发展中的社会主义国家，社会主义制度还不完善，经济和文化还不发达”，“社会主义制度还处在幼年时期”，“在我国实现现代化，必然要有

一个由初级到高级的过程”。这些提法，已经孕育着“社会主义初级阶段”的思想。

1981年6月，十一届六中全会通过了《关于建国以来党的若干历史问题的决议》，第一次明确提出：“我们的社会主义制度还是处于初级的阶段。”

1982年9月，中共十二大再次提出：“我国社会主义社会现在还处在初级发展阶段，物质文明还不发达。”

1986年9月，十二届六中全会通过的《关于社会主义精神文明建设指导方针的决议》第一次对社会主义初级阶段经济特征作出比较科学的概括。

1987年，中共十三大报告对社会主义初级阶段理论作了全面系统的阐述，制定了党在社会主义初级阶段的基本路线。

1992年，十四大再次肯定了社会主义初级阶段理论，并把它视为邓小平同志建设有中国特色社会主义理论的立论基础。

1997年9月，中共十五大对社会主义初级阶段的发展进程、过程特征等作了深入阐述，在此基础上提出了党在社会主义初级阶段的基本纲领，标志着党对社会主义发展阶段的认识达到了新的高度。

十六大再次强调，我国正处于并将长期处于社会主义初级阶段，现在达到的小康还是低水平的、不全面的、发展很不平衡的小康，巩固和提高目前达到的小康水平，还需要进行长时期的艰苦奋斗。

十七大进一步指出，改革开放成就巨大，但我国仍处于社会主义初级阶段的基本国情没有变，人民日益增长的物质文化需要同落后的社会生产之间的矛盾这一社会主要矛盾没有变。

三、社会主义初级阶段的科学含义和基本特征

1. 社会主义初级阶段的科学含义

社会主义初级阶段，就是社会主义的不发达阶段。这一判断包括两层含义：第一，我国已经进入社会主义社会。这是对我国社会性质的界定。第二，我国的社会主义社会现在处于并将长期处于社会主义初级阶段。这是对我国社会主义发展程度的界定。

社会主义初级阶段并不是泛指任何国家进入社会主义都必须经历的起始阶段，而是特指我国生产力落后、商品经济不发达条件下建设社会主义必然要经历的特定阶段。

2. 社会主义初级阶段的基本特征

社会主义初级阶段是一个相当长的历史发展阶段，在发展进程中必然

要经历若干具体的发展阶段，不同时期会显示出不同的阶段性特征。

十三大从人口结构、工业发展水平、地区发展状况、科学教育文化发展等几个方面概括了我国社会主义初级阶段的基本特征。

十五大从现代化发展水平、产业结构状况、经济运行方式、文化教育发展水平、人民富裕程度、地区发展状况、体制改革、精神文明建设以及国际比较等九个方面作出新的概括。

十七大从八个方面分析和概括了新世纪新阶段我国发展呈现出的新的阶段性特征。

第一，经济实力显著增强，同时生产力水平总体上还不高，自主创新能力还不强，长期形成的结构性矛盾和粗放型增长方式尚未根本改变。

第二，社会主义市场经济体制初步建立，同时影响发展的体制机制障碍依然存在，改革攻坚面临深层次矛盾和问题。

第三，人民生活总体上达到小康水平，同时收入分配差距拉大趋势还未根本扭转，城乡贫困人口和低收入人口还有相当数量，统筹兼顾各方面利益难度加大。

第四，协调发展取得显著成绩，同时农业基础薄弱、农村发展滞后的局面尚未改变，缩小城乡、区域发展差距和促进经济社会协调发展任务艰巨。

第五，社会主义民主政治不断发展、依法治国基本方略扎实贯彻，同时民主法制建设与扩大人民民主和经济社会发展的要求还不完全适应，政治体制改革需要继续深化。

第六，社会主义文化更加繁荣，同时人民精神文化需求日趋旺盛，人们思想活动的独立性、选择性、多变性、差异性明显增强，对发展社会主义先进文化提出了更高要求。

第七，社会活力显著增强，同时社会结构、社会组织形式、社会利益格局发生深刻变化，社会建设和管理面临诸多新课题。

第八，对外开放日益扩大，同时面临的国际竞争日趋激烈，发达国家在经济科技上占优势的压力长期存在，可以预见和难以预见的风险增多，统筹国内发展和对外开放要求更高。

以上八个方面是初级阶段国情在新世纪新阶段的具体表现。只有认真分析不同时期具体的阶段性特征，才能准确判断我国社会发展的主流和方向，并据此制定出正确的发展战略和政策。

3. 社会主义初级阶段理论的提出具有重大的理论和实践意义

理论意义：它是马克思主义关于社会主义发展阶段的新论断，是党制定和执行正确路线、方针、政策的基本依据。

实践意义：对社会主义初级阶段基本内涵和过程性特征的统一认识和把握，可以使我们更深刻理解和掌握党在社会主义初级阶段的基本理论、基本路线、基本纲领及各方面方针和政策的科学性和正确性，保持清晰的头脑，坚定、自觉地把中国特色社会主义事业不断推向前进。

四、我国社会主义初级阶段的长期性

我国的社会主义初级阶段，从1956年生产资料私有制的社会主义改造基本完成算起，到21世纪中叶社会主义现代化的基本实现，至少需要一百年时间。社会主义初级阶段的长期性，从根本上说是由中国进入社会主义的历史条件和建设社会主义所需要的物质基础所决定的。

近代中国特殊的历史条件，决定了我国只能从半殖民地半封建的旧中国，经过新民主主义走向社会主义。在我国，要改变生产力发展水平落后的基本状况，完善社会主义生产关系和上层建筑，实现现代化，是一个长期的历史任务。

社会主义所要求的物质技术基础，是随着生产力的迅速发展、经济和社会现代化水平的提高而不断提高的。当今世界生产力迅猛发展，我们所要实现的现代化，肩负着更为艰巨、复杂的任务。一方面，工业化仍然是我国现代化进程中需要继续完成的历史性任务；另一方面，我们又面临着以信息化为标志的新的科技革命的挑战，面临着综合国力竞争中所处不利地位的压力。所有这些，都决定了我国必须经过很长的初级阶段才能进入生产力比较发达、社会主义制度比较成熟的阶段。

专题二　社会主义初级阶段的基本路线

一、社会主义初级阶段基本路线的提出

1978年，中共十一届三中全会决定把党和国家的工作中心转移到经济建设上来，并初步提出了改革开放的方针。此后，针对社会上出现的否定社会主义制度和毛泽东思想等错误思潮，邓小平又提出改革开放必须坚持四项基本原则，“一个中心，两个基本点”的思想初步形成。

中共十二大首次提出了“走自己的路，建设有中国特色的社会主义”的科学命题和历史使命，提出党在新的历史时期的总任务是：团结全国各族

人民，自力更生，艰苦奋斗，逐步实现工业、农业、国防和科学技术现代化，把我国建设成为高度文明、高度民主的社会主义国家。

党的十三大在科学阐述社会主义初级阶段理论的同时，正式提出了党在社会主义初级阶段的基本路线：领导和团结全国各族人民，以经济建设为中心，坚持四项基本原则，坚持改革开放，自力更生，艰苦创业，为把我国建设成为富强、民主、文明、和谐的社会主义现代化国家而奋斗。

党的十七大通过的党章又把“和谐”与“富强、民主、文明”一起写入了基本路线。

经过多年的实践和探索，我们党对奋斗目标的认识逐渐深化，实现了中国特色社会主义事业总体布局与奋斗目标的有机统一。

二、社会主义初级阶段基本路线的主要内容

1. 建设“富强民主文明和谐的社会主义现代化国家”。这是党在社会主义初级阶段的奋斗目标，体现了社会主义社会的经济、政治、文化和社会全面发展的要求。

2.“一个中心，两个基本点。”这是基本路线最主要的内容，是实现社会主义现代化奋斗目标的基本途径。“以经济建设为中心”回答了社会主义的根本任务问题，体现了发展生产力的本质要求。“坚持四项基本原则”回答了解放和发展生产力的政治保证问题，体现了社会主义基本制度的要求。“坚持改革开放”回答了社会主义的发展动力和外部条件问题，体现了解放生产力的本质要求。

两个基本点的辩证关系：四项基本原则是立国之本，是党和国家生存发展的政治基石，保证改革开放的正确方向；改革开放是强国之路，是党和国家发展进步的活力源泉，赋予四项基本原则新的时代内涵。二者相互依存，不可分割。离开四项基本原则，改革必然会失去正确的方向，背离社会主义；离开改革开放谈四项基本原则，四项基本原则就不能与时俱进，就会变成僵化教条。二者统一于建设中国特色社会主义的伟大实践。

一个中心，两个基本点的关系：二者是相互贯通、相互依存、不可分割的统一整体，必须全面坚持、一以贯之。离开经济建设这个中心，社会主义社会的一切发展和进步就会失去物质基础；离开四项基本原则和改革开放，经济建设就会迷失方向和丧失动力。毫不动摇地坚持党的基本路线，把以经济建设为中心同四项基本原则、改革开放这两个基本点统一于

建设中国特色社会主义的伟大实践，这是改革开放以来"我们党最可宝贵的经验，是我们事业胜利前进最可靠的保证"①。

3."领导和团结全国各族人民。"这是实现社会主义现代化奋斗目标的领导力量和依靠力量。

4."自力更生，艰苦创业。"这是我们党的优良传统，也是实现社会主义初级阶段奋斗目标的根本立足点。

专题三 社会主义初级阶段的基本纲领

一、党在社会主义初级阶段的基本纲领的提出

1997 年 9 月，党的十五大根据社会主义初级阶段基本路线的要求，围绕社会主义现代化建设的总题目，制定了党在社会主义初级阶段的基本纲领。2007 年 10 月，党的十七大进一步丰富了基本纲领的内容。

二、社会主义初级阶段基本纲领的主要内容

建设中国特色社会主义经济：在社会主义条件下发展市场经济，不断解放和发展生产力。实现国民经济又好又快发展，保证人民共享改革和发展成果。

建设中国特色社会主义政治：在中国共产党领导下，在人民当家做主的基础上，依法治国，发展社会主义民主政治，实现社会安定、政府廉洁高效、全国各族人民团结和睦、生动活泼的政治局面。

建设中国特色社会主义文化：以马克思主义为指导，以培育有理想、有道德、有文化、有纪律的公民为目标，发展面向现代化、面向世界、面向未来的，民族的、科学的、大众的社会主义文化。建设社会主义核心价值体系，推动社会主义文化大发展大繁荣。

构建社会主义和谐社会：就是按照民主法治、公平正义、诚信友爱、充满活力、安定有序、人与自然和谐相处的总要求和共同建设、共同享有的原则，以改善民生为重点，解决好人民最关心、最直接、最现实的利益问题，努力形成全体人民各尽其能、各得其所而又和谐相处的局面。

---

① 《江泽民文选》第 2 卷，17 页，北京，人民出版社，2006。

三、正确认识和处理最高纲领与最低纲领之间的辩证统一关系

共产主义是共产党人的理想信念和精神支柱，实现共产主义是无产阶级政党的最高纲领。但共产主义的实现是一个历史过程，需要通过若干阶段的具体目标，有步骤、分阶段地向前推进。在每个不同的发展阶段，都需要提出符合实际的理论、路线、方针、政策和策略，形成阶段性的行动纲领，即最低纲领。

最低纲领也称基本纲领。中国共产党制定的民主革命的纲领、向社会主义过渡的纲领、建设中国特色社会主义的纲领，都是党在特定历史阶段的最低纲领。

最高纲领与最低纲领既有区别，又有联系，辩证统一于为实现共产主义奋斗的全部历史过程。最高纲领为最低纲领的制定指明前进方向；最低纲领为最高纲领的实现准备必要的条件。坚持最高纲领与最低纲领的统一，就是坚持理想与现实的统一，方向和道路的统一，目的和过程的统一，不断发展和发展阶段的统一，革命精神和科学态度的统一。

专题四 “三步走”的发展战略

一、“三步走”战略的提出和发展

1978 年 12 月，中共十一届三中全会作出了把党和国家工作中心从以阶级斗争为纲转移到经济建设上来的重大决定，实现四个现代化重新被确立为党的奋斗目标。

1979 年 12 月，邓小平在接见外宾时说：“我们要实现的四个现代化，是中国式的四个现代化……是‘小康之家’。”①

1982 年 9 月，中共十二大正式把 20 世纪末人民生活达到小康水平确定为奋斗目标，并提出了“两步走”的战略部署，即到 1990 年为第一步，实现工农业总产值比 1980 年翻一番，解决人民的温饱问题；再用 10 年为第二步，在新的基础上使工农业总产值再翻一番，人民生活达到小康水平。

十二大以后，邓小平多次提出：达到小康水平后，我国要再用 30 年到

① 《邓小平文选》第 2 卷，237 页，北京，人民出版社，1994。

50年时间，赶上中等发达国家，基本实现现代化。在“两步走”的基础上提出了“三步走”的战略步骤。

1987年10月，中共十三大对“三步走”战略作了完整表述，指出我国经济建设的战略部署大体分三步走：第一步，实现国民生产总值比1980年翻一番，解决人民的温饱问题；第二步，到20世纪末，使国民生产总值再增长一倍，人民生活达到小康水平；第三步，到21世纪中叶，人均国民生产总值达到中等发达国家水平，人民生活比较富裕，基本实现现代化。

1997年9月，中共十五大上对原来设想的第三步战略步骤作出了进一步具体的规划，提出了实现第三步战略目标的新“三步走”战略部署：21世纪第一个10年实现国民生产总值比2000年翻一番，使人民的小康生活更加宽裕，形成比较完善的社会主义市场经济体制；再经过10年的努力，到建党100周年时，使国民经济更加发展，各项制度更加完善；到21世纪中叶建国100周年时，基本实现现代化，建成富强民主文明的社会主义国家，从而使“三步走”的战略和步骤更加具体明确。

二、“三步走”发展战略的特点

第一，既具有雄心壮志，又坚持实事求是。雄心壮志表现为战略目标，实事求是表现为战略步骤。

第二，始终以提高人民生活水平为出发点和归宿点。中国共产党是中国最广大人民根本利益的忠实代表，全心全意为人民服务是中国共产党和人民政府的宗旨。“三步走”每一步都有相应的人民生活的标准，即“温饱型”、“小康型”、“比较富裕型”。

第三，注重经济社会全面协调发展。我国社会经济发展战略包括富强、民主、文明、和谐，体现在经济、政治、文化、社会四个方面，把经济发展和社会全面进步紧密地结合在一起。

第四，体现了社会主义制度的优越性。中国社会主义建设，在生产力水平十分落后的情况下，只用一百年时间走完西方发达国家通常要用二百年走完的路程，这充分说明社会主义优于资本主义。

三、“三步走”发展战略的实现途径

1. 推动经济结构战略性调整，走新型工业化道路

第一，走新型工业化道路，推进产业结构优化升级；第二，实施西部

大开发，促进区域经济协调发展；第三，全面繁荣农村经济，实现城乡统筹发展；第四，转变经济增长方式，促进国民经济持续快速健康发展。

2. 实施科教兴国和可持续发展战略

科教兴国战略和可持续发展战略是我国在现代化建设中实施的两大跨世纪基本发展战略。要通过发展科技和教育，推进经济振兴和国家兴旺发达，促进社会的全面进步和协调发展。走可持续发展道路，坚持以经济建设为中心，从经济与人口、资源、环境、社会的相互协调中推动经济建设的发展，并在发展过程中带动人口、资源、环境与社会问题的解决，从而实现经济、资源和生态、社会的可持续发展。

专题五　全面建设小康社会

小康社会是中国古代思想家所描绘的理想的社会状态，表现了普通百姓对美好生活的向往和追求。据考证，“小康”一词最早出自《诗经》，其中有“民亦劳止，汔可小康”。后来儒家把比大同社会较低级的社会称之为“小康”。

《礼记》描述，所谓大同社会就是“天下为公”，“故人不独亲其亲，不独子其子；使老有所终，壮有所用，幼有所长，矜寡、孤独、废疾者皆有所养”的理想社会。而所谓小康社会则是“天下为家，各亲其亲，各子其子，货力为己”，人们能维持中等生活水准的社会。

一、“小康”概念的提出

1979 年 12 月 6 日，邓小平在接见日本首相大平正方时首次提出了中国现代小康的概念，明确指出中国式的四个现代化就是“小康之家”。1986 年，邓小平又用我国历史上“小康”的概念，赋予其新的内容，表达在社会主义初级阶段一定时期内经过努力能够实现的目标。他指出：“所谓小康社会，就是虽不富裕，但日子好过。我们是社会主义国家，国民收入分配要使所有的人都得益，没有太富的人，也没有太穷的人，所以日子普遍好过。更重要的是，那时我们可以进入国民生产总值达到一万亿美元以上的国家的行列，这样的国家不多。”①

① 《邓小平文选》第 3 卷，161～162 页，北京，人民出版社，1993。

二、人民生活总体上达到小康及其特点

到2000年底，我国人均GDP超过了800美元，人民生活总体上实现了由温饱到小康的历史性跨越。经济持续快速增长，国家经济实力明显增强；改革开放事业取得了突破性进展；人民生活实现了历史性跨越。但这种总体小康是低水平的小康，人均GDP只有800美元；是不全面的小康，侧重于物质层面；是不平衡的小康，城乡、东西、个人收入差距还较大。总之，我国生产力和科技教育比较落后，实现工业化和现代化还有很长的路要走；城乡二元经济结构、地区差距、贫富差别没有改变；人口总量增加，老龄人口上涨，就业压力大；面临发达国家科技发展的压力；经济、政治、文化体制不健全；民主法制和思想道德建设不够。

三、全面建设小康社会

全面建设小康社会是党和国家到2020年的奋斗目标，是全国各族人民的根本利益所在。十六大提出用20年的时间，从社会主义经济建设，社会主义民主法制建设，全民族思想道德素质、科学文化素质和健康素质的提高，生态环境的改善等方面，全面建设惠及十几亿人口的更高水平的小康社会的奋斗目标。

十七大顺应国内外形势的新变化和各族人民过上更好生活的期待，把握经济社会发展趋势和规律，坚持中国特色社会主义经济建设、政治建设、文化建设、社会建设的基本目标和基本政策构成的基本纲领，在十六大确立的全面建设小康社会目标的基础上，对我国的发展提出了五个方面新的更高要求：一是增强发展协调性，努力实现经济又好又快发展；二是扩大社会主义民主，更好地保障人民权益和社会公平正义；三是加强文化建设，明显提高全民族文明素质；四是加快发展社会事业，全面改善人民生活；五是建设生态文明，基本形成节约能源和保护生态环境的产业结构、增长方式、消费模式。

十七大对全面建设小康社会目标提出新的更高要求，既与十六大提出的全面建设小康社会宏伟目标的精神相一致，又适应国内外形势的新变化，顺应各族人民过上更好生活的期待。它将引领我们在未来夺取全面建设小康社会的伟大胜利，并为到21世纪中叶基本实现现代化的远景目标奠定坚实的基础。

案例分析

案例一　我就是玉皇，我就是龙王

天上没有玉皇，
地下没有龙王。
我就是玉皇，
我就是龙王。
喝令三山五岳开道，
我来了！
——“大跃进”民歌

日历终于翻到了不平凡的1958年，置身于历史之外的读者很容易将这一年同1957年联系起来。如果说1957年是中国历史喜怒无常性的一次典型上演，那么，1958年则是悲剧的序幕。

尽管接踵而来的三年饥荒成为1958年狂热的绝好注释，但许多人认为生活在1958年是一种幸福。电影《活着》描述了公社食堂的富足：一个顽皮的孩子盛了满满一大碗凉皮(上面浇了花样繁多的作料)，然后将凉皮倾倒在另一个孩子的头上；周末人们吃的是真正的白面饺子，个大馅足——在回忆中生活，固然是件凄凉的事情，然而，客观规律注定了大跃进盛景之后的萧条结局，那是共和国历史上最令人难忘的艰难岁月之一。

《人民日报》发表了记者冯健写的通讯《沸腾的日日夜夜》。文章写道：“1958年是我们伟大祖国充满着奇迹的不平凡的一年，奇迹之一是，全国人民夺取钢铁的大战获得了大捷——今年的1070万吨钢产量计划已经提前超额完成(实际上，合格钢产量只有800万吨——编者)。”

“那些紧张战斗的日日夜夜，那些壮丽的劳动场景，令人永不能忘怀。”

“我在京广、津浦铁路沿线看到这种动人的图景。夜晚，列车在原野上奔驰，不时从成群成列的土高炉、土炼炉和土焦炉身旁穿过，旺燃的火焰呼呼作响，映红了漆黑的夜空。”

“千百万钢铁大军开进荒山野岭，唤醒了无数沉睡的山冈，爆破手们在常年沉静的山谷里，点燃了开山的雷管、炸药，无尽的矿石、煤炭，像流水一样涌向炼铁、炼钢炉前。”

“千万条道路赶筑起来了，条条通向矿山和熔炼炉。火车加快了运行速度，船只乘风破浪地急驶，都在为钢铁奔忙。”《沸腾的日日夜夜》即使以今天的眼光看，也是一篇优美的散文。1958年幸福、温馨、壮美、饱暖又充满诗意，1958年在记忆中变得夜色阑珊，在苍茫的大地上，青烟袅袅，炉火通红，劳动者矫健的身影在暗夜和炉之间时隐时现。在中国人民漫长的生活史中，这样热火朝天的场景曾经屡见不鲜，文艺家们从这种场面中找到了许多灵感，仅仅在十三陵水库工地，就诞生了王愿坚的著名短篇小说《普通劳动者》和田汉幻想剧《十三陵水库畅想曲》。《普通劳动者》后来被选入中学课本，成为现代中国语言文字的典范。然而使我们印象至深的是壮丽的集体主义生活、高尚的情操和十三陵水库工地的食谱：馒头和腌萝卜，我们想象着，当劳动者们享用着馒头和腌萝卜的时候，那感觉一定是非常香甜的。话剧《十三陵水库畅想曲》是新中国第一部，也可能是最后一部描绘了人类大同时代情景的浪漫幻想作品，它对共产主义时代的想象令人激动：“楼上楼下，电灯电话”，电影院、图书馆、理发店、俱乐部、音乐厅，人人各取所需，人人心满意足。但是谁能够预料到：这样一种以今天的物质水平看来并不算特别奢侈的愿望，在20世纪50年代末竟然成为一种不祥的幻想？

1958年是中国人空前乐观、建设热情空前高涨的一年。7月5日，刘少奇在石景山发电厂同工人座谈时告诉人们：“中国进入共产主义，不要好久了，你们大多数可以看到共产主义。”刘少奇的这番话并非空穴来风，在河北省徐水县，一个“共产主义乐园”正在崛起。有关报道说：“徐水县已经实行了组织军事化、生产战斗化和生活集体化。”徐水县是全国高产的一个典型，该县正计划放几颗“高产卫星”，如一亩山药120万斤，1颗山药500斤等。《人民日报》在《徐水人民公社赞》中热情地发表评论道：“徐水的人民公社将会在不远的时期，把社员们带向人类历史最高的仙境，这就是‘各尽所能，各取所需’的自由王国时代。”而河南省范县已经将共产主义日程化和具象化了。10月28日，范县规划三年向共产主义过渡，县委书记作报告时用形象的语言谈到共产主义的生活情景：“人人进入新乐园，吃喝穿用不要钱；鸡鸭鱼肉味道鲜，顿顿可吃四个盘，天天可以吃水果，各样衣服穿不完；人人都说天堂好，天堂不如新乐园。”当毛泽东看到范县的“三年规划”时，微微一笑，提笔批示道：“此事很有意思，是一首诗，似乎也是可行的，时间似乎太促，也不要紧，三年完不成，顺延也可。”毫无疑问，今年是老人家情绪非常好的一年，在南海的那些不平静的日日夜夜里，经常有来自全国各地的喜讯摆上老人家的案头，在他的眼里，这是他诗人生涯看到的最瑰丽的诗篇，“最新最美的图画”。在一首名为《送瘟神》的诗篇里，老人家毫不掩饰自己的喜悦之态：“夜不能寝，浮想联翩。”在十三陵水库落成不久，江西余江县消灭血吸虫病的消息使得老人家如此诗兴盎然，“坐地日行八万里，巡天遥看一千河，牛郎欲问瘟神事，一样悲欢逐逝波”。这让我们看到了1958年的另一种真实——从领袖到民众面对强国之梦的自豪和悲喜交织的心情，虽然1958年的最终结局是它给予中国人心灵上一次深刻的创伤，民族的前进出现停滞，更可悲的是，皂泡破灭，许多年后才把它找回。但许多年后，提到1958年的思想主义，人们还是禁不住痛心疾首。

人们常说要珍惜现在。然而，如果现时、现在成为以后岁月中人们的“黄金时代”式的眷念，那么，这就是在毁灭着“现在”。美好事物不应当是记忆的专利品，更多的时候，它应该属于未来。1958年的暂时繁荣就给困难时期的人们留下了可悲的幸福记忆：“那时候，桶里总盛着面条，想吃就去捞……‘这样一页历史，愿它永远翻过去，不再打开。’”

——摘自宋强、乔边：《人民记忆50年》，兰州，甘肃人民出版社，1998。

【案例点评】

这是感情燃烧的岁月。凭感情说话，就失去了理智；凭感情办事，就忽略了国情。于是就有了“人有多大胆，地有多大产”；于是就有了向共产主义过渡；于是，也就有了“我就是玉皇，我就是龙王”的吟唱。结果就是连续三年的财政赤字、商品奇缺、通货膨胀、限量供应。这是对中国人心灵的一次深刻创伤，即使到了今天，仍让人觉得可笑可悲。这是一个典型的现代乌托邦。

需要反思的是，为什么当时会出现在今天看来是幼稚可笑的行为，而在当时却让许多人信以为真，并大行其道呢？答案也许不少，是我们处在一个相对封闭的环境中，是我们过高地估计了社会主义成熟程度，是我们任由主观浪漫驰骋。最关键的是，未搞清楚自己处在一个什么样的历史阶段，属于一个什么样的基本国情。惨痛的教训，也是一笔宝贵的财富，尽管我们不情愿拥有这样的财富。它使我们更加珍惜我们对社会主义所处阶段的理性实践判断。这就是，我们正处于并将长期处于社会主义初级阶段，即不发达阶段。

案例二　迅速发展的中国农村“草根文化”

随着经济发展和人们生活水平的提高，农民对文化生活的需求迅速增长。在这种形势下，发源于农村、服务于农民的各种“草根文化”在全国呈现燎原之势。“草根文化”贴近农村生活实际，深受农民欢迎，成为政府公共文化服务的有益补充，也成为我国新的文化产业增长点。

2008年元旦期间，江西省修水县港口镇洞下村的祠堂里，演出了宁河戏《宝莲灯·劈石救母》。有意思的是，在这出传统戏的舞台上，使用了城市大剧院用的追光灯。古老的戏曲唱腔婉转，让人陶醉，以前从未见过的追光灯也让村民们极为好奇：灯追着舞台上的演员，观众的眼睛追着灯……村民们骄傲地告诉记者，给村里带来这份热闹的，不是城里来的大剧团，而是该村卢美华、张九龄等8名农民自己办的剧团。

农民自办文化自娱自乐——洞下村的情景，只是全国各地农村文化的一个剪影。

新形势的农村“草根文化”已如雨后春笋般在全国大量涌现。其中，民营剧团发展迅速。据文化部不完全统计，我国目前有6800余家常年活跃于田间地头的民营文艺表演团体。在浙江，民营剧团牢牢占据了农村演出市场85%以上的份额；在福建，一些地方已呈现出“无日不演戏，无处不演戏，镇镇有舞台，村村闻锣鼓”的景象。作为农村“草根文化”的一种创新，一些地方的农民还自拍电视剧，演员是乡亲，观众也是乡亲。而作为自娱自乐的两种典型形式，文化大院和自乐班在全国可谓遍地开花。仅在山西省农村，就有9000多个文化大院。在甘肃、宁夏等地段，参加自乐班已成为当地农民日常生活的一部分。

与此同时，“草根文化”的迅速发展使得相对于“送文化”的“种文化”一词，在全国农村成为一个热词，并得到农民的热烈响应。2007年，浙江省临安市青山湖街道朱村等8个村向全省农民发出自己“种文化”的倡议。结果，从3月到6月，从最初的8个村到100多个村，雪球在浙江农家越滚越大。在“种文化”活动中，农民不再是坐在台下仰头观赏的看客，而是成为舞台的主角，田歌、腰鼓舞、迪斯科等，悉数登上了舞台。当前农村的“草根文化”不仅形式多样，其运作机制也呈现多种形式。

为满足自娱自乐的需要，许多地方的农民都是自己出资开展文化活动。在宁夏，虽然大多数农民并不富裕，但对组织和参与文化活动十分积极。虽然有时候得自掏腰包，但坚持的人还是很多。此外，有更多的人则盯上了农村文化市场这块大蛋糕。2005年，江西省芦溪县4个农民办起了全省首家农民电影放映公司，一年下来收入达20多万元。在开掘农村文化市场的过程中，一些农村文化团体还引入了新的运作机制。2004年冬，井冈山下的江西省永新县高溪乡梅花村创办了全县首家股份制农民剧团，采用“农民投股、收入提成、利益共享、壮大产业”的现代企业制度。在其带动下，永新县目前已涌现股份制农民剧团、农民书社、农民管乐队等百余个股份制民间文艺团体，以农民为主体的自办文化总投入超过千万元。

面对农村“草根文化”的兴盛，一些地方政府因势利导，促进其进一步发展。云南省峨山彝族自治县政府针对当地农村花鼓舞流行的情况，投入资金设立比赛奖项、建立补贴制度，使得花鼓舞遍及全县所有村寨，成为当地农村文化的一种标志；为促进民营剧团健康发展，浙江省嵊州市每年组织民营剧团开展演出评比，并给予奖励。那么，为什么农村“草根文化”会如此受到群众的欢迎？其主要原因为“草根文化”从农民中来，到农民中去，贴近农村生活实际。

从网上学习鲜花种植，进行鲜花销售，这可能是县里一篇新闻稿的内容。但是，这样的内容在江西余干县“二四六”演出队里，却成为《新农家乐》这个戏剧小品的主题。浙江仙居县是“杨梅之乡”，杨梅采摘的时节，当地的农村演出队自编自演《杨梅熟了》、《永安溪水育仙梅》、《梅山对歌》、《杨梅打鼓》等，让观众看得如痴如醉。由此，仙居县不仅有了杨梅，还有了杨梅文化。这些来自实际生活的节目内容真实可信，形式活泼多样，语言通俗易懂，不仅满足了群众的文化需求，而且对改变乡村社会风气发挥了积极作用。

内蒙古自治区乌拉特后旗东升社是一个拥有600多住户、2300多人的自然村，过去农闲时间打麻将、酗酒的人比较多。近年来，村秧歌队比较活跃，参加的人越来越多，过去的一些陋习早已被尘封了起来。山东省文登市一名村支部书记则说出了后村干部们发展“草根文化”的心声，有了文化大院，村里的工作好做多了。他举例子，比如清理“三大堆”(草堆、土堆、粪堆)等事情，在这个场合一讲，大家都能接受，尤其是处理邻里纠纷，正式处理显得过于严肃，在这里讲，你一句，他一句，工作就做通了。

对于中国农村的“草根文化”，中国社会科学院文化研究中心研究员章建刚这样讲述自己的看法：当前在农村以“草根”姿态出现的文化活动，既是一种娱乐，也是一种提供人际往来、社会整合空间的平台。在我国广大农村出现的形式多样的自办文化活动，正在超越舞台本身，在新农村建设中产生积极的影响。

——摘自曾曦、马俊：《农村“草根文化”三大亮点》，《半月谈》2008年第2期。

【案例点评】

近年来，我国高度重视农村文化建设，各级文化部门开展不同形式的“送文化下乡”活动，为丰富农民的文化生活发挥了重要作用。但随着农民对文化的需求越来越旺盛，蜻蜓点水式的“送文化下乡”已远远不能满足他们的需求。要满足8亿农民的文化需要，就必须让农民自己成为农村文化的主体。而“草根文化”所体现的新的农民自娱自乐运作机制，毫无疑问为发展我国农村文化产业与满足广大农民的文化需求形成了良性循环机制。

继党的十五大制定社会主义初级阶段的基本纲领，党的十七大进一步丰富了基本纲领的内容，在建设社会主义文化方面，提出建设社会主义核心价值体系，推动社会主义文化大发展大繁荣。“草根文化”对农村文化资源的发掘，在满足农民日益增长的文化需求，使农村文化获得旺盛生命力的同时，也会改变我国的文化生态，为文化建设发挥积极作用。从各地实践来看，在“草根文化”发展进程中，各地政府的画龙点睛式的支持，不仅能使我国农村“草根文化”更快地良性发展，而且使得农村文化逐步走上自我发展壮大的道路。

疑难问题解答

1. 如何认识社会主义初级阶段的长期性问题?

在社会主义思想发展史上，关于社会主义发展的长期性问题，是毛泽东明确提出来的。早在1955年10月，他在中共七届六中全会上指出：大约在三个五年计划的时间内，基本上完成社会主义工业化和对农业、手工业、资本主义工商业的社会主义改造。大约50年到75年的时间内，也就是十个五年计划到十五个五年计划的时间内，可能建成一个强大的社会主义国家。1956年底，毛泽东对社会主义制度的建立和建成作出了明确区分，认为我国社会主义制度刚刚建立，还没有完全建成，需要经过一个比较长时期的、社会生产力比较充分的发展，建立起现代化工农业基础，使我们的社会主义获得自己比较充分的物质基础，我们的社会主义才算从根本上建成。随后，在1957年2月《关于正确处理人民内部矛盾的问题》的讲话中，毛泽东更为明确地指出："我国的社会主义制度还刚刚建立，还没有完全建成，还不完全巩固。"①"我们的社会主义制度还需要有一个继续建立和巩固的过程，人民群众对于这个新制度还需要有一个习惯的过程，国家工作人员也需要一个学习和取得经验的过程。"②同年3月，他在南京的一次讲话中还讲到：没有生产就没有生活，没有多的生产就没有好的生活。要多少年呢？我看大概要一百年吧。分几步走：大概有十几年要稍微好一点；有二三十年就更好一点；有个五十年可以勉强像个样子；有一百年，那就了不起，那就和现在大不相同了。

1958年，随着"大跃进"、人民公社化运动的展开，出现了急于向共产主义过渡的思想。我们曾经把社会主义设想得很短，并企图跨越社会主义初级阶段、跑步进入共产主义。在纠正"左"的错误的过程中，毛泽东对我国社会主义的长期性问题又有了新的认识。他提出要区分社会主义和共产主义、全民所有制和集体所有制的界限，反复强调："建设强大的社会主义经济，在中国，五十年不行，会要一百年，或者更多的时间。""要准备着由于盲目性而遭受到许多的失败和挫折，从而取得经验，取得最后的胜利。由这点出发，把时间设想得长一点，是有许多好处的，设想得短了反而有

① 《毛泽东文集》第7卷，214页，北京，人民出版社，1999。

② 同上书，216页。

害。”①应该指出，毛泽东这一观点，回答了社会主义发展的长期性问题，在这个意义上，可以说是一个很有价值的思想。但是，这样一个有价值的思想，没有能够同社会主义的根本任务即发展生产力联系起来，却与把阶级斗争扩大化、绝对化的观点联系在一起，成为后来提出所谓“无产阶级专政下继续革命”理论的重要根据。1962年，在中共八届十中全会上，毛泽东提出，社会主义是一个相当长的历史阶段。在社会主义这个历史阶段中，存在着阶级、阶级矛盾和阶级斗争，存在着社会主义同资本主义两条道路的斗争，存在着资本主义复辟的危险性。要认识这种斗争的长期性和复杂性；并发出“千万不要忘记阶级斗争”的口号，强调“阶级斗争要年年讲、月月讲、天天讲”。这种把阶级斗争扩大化、绝对化的思想最终导致了“文化大革命”的错误理论和实践。

中共十一届三中全会果断地停止使用“以阶级斗争为纲”的口号，纠正了毛泽东把阶级斗争扩大化、绝对化的错误。随着党对社会主义事业长期性、艰巨性问题认识的深化，逐步作出了我国仍处于并将长期处于社会主义初级阶段的科学论断。

关于社会主义初级阶段的长期性，从时间上讲，党的十三大提出至少要100年，即它起始于20世纪50年代我国生产资料私有制社会主义改造的基本完成，到21世纪中叶我国社会主义现代化基本实现，这上百年的时间，都属于初级阶段。从社会发展阶段上讲，它既不同于社会主义经济基础尚未奠定的过渡时期，也不同于已经实现社会主义现代化的阶段，是不能逾越，也是无法逾越的一个历史阶段。1992年，邓小平在南方谈话中又从巩固和发展社会主义制度的角度指出，这一历史进程，可能需要几代人、十几代人、甚至几十代人坚持不懈地努力奋斗。此后，党一直坚持这一重要观点。

初级阶段的长期性，从根本上说是由中国进入社会主义的历史条件和建成社会主义所需要的物质基础所决定的。近代中国特殊的历史条件，决定了我国只能从半殖民地半封建的旧中国，经过新民主主义走向社会主义。在我国，要改变生产力发展水平落后的基本状况，完善社会主义生产关系和上层建筑，实现现代化，是一个长期的历史任务。

十一届三中全会以后，党对社会主义发展阶段进行了新的探索，把社会主义初级阶段作为事关全局的基本国情加以把握，并以此为出发点和根本依据，制定和执行了正确的路线、方针和政策，使我国的生产力水平有了明显提高，综合国力显著增强，人民生活总体达到了小康水平，成功地

① 《毛泽东文集》第8卷，301、302页，北京，人民出版社，1999。

走出了一条建设中国特色社会主义的新道路。

尽管成就巨大，但我国仍处于并将长期处于社会主义初级阶段的基本国情没有变。跟发达国家相比，我们还有很大的差距。因此，我们要牢固树立社会主义初级阶段长期性的观点，克服各种超越阶段的错误观念和政策，坚持党在现阶段的基本路线、基本纲领，脚踏实地完成初级阶段的各项任务，不断推进社会主义现代化建设。

2. 如何理解党中央关于"纵观国际国内形势，我国仍处于重要战略机遇期"的重要判断？

党的十六大提出："二十一世纪头二十年，对我国来说，是一个必须紧紧抓住并且可以大有作为的重要战略机遇期。"这个判断，既是对我国当时和今后一个时期所面临的、有利于现代化战略目标实现的国际形势和周边环境的总体把握，也是对我国国内已具备的有利条件的总体概括。国际金融危机发生后，有人产生疑问：中国持续发展的重要战略机遇期是否将中断？温家宝总理在2009年3月十一届全国人大二次会议的《政府工作报告》中指出：纵观国际国内形势，我国仍处于重要战略机遇期。这不仅是对我国经济社会发展面临的外部环境的正确分析，更是精确把握了我国经济自身发展阶段和规律后得出的结论。

作出这一判断的依据主要包括四点：第一，我国经济社会发展的良好形势没有改变。受国际金融危机影响，从2008年下半年起，我国实体经济增长明显下滑，企业经营困难增多，经济增速减缓成为当时经济运行中的突出问题。面对严峻复杂的国内外环境，在党中央、国务院坚强领导下，全党全国认真贯彻落实科学发展观，坚定信心、齐心协力，认真落实应对国际金融危机的一揽子计划，保持了国民经济平稳较快发展。2009年我国国民生产总值同比增长8.7%，在世界各国经济增长中仍然处在前列，在全球率先实现经济形势总体回升的良好势头。

第二，我国经济发展的优势条件没有发生根本变化。当前，后国际金融危机时期的国际环境更加复杂，我国经济运行回升的基础还不够牢固，不确定性因素还不少。对此我们必须保持清醒的认识，全面分析形势，准确把握和充分运用我国经济发展的优势条件。这些优势条件，一是我国社会主义市场经济体制已基本建立，改革开放三十多年的持续快速发展为我国打下了应对各种风险和挑战的坚实物质基础，各大产业都得到明显加强，制度建设逐步完善，充裕的资金和相对低廉的劳动力，更是我们的优势所在。二是我国经济发展潜力巨大，结构调整、产业升级、产品更新换代等都需要大量投入，居民尤其是广大农民在消费方面有着许多尚未满足的需求，无论是投资还是消费，拥有 13 亿人口的国内市场都有很大扩展空间。三是我国发展的外部环境没有发生变化，和平、发展、合作仍是当今世界的潮流，全球经济面临的调整和重组也为我国经济发展带来了新的机遇。四是危机面前，客观存在着一个大趋势，即中国在国际上的分量在加重，尽管我们困难还很多，但中国在发展，中国还将继续大发展，这是我们获得战略机遇期的非常重要的基础和优势条件。五是党的坚强领导，社会主义制度的优越性，全国各族人民的团结奋斗，是我们众志成城、抵御国际金融危机冲击的强大力量。

第三，我国工业化城镇化加快发展的趋势没有发生变化。当前中国经济仍处于工业化、城镇化加快发展时期，经济增长有着巨大的动力和市场空间。从工业化方面来看，我国的工业化任务还没有完成，目前正处于工业化中期阶段，面临着进一步推进工业化的任务。党的十七大以来，中央多次强调要加快转变经济发展方式，推进产业结构优化升级，坚持走中国特色新型工业化道路。这既是对我国几十年来特别是改革开放以来工业化进程的经验总结，也是今后转变经济发展方式的必然选择。从城镇化方面来看，目前我国的城镇化率还比较低，存在城市区域布局不尽合理、城乡关系不协调、城市功能不完善、城市综合承载能力不强等问题。但随着统筹城乡发展力度的加大和区域经济协调发展的推进，我国城镇化速度进一步加快、城镇化质量进一步提高，为经济社会进一步发展拓展了新的广阔天地。

第四，国际金融危机为我国加快改革提供了历史机遇。世界经济发展史表明，每一次大的经济危机往往孕育和催生出一场新的科技革命。后国际金融危机时期，世界经济格局大变革大调整的一个重要内容就是新的科技革命与产业革命的酝酿和兴起。这将使人类社会进入空前的创新密集和产业振兴时代，孕育着新的重大发展机遇。国际金融危机对中国发展提出了前所未有的挑战，但也至少带来了三大机遇：其一，金融危机虽然导致我国外部需求大量减少，但客观上也为我国扩大内需和调整结构提供了巨大的外部压力；其二，世界经济增长明显减速，造成国际能源资源和资产价格回落，为我国开发利用海外能源资源和提高科技实力带来了有利条件；其三，金融危机给发达国家带来巨大压力，对改革传统的国际金融体系提出了新的要求，这为我国加强国际合作、谋取更多国家利益提供了有利时机。

战略机遇期是同社会大变革相联系的。大变革伴随大转折，大转折孕育大机遇，大机遇促进大发展。依靠改革开放三十多年的发展经验和雄厚实力，只要我们紧紧抓住这个重要战略机遇期，加快改革，应对得当，必有更大的作为。

实践教学设计

方案一　观看大型纪录片《国情备忘录二：人口大计》

【设计思路】

通过观看这一视频，可使学生了解人口众多是我们国家的一个基本国情，并且我国至今仍是世界上人口压力最大的国家的原因所在，从而更好地理解党和国家制定的各项方针政策。

【步骤安排】

1. 组织学生观看大型纪录片《国情备忘录二：人口大计》

《国情备忘录二：人口大计》主要讲述中国现代化建设过程中所面临的人口压力问题。观看这一视频，可使学生了解为什么说人口众多是我们国家的一个基本国情，并且我国至今仍是世界上人口压力最大的国家。

2. 教师点评

人口众多、底子薄是我国的一个基本国情，人口问题一直是困扰我国社会发展的一个重要因素，国家很多方针政策的制定都是从这一基本国情出发的。人口问题影响社会发展，因此，稳定人口的增长，实施适度地区控制人口总量的过快增长，仍然将是我们中国今后的一项基本国策。

方案二　开展演讲比赛

【设计思路】

通过学生自己组织开展活动，锻炼他们的团队合作和学习能力，在准备比赛的过程中，能够加深对党史知识的认识，对社会热点问题的感知，对在中共领导下的建设中国特色社会主义伟大事业的热爱。

【步骤安排】

1. 提前两周设定演讲内容

演讲内容可以是党史知识，可以是每年“两会”的热点话题，也可以是改革开放三十多年来我国政治、经济、文化、社会等各方面所取得的成就。每位学生演讲时间控制在 5～8 分钟。

2. 组织课堂演讲

3. 教师点评

在学生演讲的基础上，提炼一些观点，补充学生阐述得不透彻的知识点，引导学生辩证地看待社会中各种现象和问题。

方案三　组织关于社会主义初级阶段与新民主主义社会比较的专题讨论会

【设计思路】

开展一场关于社会主义初级阶段与新民主主义社会比较的专题讨论会，通过学生自己查阅资料，理解教材内容，再在课堂上自由发言，交流思想，从而达到更好、更透彻地理解难点知识的目的。

【步骤安排】

1. 提前一周布置，要求学生阅读相关资料，为课堂讨论做准备

2. 组织课堂讨论

设计问题，通过以下问题引导学生，层层递进进行讨论。

(1)社会主义初级阶段的社会性质是什么？新民主主义社会是一个什么样的社会？

(2)新民主主义社会存在哪些经济成分？社会经济的主体成分是哪种经济？社会主义初级阶段的经济基础是什么？

(3)社会主义初级阶段与新民主主义社会的主要矛盾分别是什么？

在讨论过程中，鼓励学生充分发表自己的意见，不正确的观点要及时指出和纠正。

3. 教师总结点评

社会主义初级阶段包括两层含义：第一，我国社会已经是社会主义社会；第二，我国的社会主义还处在初级阶段。第一层含义已经明确指出初级阶段我国社会的性质是社会主义社会。而新民主主义社会是由新民主主义转变到社会主义的过渡性的社会形态，此时社会主义社会制度还没有建立。

在新民主主义社会中，存在着五种经济成分，即社会主义性质的国营经济、半社会主义性质的合作社经济、个体经济、私人资本主义经济和国家资本主义经济，主要的经济成分是社会主义经济、个体经济和资本主义

经济，社会主义经济还不是整个社会的经济主体。进入社会主义初级阶段，我国的经济基础已经是社会主义的公有制经济，公有制经济成为社会经济的主体。

同时，这两个时期的社会主要矛盾也不同。随着土地改革的基本完成，新民主主义社会的主要矛盾是工人阶级和资产阶级之间的矛盾；而社会主义初级阶段的主要矛盾是人民日益增长的物质文化需要同落后的社会生产之间的矛盾。

考研题解

一、单项选择题

1. (2002年考研试题理科第7题)毛泽东指出，解决中国一切革命问题的最基本的依据是(　　)
   A. 正确分析中国社会的阶级状况
   B. 正确分析中国社会的经济结构
   C. 认清中国社会的特殊国情
   D. 认清中国社会的主要矛盾
2. (模拟题)社会主义初级阶段是指(　　)
   A. 任何国家进入社会主义都会经历的起始阶段
   B. 资本主义向社会主义的过渡阶段
   C. 我国生产力落后，商品经济不发达条件下建设社会主义必然要经历的阶段
   D. 新民主主义向社会主义过渡的阶段

二、多项选择题

3. (2004年考研试题第23题)1959年底至1960年初，毛泽东在读苏联《政治经济学教科书》时，认为社会主义社会的发展阶段有(　　)
   A. 不发达的社会主义
   B. 比较发达的社会主义
   C. 发达的社会主义
   D. 社会主义初级阶段
   E. 社会主义高级阶段
4. (2005年考研试题第23题)1956年召开的中共八大通过的政治报告指出，我国国内的主要矛盾是(　　)
   A. 工人阶级同民族资产阶级之间的矛盾
   B. 人民对建立先进的工业国的要求同落后的农业国的现实之间的矛盾
   C. 发展重工业和发展农业、轻工业之间的矛盾
   D. 人民对于经济文化迅速发展的需要同当前经济文化不能满足人民需要的状况之间的矛盾

参考答案　1. C　2. C　3. AB　4. BD

三、(2003 年考研试题第 35 题)材料分析题

1. 阅读下列材料

1944 年 7 月，毛泽东在延安同英国记者斯坦因谈中国共产党新民主主义政策的问题时指出：“任何地方的共产党必须将共产主义的思想体系，和另一件全然不同的事物即共产主义的社会制度区分开来，因为后者是这个思想体系的最终目标。”“特别是在中国，我们必须严格地将观察、研究和解决社会问题的共产主义方法，同我们实际采用的新民主主义政策加以区别。”“没有共产主义的思想方法，就不能正确地指导我们现在的社会革命的民主阶段；而没有新民主主义政治制度，我们就不能将共产主义哲学正确地运用于中国的实际。”

请依据毛泽东的论述，分析中国共产党的新民主主义基本纲领、社会主义初级阶段基本纲领同实现共产主义最终目标之间的关系。

【解题思路】

共产主义是中国共产党的最高纲领，各个时期中共又制定该时期里所要实现的基本纲领即最低纲领。最高纲领为最低纲领的制定指明前进方向，最低纲领为最高纲领的实现准备必要的条件。

【答案要点】

(1)毛泽东科学阐述了共产主义的社会制度与共产主义的思想体系、共产主义的思想方法在一定历史阶段实际采用的现行政策的辩证关系。

(2)人类社会必将走向共产主义是马克思主义揭示的历史发展规律，实现共产主义是中国共产党的最高纲领。但实现共产主义是一个非常漫长的历史过程，将经历许多个不同的发展阶段。党依据马克思主义的基本原理，从中国具体实际出发，制定了不同阶段的基本纲领即最低纲领。中国共产党人是最高纲领与最低纲领的统一论者。

(3)在半殖民地半封建的中国，只有经过民主主义，才能达到社会主义。党制定了新民主主义革命阶段的基本纲领，并为之努力奋斗，实现了由新民主主义向社会主义的转变。

(4)共产主义社会只有在社会主义社会充分发展的基础上才能实现。我国正处于并将长期处于社会主义初级阶段。党制定了社会主义初级阶段的基本纲领，并脚踏实地地实践这个纲领。将来条件具备时，我国社会主义建设将进入更高的发展阶段，最终走向共产主义。

第七章　社会主义改革和对外开放

名人名言

社会主义制度的建立给我们开辟了一条到达理想境界的道路，而理想境界的实现还要靠我们的辛勤劳动。

——毛泽东(《关于正确处理人民内部矛盾的问题》，《毛泽东著作选读》下册，781 页，北京，人民出版社，1986)

要实现四个现代化，就要善于学习，大量取得国际上的帮助。要引进国际上的先进技术、先进装备，作为我们发展的起点。

——邓小平(《实行开放政策，学习世界先进科学技术》，《邓小平文选》第 2 卷，33 页，北京，人民出版社，1994)

一个国家要取得真正的政治独立，必须努力摆脱贫困。而要摆脱贫困，在经济政策和对外政策上都要立足于自己的实际，不要给自己设置障碍，不要孤立于世界之外。

——邓小平(《加强四项基本原则教育，坚持改革开放政策》，《邓小平文选》第 3 卷，202 页，北京，人民出版社，1993)

专题讲授

专题一　改革开放是一场新的伟大革命

改革开放是决定当代中国命运的关键抉择，是发展中国特色社会主义、实现中华民族伟大复兴的必由之路；邓小平说，只有社会主义才能救中国、发展中国，十七大进一步重申只有社会主义才能救中国，只有改革开放才能发展中国、发展社会主义、发展马克思主义。1978 年中国共产党召开的十一届三中全会开启了中国改革开放伟大实践，从此，党领导全国各族人民在新的历史条件下开始了新的伟大革命，中国人民的面貌、社会主义中国的面貌、中国共产党的面貌发生了历史性变化。

中国为什么要进行改革开放，中国的改革开放又是如何进行的？

一、改革开放的实践依据

改革开放是中国社会主义建设和历史发展的必然要求，毫无退路可言。

(1)改革开放是总结国内社会主义建设历史教训的必然选择。社会主义制度确立以后，在相当长的时间里脱离生产力发展水平，追求所有制的“一大二公三纯”，以及高度集中的计划经济体制，不利于发挥劳动者的积极性、主动性和创造性；“文化大革命”十年内乱，使党、国家和人民遭受到严重挫折和损失。整个经济处于缓慢发展甚至停滞状态，国民经济到了崩溃的边缘。面对严重的困难，出路只能是通过改革开放，增强我国社会主义的生机和活力，不改革就是死路一条！

(2)改革开放也是对国际其他社会主义国家社会主义建设的历史教训。第二次世界大战后，社会主义由一国实现多国胜利，一批社会主义国家在世界上建立，社会主义阵营显示勃勃生机。但从 20 世纪 70 年代中期开始，大多数国家如民主德国、阿尔巴尼亚、保加利亚、柬埔寨等，固守僵化的苏联模式，最终发生剧变。根据国际经验，可以得出两条结论：第一，不改革没有出路；第二，改革必须坚持社会主义性质和方向，否则也没有出路。

(3)改革开放是顺应国际形势发展的需要。20 世纪 70 年代，世界范围蓬勃兴起的新科技革命推动世界经济以更快的速度向前发展，我国在经济实力、科技实力与国际先进水平的差距明显拉大，面临着巨大的国际竞争压力。同时，近邻日本和“四小龙”迅速崛起，更加激起了中国奋起直追的决心。但是中国社会主义建立之后的某些具体制度却不能适应世界科技革命日新月异和经济全球化的发展需要，必须改革。

二、改革开放是一场新的革命，是社会主义制度的自我完善和发展

1. 改革是一场新的革命

社会革命发生的根源是生产关系和生产力的矛盾。当现存的生产关系成为生产力继续发展的严重障碍时，就要求通过革命，改变旧的生产关系以及维护这种生产关系的旧的上层建筑。在阶级社会里，革命是阶级斗争的必然趋势和集中表现。

改革是中国的第二次革命是相对于新民主主义革命和社会主义革命而言的。“过去我们进行了新民主主义革命，建国后完成了土地改革，又进行了农业、手工业和资本主义工商业的社会主义改造，建立了社会主义经济基础，那是一个伟大的革命。那个革命搞了三十几年。”①为什么说改革也是一场革命？改革与革命有许多相同之处。

第一，就解放生产力而言，改革是一场革命。革命是解放生产力，改革也是解放生产力。我国在上个世纪50年代所建立的各种体制，特别是经济体制，在特定时期发挥其历史作用，做到全国一盘棋，集中力量办大事，在中国一穷二白的基础上迅速实现国民经济的恢复和发展，建立现代化的工业基础。但随着社会经济等各方面条件变化之后，计划经济体制的弊端越来越明显，必须对旧的体制进行改革，解放被旧体制束缚了的劳动者的积极性、主动性和创造性。邓小平说：“革命是解放生产力，改革也是解放生产力。推翻帝国主义、封建主义、官僚资本主义的反动统治，使中国人民的生产力获得解放，这是革命，所以革命是解放生产力。社会主义基本制度确立以后，还要从根本上改变束缚生产力发展的经济体制，建立充满生机和活力的社会主义经济体制，促进生产力的发展，这是改革，所以改革也是解放生产力”，“改革的性质同过去的革命一样，也是为了扫除发展社会生产力的障碍，使中国摆脱贫穷落后的状态。从这个意义上说，改革

① 《邓小平文选》第3卷，134页，北京，人民出版社，1993。

也可以叫革命性的变革。”①

第二，就改革的广度和深度而言，改革是一场革命。从广度看，改革要解放生产力，就必须扫除阻碍生产力发展的所有障碍，包括生产关系和上层建筑中相互联系、相互依赖的各个方面、各个领域，包括经济体制改革、政治体制改革和相应的其他各个领域的改革，所以是全面的改革。从深度看，改革是重新调整社会各方面利益关系的过程，它必然会涉及国家、集体和个人等方方面面的利益，必然给经济生活、社会生活以及人们的思想方法、工作方式和生活方式等各个方面带来一系列的深刻变化。1978 年以来，特别是新世纪以来，随着中国改革开放向纵深推广，大到国家面貌、城市建设，小到衣食住行，都发生了翻天覆地的变化。

第三，改革同革命一样也是社会发展的动力，是社会主义社会发展的直接动力。马克思主义认为，对于任何一个社会制度来说，解决社会基本矛盾的基本形式就是社会发展的直接动力。在阶级社会，解决社会基本矛盾的基本形式是一个阶级推翻另一个阶级的革命，因而革命是“历史的直接动力”、“现代社会变革的巨大杠杆”、“革命是历史的火车头”。到了社会主义社会，社会发展的动力是什么？斯大林概括为人们政治上道义上的一致，有的说是批评和自我批评，也有的说是阶级斗争等等，都是错误的。十一届三中全会以后，邓小平透彻地分析了社会主义社会基本矛盾在我国现阶段的具体表现形式，认为，在我国社会主义社会的基本矛盾中，生产关系基本上适合生产力的状况，上层建筑也基本上适合经济基础，但现行的一些具体制度还存在不少弊端，妨碍了生产力的发展和社会主义制度优越性的发挥。通过改革与生产力不适应的生产关系和上层建筑中的具体制度，解决社会主义社会的基本矛盾，为社会生产力的发展扫除障碍。所以对于我国的社会主义建设来说，改革是解决社会基本矛盾的具体形式，改革是中国发展生产力的必由之路，是社会主义社会发展的直接动力。

2. 改革的性质是社会主义制度的自我完善和发展

改革是在坚持社会主义制度的前提下，改革生产关系和上层建筑中不适应生产力发展的一系列环节和方面。改革是执政党自己发动、自己领导、广大人民群众积极参与的自觉行为，改革是自我完善的运动。这跟以往的政治革命又有根本的不同之处。

第一，改革不是否定社会主义基本制度，而是对不适应生产力发展的

---

① 《邓小平文选》第 3 卷，135 页，北京，人民出版社，1993。

体制即具体制度的变革。邓小平把社会制度区分为基本制度和具体体制两个层次。基本制度：公有制、按劳分配、人民民主专政、人民代表大会制度；具体制度：经济体制、政治体制和文化、卫生等其他方面的体制。社会主义制度是好的，但并不等于建设社会主义的具体做法都是好的。改革就是要改变束缚生产力发展的具体做法和具体体制。

第二，改革不是要抛弃社会主义，而是为了巩固和发展社会主义制度。改革必须坚持社会主义方向。邓小平在区分基本制度和具体制度的基础上，进一步指出二者的关系：具体制度是基本制度的具体体现。当具体体制不符合生产力发展的要求，束缚生产力发展时，如果不适时地进行改革，社会主义基本制度的优越性就无法体现，就会丧失掉。因此，对社会主义具体体制的改革是不断发展和完善社会主义。

专题二　社会主义社会的基本矛盾

马克思、恩格斯创立的辩证唯物主义和历史唯物主义，第一次科学地阐明了社会发展的客观规律，正确地解决了社会发展的动力问题。在阶级社会中，当占统治地位的生产关系从根本上阻碍生产力发展的时候，为了解放和发展生产力，代表生产力发展要求的先进阶级就必然起来同代表落后生产关系的统治阶级进行斗争。所以革命是推动社会发展的直接动力。

那么，社会主义社会基本矛盾的性质和状况是怎样的？社会主义社会发展的直接动力又是什么呢？马克思恩格斯没有作出直接而明确的回答。恩格斯只是科学地预见到，“所谓‘社会主义社会’不是一种一成不变的东西，而应当和任何其他社会制度一样，把它看成是经常变化和改革的社会”①。列宁提出在社会主义制度下，对抗消失了，矛盾还会存在的观点，但对社会主义社会的矛盾运动规律没有进行系统阐述。斯大林前期曾强调人们政治上道义上的一致是苏联社会主义社会的发展动力，把社会主义社会出现的矛盾一概看做敌我矛盾，搞阶级斗争扩大化。晚年虽承认矛盾，但没有形成系统的理论。这使苏共不能自觉主动地揭露矛盾，分析矛盾，解决矛盾，导致各项制度凝固化，使苏联社会主义的发展，失去了应有的活力。

---

① 《马克思恩格斯全集》，中文 1 版，第 37 卷，443 页，北京，人民出版社，1971。

一、毛泽东关于社会主义基本矛盾的理论

社会主义社会的基本矛盾的性质和状况是怎样的？这是中国共产党在进行社会主义建设时必须面对的问题。1957年2月，在《关于正确处理人民内部矛盾的问题》中，毛泽东全面阐述了社会主义的矛盾问题：

第一，社会主义社会仍然存在着矛盾，社会主义社会的基本矛盾仍然是生产力和生产关系、经济基础和上层建筑之间的矛盾，正是这些矛盾推动社会主义社会向前发展；

第二，社会主义社会的基本矛盾同旧社会具有根本不同的性质和特点，它是非对抗性的，具有“又相适应又相矛盾”的特点；

第三，社会主义社会的基本矛盾可以通过社会主义制度本身来解决。它的解决不需要像以往社会那样通过激烈的阶级斗争的方式，而是可以依靠社会主义自身的力量，通过对生产关系和生产力、上层建筑和经济基础不相适应的方面进行调整得到解决。

第四，社会主义社会存在两类不同性质的矛盾：敌我矛盾和人民内部矛盾。正确处理人民内部矛盾已成为党和国家政治生活的主题。

人民内部矛盾就是人民在根本利益一致基础上的矛盾。根本利益可理解为在生产资料公有制的基础上，建设社会主义，建设强大的中华人民共和国，这是全国人民共同理想和目标。人民内部矛盾就是劳动人民之间的非对抗性的矛盾，包括：工人阶级内部的矛盾，农民阶级内部的矛盾，知识分子内部的矛盾，工农阶级之间的矛盾，等等。敌我矛盾，就是广大人民与反抗社会主义革命、敌视和破坏社会主义建设的社会势力和社会集团之间的矛盾。

区分两种矛盾的依据就是要在新的历史条件下区分出敌人和人民，标准就是：人民——就是指一切赞成、拥护和参加社会主义建设事业的阶级、阶层和社会集团；敌人——一切反抗社会主义革命和敌视、破坏社会主义建设的社会势力、集团、个人。

毛泽东进一步指出，在三大改造完成之后，中国社会的敌我矛盾即阶级矛盾已不是主要矛盾，广泛存在的是各种各样的人民内部矛盾，因此，正确处理人民内部矛盾已经成为党和国家政治生活的主题。

毛泽东关于社会主义社会基本矛盾的学说，无疑是对马克思主义社会矛盾学说的重大贡献。它从理论上回答了社会主义社会发展的根本动力问题。但是毛泽东只是提出了问题，由于主客观条件的限制，他没有具体深

入地分析和准确地把握现实社会主义社会基本矛盾的具体表现形式，即社会主义社会的主要矛盾，因而也就不能真正找到解决社会主义社会基本矛盾的正确途径和手段。

二、邓小平对社会主义社会矛盾理论的丰富和发展

邓小平充分肯定了毛泽东关于社会主义基本矛盾的理论，认为1956年中国确立社会主义制度以后，生产关系与生产力、上层建筑与经济基础基本相适应，但也存在着不相适应的地方。如何判断生产关系与生产力是否相适应，如何解决社会主义基本矛盾？邓小平对此作了深入具体的研究，果断地纠正了“以阶级斗争为纲”的错误方针，特别是对社会主义初级阶段的主要矛盾进行了深入思考，在新的实践中丰富和发展了这一理论。

第一，判断一种生产关系与生产力是否相适应，要从实际出发，具体问题具体分析，主要看它是否适应当时当地生产力的要求，能否推动生产力发展。邓小平不是简单地根据一种生产关系的性质来判断其是否适应生产力的发展，而是历史的具体的分析，即从实际出发，看其是否推动生产力的发展，这符合马克思唯物主义的精神。

第二，提出在社会主义社会仍然有解放生产力的问题。突破了解放生产力只是同一个阶级推翻另一个阶级的革命相联系的传统认识，明确提出在社会主义制度建立后仍然有解放生产力，即变革阻碍生产力发展的生产关系和上层建筑的要求。

第三，把社会主义基本矛盾、主要矛盾和根本任务统一起来。邓小平在继承毛泽东关于社会主义社会基本矛盾判断的基础上，进一步明确社会主义社会的主要矛盾是人民日益增长的物质文化需要同落后的社会生产之间的矛盾，并由此决定党和国家的主要任务就是解决这个矛盾，就是以经济建设为中心，大力发展生产力。从生产力出发，通过发展生产力来解决基本矛盾和主要矛盾，从而实现了把基本矛盾、主要矛盾和根本任务三者统一，这也是邓小平对毛泽东关于社会主义矛盾理论的一大发展。

第四，指出了解决社会主义社会初级阶段主要矛盾的途径是改革。邓小平从总结历史经验和改革开放以来的实践经验中发现，在我国社会主义制度建立以后，仍然存在许多阻碍社会生产力发展的地方，我国社会主义社会的基本矛盾就具体表现为，高度集中的僵化体制与生产力之间的矛盾，只有通过改革，从根本上废除僵化的旧体制，建立起充满生机和活力的社会主义新体制才能使生产力获得进一步的解放和发展。改革是解放和发展

生产力的必由之路。

邓小平对毛泽东关于社会主义矛盾理论的丰富和发展科学揭示了改革是社会主义社会发展的直接动力，极大地丰富了马克思主义理论宝库，成为中国改革的理论依据。

专题三　坚定不移地推进全面改革

一、改革是全面的改革

第一，改革的任务是要大幅度地解放和发展生产力，就必然要多方面地改变生产关系中不适应生产力发展的部分，改变上层建筑中不适应经济基础变化的部分，改变一切不适应生产力发展的管理方式、活动方式和思想方式，使之适应于现代化大生产的需要。在改革实践中，各方面的改革也是同时展开的。比如经济体制改革和政治体制改革就是同步的，改革首先从农村开始，第一步是废除人民公社制度，建立家庭联产承包责任制。

第二，改革从农村向城市逐步推进。改革在农村由废除人民公社制度，建立以家庭联产承包为主，统分结合、双层经营的新型集体所有制拉开序幕。这一改革是从1979年春天安徽凤阳小岗村18户农民自发在一张家庭联产承包合同书上按下21个手印开始。之后，乡镇企业异军突起，十年间我国乡镇企业从1978年的150万左右发展到80年代末的1868万，增长了十倍多。乡镇企业产值超过了农业产值，农村经济结构发生了根本性的变化。乡镇企业的发展为从土地上转移出来的剩余劳动力提供了新的出路，为提高农民收入、促进工业和整个经济的改革和发展开辟了一条新路。因此，邓小平说乡镇企业是继家庭联产承包责任制之后，中国农民的又一创举。

1984年十二届三中全会通过《中共中央关于经济体制改革的决定》，改革由农村扩展到城市。到1992年党的十四大把建立社会主义市场经济体制确立为经济体制改革的目标，由此加快了全面改革的进程。

第三，以经济体制改革为重点，政治体制及其他体制改革相配合。邓小平论述了改革作为全社会的革命性变革，不仅涉及政治和经济，而且还触及社会生活的各个方面，社会生活的变革对经济和政治体制的改革也产生重大的反作用，如果社会生活的改革滞后，同样会制约上述两项改革。基于这种认识，邓小平在阐述政治和经济体制改革的同时，也把社会生活的改革提到日程上来。他指出，我国的改革是全面而系统的改革，一方面解放和发展了生产力，另一方面又引起社会经济生活、政治生活、文化生活和其他社会生活、工作方式和精神状态的一系列深刻变化。社会主义市场经济体制的逐步确立，有力地推动着我国人民解放思想、更新观念，增强人们的民主意识、平等意识、竞争意识、务实创新意识，以及效率意识等等；同时，市场自身的弱点和消极方面也会反映到精神生活中来。如拜金主义、享乐主义、极端个人主义、狭隘功利主义，甚至损公肥私、权钱交易等腐败现象也容易滋长蔓延开来。因此，改革的革命性变革还包括改变人们的思想观念，培养社会的民主和法制传统，加强社会的稳定，树立正确的价值观、道德观、人生观和共产主义的远大理想，反对形形色色的与社会主义严重对立的社会思潮。通过这些改革，使中国特色社会主义进入了一个新的发展阶段。

第四，改革使中国发生了历史性巨变。经过近30年的改革，打开了我国经济、政治、文化、社会全面发展的崭新局面，中国发生了翻天覆地的变化。特别是经济发展取得了重大成就，社会生产力和综合国力明显增强。1978～2010年，我国GDP从3624亿元增长到397983亿元，世界排名从第15位上升到第2位，GDP年增长率超过9.4%，而这一时期世界平均增长速度是3%。其次，人民生活水平有了很大提高。从1978年到2010年，城镇居民人均可支配收入由343元提高到19109元，农村居民由134元提高到5919元；城乡居民家庭的恩格尔系数分别从57.5%和67.7%减少到41.1%和35.7%。①

二、“三个有利于”是判断改革和一切工作是非得失的标准

以改革为主要内容的中国特色社会主义建设是一个伟大的创新，说了很多老祖宗没有说的话，也做了很多老祖宗没有做的事，如何判断和评价改革的成败与是非得失呢？邓小平在改革开放之初就鲜明地指出：对四个现代化是有利还是有害，应当成为衡量一切工作的最根本的是非标准。十二届四中全会通过的《中共中央关于经济体制改革的决定》把它归结为生产力标准，即把是否有利于发展社会主义社会生产力作为检验一切改革得失成败的最主要标准。1992年，邓小平在南方谈话中，进一步发展了生产力标准理论，明确提出“三个有利于”标准，并以此作为判断改革开放成败得失的标准。

① 中华人民共和国2010年国民经济和社会发展统计公报，新华网，2011年3月1日，http://news.xinhuanet.com/politics/2011-03/01/c_121132026_18.htm。

"三个有利于"标准，即要以是否有利于发展社会主义社会的生产力、是否有利于增强社会主义国家的综合国力、是否有利于提高人民生活水平作为判断改革得失成败的标准。"三个有利于"标准是对生产力标准的坚持和发展，其中处于基础地位的是生产力标准，综合国力的增强是生产发展的宏观表现，人民生活水平的提高是生产力发展的结果和体现。"三个有利于"标准体现了从实际出发和从人民根本利益出发的真理标准和价值标准的统一。

"三个有利于"标准的提出有利于人们从抽象的姓"资"姓"社"的争论中摆脱出来，在社会主义建设实践中大胆地试，大胆地闯，对于坚持解放思想、实事求是的思想路线，深化改革，扩大开放，加快社会主义现代化建设，具有重大而深远的意义。

三、正确处理改革、发展、稳定的关系

改革是一场深刻的社会变革，必然要求进行利益调整、体制转换和观念更新。因此，在社会主义现代化建设的全过程，必须始终正确认识和把握改革、发展、稳定的关系。

第一，发展是硬道理，中国解决所有问题的关键要靠自己的发展。发展是目的，只有不断发展，我们才能克服前进道路上遇到的各种困难；才能保证祖国和平统一的最终实现；才能逐步消灭剥削、消除两极分化，最终实现共同富裕；才能充分发挥社会主义制度优越性，为最终战胜资本主义，向共产主义过渡创造强大的物质条件。

第二，改革是经济和社会发展的强大动力。只有改革，才能克服过去形成的影响社会生产力发展和人民生活水平提高的各种旧体制，才能解决生产力发展过程中出现的各种新问题，为生产力的发展开辟广阔的空间。改革是发展不可缺少的推动力量。反过来，只有发展，改革才能持续深入下去。

第三，稳定是改革和发展的前提。稳定是发展经济和顺利进行改革的必不可少的条件，是发展和改革的前提。改革和发展都需要稳定的社会环境。邓小平多次指出：中国发展的条件，关键是社会稳定。一个是政局稳定，一个是政策稳定。政局稳定是改革和发展得以健康进行的前提和保证。邓小平强调指出，总的讲，我们有四个不变：坚持四项基本原则不变，一心一意搞四个现代化不变，两个开放不变，进行改革的方针不变。

党的第三代领导集体，对改革、发展、稳定的关系非常重视，在邓小平理论的基础上又有进一步的理解，十六大报告提出处理改革、发展、稳定关系方面应遵循的主要原则。

第一，保持改革、发展、稳定在动态中的相互协调和相互促进。稳定是前提，但稳定是相对的，不能因为改革和发展有风险就裹足不前，这样只会导致更加严重、更加剧烈的社会不稳定。因此，需要统观全局，精心谋划，从整体上把握改革、发展、稳定之间的关系，做到在社会稳定中推进改革和发展，通过改革和发展促进社会稳定。

第二，把改革的力度、发展的速度和社会可以承受的程度统一起来。改革和发展要始终注意适应国情和社会的承受能力，要统筹安排改革和发展的举措，精心处理稳定同改革、发展的关系，着眼于"为之于未有，治之于未乱"，及时化解矛盾，排除不安定因素，以保持稳定，促进改革和发展。

第三，把不断改善人民生活作为处理改革、发展、稳定关系的重要结合点。人民群众是改革发展的主体和动力，是稳定的力量源泉和深厚基础。改善人民生活让人民共享改革和发展的成果，是改革、发展、稳定的共同出发点和归宿。

专题四　毫不动摇地坚持对外开放

一、对外开放是我国的一项基本国策

改革和开放紧密相连，邓小平一方面把十一届三中全会以来的改革开放政策都叫改革，另一方面，又把改革政策也称为开放政策，把两者放在同等重要的地位。他说："搞社会主义现代化建设，没有这两个开放不行。"对外开放和改革一起成为新时期中国最鲜明的特征。邓小平关于对外开放的理论和政策是对毛泽东思想的继承和发展。早在1938年10月毛泽东在《论新阶段》的报告中就指出：中国不是孤立的也不能孤立，中国与世界紧密联系的事实，也是我们的立脚点。我们不是也不能是闭关主义者，中国早已不能闭关。新中国成立前夕，毛泽东即宣布，中国人民愿意同世界各国人民实行友好合作，恢复和发展国际间的通商事业，以利于发展生产和繁荣经济。在《论十大关系》一文中他又指出，我们坚决抵制和批判外国资产阶级的一切腐朽制度和思想作风，但这并不妨碍去学习资本主义国家的先进的科学技术和企业管理方法中合乎科学的方面。但由于帝国主义对我们实行敌视、封锁和禁运的政策，以及后来我们自己所犯的"左"的错误，毛泽东在对外开放方面的许多正确思想未能完全付诸实施。

1975年邓小平主持整顿期间，以无产阶级革命家的胆略和气魄，一方

面大刀阔斧地对“文化大革命”造成的严重混乱局面进行整顿，另一方面又提出，要扩大进出口，引进新技术、新设备，发展对外经济关系。粉碎“四人帮”后，他又不断强调，实现四个现代化，闭关自守是不可能的，必须善于学习，向世界先进国家学习，引进国际上的先进技术、先进装备和资金，要以世界先进的科学技术成果作为我们发展的起点。改革开放后，在研究和探索怎样才能使我国社会主义经济发展得快一些的过程中，邓小平十分重视对外开放的问题，多次论述了对外开放的重要性。1980 年，在中央工作会议上的讲话中，邓小平正式使用了“对外开放”的表述，1984 年党的十二届三中全会把实行对外开放定为基本国策。把对外开放作为基本国策，最重要的依据，就是邓小平关于“现在的世界是开放的世界”和“中国的发展离不开世界”两个重要观点。

第一，当今的世界是开放的世界，这是对世界经济发展历史的深刻总结，是生产社会化和商品经济、市场经济发展的必然结果。“当今的世界是开放的世界”这是生产社会化发展的必然结果，是商品经济、市场经济发展的必然结果。随着生产的发展，社会分工和生产专业化、协作化程度不断提高，国际之间的经济联系也日益密切，使社会分工越出国界，发展成为国际分工，使生产社会化向生产国际化发展，从而使生产和消费越来越具有世界性；商品经济、市场经济是一种开放型经济，它的发展必然要求市场扩大。要求打破地区封锁，由分割的区域市场，发展到统一的国内市场，并进而突破国界，发展成为统一的世界市场，市场机制对资源配置起基础作用，由本国范围发展为世界范围。现代经济的发展，使世界上任何一个国家，即使是地大物博，科学技术和经济十分发达的国家，也不可能掌握一切先进的科学技术和生产工艺，生产本国所需的所有产品。每一个国家，都需要国际间的交流和合作。“任何一个国家要发展，孤立起来，闭关自守是不可能的，不加强国际交往，不引进发达国家的先进经验、先进科学技术和资金，是不可能的。”①现在的世界是开放的世界，世界各国的发展都必须实行对外开放。在开放的世界中任何一个国家或民族不实行开放的政策，只能限制自己的发展，甚至给国家和民族带来灾难，中国也不例外。

第二，中国的发展离不开世界，这是对中国历史发展的深刻总结。邓小平以一种深邃的历史感和世界视野，在深刻总结近代和当代中国与世界交往关系的历史经验教训中提出对外开放理论。中国在近代以后逐渐走向

① 《邓小平文选》第 3 卷，117 页，北京，人民出版社，1993。

衰落，一个重要的原因就是当时的统治集团找不到中国在现代世界坐标上的准确方位，对逐渐加剧的外来现代性挑战作出消极回应，实行了闭关锁国、自我封闭的政策，使我们在一段本来可以赶上的进程中落伍了。邓小平在总结这一教训时多次讲到："中国在西方国家产业革命以后变得落后了，一个重要原因就是闭关自守。建国以后，人家封锁我们，在某种程度上我们也还是闭关自守，这给我们带来了一些困难。三十几年的经验教训告诉我们，关起门来搞建设是不行的，发展不起来。"①历史的经验教训一再告诉我们，关起门来搞建设、把自己孤立于世界之外是不行的。中国作为一个发展中的大国，在实现现代化的进程中存在着许多困难和问题，如资金不足、科学技术落后、劳动者科学文化素质不高、缺乏组织现代化大生产的经营管理知识和经验，等等。要解决这些问题，就必须实行对外开放。对外开放不仅是为了解决当前经济建设中的矛盾和困难，而且也是我国经济长期发展的客观要求。

第三，实行对外开放也是充分发挥社会主义制度优越性的需要。邓小平指出："社会主义要赢得与资本主义相比较的优势，就必须大胆吸收和借鉴人类社会创造的一切文明成果，吸收和借鉴当今世界各国包括资本主义发达国家的一切反映现代社会化生产规律的先进经营方式、管理方法。"②这就深刻地阐明了对外开放的实质是吸收人类文明的一切成果。资本主义社会经过几百年发展，特别是一些发达国家，在经济、科技、教育、文化的社会管理等方面，积累了丰富经验，取得了许多历史性的文明成果。社会主义制度只有借鉴和吸收人类社会包括资本主义社会创造出来的全部先进生产力和文明成果，才有可能超越资本主义，显示社会主义制度的优越性。过去长时期内，往往只看到或更多看到的是社会主义同资本主义对立和斗争的一面，而看不到或很少看到社会主义同资本主义还有学习、借鉴、合作和利用的一面，这是不利于社会主义的。

二、正确处理对外开放与独立自主、自力更生的关系，始终把独立自主、自力更生作为立足点

邓小平指出："经验证明，关起门来搞建设是不能成功的，中国的发展离不开世界。当然，像中国这样大的国家搞建设，不靠自己不行，主要靠自己，这叫做自力更生。但是，在坚持自力更生的基础上，还需要对外开

① 《邓小平文选》第3卷，64页，北京，人民出版社，1993。

② 同上书，373页。

放，吸收外国的资金和技术来帮助我们发展。”①这是一种双向的相互依存关系，帮助和贡献都是相互的。

对外开放与独立自主、自力更生是统一的、相辅相成的。独立自主、自力更生是立足点，是实行对外开放的基础，也是我国经济发展的基础。只有增强独立自主、自力更生的能力，才能在国际上获得较高的信誉，吸引更多的合作者，才能不断扩大对外开放的深度和广度。对外开放可以更好地增强独立自主、自力更生发展本国经济的能力。在对外开放过程中积极利用外国的投资、先进技术与管理经验，取得更好的经济和社会效益，可以加快本国经济发展，增强经济实力和综合国力。坚持独立自主、自力更生，积极实行对外开放，都是为了更好更快地推进社会主义现代化建设。

三、对外开放是全方位、多层次、宽领域的开放

党的十五大报告明确指出：“对外开放是一项长期的基本国策。面对经济、科技全球化趋势，我们要以更加积极的姿态走向世界，完善全方位、多层次、宽领域的对外开放格局，发展开放型经济，增强国际竞争力，促进经济结构优化和国民经济素质提高。”

(1)全方位就是不论对资本主义国家还是社会主义国家，对发达国家还是发展中国家都实行开放政策。各民族各国家无论大小、发展程度如何，属于什么性质和类型，都有自己的长处，只要我们可以互通有无，我国都应在平等互利的基础上积极发展同他们的经济贸易关系。基于这样的原则，改革开放以来，我国与绝大多数国家与地区开展了贸易往来。

(2)多层次就是根据各地区的实际和特点，通过经济特区、沿海开放城市、沿海经济开放区、经济技术开发区、沿江、沿线和沿边开放城市和口岸、内地开放省区的不同开放程度的各种形式，形成全国范围的对外开放。中国政府在1978年决定进行经济体制改革的同时，即有计划、有步骤地实行对外开放政策。从1980年起，中国先后在广东省的深圳、珠海、汕头，福建省的厦门和海南省分别建立了五个经济特区；1984年进一步开放了大连、秦皇岛、天津、烟台、青岛、连云港、南通、上海、宁波、温州、福州、广州、湛江、北海等14个沿海城市，1985、1987年营口、威海又分别享受沿海开放城市的待遇；1985年后又陆续将长江三角洲、珠江三角洲、闽南三角地区、山东半岛、辽东半岛、河北、广西辟为经济开放区，从而形成了沿海经济开放带。1990年中国政府决定开发和开放上海浦东新区，并进一步开放一批长江沿岸

---

① 《邓小平文选》第3卷，78～79页，北京，人民出版社，1993。

城市，重庆、岳阳、武汉、九江、芜湖，后来又陆续增加了黄石、宜昌、万县、涪陵等城市，形成了以浦东为龙头的长江开放带。1992 年以来，国务院又决定对外开放一批边疆城市和进一步开放内陆所有的省会、自治区首府城市；还在一些大中城市建立了 15 个保税区、54 个国家级经济技术开发区和 53 个高新技术产业开发区。中国形成了沿海、沿江、沿边、内陆地区相结合的全方位、多层次、宽领域对外开放的格局。

(3)宽领域就是立足于我国的国情，对国际商品市场、国际资本市场、国际技术市场、国际劳务市场的开放，把对外开放拓宽到能源、交通等基础产业以及金融、保险、房地产、科技、教育卫生、文化、服务业等领域。2001 年 12 月中国加入世界贸易组织，标志着我国对外开放进入了一个新的阶段。我们要在这个新的起点上，进一步深化改革扩大开放，“以更加积极的姿态走向世界，适应经济全球化的新局势。继续推进全方位、多层次、宽领域的对外开放，为我国经济发展提供新的强大动力”①。2006 年，根据 WTO 协议，渣打银行、东亚银行、汇丰银行等 20 多家外资法人银行已完成改制并开业，其余正在筹建中，我国金融业开始全面对外开放。2001 年 4 月李岚清副总理访问法国期间，与法国外交部长韦德里纳签署了关于中法互设文化中心和互办文化年的《会谈纪要》，双方商定，2003 年 10 月至 2005 年 7 月，中法两国互办文化年。2001 年 7 月，中俄两国签署《中俄睦邻友好合作条约》，并在《条约实施纲要》中确定将互办“国家年”。2005 年 7 月 1 日胡锦涛主席访俄期间，两国元首正式宣布，为全面推动中俄战略协作伙伴关系向前发展，双方决定 2006 年在中国举办“俄罗斯年”、2007 年在俄举办“中国年”。中俄互办“国家年”可以说是两国建交以来规模最大的双边文化交流活动，交流的领域涵盖政治、经济、文化、军事、科技、教育等各个领域。

专题五　不断提高开放型经济水平

改革开放以来，我们把对外开放作为基本国策，形成中国历史上前所未有的全方位对外开放格局，对外经济贸易规模迅速扩大，既有力促进了国内经济的发展，又为世界各国带来了合作共赢的机遇。在国内市场与国际市场联系日益紧密、我国经济与世界经济相互影响日益加深的情况下，我们必须树立全球战略意识，统筹国内发展和对外开放。

---

① 《江泽民论有中国特色社会主义》，196 页，北京，中央文献出版社，2002。

1. 转变对外贸易增长方式，提高对外贸易效益

要按照科学发展观的要求，进一步实施以质取胜的战略，优化对外贸易结构，提高出口竞争力，提高对外贸易的质量和效益。要在充分发挥比较优势的同时，扩大我国高新技术产品出口，扩大具有自主知识产权、自主品牌的产品和服务出口，扩大附加值高的产品出口，提高加工贸易的产业层次并增强国内配套能力。我国出口增长仍属于数量扩张型的较为粗放的增长方式，对外贸易的依存度较高。2001 年入世前我国外贸依存度为 45%，到 2004 年达到 69%成为世界之最，这说明一方面改革开放后，特别是入世以来我国对外贸易的发展成绩斐然，我国经济与国际经济的融合、依存关系加深；而另一方面则存在着潜在的危险：危及国家经济安全；经济增长依赖性强；对外贸易摩擦进入高发期等。同时我国经济发展中仍存在出口产品的技术含量和附加值比较低，自主品牌产品出口比较少；引进的技术主要是生产线和机器设备等硬技术和成熟技术，核心技术比较少；利用外资的产业和区域不尽合理，对外投资比较薄弱等问题。因此需要进一步提高对外开放的能力和水平。

2. 提高利用外资水平，加强对外资的产业和区域投向引导，促进国内产业优化升级

更好地把引进外资同优化国内产业结构、提升自身技术水平结合起来，同促进区域协调发展、企业改革改组改造结合起来。要以提高自主创新能力为出发点，着重引进先进技术、管理经验和高素质人才，做好引进技术的消化吸收和创新提高。积极实施“走出去”战略，促进形成“引进来”和“走出去”有机结合的双向对外开放格局。

3. 切实维护国家安全

经济全球化是社会生产力和科学技术发展的客观要求和必然结果，有利于促进资本、技术、知识等生产要素在全球范围内的优化配置，为我们带来了新的发展机遇，但它也使国家的经济安全、政治安全、文化安全以及能源、环境与生态安全等受到前所未有的挑战和威胁。因此，在开放过程中，要提高防范和化解各种风险、切实维护国家各种安全的能力，树立正确的对外开放理念。在经济全球化的趋势下，贫弱是最大的不安全，因此“发展才是硬道理”，要不断提高国家竞争力，突破技术封锁，改变不利的贸易条件，在发展中赢得有利的外部环境。在处理对外关系时，不断加强国际合作，只有加强互利合作，才能共存共荣。在开放的环境下，机遇伴随着挑战，我们不能因为有挑战、有威胁就放弃了机遇和机会，而是要主动抓住机遇，做到“防范为主、应急为辅”，防患于未然，及时发现问题并解决和消除隐患，维护国家安全。

案例分析

案例一 中国改革开放的由来

改革开放作为党带领人民进行的一场新的伟大革命，其发生决不是偶然的，而是有着深刻的国际国内背景。一是从我国自身情况看，历时十年的"文化大革命"，给党、国家和人民带来巨大灾难，严重损害了社会主义。二是从外部情况看，20世纪五六十年代以后世界范围内蓬勃兴起的新科技革命推动世界经济以更快的速度向前发展，我国经济实力、科技实力与国际先进水平的差距明显拉大，面临着巨大的国际竞争压力。因此，30年前，是严酷的国内困境和严峻的外部压力迫使中国义无反顾地走上改革开放之路——这是一种被迫的选择，然而却是唯一正确的选择。

1956年党的八大对于如何以苏联为鉴，探索中国自己的社会主义建设道路，提出了很好的思路。但是，从1957年开始，由于党在指导思想上的"左"的错误，我国社会主义建设多次遭受重大挫折。"左"的错误不断积累，愈演愈烈，最终导致了"文化大革命"的发生。"文化大革命"历时十年之久，名义上是坚持和捍卫社会主义、坚持和捍卫马克思主义，实际上严重损害了党和社会主义，给党、国家和人民带来了史无前例的巨大灾难。

"文化大革命"结束时的中国，是一幅怎样的图景？

政治上，"文化大革命"严重混淆敌我，严重践踏社会主义民主法制，造成冤假错案堆积如山。据统计，"文化大革命"十年中，全国被立案审查的干部高达230万人，占"文化大革命"前夕全国1200万干部的19.2%。中央和国家机关各部委被审查的干部有29885人，占干部总数的16.7%。其中，中央副部级和地方副省级以上的高级干部被立案审查的达75%。据最高人民法院1980年9月统计，仅因刘少奇问题而受株连的"案件"就有2.6万多件，被判刑的达2.8万多人。党和政府的各级机构、各级人民代表大会和政协组织，长期陷于瘫痪和不正常状态。公安、检察、司法等专政机关和维护社会秩序的机关都被搞乱了。

经济上，"文化大革命"造成我国国民经济的巨大损失。1977年12月，据李先念在全国计划会议上估计，"文化大革命"十年在经济上仅国民收入就损失人民币5000亿元。这个数字相当于建国30年全部基本建设投资的80%，超过了建国30年全国固定资产的总和。"文化大革命"期间，有5年经济增长不超过4%，其中3年负增长：1967年增长－5.7%，1968年增长－4.1%，1976年增长－1.6%(参见中央财经领导小组办公室编：《中国经济发展五十年大事记》)。

文化上，这场由文化领域肇始的“大革命”，对教科文的摧残尤其严重。无数的中华民族优秀的文化遗产遭受浩劫，一大批学有专长的知识分子受到残酷迫害。到1968年底，中科院仅在北京的171位高级研究人员中，就有131位先后被列为打倒和审查对象。全院被迫害致死的达229名。从1966年到1976年，十年没有组织过正式高考，交白卷也可以上大学。1982年人口普查统计表明，当年全国文盲半文盲多达2亿3千多万人。

“文化大革命”还造成全民族空前的思想混乱，党的建设和社会风气受到严重破坏。

“文化大革命”结束时中国老百姓的生活状况

城市市民基本上靠工资生活。然而，从1957年到1976年，全国职工在长达20年的时间里几乎没涨过工资。1957年全国职工平均货币工资624元，1976年下降到575元，不进反退，还少了49元(参见曾培炎主编：《新中国经济50年》，897～898页)。很多生活消费品供给不足，需凭票购买。粮票，更是流行了40年，被称作“第二货币”。“三转一响一咔嚓”(自行车，手表，缝纫机，收音机，照相机)，五大件置备整齐不到600元，但对很多家庭来说，虽个个心向往之却只能敬而远之。服装从颜色到样式，单调划一，蓝、黑、绿、灰，是占绝对“统治地位”的主色调。

据原农业部人民公社管理局统计的数字：1978年，全国农民每人年均从集体分配到的收入仅有74.67元，其中两亿农民的年均收入低于50元。有1.12亿人每天能挣到一角一分钱，1.9亿人每天能挣一角三分钱，有2.7亿人每天能挣一角四分钱。相当多的农民辛辛苦苦干一年不仅挣不到钱，还倒欠生产队的钱。

1978年9月，邓小平在东北三省视察期间说：“外国人议论中国人究竟能够忍耐多久，我们要注意这个话。我们要想一想，我们给人民究竟做了多少事情呢?”“我们太穷了，太落后了，老实说对不起人民。”“社会主义要表现出它的优越性，哪能像现在这样，搞了20多年还这么穷，那要社会主义干什么?”这一连串的“问号”，实际上也是发出了重新探索“什么是社会主义、怎样建设社会主义”的强有力的信号。社会主义绝不能够再像“文化大革命”这样搞下去了，中国再也不能像“文化大革命”这样折腾下去了。

巨大的差距与震撼

对中外经济科技之间巨大差距的真实认知，是在粉碎“四人帮”之后通过出国考察访问实现的。“文化大革命”结束后，由于国内局势的深刻变动，人们急切地想了解外部世界的面貌。这样，从 1978 年起，全国掀起了一股声势浩大的出国考察热潮。其中西欧五国团最引人注目。访问期间，欧洲经济的自动化、现代化、高效率，给考察团成员留下了深刻印象。他们看到：西德一个年产 5000 万吨褐煤的露天煤矿只用 2000 工人，而中国生产相同数量的煤需要 16 万工人，相差 80 倍；瑞士伯尔尼公司一个低水头水力发电站，装机容量 2.5 万千瓦，职工只有 12 人。我国江西省江口水电站，当时装机 2.6 万千瓦，职工却有 298 人，高出 20 多倍。各层级出访者不约而同获得的共同感受是：没想到世界现代化发展程度如此之高，没想到中国与发达国家之间的发展差距如此之大，没想到西方发达国家老百姓的生活与中国相比高出如此之多！大家无不痛心疾首于这样的现实：中国太落后了，这些年耽误的时间太长了！我们党再不调整政策，另寻出路，改革开放，奋起直追，真是愧对人民、愧对国家、愧对时代了！

——摘自《中国改革开放的历史由来》，新华网，2008 年 10 月 12 日。

【案例点评】

本案例用一系列具体的数据分析自 1956 年中国社会主义建设特别是十年“文化大革命”以来的政治、经济、文化，以及人民生活状况，使学生能够深刻地认识到改革的重要性；同时，通过与西方发达国家在科技、生产能力和人民生活水平等方面的比较，一方面更加明确改革的迫切性，另一方面，也看到了中国的落后，要想奋起直追，必须要打开国门，实行对外开放。

案例二 浙商“走出去”的国际化困境

2000 年中央实施走出去战略以来，浙江省企业在各级政府的鼓励和支持下，走出去的步伐明显加快，境外投资迅速发展。浙商以特有的坚韧和智慧勤劳经营，不但带动出口，创收外汇，而且也促进了当地经济繁荣。然而，随着走出去境外投资的企业越来越多，浙商在国外受气、受欺、受辱，受到不公平待遇的消息时有传来，令人愤慨。

浙江企业“走出去”的总体状况

截至 2009 年 10 月底，浙江全省累计核准境外投资企业 3830 家，总投资 40.7 亿美元(中方 35.8 亿美元)，境外投资企业数量连续多年居全国第一，遍布120多个国家和地区；投资领域涉及贸易营销、制造加工、境外研发、承包工程、资源开发等。经过多年发展，浙江企业的国际化生存能力显著增强，具有国际视野，敢于开拓、勇于创新的浙商队伍已发展到130多万人。他们在世界各地生根开花结果，既为当地经济、社会发展作出贡献，也扩大了我省产品出口，缓解了省内资源紧缺，促进了全省制造业原产地多元化，推动了全省经济发展转型升级，为家乡发展作出了重大贡献。

面临的问题与挑战

除商业纠纷个案以外，当前浙商“走出去”面临的问题与挑战主要如下：

(一)“走出去”政策不配套，制约了浙商在海外进一步发展。当前，我国对外投资有关法律法规和支持政策在不少方面不配套而有待完善，公共服务体系不够健全，民营企业境外投资融资艰难，资金来源不稳定，外汇跨境流动和境外融资担保受到限制等，制约了浙商在海外的进一步发展。

(二)对驻在国当地法律和商业环境缺乏了解。以浙江纺织企业投资越南为例。纺织业在越南处于起步阶段，虽然其新建的工厂在硬件上已经很完备，但是纺织工人的素质却难以和中国工人相比，印染、刺绣等高难度技艺还是主要依靠国内生产。比如，织造是高强度工作，常需要加班加点，但越南工人却常常拒绝加班，导致工厂无法及时向客户交货，延期一两个月是常事，最久的甚至会拖到半年。

(三)浙商的成功引来当地竞争者攻击。近年来，华商在境外纷纷建起中国商城，把价廉物美的中国产品带到世界各地，这就难免与当地同行厂商形成竞争，引起其不满甚至敌视。于是，在当地利益集团的调唆和鼓动下，一些攻击华商，并造成其生命财物受损的案例就时有发生。比如：2003年冬，由于中国鞋的进入使意大利鞋业发展受到威胁，当地居民受人调唆，致使20多家温州鞋企的产品在罗马被焚烧。温州鞋被尼日利亚列入“禁止进口商品名单”。2009年6月，俄罗斯政府宣布集中销毁价值20亿美元的所谓中国“走私”商品，并要求莫斯科市尽快关闭切尔基佐沃市场，浙商损失严重，超过15亿美元。2009年，乌克兰最大的华商市场——敖德萨七公里市场发生华商被绑架案件。这是该市场最近两年多来发生的第10起针对浙商的绑架案。

(四)受驻在国的政治、司法腐败困扰。近年来，一些发展中国家和刚转型的东欧等国腐败现象比较严重，很多时候可以通过向政府官员和警察行贿“疏通关节”。且华商在海外一遇到问题就经常会“花钱消灾”，这也造成当地不法官员和警察越发喜欢敲诈中国人。

产生的背景及原因

随着世界经济一体化的发展，我国与世界各国的联系日益紧密，企业经营趋向国际化，越来越多的浙商走出国门，驰骋于国际市场。近年来数次发生的“封铺”、“烧鞋”、“扣货”等恶性事件，是经济全球化背景下不同群体利益冲突的结果。全球化促进了世界经济发展和科技进步，打破了各国贸易保护的樊篱，使一些国家的弱势行业面临残酷的市场竞争，利益冲突容易引发纠纷和仇恨，并升级为暴力攻击，这样某些境外的华商也就可能成为牺牲品。

（一）直接原因：以低价占领市场，导致恶性竞争。以烧鞋事件为例，这其实是浙商与当地商人经济利益矛盾长期积累和激化的结果。事实上，物美价廉的中国鞋进入欧洲，对降低当地物价和提高居民生活质量有好处。但由于中国产品占据成本优势，加剧了竞争，对当地同类行业的生存构成了威胁。

中国商品进入国际市场，虽然为繁荣全球经济作出了巨大贡献，但西方世界以及许多发展中国家中某些人却对“中国制造”持抵触态度。因为“中国制造”的最大优势在于价格低廉，而这并非来自技术革新，而是主要来自廉价的劳动力。随着中国产品越来越多地走向世界，浙商还将面临打火机、服装、彩电等产业走出去的问题。比如，中国彩电在美国遭遇反倾销后，墨西哥和加拿大两国就联手美国限制中国的家电进口，原因就是“成本优势”。

（二）深层原因：海外生存发展模式存在缺陷，企业社会责任意识淡薄。浙商头脑精明，善于发现并抓住商机，但不少人不善于与当地商人合资合作，利益共享。长此以往，当这种海外发展模式影响到所在国某些产业的发展时，问题自然就出现了。此外，历史上积累的民族矛盾以及文化差异也有可能导致海外华商受到不友好待遇，突出表现在华人与当地居民的不同生活方式，比如居住习惯、宗教信仰等等。如：巴黎当地居民指责说，中国商人只知赚钱，货车经常取货卸货直至深夜，原来的面包店、鲜花店等便民店铺渐渐被中国人买走改成服装批发店，彻底破坏了以前安静整洁的生活环境。随着中国与世界一体化步伐加快，包括浙商在内的海外华人华商的素质已经直接影响到中国的国家形象、软实力和华人华商自身的利益，值得深思。

——摘自《浙商“走出去”的国际化困境》，新浪财经网，2010 年 4 月 28 日。

【案例点评】

本案例介绍了浙商实施“走出去”战略的现状、存在的问题，并分析了背后的原因。通过案例学习可以让学生了解到实施“走出去”的对外开放战略可以进一步加快我国经济发展的速度，在参与国际竞争中，提高相关产业的竞争力和国际生存能力；了解中国企业在走出去，参与国际竞争中存在着诸如依靠廉价劳动力成本优势，没有技术革新，不懂得国际经济法规等问题，因此，需要不断提高我国对外开放的水平。

疑难问题解答

1. 怎样全面认识中国的社会主义改革？

(1)改革是社会主义发展的动力。中国的改革不是偶然的，它有着深刻的原因和背景。第一，中国社会主义建设的历史经验和“文化大革命”结束后的严峻局势，迫使我们必须改革，不得不改革。如我国社会生产力发展缓慢，人民的温饱问题还没有解决，科学技术和教育落后，官僚主义泛滥和家长制作风严重等。第二，社会主义现代化建设要求我们必须进行体制改革。新中国成立以后模仿苏联模式建立起来的高度集中的计划经济体制，已经严重地阻碍了我国生产力的发展。第三，改革是社会主义基本矛盾运动的必然结果，是社会主义的内在要求和社会主义题中应有之义。

(2)改革是中国的第二次革命。第一，所谓革命，就是用新的社会经济制度和上层建筑取代旧的、成为生产力发展桎梏的社会经济制度和上层建筑，就是解放和发展生产力。改革同样起着打破和消除生产力发展桎梏的作用，所以改革也是革命。第二，把改革称为革命，是从它引起社会生活广度和深度的根本性变革来看。改革不是对原有体制的修补或改良，是从根本上改变束缚我国社会生产力发展的原有僵化的经济体制，建立充满生机和活力的社会主义新经济体制，同时相应地改革政治体制、科技文化体制，促进生产力的发展，以实现中国的社会主义现代化。因此，这次改革必然引进经济生活、社会政治生活、工作方式和精神状态一系列深刻变化。第三，把改革称为中国的第二次革命，是相对于我国的新民主主义革命和社会主义革命而言的。

(3)改革是社会主义制度的自我完善和发展。改革不是变革社会主义的基本制度，而是对束缚生产力发展的社会主义具体制度进行变革。改革的目的是在坚持社会主义基本制度的基础上促进社会主义社会生产的解放和发展，以巩固和发展社会主义制度。因此，在社会主义社会的各个历史阶段，都需要根据经济社会发展的要求，适时地通过改革不断推进社会主义制度自我完善和发展，这样才能使社会主义制度充满生机和活力。

2. 如何理解对外开放是我国必须长期坚持的基本国策？

把对外开放作为基本国策，最重要的依据，就是邓小平关于“现在的世界是开放的世界”和“中国的发展离不开世界”两个重要观点。

第一，当今的世界是开放的世界，这是对世界经济发展历史的深刻总结，是生产社会化和商品经济、市场经济发展的必然结果。为应对新技术革命和经济全球化的趋势，以及在国际分工和国际竞争中获取最大利益，各国政府纷纷实行开放政策，广泛地进行经济交流和合作。在开放的世界中不实行开放政策，只能限制自己的发展，甚至会给国家和民族带来灾难。第二，中国的发展离不开世界，这是对中国发展历史的深刻总结。中国在西方国家产业革命以后变得落后了，一个重要的原因就是闭关自守。历史的经验教训一再告诉我们，关起门来搞建设、把自己孤立于世界之外是不行的，要发达起来，必须对外开放。对外开放不仅是为了解决当前经济建设中的矛盾和困难，而且也是我国经济长期发展的客观要求。第三，实行对外开放也是充分发挥社会主义制度优越性，吸收人类文明成果，建设优于资本主义的社会主义的需要。社会主义要赢得与资本主义相比较的优势，就必须以积极的态度在对外开放中学习和吸收人类文明的一切优势成果，吸收和借鉴当今世界各国包括资本主义发达国家的一切反映现代社会化生产规律的先进经营方式、管理方法。

实践教学设计

方案一　观看《计划经济体制的弊端》视频

【设计思路】

通过观看视频，理解随着我国经济社会的发展，计划经济的弊端表现愈来愈明显，必须进行改革，以促进生产力的解放和发展。

【步骤安排】

1. 组织学生观看《计划经济体制的弊端》视频短片

短片以沈阳市某马路两边的冶炼厂和电缆厂为例，说明计划经济体制存在的弊端。冶炼厂是产铜大户，电缆厂是用铜大户，但是在计划经济时代，由于不同的部门对其进行计划指导，两个厂不能直接对话，结果电缆厂要去几千里外的南方运铜，造成了极大的资源浪费。

2. 组织学生讨论

组织学生结合视频讨论、总结计划经济体制的优点和缺点。

3. 教师点评

从短片中可以看到计划经济体制存在的缺点：第一，政企不分，政府对企业管得太多，企业缺乏主动性和创造性；第二，计划经济体制不能灵敏地反映市场的供给与需求信息，容易造成一定的资源浪费。因此，虽然新中国成立初期我国选择建立计划经济体制具有必然性和合理性，但随着中国经济社会的发展，这种经济运行方式已经束缚了生产力的发展，必须进行改革，所以改革和革命一样也是解放生产力。

方案二　以“改革开放前后中国社会发展变化”为题开展调查

【设计思路】

改革开放是决定中国命运的关键抉择，改革开放三十多年来，在中国共产党的领导下中国人民生活水平有了很大的提高，中国社会发展取得了举世瞩目的成就，但是90后的大学生们因为没有改革开放前后的生活实践的比较，并没有太深的感触。通过调查和访问，学生能够直观地感受到中国社会发展的变化，认识到改革开放的必要性，认识改革是一场全面的社会变革。

【步骤安排】

1. 分组调查

组织部分学生，从人们的衣、食、住、行、娱乐等方面分组进行调查，设计问卷、重点采访，收集整理资料。

2. PPT 汇报

每组选派一名学生汇报调查结果。

3. 教师点评

第一，对调查、PPT 内容和汇报相关情况进行点评。第二，改革是一场全面的改革。改革以经济体制改革为重点，又需要政治体制及其他体制的配合，在经济体制改革不断深化的同时，政治体制、文化体制乃至社会生活的方方面面都发生了广泛而深刻的变化。三十多年来，在改革开放的推动下，中国社会发展取得了巨大的成就，中国人民的物质和文化生活水平也得到显著提高。

方案三　参观某中国品牌企业

【设计思路】

组织学生参观具有代表性的中国品牌企业，认识中国企业在参与国际竞争中存在的优势和缺陷，进一步理解“当今的世界是开放的世界”、“中国的发展离不开世界”，中国对外开放的重要意义，以及提高对外开放水平的迫切要求。

【步骤安排】

1. 参观企业

组织部分学生参观当地具有代表性的中国品牌企业，了解企业成长的历史和现状，重点了解企业在对外开放中实施“引进来”和“走出去”的相关情况。

2. 学生讨论

结合参观，围绕为什么要进行对外开放、中国对外开放中的优势和缺陷、怎样提高对外开放的水平等问题，引导学生展开讨论。

3. 教师总结

第一，对参观和讨论过程中同学们的表现进行点评；第二，对学生讨论的问题，结合教材内容从以下方面进行总结：当今的世界是开放的世界；中国的发展离不开世界；在全球化的趋势下中国的发展机遇与挑战并存；要提高对外开放的水平，维护国家经济安全。

考研题解

一、单项选择题

1. (2003年考研试题第10题)20世纪90年代，我国对外开放进入新阶段的重要标志是(　　)
   A. 形成全方位、多层次、宽领域的对外开放格局
   B. 我国进入世界十大贸易国行列
   C. 引进外资规模居发展中国家首位
   D. 形成了沿海、沿江、沿边对外开放的新格局

2. (2006年考研试题第13题)我国社会主义经济体制改革与政治体制改革的关系表现为(　　)
   A. 前者是目的，后者是手段　　B. 前者是基础，后者是目标
   C. 前者是内容，后者是形式　　D. 二者相互依赖，相互配合

3. (2008年考研试题第11题)我国社会主义改革是一场新的革命，其性质是(　　)
   A. 解放生产力，发展生产力
   B. 社会主义基本制度的根本变革
   C. 社会主义制度的自我完善和发展
   D. 建立和完善社会主义市场经济体制

4. (2008考研试题第15题)党的十七大报告指出，我国新时期最显著的成就是(　　)
   A. 改革开放
   B. 快速发展
   C. 建立社会主义市场经济体制
   D. 给人民带来更多福祉

二、多项选择题

5. (2001年考研试题第23题)邓小平指出："改革是中国的第二次革命"，这一论断的含义是指(　　)
   A. 改革与第一次革命具有相同的内容
   B. 改革也是解放生产力
   C. 改革是对原有经济体制的根本性变革
   D. 改革引起社会生活各方面的深刻变化
   E. 改革是社会主义发展的动力

参考答案 1. A 2. D 3. C 4. B 5. BCDE

三、材料分析题

1.(2005 年考研试题第 33 题)按照我国全面建设小康社会的要求，到 2020 年我国人均国内生产总值将由 1000 美元达到 3000 美元。这是我国社会主义现代化进程中的一个关键时期，它既是一个“黄金发展期”又是一个“矛盾凸显期”。稳定与发展似乎成了两难选择。有人认为，为了确保稳定，就要限制发展。

请结合材料，辨析这一观点。

【解题思路】

本题考查学生对改革、发展、稳定三者辩证统一关系的理解。到 2020 年我国社会主义现代化建设将进入一个关键时期，既是一个“黄金发展期”，又是一个“矛盾凸显期”，这就意味着改革与发展、改革与稳定之间存在着矛盾。

【答案要点】

(1)改革、发展和稳定，三者互相促进、互相统一、不可分割。发展是目的，改革是动力，稳定是前提，发展是改革和稳定的基础。(2)要用科学发展观统筹各方面的重大关系，要把改革的力度、发展的速度和社会可承受的程度统一起来。(3)在改革中产生的新问题与新矛盾，最终要靠深化改革和继续发展来解决，要用发展的办法解决前进中的问题。离开发展，全面建设小康社会的目标就不能实现。

2.(2010 年考研试题第 38 题)请阅读下列材料

材料 1：从 2009 年 11 月 23 日起，一则时长 30 秒以“中国制造，世界合作”为主题的广告在美国有线电视新闻网(CNN)正式播出。该广告由中国商务部会同 4 家中国行业协会共同委托制作，被认为是中国政府的首个品牌宣传活动，接下来还计划在包括北美、欧洲等中国的主要贸易对象地区播出。

广告围绕“中国制造，世界合作”这一主题，强调中国企业为生产高质量的产品，正不断与海外各国公司加强合作。广告中展示了一系列带有“中国制造”标签的产品，例如，一个类似 ipod 的 mp3 播放器上用英文标注“在中国制造，但我们使用来自硅谷的软件”，一双运动鞋和一套衣服上标注有“在中国制造，但我们设计来自于法国”，一台冰箱上写着“中国制造，但我们采用欧洲风格”。

广告在创意上独树一帜，从引导世界受众重新认识畅销全球的中国产品入手，能够启发世界各地的消费者对“中国制造”和全球贸易的重新思考，从而逐渐抛弃对“中国制造”的偏见。

材料2：在美国有线电视新闻网热播的一则“携手中国制造”为主题的广告引发的关注和反响正在发酵。有分析人士认为，在当前金融危机阴霾尚未散去，贸易保护主义有所抬头的背景下，主动出击展示国家形象，是一次很好的尝试，有利于提升中国的软实力。

有评论认为，近年来中国经济实力崛起，如何建立国际形象成为当务之急，政府近期启动了国际公关战略，继新华社、《人民日报》等中央媒体率先向世界发声之后，国家形象广告或许会成为提升国家软实力和对外形象的新渠道。还有人认为，中国早前一些产品安全事件令世界关注，现在希望能通过在全球投放广告推广“中国制造”以提升在国际上的形象，广告中出现的法国设计、硅谷技术等字样，说明中国目前还处于产业链的低端，它继续把中国定义为世界工厂，因此，令消费者认为中国还只是产品的制造商，现在是从“中国制造”的地位上升为“中国创造”的时候了。

请回答：

(1)“中国制造，世界合作”的广告说明了什么？

(2)为什么说现在是从“中国制造”的地位上升为“中国创造”的时候了？

【解题思路】

本题考查学生对中国对外开放特点和发展形势的了解。对外开放是当前中国的一项基本国策，中国的发展离不开改革和开放。在对外开放的环境中既有机遇也有挑战，中国应当积极走出去，主动宣传中国以及中国的品牌，让世界了解中国，加强与世界的交流与合作，在开放中实现中国的发展。同时，我们也应当看到中国的对外开放还存在效益低、核心技术少、自主品牌少等诸多不利，因此，需要不断提升对外开放的能力和水平，实现由“中国制造”向“中国创造”的转变。

【答案要点】

(1)“中国制造，世界合作”广告的主要诉求是竭力在海外宣传中国品牌，提升外国人对中国制造产品的认知度，使他们不再仅仅将中国看成一个成本低廉的市场。在面临新的世界形势之际，中国的这一宣传举措，对建立良好的国家形象，无疑具有积极的意义。但我们同时也要意识到，一次广告宣传可能会换来品牌的关注度，但品牌忠诚度的培养则是一个长期的过程。

(2)由“中国制造”提升到“中国创造”，这是个具有重大意义的政策导向，其必要性在于：第一，“中国创造”更有利于增强中国技术。中国制造可以使中国的GDP增大，但难以增强中国技术。倡导中国创造，鼓励技术归属权属中国资本，必定有利于中资企业拥有自主知识产权的技术。企业只有具有比较强的自主创新能力，才能在激烈的市场竞争中立于不败之地。第二，“中国创造”有利于提升中国品牌。品牌是竞争力，是附加值。提倡中国创造，鼓励、支持、引导中国品牌，中国品牌才可能由少到多，由弱到强，中国的民族工业才可能通过品牌的增强而壮大。第三，“中国创造”有利于增强中国利益。转到中国创造，更多利益就会留给逐渐长大的中国技术和中国品牌，留给中国资本，无论它是国有资本或民营资本。中国制造当然曾经起到过重大作用，现在、今后也会有积极作用。既然中国创造比之中国制造有如此众多的可贵长处，我们就应坚定不移地从中国制造向中国创造转变。

第八章　建设中国特色社会主义经济

名人名言

让一部分人、一部分地区先富起来，大原则是共同富裕。

——邓小平(《视察天津时的谈话》，《邓小平文选》第3卷，166页，北京，人民出版社，1993)

我们搞的是社会主义市场经济，“社会主义”这几个字是不能没有的，这并非多余，并非“画蛇添足”，而恰恰相反，这是“画龙点睛”。所谓“点睛”，就是点明我们市场经济的性质。

——江泽民(《江泽民论有中国特色社会主义(专题摘编)》，69页，北京，中央文献出版社，2002)

解决民生问题要首先着眼于困难群体，因为在中国城乡，困难群体占有相当大的比重，特别是农民。一个舰队决定它速度快慢的不是那个航行最快的船只，而是那个最慢的船只。如果我们改善了困难群体的生活状况，也就改善了整个社会的生活状况。

——温家宝(十届全国人大五次会议闭幕式后在中外记者见面会上答记者问)

专题讲授

专题一　建立社会主义市场经济体制

一、中国社会主义经济体制的选择过程

1. 计划经济体制确立的主客观条件

随着国民经济的恢复，“一五”计划的实施以及对生产资料私有制的社会主义改造的全面展开，我国逐步形成了高度集中的计划经济体制。这一体制的选择和形成有当时的主客观条件。

究其客观条件，一是我国当时生产力水平低下，经济实力薄弱，现代工业很少，在这样的基础上进行工业化建设，建立高度集中的计划经济体制，有利于迅速、有效地集中全国的经济力量，为经济建设创造条件；二是苏联在计划经济体制下社会主义建设取得的世人瞩目的巨大成就，对我国经济体制的选择产生了直接的影响；三是在经济结构简单、科技水平不高、社会利益关系相对单纯的情况下，计划经济体制能够比较顺利地进行。究其主观条件，主要是因为当时在理论上普遍把计划经济看成是社会主义区别于资本主义的重要特征。

2. 建立社会主义市场经济体制是改革开放后我国经济体制改革的目标模式

20世纪50年代，计划经济体制在我国社会主义经济建设中发挥了重要作用，它使我国在国民经济实力弱小的条件下，比较迅速地建立起社会主义工业化的初步基础。但随着大规模经济建设的展开，生产的社会化程度不断提高，经济关系日益复杂化，这一体制固有的弊端日益显现，严重压抑了企业和职工群众的积极性、主动性和创造性，使经济失去了活力，从根本上制约了我国社会主义现代化建设的进程和社会主义优越性的充分发挥。

针对经济建设中出现的问题，党的第一代中央领导集体对经济体制问题进行了积极的探索。毛泽东在《论十大关系》等著作中，开始对高度集中的经济体制进行反思。后来，在纠正“大跃进”中的错误和“一平二调”的共产风时，毛泽东又对商品生产和价值法则等问题提出了重要观点。陈云在党的八大上也提出了“三个主体、三个补充”的构想，以此来弥补所有制过分单一、忽视市场机制的计划经济体制的不足。这些积极的探索和创造性

的观点，为后来形成社会主义市场经济体制理论提供了有益的启示。但在当时的条件下，这些改革措施没有突破计划经济体制总的框架。此后由于“左”的思想的发展，这种探索没有也不可能继续得到前进和发展。

改革开放后，随着经济体制改革的不断深化和理论的创新，建立社会主义市场经济体制最终成为我国经济体制改革的目标。

二、社会主义市场经济理论的形成和发展

1. 社会主义市场经济理论形成和发展的过程

我国社会主义市场经济理论是伴随社会主义改革实践的发展而形成和发展起来的。

早在改革开放初期，邓小平在思考用什么方法才能更有效地发展生产力时，就已经提出了社会主义与市场经济的关系问题。1981 年 6 月，党的十一届六中全会《关于建国以来党的若干历史问题的决议》中，提出了“计划经济为主，市场经济为辅”的方针，并得到十二大的肯定。1984 年 10 月，党的十二届三中全会通过的《中共中央关于经济体制改革的决定》首次提出“在公有制基础上的有计划的商品经济”的新概念。1987 年 10 月，党的十三大提出社会主义有计划商品经济的体制，应该是“计划与市场内在统一的体制”，新的运行机制总体上来说应当是“国家调节市场，市场引导企业”的机制。1992 年春，邓小平在南方谈话中明确提出：“计划多一点还是市场多一点，不是社会主义与资本主义的本质区别。计划经济不等于社会主义，资本主义也有计划；市场经济不等于资本主义，社会主义也有市场。计划和市场都是经济手段。”①同年 10 月，党的十四大明确提出了我国社会主义经济体制改革的目标就是建立社会主义市场经济体制。1993 年党的十四届三中全会通过的《关于建立社会主义市场经济体制若干问题的决定》，进一步明确了建立社会主义市场经济体制的基本框架，即建立现代企业制度、培育和发展市场体系、建立健全宏观经济调控体系、建立合理的个人收入分配和社会保障制度。2003 年党的十六届三中全会作出的《关于完善社会主义市场经济体制若干问题的决定》，根据实践发展的要求，对进一步完善社会主义市场经济体制提出了明确的目标和任务。2007 年，党的十七大根据在新的历史时期要实现的经济发展目标，提出了在完善社会主义市场经济体制方面要取得重大进展的要求，从制度上更好地发挥市场在资源配置中的

① 《邓小平文选》第 3 卷，373 页，北京，人民出版社，1993。

基础性作用，形成有利于科学发展的宏观调控体系。

2. 社会主义市场经济理论的基本内涵

社会主义市场经济的理论具有丰富的内涵：一是计划经济和市场经济都是经济手段，不属于区别社会主义和资本主义两种社会性质的范畴；二是计划和市场作为调节经济的两种手段，它们对经济活动的调节有着各自的优势和长处，但也都有着自身的不足和缺陷；三是市场经济作为资源配置的一种方式本身不具有制度属性，但它与社会主义相结合而形成的经济体制必须体现社会主义基本制度的特征。

三、社会主义市场经济体制的基本特征

1. 市场经济的共性

社会主义市场经济和资本主义市场经济，就其都是市场经济而言，它们的共性是：第一，从资源配置方式看，都是以市场为基础性配置手段；第二，从微观层面看，企业都是独立的市场主体和法人实体；第三，从经济活动看，市场经济规律起着支配作用；第四，从宏观层面看，政府的宏观调控主要是通过经济手段来实现的；第五，从经济运行看，法治起着基本的保障作用。

2. 社会主义市场经济的制度特征

社会主义市场经济体制是同社会主义基本制度结合在一起的，它具有体现社会主义的制度特征，主要有：在所有制结构上，以公有制为主体，多种所有制经济共同发展，一切符合“三个有利于”标准的所有制形式都可以而且应该用来为社会主义服务；在分配制度上，以按劳分配为主体，多种分配方式并存；在宏观调控上，以实现最广大劳动人民利益为出发点和归宿，能把人们的当前利益与长远利益、局部利益与整体利益结合起来，更好地发挥计划与市场两种调节手段的好处。

专题二　社会主义初级阶段的基本经济制度

一、社会主义初级阶段基本经济制度的确立

1. 社会主义初级阶段基本经济制度的含义

社会主义初级阶段的基本经济制度的问题，实质上就是所有制问题。党的十五大明确提出，公有制为主体、多种所有制经济共同发展，是我国社会主义初级阶段的基本经济制度。

这一制度的确立，体现了党在所有制理论上的与时俱进。党的十一届三中全会提出，根据我国社会主义建设的具体实际，改革同生产力发展不相适应的生产关系和上层建筑，并指出非公有制经济是社会主义经济的必要补充。党的十三大提出把非公有制经济作为公有制经济的必要的和有益的补充。党的十四大进一步强调，多种经济成分长期共同发展，不是权宜之计，而是一项长期方针。党的十五大明确提出了社会主义初级阶段的基本经济制度，非公有制经济是我国社会主义市场经济的重要组成部分。这标志着我们党对社会主义初级阶段基本经济制度的认识提升到了一个新的高度。

2. 确立社会主义初级阶段基本经济制度的依据

确立这一制度的基本依据是：第一，公有制是社会主义经济制度的基础，公有制是社会主义制度的本质特征，是人民当家做主的经济基础，是社会化大生产的客观要求。第二，我国还处于社会主义初级阶段，生产力不发达，生产社会化的程度还不高，发展还很不平衡，需要在公有制为主体的条件下发展多种所有制经济，以适应生产力的要求。第三，一切符合“三个有利于”标准的所有制形式都可以而且应该用来为社会主义服务。在社会主义初级阶段，建立怎样的所有制结构必须以“三个有利于”为标准，克服姓“公”姓“私”的传统观念束缚。

二、坚持公有制经济的主体地位

1. 全面认识公有制经济的含义

公有制经济是我国社会主义现代化建设的支柱和国家进行宏观调控的主要物质基础，是社会主义经济性质的根本体现。我国对所有制结构的改革，是以坚持公有制的主体地位为前提的，发展多种所有制经济也是以确保公有制的主体地位为条件的。

巩固和发展公有制经济，首先要对社会主义公有制经济有全面正确的认识。社会主义公有制作为一种生产关系的理论范畴，其实质和核心是全体社会成员或者部分社会成员共同占有生产资料，实现了人们在生产资料面前的平等。公有制经济的范围不仅包括国有经济和集体经济，还包括混合所有制经济中的国有成分和集体成分。

2. 公有制经济主体地位的表现

公有制经济的主体地位主要表现在以下两个方面：一是公有资产在社会总资产中占优势；二是国有经济控制国民经济的命脉，对经济发展起主导作用。这是就全国而言，有的地方、有些产业可以有所区别。公有资产占优势，要有量的优势，更要注重质的提高。国有经济起主导作用，主要体现在控制力上。只要坚持公有制为主体，国有经济控制国民经济命脉，在经济中的控制力和竞争力得到增强，在这个前提下，国有经济比重减少一些，就不会影响我国的社会主义性质。

3. 公有制实现形式的多样化

所有制作为生产关系的基础，有公有制与私有制、社会主义与资本主义的区别；而所有制实现形式是采取怎样的经营方式和组织形式的问题，它不具有以上所说的这些区别。

公有制经济的性质和实现形式是两个不同层次的问题。公有制经济的性质体现在所有权的归属上，坚持公有制的性质，根本的是坚持国家和集体对生产资料的所有权。而所有制的实现形式是采取怎样的经营方式和组织形式的问题，它不具有"公"与"私"、"社"与"资"的区分。只要有利于生产力的发展，公有制的实现形式可以而且应当多样化。

适应经济市场化不断发展的趋势，进一步增强公有制经济的活力，要大力发展国有资本、集体资本和非公有资本等参股的混合所有制经济，实现投资主体的多元化，使股份制成为公有制的主要实现形式。

三、鼓励、支持和引导非公有制经济发展

1. 非公有制经济的含义

非公有制经济包括个体经济、私营经济、混合所有制经济中的非公有制成分等。

2. 鼓励、支持和引导非公有制经济发展的客观必然性

第一，我国还处在社会主义初级阶段，生产力水平低和发展的不平衡，给非公有制经济的发展留下了广阔的空间。

第二，非公有制经济是我国社会主义市场经济的重要组成部分，在加强社会主义市场经济体制建设中有着不可替代的作用。主要表现在：非公有制经济的存在和发展，提供了多种市场经济主体；通过竞争，可以促进作为主体的公有制经济发展；外资企业的进入可以带来资金、技术和管理经验、经营方式和资本组织形式。

3. 发展非公有制经济的基本政策

促使非公有制经济健康发展，既要对它们进行鼓励和支持，又要对它们进行引导。

专题三　社会主义初级阶段的分配制度

一、社会主义初级阶段分配制度的内容

社会主义初级阶段的基本经济制度决定了个人收入分配实行的是以按劳分配为主体、多种分配方式并存的分配制度。

二、坚持按劳分配的主体地位

1. 坚持以按劳分配为主体的分配制度的原因

坚持以按劳分配为主体的分配制度是由社会主义公有制决定的，这是实行按劳分配的所有制基础；坚持以按劳分配为主体的分配制度是由我国社会生产力的发展水平所决定的，这是实行按劳分配的物质基础。

2. 按劳分配主体地位的体现

坚持按劳分配的主体地位，体现在按劳分配是全社会分配领域中主体的分配原则，也体现在它是公有制经济内部主体的分配原则。只要企业仍然是公有制或公有控股企业，按劳分配应当仍然是企业内部职工收入的主要形式，职工收入的主要部分仍然来自按劳分配。

3. 坚持按劳分配主体地位的意义

坚持按劳分配的主体地位对于坚持中国特色社会主义经济的性质具有重要意义。按劳分配是社会主义公有制在分配方面的体现，只有坚持按劳分配的主体地位，才能体现公有制的主体地位的最终实现和社会主义初级阶段基本经济制度的社会主义性质；才能保证人们相互之间在平等的经济关系基础上建立和谐的经济利益关系；才能保证共同富裕目标的实现。

三、多种分配方式并存

1. 多种分配方式的实质

按劳分配以外的多种分配方式，其实质就是按对生产要素的占有状况进行分配。生产要素归纳起来可分为两大类：一是各种物质生产条件，如土地等自然资源以及厂房、设备、原材料等；二是人的劳动，包括人们在生产过程中提供的活劳动、技术、信息、管理等。

2. 按生产要素分配的类型

第一，以劳动作为生产要素参与分配。实际上是劳动者出卖劳动力商

品，按劳动力价值得到的收入。主要是个体劳动者和被雇佣于非公有制经济的雇佣劳动者。

第二，劳动以外的生产要素所有者参与分配。主要包括：资本所有者在生产经营过程中凭借资本所取得的利润；生产要素的所有者将自有的货币或资本借给他人经营或存入金融机构所取得的利息；以实物形态资本租借给他人经营或使用而取得的租金等。

第三，管理和知识产权类的生产要素，如科技发明、创造、信息、专利等参与分配。

3. 多种分配方式并存的意义

在社会主义初级阶段，实行按劳分配和按生产要素分配结合的分配制度，有利于优化资源配置，促进经济发展，有利于最广泛最充分地调动一切积极因素，让劳动、知识、技术、管理和资本的活力竞相迸发，让一切创造财富的源泉充分涌流，以造福人民，造福社会。

四、深化分配制度改革，健全社会保障体系

1. 深化分配制度改革

深化分配制度改革，完善分配结构和分配方式，需要注意两个问题：

第一，正确认识“先富”与“共富”的关系。

首先，“共富”既不是完全平均的同等程度的富裕，也不是所有社会成员在同一时间以同等速度富裕起来。共同富裕作为一个历史过程，全体社会成员在共富的道路上必然会出现先后、快慢的不同，这是整个社会走向共同富裕的必由之路。

其次，在社会主义初级阶段承认和允许收入差别，并且在一定时期内收入差距的扩大，有其客观必然性。其一，劳动者的个人能力和家庭负担不同；其二，拥有不同生产要素的不同社会成员必然会产生收入的差距和富裕程度的不同；其三，具有不同竞争能力的人在社会主义市场经济条件下在富裕程度上必然出现差距；其四，城乡之间、地区之间、脑力劳动和体力劳动之间、不同经济领域和部门之间客观上存在的差距，也必然引起收入的差距和富裕程度的不同。

最后，处理“先富”与“共富”关系时，在不同的时期应该有不同的重点。处理两者关系的基本指导原则是邓小平提出的“两个大局”的思想。

第二，注重社会公平，防止两极分化。

允许一部分人先富起来，并不意味着社会成员的差距越大越好。实行

这一政策除了只能允许以诚实劳动和合法经营的手段富裕起来外，还需要解决一个富裕程度的扩大不能导致社会产生两极分化的问题。

在社会主义初级阶段，存在多种所有制和实行市场经济，客观上存在产生两极分化的可能性。因此要利用各种手段、方式和方案来解决这个问题。

党关于社会公平与收入分配问题的认识，有个逐步深化的过程。党的十四大以来，相继提出了兼顾效率和公平与效率优先、兼顾公平的原则。党的十六大就这一问题提出，初次分配注重效率，再分配注重公平。党的十六届四中全会提出要在经济发展的基础上，更加注重社会公平。党的十七大进一步指出，初次分配和再分配都要处理好效率和公平的关系，再分配更加注重公平。

实现社会公平正义是中国特色社会主义的内在要求，处理好效率和公平的关系是中国特色社会主义的重大课题。我们必须把提高效率同促进社会公平结合起来，实现在经济发展的基础上由广大人民共享改革发展成果，推动社会主义和谐社会建设。

2. 健全社会保障体系

社会保障是指国家和社会通过立法对国民收入进行分配和再分配，对社会成员特别是生活有特殊困难的人们的基本生活权利给予保障的社会安全制度。社会保障的基本目标是保证劳动力再生产，从而也是保证社会再生产得以顺利进行。

社会保障体系包括社会保险、社会救济、社会福利、优抚安置和社会互助、商业保险与慈善事业等制度。我国目前社会保障制度的主要内容有：职工的基本养老保险制度、基本医疗保险制度、失业保险制度和城市居民最低生活保障制度。

由于我国正处于社会主义初级阶段，因而需要建立健全与经济发展水平相适应的社会保障体系。目前我国的社会保障体系存在着覆盖面窄、制度不健全、管理基础薄弱等问题，不适应人口老龄化、城镇化和就业方式多样化的要求。要从统筹经济发展与社会建设、劳动就业和社会保障、城镇社会保障和农村社会保障、公平和效率、政府作用与市场效率的高度，来进一步建立健全社会保障体系。

我国社会保障的方式是多样化的，既要有国家法定的基本保障，也要有补充保险和商业保险。前者解决的是人们基本的保障，而后者解决的是较高水平的保障需求。随着经济的发展和国家与个人财富的增加，保障范围和标准也将适当调整。

专题四　促进国民经济又好又快发展

一、国民经济发展“好”与“快”的有机结合

在经济快速发展的实践过程中，对经济发展质量和效益的认识不断深化，国民经济发展不仅要速度“快”，而且要质量和效益“好”。

1. 关于国民经济发展质量和效益的“好”

从党的十四大到十六大，“好”的内容不断充实，从原来的“效益比较好”，相继增加了“整体素质不断提高”、“资源消耗低”、“环境污染少”等要求；2003 年党的十六届三中全会提出坚持以人为本、全面协调可持续的科学发展观。2007 年党的十七大明确提出要促进国民经济又好又快发展。

2. 提出国民经济又好又快发展的必然性

首先，这是以改革开放以来我国经济发展取得的重大成就为“又好又快”发展提供了坚实的物质基础、必要的市场供求格局和重要的体制性基础。其次，这是进一步发展的迫切要求。我国经济的发展在新世纪进入新阶段，在取得各项成就的同时，随着工业化、城镇化步伐加快，资源环境状况对经济发展已构成严重制约。因此，实现经济和社会协调的要求，相对说来比经济增长的数量和速度更加突出，要求我们能坚持“好”中求“快”，努力实现“又好又快发展”。

3. 正确处理发展速度和发展效益的关系

提出国民经济又好又快发展，并不意味着发展速度问题无足轻重。我国仍处于社会主义初级阶段，社会主义初级阶段的基本国情没有变，人民日益增长的物质文化需要同落后的社会生产之间的主要矛盾没有变。我国现在仍是一个发展中国家，完成现代化的任务仍然十分艰巨。所以速度问题仍然十分重要，但这种速度应该是在结构优化、效益提高、节约资源、保护环境基础上的速度，是增长的质量和竞争力不断提升、能稳定持续发展的速度，是关系协调、人民得到实惠比较多的速度。

我们必须把保持经济平稳较快发展作为当前经济工作的首要任务，着力在“保增长、保稳定、保民生”上下工夫。

二、提高自主创新能力，建设创新型国家

1. 创新型国家的内涵

创新型国家，一般来说，是指将科技创新作为国家基本战略，大幅度提高科技创新能力，从而形成强大的国家竞争优势。其核心是要把增强自主创新能力作为发展科学技术的战略基点，走自主创新道路，推动科学技术的跨越式发展；就是把增强自主创新能力作为调整经济结构、转变经济发展方式的中心环节，建设资源节约型、环境友好型社会，推动国民经济又好又快发展；就是把增强自主创新能力作为国家战略，贯穿到现代化建设各方面，激发全民族创新精神，培养高水平人才，形成有利于自主创新的体制机制，大力推进理论创新、制度创新、科技创新。

建设创新型国家，科技是关键，人才是核心，教育是基础。

2. 提高自主创新能力，建设创新型国家的必要性

首先，这是国家发展战略的核心，是提高综合国力的关键。

其次，是贯彻落实科学发展观、全面建设小康社会的重大举措，是解决我国当前发展面临的突出矛盾和问题的紧迫要求。

3. 建设创新型国家的指导方针和战略基点

第一，指导方针：自主创新、重点跨越、支撑发展、引领未来。

自主创新就是从增强国家创新能力出发，加强原始创新(独立自主地完成科学新发现和技术新发明)、集成创新(把各种已有的相关技术有机融合起来的创新活动)和引进消化吸收再创新(在消化吸收国外先进技术基础上进行的创新)。重点跨越即选择具有一定基础和优势、关系国计民生和国家安全的关键领域，集中力量、重点突破，实现跨越式发展。支撑发展，就是从现实的紧迫需求出发，着力突破重大关键技术和共性技术，支撑经济社会持续协调发展。引领未来，就是着眼长远，超前部署前沿技术和基础研究，创造新的市场需求，培育新兴产业，引领未来经济社会发展。

第二，战略基点：加强自主创新。

我们必须高度重视提高原始创新能力，在关键领域掌握更多的自主知识产权，在科学前沿和战略高技术领域占有一席之地。

第三，建设创新型国家的总体目标。

到 2020 年，使我国的自主创新能力显著增强，科技促进经济社会发展和保障国家安全的能力显著增强，为全面建设小康社会提供强有力的支撑。基础科学和前沿技术研究综合实力显著增强，取得一批在世界上具有重大

影响的科学技术成果，进入创新型国家行列，为在21世纪中叶成为世界科技强国奠定基础。

第四，建设创新型国家的重要任务。

加快建设国家创新体系，促进科技成果向现实生产力转化，是建设创新型国家的一项重要任务。国家创新体系是以政府为主导、充分发挥市场配置资源的基础性作用、各类创新主体紧密联系和有效互动的社会系统。要努力建设技术创新体系、知识创新体系、国防科技创新体系、区域创新体系以及科技中介服务体系，从而进一步形成科技创新的整体合力，为建设创新型国家提供良好的制度保障。

三、转变经济发展方式，坚持走中国特色新型工业化道路

1.“经济增长方式”与“经济发展方式”

经济增长方式是指通过不同要素投入和技术组合获得经济增长的方法和模式，强调的主要是提高经济增长效益；而经济发展方式除了涵盖前者的含义外，还对经济发展的理念、战略和途径等提出了更高要求，强调的不仅是提高经济增长效益，而且包括促进经济结构优化、经济增长与资源环境相协调，发展成果合理分配等内容。十七大报告从我国经济发展的实际出发，将“转变经济增长方式”改为“转变经济发展方式”，这两个字的改动，寓意深远，意义重大，针对性和指导性更强。

转变经济发展方式主要做到“两个坚持”和“三个转变”。

2. 坚持走中国特色新型工业化道路

新型工业化道路是坚持以信息化带动工业化，以工业化促进信息化，走出一条科技含量高、经济效益好、资源消耗低、环境污染少、人力资源优势得到充分发挥的新型工业化道路。“新”在于它同信息化等现代高科技发展紧密结合；注重经济发展同资源环境相协调；坚持城乡协调发展；实现资金技术密集型产业同劳动密集型产业相结合。

走中国特色新型工业化道路，要紧紧抓住加快经济结构战略性调整这条主线，着力推进产业结构优化升级。十七大报告作出了发展现代产业体系的战略部署，提出要大力推进信息化与工业化融合，振兴装备制造业，提升高新技术产业，发展现代服务业，加强基础产业基础设施建设，加快发展现代能源产业和综合运输体系，逐步形成全面发展的产业格局。

3. 实现“三个转变”是转变经济发展方式的基本思路

第一，促进经济增长由主要依靠投资、出口拉动向依靠消费、投资、

出口协调拉动转变。这是针对近年来我国经济增长过于依赖投资和出口带动的问题提出的。要保持持久稳定的增长而不是短期的繁荣，必须立足扩大国内需求，把经济发展根植于国内需求特别是居民消费需求，形成消费与投资、出口协调拉动经济增长的格局。

第二，促进经济增长由主要依靠第二产业带动向依靠第一、第二、第三产业协同带动转变。这是针对农业基础薄弱、工业大而不强、服务业发展滞后以及三大产业之间比例不合理的问题提出的。因此，要立足推动产业结构优化升级，加强农业基础地位，逐步实现农业由弱变强；提高工业技术水平，实现工业由大变强；加速发展服务业，实现服务业由慢变快。

第三，促进经济增长由主要依靠增加物质资源消耗向主要依靠科技进步、劳动者素质提高、管理创新转变。这是针对经济增长中过于依赖物质资源投入的增加和简单劳动，而科技进步、劳动者素质提高、管理创新等对经济增长的贡献不大的问题提出的。

专题五　建设社会主义新农村

一、“三农”问题是全面建设小康社会的关键问题

统筹城乡发展，逐步改变城乡二元经济结构，建设社会主义新农村，是我们党从全面建设小康社会全局出发作出的重大决策，是新世纪新阶段解决“三农”问题的重大战略部署和新的基本途径。农业丰则基础强，农民富则国家盛，农村稳则社会安。全面建设小康社会，最艰巨最繁重任务在农村。

二、社会主义新农村建设的全面部署

建设社会主义新农村的总要求是：生产发展、生活富裕、乡风文明、村容整洁、管理民主。生产发展，是新农村建设的中心环节，是实现其他目标的物质基础；生活宽裕，是新农村建设的目的，也是衡量我们工作的基本尺度；乡风文明，是农民素质的反映，体现农村精神文明建设的要求；村容整洁，是展现农村新貌的窗口，是实现人与环境和谐发展的必然要求；管理民主，是新农村建设的政治保证，显示了对农民群众政治权利的尊重和维护。

统筹城乡发展，推进社会主义新农村建设要坚持把发展现代农业、繁荣农村经济作为首要任务，走中国特色农业现代化道路。建立以工促农、

以城带乡长效机制，形成城乡经济社会一体化新格局，是统筹城乡发展的新方针和新要求。

专题六 统筹区域发展

一、统筹区域发展，既是经济问题，也是政治问题

统筹区域发展，促进区域协调发展，缩小区域发展差距，是我国经济社会发展的一个重要原则。这个问题不仅关系现代化建设的全局，也关系社会稳定和国家的长治久安。

二、促进区域协调发展的基本途径和战略布局

我国区域经济的协调发展，主要是要处理好东部和中西部的关系、沿海和内地的关系。注重实现基本公共服务均等化，引导生产要素跨区域合理流动，是我国未来相当长的时期内缩小区域发展差距的基本目标和促进区域发展的基本途径。

我国促进区域协调发展的战略布局：继续推进西部大开发，振兴东北地区等老工业基地，促进中部地区崛起，鼓励东部地区率先发展，加大对革命老区、民族地区、边疆地区、贫苦地区发展扶持力度，帮助资源枯竭地区实现经济转型，更好发挥经济特区、上海浦东新区、天津滨海新区在改革开放和自主创新中的重要作用，形成分工合理、特色明显、优势互补的区域产业结构，推动各地区共同发展。

专题七 建设资源节约型、环境友好型社会

一、内涵

资源节约型社会：以能源资源高效率利用的方式进行生产、以节约的方式进行消费为根本特征的社会。它要求在生产、流通、消费的各个领域，在经济社会发展的各个方面，以节约使用能源资源和提高能源资源利用效率为核心，以节能、节水、节材、节地、资源综合利用为重点，以尽可能小的资源消耗，获得尽可能大的经济和社会效益，从而保障可持续发展。

环境友好型：人与自然和谐发展的社会，通过人与自然的和谐来促进人与人、人与社会的和谐。它是一种以人与自然和谐相处为目标，以环境承载力为基础，以遵循自然规律为核心，以绿色科技为动力，坚持保护优先、开发有序，合理进行功能区划分，倡导环境文化和生态文明，追求经济、社会、环境协调发展的社会体系。

二、建设资源节约型、环境友好型社会的基本要求

第一，必须处理好经济建设、人口增长与资源利用、生态环境保护的关系，要充分考虑人口承载力、资源支撑力、生态环境承受力，正确处理经济发展与人口、资源、环境的关系。第二，建设生态文明是建设资源节约型、环境友好型社会的内在要求。第三，发展循环经济，是建设资源节约型、环境友好型社会和实现可持续发展的重要途径。

案例分析

案例一　意义深远五元股

1986年11月，被称为美国五大证券交易所之一的纽约证券交易所董事长约翰·范尔霖率代表团前来北京参加中美金融市场研讨会。范尔霖来北京前就有一个愿望：与中国改革开放的总设计师邓小平见面，并给邓小平带了两件特殊的礼物。范尔霖如愿以偿。11月14日，邓小平在人民大会堂会见了他和代表团的其他成员。

会见中，范尔霖表示，美国的企业界和金融界对到中国投资很感兴趣，愿同中国的金融界加强合作。邓小平说，美国在投资方面有足够的知识，但还要看是否有勇气。

范尔霖将一枚纽约证券交易所的证章送给邓小平。他告诉诸人，佩戴这枚证章可以在纽约证券交易所通行无阻。同时，他还送给邓小平一本纽约证券交易所的证券样本。

从当天的电视新闻中，人们看到邓小平也向范尔霖赠送了一份小礼物。邓小平送给客人的究竟是什么东西，当时国内新闻并没有报道，而国际新闻媒介却异常重视，称邓小平此举是中国将推行股份制的一个信号。因为邓小平送给范尔霖的是刚刚由上海证券交易所发行的新中国第一份股票——飞乐股票。

精明的"证券大王"拿到邓小平送的这张面值只有5元人民币的股票，立即改变行程，专程又去了一趟上海，到改革开放中第一个出现的证券交易所办理了正式转让手续。

股票，有人说它是市场经济的一个象征，这在中国很长一段时间里被视为资本主义经济独有的东西。邓小平选择中国自己发行的股票送给范尔霖，其意义非同小可。

一个月后，邓小平在一次听取经济情况汇报时，对金融改革问题发表了意见。他指出："金融改革的步子要迈大一些。要把银行真正办成银行。"他又专门谈到了证券、股票这些东西能不能搞的问题。他说："金融问题，我们知识不足，可以聘请外国专家做顾问嘛！"他对在座的中央领导同志说，其实，许多经营形式，都属于发展社会生产力的手段、方法，既可以为资本主义所用，也可以为社会主义所用，谁用得好，就为谁服务。

邓小平的谈话，推动了我国金融体制改革，促进了我国证券、股票市场的培育和发展。然而，股票、证券毕竟离我们的生活实践太远了，建立一个健康有序的证券市场需要一个过程。在这个过程中，难免还会出现这样那样的问题，特别是股票极强的投机性，若管理控制不好，会引发许多严重的社会问题。但是，是不是因为存在着诸如投机性等问题，证券市场就失去了存在的必要性呢？对此，仁者见仁，智者见智。

1992年初，邓小平在视察南方时的重要谈话，对改革中不可回避的重要问题发表了看法。他指出：证券、股票，这些东西究竟好不好，有没有危险，是不是资本主义独有的东西，社会主义能不能用？允许看，但要坚决地试。看对了，搞一两年对了，放开；错了，纠正，关了就是了。关，可以快关，也可以慢关，也可以留一点尾巴。怕什么？坚持这种态度就不要紧，就不会犯大错误。这些话，为中国证券市场的培育、发展和宏观管理指明了方向。

“允许看，但要坚决地试”，是邓小平在指导改革开放实践过程中反复强调的一个原则。股票、证券是改革这个系统工程中的一部分，是金融体制改革中的一个试验。正是按照邓小平的这一指导思想，随着改革的逐步深入和发展，中国一步步走向社会主义市场经济。

——摘自卫炜等：《邓小平——中国改革第一人》，太原，山西人民出版社，1999。

【案例点评】

巧妇难为无米之炊。20世纪80年代，中国许多东西都缺，但最缺的只有一个字：钱。用什么办法来解决资金缺乏问题，一个最佳融资渠道就是股票、证券市场。然而股票、证券等在很长时间内在中国被视为是资本主义的东西。而邓小平选择中国自己发行的股票送给纽约证券交易所董事长范尔霖，其意义不可低估。

邓小平以超人的胆识走中国改革开放这盘棋。他强调银行要办成真正的银行，他主张股票证券问题可以请教外国顾问，他暗示中国可以搞股票证券交易所，他分析股票证券为谁所用就为谁服务。正是中国改革开放的总设计师邓小平，用坚定的意志、高超的艺术、周密的谋划和果敢的手段，为中国打开了市场经济的大门。

邓小平，这个中国改革的第一人，一步步将中国引领入社会主义市场经济运行轨道。

案例二 祸起西北?

“大风起兮尘飞扬”，近年来每年如期光顾的沙尘暴让很多人记忆犹新，也让全世界瞩目。沙源究竟在哪里?

1. 突袭北方大地

镜头一：2004 年 3 月 29 日，大风狂卷、黄沙漫天，阵风过时能见度仅有几百米。北京大兴区一建筑旁，几米之外已看不清前车。在安立路与北五环交口处附近一个中年妇女顺着风蹲下了身，双手蒙住了脸躲避大风的刮扫。工地旁公路上的行人个个掩住脸，将头转向背风处艰难前行。

镜头二：“漫卷狂风蚀春色，迷蒙黄沙掩繁华。”接连两天扬沙天气后，沈阳城市内 2004 年 3 月 10 日再次出现今年入春以来范围最广、强度最大的一次扬沙和浮尘天气，成为今年以来空气污染最重的一天。空气中弥漫着一股呛人的土味，人们在街上走几分钟，身上就会积上一层浮土——停靠在路边的汽车都积满了尘土。在北陵大街一交通路口处，一位姓张的先生对记者说：“耳朵里，嘴里都是沙子。”

镜头三：截至 2004 年 3 月 30 日，袭击我国“三北”地区的沙尘暴，在内蒙古已经持续 5 天。在乌拉盖开发区，刚为牧民搭建好的部分帐篷和蒙古包又被风刮走，大约 1 万多草原灾民再度陷入露天住宿的窘境。

2. 为何频频发作

据有关部门提供的材料，在 20 世纪 60 年代特大沙尘暴在我国发生过 8 次，70 年代发生过 13 次，80 年代发生过 14 次，而 90 年代至今已发生过 20 多次，并且波及的范围愈来愈广，造成的损失愈来愈重。到了 21 世纪，沙尘暴仍然“威力不减”。2001 年以来，我国系统性沙尘天气发生情况为：2001 年，我国发生沙尘天气 26 次，影响范围达到和超过 5 省(自治区、直辖市)的沙尘天气 10 次，受到沙尘天气影响的省(自治区、直辖市)为 17 个。2003 年，我国发生沙尘天气 11 次；2004 年以来，我国共发生了 8 次沙尘天气。

沙尘暴是人类不合理的土地开发为大风提供了丰富的沙尘源，导致严重风蚀的结果，我国传统耕作方法有很大的弊病，对土壤多次耕翻、耙耱，造成一个疏松的耕层，土壤得不到保护，这是水土流失和严重风蚀的根源。

中国现有荒漠化土地 267.4 万平方公里，占国土总面积的 27.9%。荒漠化土地主要分布 18 个省区的 471 个县(旗)。其中新疆、内蒙古、西藏、青海、甘肃、宁夏、陕西、山西、河北这 9 个省区占荒漠化土地总面积的 99%。

移民、开发、造田，对水的过量汲取，使原本在水匮乏地区流淌了千年的河流干涸了。绿地一片片消失，戈壁滩独有的胡杨也快速地死亡。人们为了追求羊绒的高利润，大量繁殖山羊，可它们能把生长多年的小草连根拔起，草吃完了，又去为数不多的小树上寻找可供生存的食物。不断增值的甘草、黄芪等中药材也成了当地老乡追求的财源，这些都使本来就脆弱的沙滩植被遭到极大的破坏，为造就更大的沙漠提供了新的动力。加上修铁路搞水利、建楼房等，毫无节制地就地取材，使一个原来沉睡的戈壁滩沙漠又苏醒过来，一旦风速达到每秒 10 米以上，就会把漫漫黄沙卷向天空、吹向内地。

3. 生态屏障萎缩

日前，一场铺天盖地的黄沙再次弥漫了甘肃河西走廊。这个历史上以丝绸之路闻名于世的“西部金腰带”，如今正在风沙的威胁下渐渐褪色。

河西走廊东起乌鞘岭，西接吐哈盆地，南依祁连山，北偎腾格里、巴丹古林沙漠。东西长 1000 多公里，南北宽几十至上百公里，总面积 21.5 万平方公里，占甘肃总面积的 50%。数千年来，河西走廊因它厚重的历史闻名于世。

然而，今天的河西走廊却成了中国沙漠化最严重的地区之一。日前河西地区沙漠化面积正在以每年 1.2 万平方公里的速度扩张，沙漠化面积比新中国成立前增加了 78.9 万亩。8.7 万平方公里草原面积中，80%严重退化。民勤、金塔、武威等走廊上的“明珠”成了有风就起尘的新沙尘源地。从卫星拍摄的沙尘暴路线图看，近十年西北发生的沙尘暴几乎都沿河西走廊向华北及长江中下游逼近。

4.“人祸”威胁环境

国家环保总局近日与中国科学院联合，首次进行“探索沙尘暴”科学考察，考察分东西两线进行，来自沙尘源的消息说，人为破坏是形成沙尘暴的重要原因之一。

据专家介绍，频率加快、间隔变短、强度增大已成为今年沙尘暴的新动向，通过实地考察发现，沙尘暴的形成及其大小直接取决于风力、气温、降水及与其相关的土壤表层状况，异常气候作用于沙尘源是其主要原因。虽有自然的，种种不可抗拒的因素，但与自然环境的人为破坏、植被被毁、沙漠化土地不断扩展有很大关系。

据科考队成员讲，3 月 16 日，他们从甘肃金昌驱车前往内蒙古时，就遇到了一场较强的沙尘扬沙袭击。在金昌市北面 30 公里处，发现沿途大片大片的沙丘被推土机推平，开垦出近万亩田地，种植籽瓜和葡萄。而当地地形狭窄，南北宽不过10公里，从西北刮来的风沙，在这里形成了峡谷效应，风速如同进入管道，并加速形成了扬沙天气。现场科学测得，地面风速竟高达每秒8米。

根据考察发现，影响西北地区的主要是西路、西北路、北路3股沙尘暴。西路冷空气从巴尔喀什湖翻越天山，帕米尔高原至南疆东移出塔里木盆地到甘肃省玉门、安西地区；西北路冰洋气团南侵西西伯利亚到新疆向西至甘肃省河西地区，而北路途经甘肃河西走廊西面，穿越内蒙古草原出境。

我国西北和华北北部面积广阔，极易出现沙尘暴天气，同时干旱半干旱地区的生态环境也很脆弱，其植被极易破坏而难以恢复。加上还存在毁林毁草开荒、过度放牧等人为破坏活动，造成了土地沙化不断扩展，这就为扬沙浮尘的天气提供了主要的土沙物质。

——摘自《时代潮》，2004年第13期。

【案例点评】

祸起西北的原因在于人类不合理的土地开发及传统的耕作方法，但并不否定合理开发。如果注意了全面发展，注意了环境保护，注意了治理分配，祸起西北即使不会消失，也能减弱。只有弄清我们为什么要发展，才能解决祸起西北的根源。

我国的人口数量已经严重超过国土承载能力，人口增长、需求增加与环境资源之间的矛盾更加尖锐，而且预计在未来会更加突出。未来20年，我国将全面建设小康社会和加快推进社会主义现代化建设，人口将继续增加，工业化、城市化进程将进一步加快。如果不优化产业结构和地域结构，加快发展模式和经济增长方式的转变，切实实施可持续发展战略，采取更为有力的措施，我们的国家环境安全将面临严峻的考验。如果我们不正视人口、环境与资源的严峻形势，那将不只是祸起西北，而是祸至全国了。

疑难问题解答

1. 为什么说坚持和完善社会主义初级阶段的基本经济制度，关键在于处理好公有制经济与非公有制经济的关系？

党的十五大确立的社会主义初级阶段的基本经济制度，在马克思主义理论发展史上的一个创新点就是把非社会主义性质的非公有制经济，从社会主义基本经济制度之外纳入到基本经济制度之内，与公有制经济一起，成为社会主义初级阶段基本经济制度的构成内容。因此，坚持和完善社会主义初级阶段的基本经济制度，一方面要坚持公有制经济的主体地位，另一方面，又要大力发展非公有制经济。这就决定了在社会主义初级阶段的发展过程中，始终会存在着如何处理好公有制经济与非公有制经济的关系问题。

所有制结构是社会主义经济发展史上的一个核心问题。这一问题的实质涉及两个方面：一是所有制结构的性质问题，即在所有制结构中占主体地位的是什么性质的所有制经济；二是所有制结构的构成问题，即在所有制结构中是单一的所有制经济还是多元的所有制经济。马克思主义的基本理论观点认为，所有制结构的性质，决定着社会经济制度的性质；所有制结构的构成，决定着是否能够符合生产力发展的要求。因此，在社会主义经济发展过程中，必须以这两方面为根本标准来建立既符合社会主义性质又符合生产力发展要求的所有制结构。

(1)主体与共同发展的关系

公有制为主体、多种所有制经济共同发展，是初级阶段体现中国特色的所有制结构，也是社会主义初级阶段的基本经济制度。正确认识和科学理解这一基本经济制度，必须把握好“主体”与“共同发展”的关系。

长期以来，由于受“左”的思想束缚和其他思想的干扰，人们在对社会主义基本经济制度的认识上是有片面性的。主要表现在：其一，忽视了生产力发展水平对所有制形式在根本上的制约，没有切实从社会主义初级阶段生产力水平的实际出发来研究所有制结构问题。其二，忽视了社会主义性质对所有制结构在根本上的规定性，没有从社会主义的根本原则出发来研究所有制结构问题。

正是针对上述认识的片面性和各种不正确的观点，坚持和完善社会主义基本经济制度，需要把握好这样两方面的关系。

一是不能颠倒主体与非主体的地位。我国是社会主义国家，必须坚持公有制的主体地位，这是我们坚持社会主义经济性质的根本体现。我国对所有制结构的改革，是以坚持公有制的主体地位为前提的，发展其他多种所有制经济也是以不影响公有制的主体地位为条件的。坚持这一条不仅是坚持社会主义经济性质的要求，而且也是社会化大生产的客观要求。

二是不能机械地理解公有制的主体地位。坚持公有制的主体地位，在实践中要解决的问题是如何科学地理解主体地位的内涵。按照过去机械的理解，对公有制占主体地位的认识只是局限于在数量上占绝对的优势，而其他多种所有制经济就是在数量上不能超过公有制经济。这种仅仅从数量关系上来理解公有制的主体地位，在理论上是片面的，在实践上是简单化的。公有制占主体包含着两层含义：公有资产在社会总资产中占优势；国有经济控制国民经济命脉，对经济发展起主导作用。这就说明公有资产占优势，既可以是绝对量上占优势，也可以是相对量上占优势，而且，这是就全国而言的。更重要的是，公有制占主体体现在国有经济控制国民经济命脉，对经济发展起主导作用。没有这一条，光有量的优势，就不能保证实质上的公有制经济的主体地位。所以，坚持公有制的主体地位，着力点应该是加强国有经济对国民经济的控制力。在这个前提下，大力发展其他多种所有制经济，不会影响我国的社会主义性质。

(2)公有制经济与非公有制经济的结合

社会主义初级阶段的基本经济制度，不仅表明了社会主义初级阶段的经济在宏观上是一种混合经济，而且也决定了在微观上公有制经济和多种所有制经济是可以混合发展的。

从微观层次上来认识公有制经济和多种所有制经济的混合发展，其实质涉及公有制经济实现形式的多样化。对公有制的性质和实现形式不加以区分，不仅会使公有制经济实现形式单一化，而且也会使公有制经济自身的发展受到制约。公有制的性质和公有制的实现形式是两个不同层次的问题，不应该将它们直接挂钩。无论是国有经济还是集体经济，都应该在实践中努力寻找能够极大促进生产力发展的公有制实现形式。股份制、股份合作制等都可以作为公有制经济的有效实现形式。

公有制经济实现形式的多样化，在客观上为公有制经济与其他多种所有制经济混合发展创造了条件。国有企业改革以公司制为主要形式，就是要使国有经济与其他所有制经济同在一个微观主体中发展，既充分发挥各种所有制经济的优势和长处，又互补各自的不足。公有制经济和其他多种所有制经济在微观层次的混合发展，将使公有制更好地与市场经济相结合，也使社会主义初级阶段的基本经济制度在实践中不断地得到完善。

2. 如何深刻理解加快经济发展方式转变的重要性和紧迫性

2007年党的十七大提出了加快转变经济发展方式的战略任务。2008年突发的国际金融危机使我国转变经济发展方式问题更加凸显出来。国际金融危机对我国经济的影响和冲击，表面上是对经济增长速度的冲击，实质上是对经济发展方式的冲击。胡锦涛在2010年2月省部级主要领导干部关于加快经济发展方式转变专题研讨班上，着眼于世界经济形势新变化和国内经济发展新情况，从推进改革开放和社会主义现代化建设战略全局的高度，强调指出转变经济发展方式已刻不容缓，他用五个“必然要求”，深刻阐述了加快经济发展方式转变的重要性和紧迫性。

第一，加快经济发展方式转变，是深入贯彻落实科学发展观、提高可持续发展能力的必然要求。

我国长期形成的传统发展方式是重国际市场、轻国内需求，重低成本优势、轻自主创新能力，重物质投入、轻资源环境，重财富增长、轻社会福利水平提高。这样的发展方式不够注重结构的优化、效益的增加、过程的可持续和成果的共享，难以实现质与量的统一、快与好的统一、人与自然的统一。这次突如其来的国际金融危机以一种极端的方式，凸显了我们经济发展方式之弊端。

加快转变经济发展方式，大力节约资源能源，切实加强环境保护和生态建设，有利于促进节约发展、清洁发展、安全发展和可持续发展，有利于发展循环经济、低碳经济和绿色经济，建设资源节约型、环境友好型社会，对于推动科学发展、走新型工业化道路，具有十分重要的意义。

第二，加快经济发展方式转变，是全面建设小康社会、满足人民群众过上更好生活新期待的必然要求。

“十一五”期间，我国经济增长的目标完成较好，但科技进步、生态环保、社会发展等方面的目标，实现起来难度较大。要达到2020年全面建设小康社会的奋斗目标，不断提高广大人民群众生活水平和质量，关键取决于加快经济发展方式的转变。

温家宝总理在十一届全国人大三次会议的《政府工作报告》中强调，必须把发展社会事业和改善民生作为转变经济发展方式、扩大国内需求、保持经济平稳较快发展的重要着力点，作为检验各项政府工作成效的标准。针对社会发展和民生领域的突出问题，大力推进以改善民生为重点的社会建设，加快提高教育现代化水平，加快实施扩大就业的发展战略，加快社会保障体系建设，加快发展面向民生的公益性社会服务，加快全面建设小康社会进程，推动整个社会走上生产发展、生活富裕、生态良好的文明发展道路。

第三，加快经济发展方式转变，是实现国民收入分配合理化、促进社会和谐稳定的必然要求。

改革开放以来，我国城乡面貌发生了翻天覆地的变化，社会各方面的积极性、主动性、创造性得到极大调动，一部分人、一部分地区先富起来，带动了更多的人、更多的地区发展致富。绝大多数群众解决了温饱问题，农村贫困人口已从1978年的2亿下降为2009年的3500万，东部、中部和西部地区经济都有了很大发展。

当然，我们也应看到，在经济快速增长过程中，我国人均收入水平还比较低，收入分配差距拉大的趋势尚未得到扭转。同时，一些关系群众切身利益的社会问题亟待解决，农村和中西部地区还有不少贫困人口，保障和改善民生的任务十分繁重。这不利于扩大内需特别是居民消费需求，也不利于维护社会公平正义以及保持社会和谐稳定。我们必须加快转变经济发展方式，大力调整国民收入分配结构，注重缩小城乡之间、地区之间和不同群体之间收入分配差距，构筑社会保障的安全网，合理调节收入分配，提高居民消费能力，改善居民消费环境，培育新的消费热点，逐步实现发展和改革的成果为全体人民所共享。

第四，加快经济发展方式转变，是适应全球需求结构重大变化、增强我国经济抵御国际市场风险能力的必然要求。

经济全球化是当代科学技术发展、生产力发展和国际分工发展到较高水平的必然结果，其深入发展的大趋势不会改变。但国际金融危机及其所引发的全球经济衰退，在一定程度上加剧了贸易保护主义，对我国继续稳定和拓展外需形成较大制约和威胁。面对复杂多变的环境，无论是顺应后国际金融危机时期世界经济发展的新趋势、增强我国经济抗风险的能力，还是巩固当前中国经济回升向好的势头、解决经济运行中深层次的矛盾，都要求我们加快经济发展方式转变，加大经济结构调整力度。

后国际金融危机时期，我国发展环境中存在许多不确定、不稳定因素。只有加快转变经济发展方式，加快经济结构调整步伐，才能牢牢把握工作的主动权，增强我国经济抵御国际市场风险能力，使我们的发展立于不败之地。

第五，加快经济发展方式转变，是在后国际金融危机时期国际竞争中抢占制高点、争创新优势的必然要求。

当今世界，在应对国际金融危机冲击中，一些发达国家结合应对全球气候变化，制定了“绿色新政”、“低碳社会”等规划设想和政策措施，积极探索和大力培育新的经济增长点，把低碳技术产业化、新能源、新材料、新一代信息网络等作为新一轮产业发展的重点，企求在未来国际经济和技术竞争中保持领先地位。

在应对国际金融危机中，我国企业的市场适应力和竞争力有了新的提高。但总体上说，我国企业自主创新能力还不强。这种状况如不扭转，将使我国在未来激烈的国际竞争中处于战略上的被动地位。因此，我们必须立足当前、着眼长远，增强忧患意识和机调意识，迎接现实挑战，加快转变经济发展方式，大力推进自主创新，努力创造更多的核心技术、自主知识产权和知名品牌，培育一大批具有国际竞争力的大企业和企业集团，培育众多创新能力强、充满活力的中小企业，努力改变我国经济大而不强的局面，力争在未来产业发展和国际竞争中抢占制高点、形成新的优势。

加快经济发展方式转变，既是当前的迫切任务，也是极其复杂的过程，必须通过坚定不移深化改革来推动。这是因为，加快经济发展方式转变、调整经济结构，关键在理顺体制机制，难点是调整利益格局，解决方法从根本上要靠改革创新。

实践教学设计

方案一　观看理论文献片《走进新时代》的第二集《伟大创造》

【设计思路】

通过观看该片，让学生在了解中国特色社会主义建设各项成就的基础上能深刻认识到，把发展作为党执政兴国的第一要务，是我国经济建设取得重大成就，综合国力不断提高，人民生活水平显著改善的根本原因。

【步骤安排】

1. 组织学生观看大型理论文献电视片《走进新时代》的第二集《伟大创造》

《伟大创造》充分反映了在建立社会主义市场经济体制的过程中，我们党驾驭宏观经济的能力大大提高了，并逐步明确了发展是党执政兴国的第一要务。

2. 组织学生讨论

让学生结合自己的亲身体会，谈谈他们对我国经济建设成就的认识与感受。

方案二　参观国企或听取有关国企改革和发展问题的报告

【设计思路】

通过组织学生参观国企或请国企管理人员作有关国企改革和发展问题的报告，引导学生正确认识我国国有企业的重要历史作用，深刻认识我国国有企业改革的原因和现状，从而使学生对这一改革的前景充满信心。

【步骤安排】

1. 安排学生参观国企或听取报告

选择具有代表性的企业，通过参观或报告的形式，向学生介绍企业改革发展的历程、所取得的成就、改革的现状及其改革的前景。

2. 要求学生撰写观后感或心得体会

3. 教师作总结点评

教师在作总结点评时，要注意梳理国企改革的背景，着重引导学生深刻认识国企改革的现状及其前景，从而对国企在我国经济发展中的作用有正确的理解。

方案三　课堂讨论"中国新型工业化道路的选择"

【设计思路】

通过组织学生展开专题讨论，加深学生对中国走新型工业化道路的必要性和紧迫性的认识与理解。

【步骤安排】

1. 提前一周布置，要求学生查阅相关资料，为课堂讨论做准备

要求学生通过资料的查阅搞清楚以下几个问题：什么是工业化？工业化的模式有哪些？中国的工业化和西方国家工业化之间的异同点是什么？中国的新型工业化道路有什么特点？

2. 组织课堂讨论

围绕着事先布置好的题目，组织学生层层展开讨论。在讨论的过程中，要让学生全面展示事先查阅的相关资料，并鼓励他们结合材料来发表自己的看法和认识，教师在其间要予以必要的引导。

3. 教师总结点评

结合学生课堂讨论的实际情况，教师向学生简单介绍工业化基本的概念和模式选择，并就西方国家和中国的工业化模式选择问题作出比较说明。教师在总结点评时，应着重向学生介绍说明六十多年来中国对工业化道路的选择，结合这一历程让学生理解中国工业化道路三次选择的历史背景、成败得失及其内在联系，从而加深其对中国目前所选择的新型工业化道路的认识。

考研题解

一、单项选择题

1.（模拟题）按劳分配是马克思主义的一项基本原则，它是社会主义公有制经济中的（　　）

A. 社会总产品分配原则　　B. 国民收入分配原则

C. 生产资料分配原则　　D. 个人消费品分配原则

2.（模拟题）“非公有制经济是我国社会主义市场经济的重要组成部分”与“非公有制经济是社会主义经济必要的和有益的补充”，这两种不同提法的区别在于（　　）

A. 是否把非公有制经济视为社会主义初级阶段基本经济制度的有机组成部分

B. 是否承认非公有制经济在我国经济生活中是不可缺少的

C. 是否认为非公有制经济在我国经济生活中起主导作用

D. 是否认为公有制经济在市场经济中的作用有所下降

二、多项选择题

3.（模拟题）邓小平关于社会主义市场经济理论的内涵包括（　　）

A. 市场经济是资源配置的一种方式

B. 市场经济不具有社会制度的属性，它可以与公有制相结合

C. 市场经济更有利于促进生产力的发展

D. 市场调节可以与计划调节相结合

参考答案　1. D　2. A　3. ACD

三、（模拟题）材料分析题

请阅读下列材料：

材料1：党的十七届三中全会通过的《中共中央关于推进农村改革发展若干重大问题的决定》19日公布。这份具有坚实的实践基础和群众基础的重要文件，明确了新形势下推进农村改革发展的指导思想、目标任务、重大原则和战略举措，是指导当前和今后一个时期推进农村改革发展的行动纲领。

我国波澜壮阔的改革大潮发端于农村。30年来，农村改革发展的伟大实践，极大调动了亿万农民的积极性，极大解放和发展了农村社会生产力，极大改善了广大农民物质文化生活，对全国改革发展产生了深远影响。《决定》系统总结了农村改革发展的成就和宝贵经验，全面评价了农村改革发展

对党和国家事业全局的历史贡献，丰富和发展了改革开放的理论成果，标志着我们党对“三农”地位和作用的认识达到了新高度。

——摘自《推进农村改革发展的行动纲领》，新华社2008年10月19日

材料2：当前，国际形势继续发生深刻变化，我国改革发展进入关键阶段。我们要抓住和用好重要战略机遇期，胜利实现全面建设小康社会的宏伟目标，加快推进社会主义现代化，就要更加自觉地把继续解放思想落实到坚持改革开放、推动科学发展、促进社会和谐上来，毫不动摇地推进农村改革发展。继续解放思想，必须结合农村改革发展这个伟大实践，大胆探索、勇于开拓，以新的理念和思路破解农村发展难题，为推动党的理论创新、实践创新提供不竭源泉。坚持改革开放，必须把握农村改革这个重点，在统筹城乡改革上取得重大突破，给农村发展注入新的动力，为整个经济社会发展增添新的活力。推动科学发展，必须加强农业发展这个基础，确保国家粮食安全和主要农产品有效供给，促进农业增产、农民增收、农村繁荣，为经济社会全面协调可持续发展提供有力支撑。促进社会和谐，必须抓住农村稳定这个大局，完善农村社会管理，促进社会公平正义，保证农民安居乐业，为实现国家长治久安打下坚实基础。

—— 摘自《中共中央关于推进农村改革发展若干重大问题的决定》

材料3：世界各国农业现代化选择各自不同道路的实践说明，世界上并不存在唯一的农业现代化道路和模式。一个国家的农业现代化，只有从本国的实际出发，从本国的自然资源禀赋和经济社会条件出发，才能获得成功，照搬照抄没有出路。我国的基本国情是人多地少，农村劳动力丰富，平均每个农业劳动力负担的耕地少，农户经营规模小，这就决定了我国的农业现代化必须更加注重集约利用土地和发展劳动密集型生产，必须走出一条与我们的农业资源禀赋相适应的具有中国特色的农业现代化道路。因此，党的十七大报告明确指出，要走中国特色农业现代化道路。

——摘自2008年10月31日新华网

结合材料回答问题：

(1)结合材料1、2，分析新形势下推进农村改革发展的重要性。

(2)简述当前推进农村改革发展的指导思想、目标任务和重大原则。

【解题思路】

本题重点考查学生对“三农”问题的理解和掌握，通过材料中对我国当前“三农”问题解决现状的说明，要求学生能充分认识到新形势下推进农村改革发展的重要性，以及当前如何加快推进农村的改革发展。

【答案要点】

(1)“三农”问题关系党和国家事业发展全局。实践充分证明，只有坚持把“三农”问题作为全党工作重中之重，坚持农业基础地位和走中国特色农业现代化道路，坚持保障农民物质利益和民主权利，才能不断解放和发展农村社会生产力，推动农村经济社会全面发展。

(2)指导思想是：新形势下推进农村改革发展，高举中国特色社会主义伟大旗帜，深入贯彻落实科学发展观，把建设社会主义新农村作为战略任务，把走中国特色农业现代化道路作为基本方向，把加快形成城乡经济社会发展一体化新格局作为根本要求，坚持工业反哺农业，城市支持农村和多予少取放活方针，创新体制机制，加强农业基础，增加农民收入，保障农民权益，促进农村和谐，充分调动广大农民的积极性、主动性、创造性，推动农村经济社会又好又快发展。

农村改革发展基本目标是：2020 年农民人均纯收入比 2008 年翻一番。

重大原则是：必须巩固和加强农业基础地位；切实保障农民权益；必须不断解放和发展农村社会生产力；必须统筹城乡经济社会发展；必须坚持党管农村工作。

第九章　建设中国特色社会主义政治

名人名言

权利决不能超出社会的经济结构以及由经济结构制约的社会的文化发展。

——马克思(《哥达纲领批判》,《马克思恩格斯选集》, 2 版, 第 3 卷, 305 页, 北京, 人民出版社, 1995)

政治两字的意思, 浅而言之, 政就是众人的事, 治就是管理, 管理众人的事便是政治。

——孙中山(《三民主义・民权主义・第一讲》,《孙中山全集》第 9 卷, 254 页, 北京, 中华书局, 1986)

人民民主是社会主义的生命。

——胡锦涛(《高举中国特色社会主义伟大旗帜, 为夺取全面建设小康社会新胜利而奋斗》, 在中国共产党第十七次全国代表大会上的政治报告)

专题讲授

专题一 中国特色社会主义的民主政治

中国特色社会主义的民主政治，植根于中华民族几千年来赖以生存和发展的广阔沃土，产生于中国共产党和中国人民为争取民族独立、人民解放和国家富强而进行的伟大实践，适合中国国情和社会进步要求，是历史的选择，人民的选择。

党的十七大报告指出："要坚持中国特色社会主义政治发展道路，坚持党的领导、人民当家做主、依法治国有机统一，坚持和完善人民代表大会制度、中国共产党领导的多党合作和政治协商制度、民族区域自治制度以及基层群众自治制度，不断推进社会主义政治制度自我完善和发展。"

一、党的领导、人民当家做主、依法治国有机统一

1. 中国共产党的领导是人民当家做主和依法治国的根本保证。中国共产党作为一个领导着有13亿多人口的社会主义大国的执政党，在国家政治生活中处于绝对的领导地位，这就使得党的领导对于实现人民当家做主和依法治国具有决定性的意义。在中国，中国共产党领导、支持和保证人民当家做主，就是从制度上、法律上保障这一根本准则在国家和社会生活中得到充分和切实的贯彻和体现。因此，发展社会主义民主政治，建设社会主义政治文明，核心在于坚持党的领导。

2. 人民当家做主是社会主义民主政治的本质和核心要求。人民当家做主，就是人民可以按照自己的意志建立和规定国家制度，依法选举自己所信任的领导人，参与和决定国家重大事务，对权力运行进行民主监督，保证实现人民的根本利益。共产党执政的实质，就是领导、支持和保证人民当家做主。党只有领导人民创造各种有效的当家做主的民主形式，坚持依法治国，才能充分实现人民当家做主的权利，才能得到人民群众的支持和拥护，才能巩固和发展党的执政地位，是社会主义政治文明建设的根本出发点和归宿。

3. 依法治国是党领导人民治理国家的基本方略。依法治国与人民民主、党的领导是紧密联系、相辅相成、相互促进的。依法治国不仅从制度上、

法律上保证人民当家做主，而且也从制度上、法律上保证党的执政地位。我国的宪法和法律是党的主张和人民意志相统一的体现。人民在党的领导下，依照宪法和法律治理国家，管理社会事务和经济文化事业，保障自己当家做主的各项民主权利，这是依法治国的实质。依法治国的过程，实际上就是在党的领导下，维护人民主人翁地位的过程，保证人民实现当家做主的过程。

坚持党的领导、人民当家做主和依法治国三者有机统一，既是发展中国特色社会主义民主必须遵循的基本方针，也是中国特色社会主义民主区别于西方资本主义民主的本质特征。

二、人民民主专政的中国特色

人民民主专政是我国的国体。人民民主专政包括两个方面：一个方面是在人民内部实行民主；一个方面是对敌人实行专政。把对人民内部的民主方面和对敌人的专政方面互相结合起来，就是人民民主专政。

近代以来，中国资产阶级一再发动的改良运动、革命运动和第三条道路运动屡遭失败，说明在中国建立资产阶级统治的国家是完全行不通的。1949 年 6 月 30 日，毛泽东发表了《论人民民主专政》，深刻总结共产党 28 年的历史经验，论证了在中国建立人民民主专政的历史必然性。资产阶级的共和国，外国有过，中国不能有，因为中国是受帝国主义压迫的国家，唯一的路是经过工人阶级领导的人民共和国。1949 年 10 月，中华人民共和国的成立，标志着我国人民民主专政国家政权的建立。

我国现阶段的人民民主专政建立在中国国情基础之上，既具有无产阶级专政的本质、职能，又具有鲜明的中国特色。其表现在：第一，包括知识分子在内的工人阶级、占人口大多数的农民阶级、全体社会主义的劳动者、社会主义事业的建设者、拥护社会主义和拥护祖国统一的爱国者都属于人民的范畴，在人民内部实行民主，只对极少数人实行专政。第二，人民民主专政的国家政权，决定了我国实行人民代表大会制度、共产党领导的多党合作和政治协商制度、民族区域自治制度以及基层群众自治制度，这是我国政治制度中的特点和优点，体现了社会主义民主的内在本质，从制度层面保证广大人民有效地行使当家做主的权利。第三，人民民主专政概念表述准确鲜明。从内容上看，它具有人民民主和人民专政的双重含义；从字面上看，这个概念更全面、更准确地表示出人民民主专政国家的阶级状况和民主性质。人民民主专政符合我国的国情，我们必须坚持人民民主专政。

三、人民代表大会制度

1. 什么是人民代表大会制度？代表制度，也叫代议制度，是现代国家政治制度的重要组成部分。我国的代表制度采用“人民代表大会制度”的形式。我国宪法规定：中华人民共和国全国人民代表大会是最高国家权力机关。在中国，国家行政机关、审判机关、检察机关都由人民代表大会产生，对它负责，受它监督。人民代表大会的职权主要有四项：立法、监督、人事任免、重大事项决定。人民代表大会制度的核心是保证国家的一切权力属于人民，人民通过人民代表大会这一组织形式参与国家事务的管理，行使当家做主的权力。

人民代表大会制度作为我们国家的一项根本政治制度，它的根本性主要体现在两个方面：一是，这一制度在我国政治制度体系中居于核心地位，决定着国家社会生活的各个方面和其他各种具体制度。二是，这一制度是我国各种国家制度的源泉，国家的其他制度，都是由人民代表大会通过立法创制出来，都要受到人民代表大会制度的统领和制约。

2. 我国为什么实行人民代表大会制度？一个国家实行什么样的政治制度，归根结底是由这个国家的国情和性质决定的。人民代表大会制度是近代以来中国社会发展的必然选择，是中国共产党带领全国各族人民长期奋斗的重要成果。

人民代表大会制度是中国人民当家做主的根本途径和最高实现形式。第一，人民代表大会制度为中国人民当家做主提供了最好的组织形式。人大代表由人民选举产生，具有广泛的群众基础。人大代表了解和收集全国各族人民的意见和要求，通过人民代表大会把这些意见和建议集中起来，使之上升为法律和法令，由人民代表大会选举产生的各级人民政府使这些法律和法令得到切实贯彻执行。第二，人民代表大会制度为国家机构高效运转提供了有力的制度保障。人民代表大会作为国家权力机关统一行使国家权力，坚持民主集中制原则，集体行使职权，集体决定问题。充分发扬民主，在充分协商、基本达成共识的基础上，按照多数人的意见作出决定，这就避免了有些资本主义国家实行权力分立制衡制度，使得各国家机关之间经常摩擦、扯皮、互相牵制的弊端。

我国人民代表大会制度同资本主义国家的议会制有根本不同，其表现在：第一，人民代表大会与西方议会有本质区别。全国人民代表大会和地方各级人民代表大会都由民主选举产生，对人民负责，受人民监督。人民代表大会中没有议会党团，也不以界别开展活动。而西方议会的议席往往是各个政党、各个利益集团、各种社会势力政治分赃的结果。第二，人民代表大会和“一府两院”的关系与西方国家国家机关间的关系有本质区别。人民代表大会是国家权力机关，统一行使国家权力，“一府两院”(国家行政机关、审判机关、检察机关)都由人大产生，对人大负责，受人大监督。而在西方资本主义国家，通常实行立法权、行政权、司法权“三权分立”，分别由议会(国会)、政府和法院把持。有时候这三个机构由一个政党控制，有时候由不同政党分别控制。它们经常以牺牲民众的利益为代价争吵不休、互相扯皮。第三，人民代表大会代表与西方议会议员有着本质区别。我们的人大代表，来自各地区、各民族、各方面，具有广泛的代表性。而西方国家的议员则是某党某派的代表，而且往往集中在少数党派，议员的分布范围狭小。我们的人大代表，有各自的工作岗位，不是专职的，而是兼职的，而西方议会的议员则是脱离生产工作第一线的“职业议员”，是一个拥有自身特殊利益的共同体。充分认识人民代表大会制度与西方议会制度的本质区别，归根结底是为了充分发挥人民代表大会制度的优越性，坚持和完善人民代表大会制度。

四、中国共产党领导的多党合作和政治协商制度

中国共产党领导的多党合作和政治协商制度是我国的一项基本政治制度，是马克思主义政党理论和统一战线学说与我国具体实际相结合的产物，是中国社会主义民主政治制度的重要组成部分。

第一，中国共产党领导的多党合作和政治协商制度的特点和优点。

中国特色的政党制度的形成与发展具有历史的必然性，它是中国共产党与各民主党派在中国革命、建设和改革的长期实践中确立和发展起来的，是中国共产党同各民主党派风雨同舟、团结奋斗的成果，是共产党和各民主党派智慧的结晶。

共产党领导，多党派合作，共产党执政，多党派参政，是中国多党合作制度的显著特征。

中国共产党的领导是多党合作的前提和根本保证。共产党的领导是政治领导，即政治原则、政治方向和重大方针政策的领导。首先，坚持共产党的领导是由党的性质所决定的。其次，坚持共产党的领导是由国家的性质和政治制度所决定的。最后，坚持共产党的领导是在长期的革命斗争中形成的，也是各民主党派的共同选择。合作不是政党的简单聚会，而是需要

一定的政治原则来维系的。

中国共产党是社会主义事业的领导核心，是执政党；民主党派是各自所联系的一部分社会主义劳动者、社会主义事业建设者和拥护社会主义爱国者的政治联盟，是接受中国共产党领导、同中国共产党通力合作的亲密友党，是进步性与广泛性相统一、致力于中国特色社会主义事业的参政党。共产党与民主党派的合作共事体现在，共产党是执政党，处于统揽全局、协调各方，进行全面领导的位置；民主党派是参政党。民主党派的参政表现在：各民主党派参加国家政权，参与国家事务的管理，参与国家大政方针和国家领导人选的协商，参与国家方针、政策、法律、法规的制定执行。积极地参政议政，处于合作的位置。中国共产党与民主党派的合作的基本方针是，“长期共存，互相监督，肝胆相照，荣辱与共”。

对于中国的政党制度，原民建中央主席孙起孟有一个非常形象的比喻。他说：多党合作“好比是交响乐团，在作曲的时候，大家都可以提意见，各民主党派都应该积极参与，最后公认由共产党博采众议来定谱。此外，乐队还要有一个指挥，按照乐曲的总谱来指挥整个乐团的演奏。乐团里有大提琴手、小提琴手等几十上百个演奏家，他们都各有专长，甚至自成一家，但如果各行其是，乐团就无法奏出和谐、动听的乐曲，关键要有一个统一的指挥。演奏多党合作这个‘交响曲’的指挥者就是中国共产党。”

第二，中国人民政治协商会议是中国人民爱国统一战线的组织，是中国共产党领导的多党合作和政治协商的重要机构，也是中国政治生活中发扬民主的重要形式。

人民政协的两大主题是团结和民主。人民政协的职能是：政治协商、民主监督、参政议政。

中国的政党制度不是传统意义上的“一党制”或“多党制”，而是兼有二者的优点。既发扬了民主又体现了集中，是在多党参政议政、政治协商、民主监督的基础上实现民主，在共产党政治领导的前提下体现集中。既避免了一党制因缺乏监督而导致专制的弊端，又避免了多党和两党因竞选而造成政治资源的巨大浪费和政治成本的显著提高。这是具有中国特色的政党制度，也是我国政党制度的巨大优势所在。

五、民族区域自治制度

民族区域自治制度是国家的一项基本政治制度，民族区域自治是我国解决民族问题的基本政策。中国是一个统一的多民族国家，各民族大杂居、小聚居的人口分布格局，各地区资源条件和发展的不平衡以及近代以来少数民族在反抗外来侵略斗争中形成的爱国主义精神，构成了我国实行民族区域自治的历史依据、现实条件和政治基础。

新中国成立后，国家颁布了一系列有关法律法规，保障和推动民族区域自治的发展。截至2007年，我国共建立了5个民族自治区，155个民族自治地方；在55个少数民族中，有44个建立了自治地方，实行区域自治的少数民族人口占少数民族总人口的75%，民族自治地方面积占全国总面积的64%左右。

新中国成立前，少数民族地区生产力水平低下，经济、社会、文化发展相当落后，一些地区还处在“刀耕火种”的原始状态，群众的生活十分困苦，几乎没有现代工业、现代教育和现代医疗，基础设施建设很差，文盲人口占绝大多数，鼠疫、天花、疟疾等各种传染性疾病流行，有的民族甚至濒临灭绝。新中国成立，特别是改革开放以来，在国家和发达地区的大力帮助和支援下，民族自治地方充分发挥自身优势，保持了经济发展、政治稳定、社会进步、民族和睦的良好局面。

所谓民族区域自治，就是在中华人民共和国内，在国家的统一领导下，以少数民族聚居的地区为基础，实行相应的区域自治，设立自治机关，行使自治权，由少数民族当家做主，管理本民族内部地方性事务。

根据宪法和民族区域自治法和其他法律的规定，我国各民族自治地方的自治机关，享有自治权。其表现在：一是自主管理本民族、本地区的内部事务。二是享有制定自治条例和单行条例的权力。三是尊重和保护少数民族宗教信仰自由。四是使用和发展本民族语言文字。此外，民族自治地方还有权保持或者改革本民族风俗习惯，自主安排、管理和发展本地方经济建设事业，自主管理地方财政，自主发展教育、科技、文化、卫生、体育等社会事业。

实行民族区域自治制度，有助于少数民族在与汉族形成平等的民族关系的基础上，实现当家做主；有助于党和国家的方针政策与少数民族和民族地区的具体实际相结合，促进民族地区的经济发展和社会全面进步；有助于国家在政治、经济、财政、文化等方面给少数民族地区以帮助，实现国家富强和民族共同繁荣。胡锦涛指出，民族区域自治，作为党解决我国民族问题的一条基本经验不容置疑，作为我国的一项基本政治制度不容动摇，作为我国社会主义的一大政治优势不容削弱。

六、基层群众自治制度

党的十七大首次把基层群众自治制度确立为我国民主政治的四项制度之一，纳入中国特色社会主义民主政治制度的基本范畴。

1. 我国的基层群众自治制度是一种基层自治和民主管理制度。它是指城乡居民群众以相关法律法规政策为依据，在城乡基层党组织领导下，在居住地范围内，依托基层群众自治组织，直接行使民主选举、民主决策、民主管理和民主监督等权利，实行自我管理、自我服务、自我教育、自我监督的制度与实践。我国的基层群众自治制度，主要包括城市的居民自治制度、农村的村民自治制度和以职工代表大会为基本形式的企事业单位民主管理制度等。我国的基层群众自治制度，作为国家制度民主的具体化，是社会主义民主广泛而深刻的实践，是人民当家做主最有效、最广泛的途径。

2. 我国的基层群众自治制度的特点和优势。第一，它能够直接反映人民群众的利益诉求。在自治的内容上，群众自治的事务涉及群众的切身利益，人民群众能够保护自己的权利不受侵犯。在行使民主权利的方式上，人民群众在自己生活的社区内，通过选举、决策、管理和监督，直接参与基层公共事务和公益事业的管理，使得民主参与具有直接性和有效性。

第二，它能够坚持正确方向并稳定有序地发展。我国基层群众自治制度的建设与实践活动是在党和政府的主导下开展的，这是我国社会主义民主政治的一大特点，也是发展社会主义民主政治的一大政治优势，也是有计划、有步骤地稳定有序发展基层群众自治的根本保证。

第三，它能够与经济社会发展相适应、相促进。农村村民自治制度是适应农村经济体制改革需要而产生的，对化解农村社会矛盾、解决三农问题、提高政府管理水平和农民素质，都起到了重要作用；城市社区居民自治制度则是适应城市基层社会管理和居民生活需要的产物，在解决城市社会发展中的矛盾和问题等方面发挥了重要作用。

第四，我国的基层群众自治是循序渐进、逐步发展的。这是因为党对发展基层群众自治的认识，是与时俱进、逐步深化的；基层群众自治的实践，基本是由点到面、由浅入深，由单领域向多领域逐步推开的；基层群众自治的各项制度、法律和法规，是逐步健全的；人民群众当家做主的能力，也是在实践中逐步提高的。

3. 实行基层群众自治制度的作用和意义。我国的基层群众自治制度，虽然存在于最小的社区单元，存在于社会组织系统的最低层，但其作用和意义却不容小视，它所产生的实践功效远远超出了基层，对整个国家的政治发展和经济社会的全面进步产生了积极而久远的影响。首先，它形成了一套科学的基层管理体制和运行机制。其次，全面提高了干部群众的政治素质。再次，理顺了干群关系，促进了农村、城市的廉政建设。最后，促进了基层两个文明建设，带动了基层的整体性进步。基层实践证明，开展群众自治与经济文化发展不是矛盾的，而是具有很大的相融性、相互促进性，村民、居民自治搞好了，所带来的不仅仅有政治效益、管理效益，而且有经济效益、社会文化效益。

发展基层民主，是我国亿万人民群众直接行使民主权利的最广泛的民主实践，是推进我国民主政治建设重要的制度选择，是调动和发挥人民群众积极性的重要措施，是符合中国国情的通往普选制民主的稳健道路。所以党的十七大提出，把发展基层群众自治制度作为发展社会主义民主政治的基础性工程重点推进。

专题二　依法治国，建设社会主义法治国家

一、依法治国是党领导人民治理国家的基本方略

20 世纪 90 年代，中国开始全面推进社会主义市场经济建设，由此奠定了法治建设的经济基础，也对法治建设提出了更高的要求。1997 年中共十五大报告第一次深刻地阐述了依法治国的含义，把“依法治国”确立为党领导人民治理国家的基本方略，并提出了建设中国特色社会主义法律体系的重大任务。2002 年党的十六大将社会主义民主更加完善，社会主义法制更加完备，依法治国基本方略得到全面落实，作为全面建设小康社会的重要目标。2004 年将“国家尊重和保障人权”载入宪法。2007 年党的十七大，明确提出全面落实依法治国基本方略，加快建设社会主义法治国家，并对加强社会主义法治建设作出了全面部署。

依法治国，就是广大人民群众在党的领导下，依照宪法和法律的规定，通过各种途径和形式管理国家事务，管理经济文化事业，管理社会事务，保证国家各项工作都依法进行，逐步实现社会主义民主的制度化、法律化，使这种制度和法律不因领导人的改变而改变，不因领导人的看法和注意力

的改变而改变。

依法治国是发展社会主义民主，加强社会主义法制的辩证统一。发展民主政治，是建设法治国家必不可少的前提和基础，人民的民主权利上升为制度和法律，并使这种制度和法律具有稳定性、连续性和权威性，人民的民主权利才能得到根本保证。

全面落实依法治国基本方略、加快建设社会主义法治国家，是保证人民当家做主的必然要求，是发展中国特色社会主义的必然要求，是促进社会和谐稳定、实现党和国家长治久安的必然要求。其重要意义表现在：第一，依法治国是中国共产党治国方式的重大转变，有利于加强和改善党的领导。第二，依法治国是发展社会主义民主，实现人民当家做主的根本保证。第三，依法治国是发展社会主义市场经济和扩大对外开放的客观需要。第四，依法治国是建设中国特色社会主义文化的重要条件。第五，依法治国是国家长治久安的重要保障。

二、加强社会主义法制建设

法制是依法治国的前提和基础。经济的发展，社会的进步，国家的强盛，民族的复兴，都离不开法制的健全，推进依法治国进程，建设社会主义法治国家，必须大力加强社会主义法制建设。

加强社会主义法制建设的基本要求，可以用16个字来概括，即“有法可依、有法必依、执法必严、违法必究”。有法可依是前提，就是建立统一、完备、科学的法律体系和制度，使国家和社会生活的各个方面都有章可循。有法必依是核心，就是法律制定出来后，必须遵守和执行。执法必严是保障，就是严格执法，它要求执法机关和执法人员严格按照法律规定，行使国家行政执法权和司法权。执法必严，首先要求国家的一切行政机关和检察、审判机关的行为必须有法律上的根据，不得超出法律规定的范围。违法必究是关键，对一切违法犯罪行为都要按照“以事实为依据，以法律为准绳”的原则，给予惩处。

改革开放以来，我国社会主义法制建设取得了显著成绩，我国目前生效的法律已达到230多部，行政法规有600余件，地方性法规约7000多件。我们用30多年的时间完成了其他国家大约用400年到500年才能完成的形成自己国家法律体系的任务。

当前和今后的一段时间，加强法制建设的主要任务是：坚持科学立法、民主立法，完善中国特色社会主义法律体系。

专题三　推进政治体制改革，发展民主政治

一、深化政治体制改革，扩大社会主义民主

1. 政治体制改革的必要性。我国政治体制是脱胎于革命战争年代，在社会主义改造时期基本确立，是在大规模群众运动和计划经济条件下发展起来的。随着社会主义建设的深入进行，特别是改革开放之后，政治体制的弊端逐渐显露出来。政治体制的弊端主要表现为领导职务终身制、党政不分、政企不分、权力过于集中于个人、机构臃肿以及官僚主义等问题。这些弊端严重破坏了党的民主集中制和国家政治生活的民主化，一定程度上制约了我国基本政治制度优越性的发挥，不适应经济建设，特别是发展社会主义市场经济的需要，因此必须对我国的政治体制进行改革。

2. 政治体制改革的性质和目标。我国的政治体制改革是社会主义制度的自我完善和发展，绝不是政权的更迭，中国决不搞西方的议会制。进行政治体制改革的目的，是要消除官僚主义，发展社会主义民主，调动人民和基层单位的积极性。要通过改革，处理好法治和人治的关系，处理好党和政府的关系。进一步扩大基层民主，健全基层自治组织和民主管理制度，让广大群众更好地参与管理基层公共事务。要坚持依法治国、依法行政。进一步健全法制，特别要重视那些规范和监督权力运行的法律制度建设。创新政府立法工作的方法和机制，扩大立法工作的公众参与。

政治体制改革的长远目标，是建立高度民主、法制完备、富有效率、充满活力的社会主义政治体制。近期目标，是建立有利于提高效率、增强活力和调动各方面积极性的领导体制．总之，政治体制改革的目标是要通过权力的监督制衡、吏治的改革、行政机构的改革和行政垄断的治理，实现社会主义民主。

3. 政治体制改革取得的成就。改革开放30多年来，我国的经济体制改革取得了世界瞩目的成就，国家民主制度不断完善和发展，城乡基层民主不断扩大，公民的基本权利得到尊重和保障，中国共产党民主执政能力进一步提高，政府民主行政能力显著增强，司法民主体制建设不断推进。国家领导制度、立法制度、行政管理制度、决策制度、司法制度、人事制度和监督制约制度等方面的改革取得了显著成效。在依法治国，建设社会主义法治国家目标的指引下，社会主义民主的制度化、规范化和程序化建设

不断加强，以宪法为核心的中国特色社会主义法律体系初步形成，国家政治、经济、文化、社会生活的主要方面基本做到了有法可依。改革开放30年来，无论是重大自然灾害，还是经济危机、政治风波，都没有使中国改革偏离航向，这就深刻验证了我们实行的政治制度符合我国国情，具有强大生命力。

4. 继续深化政治体制改革。我国改革开放以来，市场经济体制已经初步建立起来了，政治体制的改革取得了相当大的进展，人民的民主意识明显增强，政治参与的积极性不断提高。但是，我国行政管理机制还存在的问题，包括政府对微观经济干预过多，社会管理和公共服务比较薄弱；一些工作人员依法行政意识不强；一些领导干部脱离群众、脱离实际，形式主义、官僚主义严重；一些领域腐败现象易发多发；收入分配两极分化等诸多问题。这些都是由于政治体制上的漏洞和缺乏人民监管所致，迫切要求深化政治体制改革。

党的十七大提出进一步深化政治体制改革的任务：深化政治体制改革必须坚持一个方向、一个根本、一个目标，即：必须坚持正确政治方向；以保证人民当家做主为根本；以增强党和国家活力、调动人民积极性为目标。

二、社会主义的民主、自由和人权

1. 社会主义的民主

第一，民主的国体和政体。近代以来，资产阶级建立了在私有制基础之上的民主制度，代替君主制，但是在政权性质上依然是少数剥削者的民主。作为国家制度的民主，在社会主义民主以前，都不是从国体意义上、从国家的阶级实质上讲的，只是从政体意义上讲的，它只是一种政体的形式。社会主义民主，在人类历史上第一次赋予民主的“民”以“多数”的含义，第一次使国家权力成为真正意义上的“人民做主”的权力，使“大多数人的统治”以国家政治制度的形式成为名副其实，使民主成为一种国体，全体人民群众通过各种途径和形式管理国家政治、经济、文化和社会事务。在这一点上，社会主义民主比以往任何民主制度都要优越。作为政体，社会主义民主的核心内容就是在全体人民范围内，充分发扬民主，通过有效的政权组织形式，保障人民充分行使权力。社会主义民主是国体和政体的统一。

第二，民主的内容与形式。任何一种民主的本质、内容和形式，都是随着本国经济文化的发展而发展的，都是由一定的社会制度决定的。社会主义民主是新型的民主，它的本质和核心是人民当家做主。民主的形式是多样的，没有统一的标准。作为形式的民主，可以存在于不同的国家和社会制度之中，不同的国家有不同形式的民主。民主不是资本主义的专利，社会主义同样也有民主。

在民主的实现形式方面，西方资本主义国家普遍采用代议制的间接民主，由选民通过投票选举产生国家权力机关，再由它们代表选民来行使国家权力。这就使投票选举在代议制民主中具有十分重要的意义，有人把这种民主称为选举民主或票决民主。在我国，主要民主形式是选举民主。另外，我国有长期形成的中国特色协商民主。中国特色社会主义的民主形式是选举民主与协商民主相结合。党的十七大明确提出，要把政治协商纳入决策程序，这进一步推进了我国两种民主形式的结合，使党和国家的重大决策建立在充分政治协商的基础上，从程序上实现了我国根本政治制度与基本政治制度的成功对接，不但扩大了公民的政治参与，拓展了民主的社会基础，而且增强了决策的科学性，提高了决策水平，从根本上克服了单纯实行选举民主所难以避免的缺陷。

第三，党内民主与人民民主。民主就是人民的统治或主权在民，其本意只能是人民的民主。但民主可以存在于不同的领域和不同的群体，例如政党领域和社会领域，于是便有政党民主、社会民主、精英民主等说法。由党内民主带动人民民主，是中国民主发展的现实道路。党内民主是除基层民主之外，推进我国民主政治的又一重点。如果说基层民主是由下至上推进民主政治的话，那么，党内民主则是由权力核心向外围推进民主。

第四，立足国情，发展民主。衡量一个政治制度是不是民主，关键要看最广大人民的意愿是否得到了充分反映，最广大人民群众当家做主的权利是否得到了充分实现，最广大人民群众的合法权益是否得到了充分保障。民主是人类政治文明发展的成果，也是世界各国人民的普遍要求。一个国家对民主形式的选择首先必须立足于本国国情。首先，民主的发展要建立在一定的政治、经济、文化之上，一个国家民主的发展离不开本国的国情。世界上没有一个国家的民主制度是照搬别国的，也不可能照搬。其次，民主的发展也是有阶段性的。国家不同的发展阶段，可以有不同的民主形式。任何一个国家不能脱离社会发展阶段和经济发展水平，孤立地谈民主。

2. 社会主义的人权

第一，中国人权的发展。人权，泛指人身自由和其他民主权利，主要包括生存权、经济权、政治权、文化权等。1997 年，中共十五大召开，首次将“人权”概念写入党的全国代表大会的主题报告，使人权成为党领导国家建设的主题。2004年，“国家尊重和保障人权”写入宪法，首次将“人权”由一个政治概念提升为法律概念，将尊重和保障人权确立为国家根本大法的一项原则。2007年，中共十七大将尊重和保障人权的内容写入党章。据统计，改革开放以来，中国政府共发表了57个政府白皮书，人权白皮书就占了70%以上，充分表明中国对人权问题的高度关注和重视。目前中国已参加20多项国际人权公约，有现行有效法律233件、行政法规690多件、地方性法规8800多件，建立起了一整套促进和保障人权的基本制度，已形成以宪法为核心的比较完备的法律体系，人权在民主与法制的轨道上得到有效保障。

第二，中国特色的人权理论。尊重和保障人权是人类社会进步的重要成果和现代文明社会的重要标志，是世界各国人民的共同追求，也是中国政府和人民长期为之努力奋斗的崇高目标。改革开放以来，我们找到了一条适合中国国情的人权发展道路。这就是：坚持从中国实际出发，坚持以人为本，将人民的生存权、发展权放在首位，在改革、发展、稳定的相互促进中全面推进人权，依法保证全体社会成员平等参与、平等发展的权利，促进公民、政治权利与经济、社会、文化权利以及个人权利与集体权利的协调发展。

首先，人权既包括公民权利和政治权利，也包括经济、社会、文化权利。生命的存在和发展是人权的基础。没有生存权，其他人权均无从谈起。中国处在社会主义初级阶段，人口多，底子薄，人均资源相对短缺，经济文化落后，人权的实现程度受到很大限制。但是，我们始终把解决人民的生存权和发展权问题放在首位，把建设富强民主文明和谐的社会主义现代化国家作为不懈奋斗的目标。

其次，人权既是个人权利，也是国家的集体人权。公民权利的实现和发展，依赖于国家政权。没有国家独立和民族自决的权利，公民的人权就没有保障。近代中国是半殖民地半封建社会，在帝国主义控制中国时，四万万中国人哪有人权可言？中国人民是经过长期浴血奋斗，才取得了民族的独立和解放，获得了整个国家在世界上应该享有的权利，才有中国人个人的人权。坚持人权是个人权利同集体权利的统一，这是中国特色社会主义人权观的一个重要特点。

最后，人权是权利与义务的统一，这是我国人权观的基本原则之一。人权同其他任何权利一样，都不是绝对的。权利的享有应该同所尽的义务一致。中国一直以积极而负责任的态度，参加联合国人权机构的工作和国际人权法律文书的制定，通过多种渠道与国际广泛开展人权对话、合作与交流，充分利用国际舞台为捍卫世界各国人们的人权而努力，中国所倡导和主张的人权必须与各国国情相结合、主张对话与合作是促进国际人权发展的唯一途径等观点得到国际社会的认同。

社会主义的民主、自由和人权本质上优于和高于资本主义，在实现民主、自由和人权方面不受资木和金钱的束缚。社会主义愈发展，民主也愈发展。但如同社会主义本质的充分实现需要一个过程一样，社会主义的民主、自由和人权的充分实现也需要有一个历史过程，需要在经济、政治、文化等方面逐步创造条件，同时需要不断探索适合中国国情的民主、自由和人权的具体实现形式，以保障人民依法管理国家和社会事务、管理经济和文化事业，当家做主。

案例分析

案例一 “海选”，中国基层民主之路

“海选”一词诞生于我国吉林省梨树县农村。

它带有浓重的乡土气息，在东北话中，“海”就是多，“选”即挑选，“海选”也就是从众人中挑选的意思。

1.“海选”的萌芽

不定调子、不划框框、不提名候选人

1986年12月的一天，吉林省梨树县梨树乡北老壕村，一场前所未有的选举在这里进行。当时的村主任是乡里指定的，已经连任多年，经济上有问题，村民意见很大，“大家希望能选出自己满意的村主任”，别再由上级指定。经过民意测验，80%以上的村民要求自己选举村干部。

村民的这一意见反映到县里，县委和乡党委根据村民的意愿，确定了两条选举原则：“不定调子、不划框框、不提名候选人”和“选正人、选能人、不要求完人”，充分相信群众，由他们选出自己信得过的人。

选举这一天，气氛相当热烈，全村2000多名村民踊跃投票，选举大会一直开到后半夜。经过村民投票，三轮选出全部村委会成员，此前由乡政府任命的村主任落选。孙国清与其他8名原村干部当选为北老壕村新一届村委会成员。这一年，孙国清37岁，之前担任村会计。

20多年以后孙国清告诉记者，“我当时也没有想到会被选为村干部”，“‘海选’把我选上来，是对我的信任，我肯定得认真干，用满意的工作成绩回报大家”。

北老壕村民主选举村干部，为以后全县乃至全国的村委会选举积累了经验，这是“海选”的萌芽和雏形。

2.“海选”的发展

选举制度和程序不断完善

梨树县的“海选”创举，获得了国家相关部门的肯定，我国1987年颁布的《中华人民共和国村民委员会组织法(试行)》就吸收了梨树县的这一做法，第九条明确规定：“村民委员会主任、副主任和委员，由村民直接选举产生。”

1991年，双河乡平安村迎来了第二次村委会换届选举。这次换届选举，是真正意义上的“海选”，也被称为全国农村村委会选举走上正轨的开始。

平安村采取的是“拉大网”式的选举办法，第一轮是投票推荐候选人，全村 1031 名选民，每人发一张盖有公章的空白选票，自由填写。这轮共推出 76 名候选人，以票数多少确定 19 名作为候选人，由全体村民进行第二轮投票，确定最终正式候选人 12 名。之后进行第三轮投票，选举产生新一届村委会。选举结果是：陈永喜以 760 票当选为村委会主任。当时的陈永喜 34 岁，是农业大专生。陈永喜当村主任，成为中国第一个“海选”村官。

由于得到村民的大力支持，“海选”很快就得到迅速普及和推广。1991 年末和 1992 年初的村委会第二届换届选举中，全县有 10％的村采用“海选”方式提名候选人；到 1994 年末至 1995 年初的第三届选举中，“海选”的办法已经在全县普遍实行。

随着“海选”在梨树县的推广，其选举程序也在逐步完善。1994 年的“海选”中，竞选演讲、选民登记、秘密填票等方法一一出台；到了 1997 年，梨树县第四届村委会换届“海选”，简化了选举过程，取消“海选”候选人的环节，一次性在选票上写明职务，选票半数以上有效，得票多者胜出。

3.“海选”的精髓

基层直接选举走向规范化、法制化

1998 年《中华人民共和国村民委员会组织法》正式颁布施行，并再次明确规定：“村民委员会主任、副主任和委员，由村民直接选举产生。任何组织或者个人不得指定、委派或者撤换村民委员会成员。”

目前，全国有 29 个省(区、市)制定了村委会组织法实施办法，31 个省(区、市)制定了有关村委会选举的地方性法规。如今全国 95％以上的农村村委会依法实行了直接选举，绝大多数的农村进行了 7 次以上的村委会换届选举。在选举中，竞职演讲、治村演说等形式普遍实行，基层民主政治建设的内容不断丰富。

近年来，随着工业化、城镇化对我国农村影响的不断加深，村民委员会组织法的实施环境也发生了深刻变化。城乡流动人口激增，目前我国已有流动人口 2 亿多，农村青壮年劳动力外出务工大量增加。在城镇化过程中，许多农村村民转变为城市居民，城市居民到农村居住者也在增多。城乡二元户口结构因户籍改革也开始被打破，人户分离现象日益增多。

为适应这些新形势，村民委员会组织法的修订工作已经展开，修订草案目前正在网上公开征求意见。草案规定：“村民委员会主任、副主任和委员，由村民直接选举产生。任何组织或者个人不得指定、委派或者撤销村民委员会成员”；“户籍不在本村，在本村居住一年以上，本人申请参加选举，并且经村民会议或者村民代表会议同意的公民”可参加村委会选举。

4.“海选”的效应

民众政治参与意识不断增强

“海选”为一大批“能人”创造了脱颖而出的环境和机会，他们成为带动当地经济社会发展的领头人，有力地促进了农村经济和各项事业的发展。2007年底，平安村第七届村委会选举，年仅24岁的王宝生当选为村主任。在他的带领下，如今平安村的道路早已修好，有线电视已经基本入户，宽带网络也正在安装，村里的各项事业都在向前发展。

“海选”带来的正面效应显而易见，村民政治参与热情被极大地调动起来，现在每次换届选举中，梨树县的直选率都在90%以上。

最典型的当属妇女参与选举的意识明显增强。据梨树县民政部门统计，在没有完全实行“海选”前，全县村民委员会成员中没有一位女性当选村委会主任和副主任，而从第三届“海选”推广开始，就有2位女性当选为村委会主任，第四届产生了4位女性正副主任，第五届产生了6位女性正副主任。在2001年第五届选举中，全县191752位女选民，有188109位参加了投票选举，参选率达到98.1%，比上届提高了8个百分点；当选村委会委员的有285人，全县336个村中有271个村委会有女委员，占86.3%，有14个村委会拥有2位以上女委员，比上届增加了11个村。

近年来，发端于村委会“海选”的直接选举，正在向乡镇甚至市县一级选举推进，一些地方的基层直选试点也取得了可喜的成果。在第二届“中国地方政府创新奖”评选20个入围项目中，涉及民主选举类的项目有4个，分别是吉林梨树县村民委员会海选、四川雅安县级党代表直选、四川遂宁步云乡乡长直选、浙江台州乡镇(街道)团委书记直选。

——摘自：秦佩华：《“海选”，中国基层民主之路》，《人民日报》2010年1月20日。

【案例评析】

农村基层民主政治建设是我国社会主义民主政治建设的基础。第一，“海选”是中国群众自己探索出来，又获社会广泛认可的民主方式。通过参与民主选举，亿万农民得到了最好的民主训练，民主的种子在中国广袤的大地上生根发芽，成长壮大，并日益成为改变中国农村面貌的重要推动力。优先发展基层民主，从基层民主逐渐向上推进，也有利于社会政治的稳定，有利于积累民主政治经验，推动了我国民主政治的进步。第二，在民主选举实施过程中还有许多需要进一步解决和完善的问题，比如拉帮结派、贿选、农村宗族势力甚至是黑恶势力干预等现象，一些地方“选举时有民主，选举完没民主”，忽视和践踏人民群众的民主地位和民主权利，需要进一步解决。第三，选举是民主的根基，但民主不仅仅是选举。对农村基层民主建设而言，民主选举与民主决策、民主管理、民主监督是一个统一的整体，只有四个方面齐头并进，才能真正把村民自治落在实处，才能真正实现好、维护好、发展好最广大人民的根本利益。

案例二　“一把手”电话总是“热一阵”

2010 年 7 月初，山东省菏泽市政府再次向社会公布 67 名“一把手”电话。这是继 2008 年、2009 年两次公布当地政府部门单位“一把手”电话后，第三次把这些“重要”电话号码刊登在当地报纸和政府网站上。

菏泽市向社会公布“一把手”电话的做法已经持续两年多，实施效果如何？干部和群众如何看待？作为一项制度能否坚持下去？记者进行了调查采访。

亲自接听管什么？

接听数量不是硬指标，落脚点是转变作风

菏泽市向社会公布的 67 名“一把手”的电话，公布项目包括部门职能，主要领导办公电话、手机，以及辅助电话等。

菏泽市政府督察室有关工作人员介绍，由于新一轮政府机构改革，调整了部分部门、单位的工作职能和主要负责人，菏泽市政府重新公布了政府各部门主要领导的电话。中央、省驻菏单位、部分国有企事业单位“一把手”的联系方式也包括在内。

据了解，菏泽市公布“一把手”电话，始于 2008 年 3 月。为了改进工作作风，提高办事效率，市政府推行工作承诺制和限时办结制，要求各部门公开服务承诺，对符合政策规定、事实清楚的当日内办结；需要调查取证的，两日内办结，特殊情况三日内也要有办理结果。“公布部门领导电话，是为保证这两项制度有效实施采取的硬办法。”

“硬办法”怎样硬？市政府文件中规定，各部门主要负责人晚上 11 时前不准关闭手机，“要亲自接听来电，不得将来电转给下属部门或科室，不得寻找客观理由推辞，更不能拒绝接听”，“要态度平和，耐心细致，认真解答，不得推诿”，并在 2 个工作日内向当事群众反馈办理情况。此外，要确保辅助电话有人接，事情尽快办。

为防止有的负责人接听电话流于形式，市政府还要求从群众反映问题中选择涉及面广、社会影响大、与老百姓关系密切的问题或案件，确定为市政府全程督办的案件，在督办过程中对相关部门的办事效率、规范程度等方面进行监督检查。

督察室有关工作人员说："接听电话数量和接听电话率并不是考核的硬指标，为老百姓解决实际问题才是目的所在，落脚点是转变政府机关作风，提高老百姓的满意率。"

打来电话说什么？

多为咨询电话，有人认为分散领导精力

"一把手"电话是否畅通？7月27日，菏泽市政府督察室、市监察局行政效能投诉中心与当地媒体联合开展了一次突击调查，时间确定在当日晚8时至10时。电话拨打一圈下来，多数部门单位负责人电话畅通，其中22个部门单位的电话存在未接听或关机等问题。无法接通电话的单位和负责人名字，第二天刊登在当地报纸上。市政府要求这些单位要写出书面说明，报市政府督察室。

督察室工作人员说，类似的暗访已经不止一次。仅在2008年公布"一把手"电话的半年多时间里，就进行过三轮暗访。由于公布"一把手"电话的同时又公布了辅助电话，电话接听率和所反映问题的办结率均达到了100%。"据不完全统计，去年一年各部门负责人共接听了大约3.6万个电话，其中咨询类的电话约占八成，其他的都是反映群众遇到的难题。"

菏泽市农业局局长张钢强接受记者采访时表示，公布部门"一把手"电话，有助于更好地服务群众。特别是一些事关群众切身利益的、难以解决的问题，更容易反映解决。他说，自己的电话公布后，一开始群众来电较多，后来就很少了。公布的部门辅助电话，也起了作用。群众来电，大多是咨询。半个月前，菏泽经历一场大风雨，不少农民玉米倒伏，第二天先后有8个农民打辅助电话，咨询该如何处理倒伏玉米。

市政府、公安、民政等部门，成为接听电话较多的部门。有的工作人员介绍，最多的时候，局长一天能接一二十个电话，工作压力加大了不少。特别是一些电话仅是一般的咨询，完全没有必要打给"一把手"，客观上也分散了领导精力。

此外还有一些骚扰和推销电话，让一些部门"一把手"很是头疼。主要是北京打来的推销书和画册的电话。"现在看到'010'区号的来电，一般不敢接。"这位局长说。

电话少了为什么？

多种渠道"默契"配合，群众诉求有效分流

"两年前公布'一把手'电话的时候，当天的报纸卖得比以往任何时候都快。有些办公室里的报纸，也被工作人员悄悄带回家留起来，可以说是'一纸难求'。这说明，公布'一把手'电话，畅通了群众诉求渠道，解决了很多问题，群众还是很欢迎的。"督察室工作人员说。

山东省政府一位工作人员在接受记者采访时说，关键是要坚持，长期坚持下去才有效果。此外还要不断完善机制，让群众有更多的、更畅通的渠道解决问题。“不过，公布‘一把手’电话，固然方便了群众办事，但也容易助长群众凡事要找‘一把手’的思维，所以要防止助长部门过分依赖‘一把手’，工作推一推才能动一动的作风，防止形成领导不交办就不去干的惰性。”

事实上，由于这次同时公布“一把手”辅助电话，加上以前公布的部门服务热线电话，还有“12345”市长热线电话，很多部门“一把手”的电话并未“打爆”，而是被其他渠道分流了。“一把手”电话和部门服务热线以及市长热线之间，关系更加“默契”了。据了解，2009 年，市长热线接听来电 12 万多个。“一把手”电话公布后，一定程度上又分流了部分市长热线电话。

不少局长都有开始电话多、后来电话少的经历。“除了有些问题得到有效解决外，其他渠道更多更畅通也是个原因。”督察室工作人员说。

——摘自刘成友：《山东菏泽市再次公布 67 名政府部门负责人电话，与前两次相似——“一把手”电话总是“热一阵”》，《人民日报》2010 年 8 月 16 日 11 版。

【案例评析】

公布政府部门负责人“一把手”电话，而“一把手”电话总是“热一阵”，说明了什么？

第一，群众打电话给“一把手”，一方面说明这个部门服务群众的工作可能还不到位，另一方面说明，在一些地方和部门，“官本位”思想还不同程度地存在。第二，建设服务型政府，是一项早已确定的政府改革目标。服务型政府从本质上来说，就是一个以民众为中心的政府，而不是以政府自身为中心的政府。政府的所作所为，都要体现为公众服务的理念，要寓管理于服务之中。通过“一把手”电话，可以让各部门发现问题，强化政府内部管理，改变机关作风，弥补各种不足，更好地服务群众。当老百姓办事不必再给“一把手”打电话就能解决问题时，那就说明政府的服务是真正到家了。第三，群众路线是党的根本政治路线。现在政府的一些工作人员不能想百姓所想，而是一切看上边行事，“领导交代就办，百姓有求不管”，严重损害民众和政府的关系。公布政府部门“一把手”电话，是一项便民、利民的措施，不仅解决群众的具体问题，扩大公民有序参与的渠道，推进人民民主的发展，同时也是干部特别是主要领导了解社情民意、倾听群众呼声的便捷途径。对坚持党的“全心全意为人民服务”宗旨，发扬“立党为公、执政为民”的传统，密切党群关系具有重要意义。

疑难问题解答

1. 我国为什么要坚持人民代表大会制，不搞西方的“三权分立”?

我国的人民代表大会就是“中国的议会”。

三权分立，是西方资本主义国家的基本政治制度，主要内容是立法权、行政权和司法权相互独立、互相制衡。“三权分立”反对封建专制统治与个人独裁，它以个人主义、自由主义为理论根据，以财产私人所有制为经济基础，以两党制、多党制为制度支柱，其最终目的是保证和维护资产阶级的政治统治。从本质上来说，“三权分立”是资产阶级内部的权力分工和利益分配。

“三权分立”主要存在以下弊端：第一，“三权分立”没有从根本上解决资产阶级国家权力凌驾于社会之上的基本矛盾，难以形成人民和社会对国家权力监督制约的制度化机制；第二，在“三权分立”之下，人民不是国家的主人和民主的主体，公民权利与国家权力处于对立状态，公民权利经常遭到国家权力的侵犯同时也成为抵抗国家权力的力量；第三，以权力相互钳制为特征的“三权分立”互相掣肘，彼此扯皮，降低甚至丧失了效率，使国家机器不能适应社会发展变化的需要。

在西方主要国家中，实行“三权分立”制度的是少数，除以美国为代表的一些西方国家之外，英国、德国、意大利、加拿大、日本、丹麦、荷兰、奥地利、挪威、葡萄牙、希腊、澳大利亚等西方主要国家都未实行“三权分立”制度，在议会制下，立法权与行政权是不分立的，实质上是合一的、共生共灭的。

我国的人民代表大会制度，以社会主义公有制为主体的所有制结构和全国人民根本利益的一致性，决定了人民可以统一行使自己的国家权力。虽然我国立法、行政、司法也有必要的分工，也分设了三种机关各司其职，但三者不是分立和平行的关系，而是立法权居首位，行政、司法均从属于它，也就是掌握立法权的全国人民代表大会居最高地位。我国正是通过国家最高权力机关全国人民代表大会来体现国家权力的统一，保证一切权力属于人民。

2. 为什么中国不搞西方的两党制或多党制

一个国家实行何种政党制度，是由这个国家的基本国情、国家性质和社会发展状况决定的。中国实行的政党制度之所以是这样的而不是别样的，中国之所以不能照搬西方的两党制或多党制，是因为中国不存在实行那种政党制度的基础和条件。

西方的两党制和多党制是建立在资本主义私有制基础之上的，是与资本主义经济基础相适应的上层建筑的重要组成部分，西方的政党尽管分别属于不同的利益集团，但都是为了维护资本主义制度而存在的。两党制或多党制反映了资产阶级不同的资本集团之间的矛盾和斗争、竞争与合作，体现着统治阶级与被统治阶级之间的关系。中国的多党合作制建立在政治、经济、文化相对比较落后，长期处于社会主义初级阶段历史条件下的发展中国家。多党合作制度是建立在以公有制为主体、多种所有制经济共同发展的社会主义基本经济制度之上的，是与社会主义经济基础相适应的上层建筑的重要组成部分，共同利益一致的阶级、阶层之间的合作，反映了广大人民群众根本利益一致性和不同阶层具体利益的差别性。各个政党维护的是社会主义制度。

搞两党制和多党制一定好吗？20世纪90年代初，非洲许多国家在西方国家的压力下，盲目地实行多党制，一些国家的政党少则几十个，多则上百个，结果给非洲带来的不是民主，而是政党斗争、民族分裂和种族仇杀。曾被喻为“非洲瑞士”的多哥，一度因社会骚乱和暴力冲突不断，全国经济几乎陷入瘫痪。卢旺达多党大选后，导致了部族仇杀，在3个多月中80万人被杀。所以，非洲老百姓说，鸡多不下蛋，党多瞎捣乱。1990年7月，南斯拉夫通过了《政治结社法》，实行多党制。一个人口只比上海多一些的南斯拉夫一下子出现了200多个政党，而赢得最多选票的都是高举民粹主义大旗的政党，口号越激烈，越极端，越能赢得选票。1991年，从斯洛文尼亚开始，一个接一个的共和国宣布独立，脱离联邦，南斯拉夫“内战”随即全面爆发。南斯拉夫境内的战争就像多米诺骨牌，一场接一场发生，最终导致了20多万人丧生，无数人致残，数百万人流离失所，创下了第二次世界大战后欧洲最大的人间悲剧。

我国实行共产党领导的多党合作和政治协商制度，具有自己的优势和强大的生命力，为我国改革、发展和稳定提供了有力的政治保证。所以在任何时候都决不能动摇、削弱这一符合我国国情的政党制度，决不能照搬西方的两党制、多党制。

3. 为什么要把基层群众自治作为发展社会主义民主政治的基础性工程重点推进

社会主义民主政治的本质是人民当家做主。在我国现阶段，人民当家做主主要通过两个途径来实现：一方面，由人民选出代表组成全国人大和地方各级人大，统一行使国家权力；另一方面，实行基层群众自治，由人民群众直接行使民主权利。胡锦涛总书记在党的十七大报告中指出：“发展基层民主，保障人民享有更多更切实的民主权利。人民依法直接行使民主权利，管理基层公共事务和公益事业，实行自我管理、自我服务、自我教育、自我监督，对干部实行民主监督，是人民当家做主最有效、最广泛的途径，必须作为发展社会主义民主政治的基础性工程重点推进。”

首先，发展基层民主是发展社会主义民主的基础性工作。在我国，人民是国家的主人，保证工人阶级和广大劳动群众行使管理国家、管理经济和社会事务的权利，首先必须保证他们在基层的经济、政治、文化和其他社会事务中当好家做好主，这是实现工人阶级和广大劳动群众在整个国家的经济、政治、文化和社会生活中当家做主的基础。通过基层民主，自己的事情自己管，自己的事自己办，人民群众就能真正感受到自己是单位的主人，社区的主人，国家的主人。其次，基层民主是社会主义民主最广泛的实践，发展基层直接民主，有利于提高全民的民主素养，为发展社会主义民主进一步创造条件。人民群众在直接参与基层各项事务的决策、管理、监督的过程中，逐渐会了解什么是民主、怎样做才是民主，逐渐养成民主的习惯和能力。最后，基层民主政治建设的“成本”是最小的，成效却是显著的。与上层民主政治涉及面广，牵扯矛盾复杂有所不同，基层民主政治涉及面小，主要是一个单位、一个组织或社区内部的事情。社会中许多矛盾和问题，往往是一个单位或组织内部产生的，人民群众也更关注自己身边的事情。因此，把每一个基层单位或社区的民主政治建设搞好，整个国家的安定团结就有了根基。

发展基层民主，是我国亿万人民群众直接行使民主权利的最广泛的民主实践，是推进我国民主政治建设重要的制度选择，是调动和发挥人民群众积极性的重要措施，是符合中国国情的通往普选制民主的稳健道路。

实践教学设计

方案一　组织观看中国网络电视台电视片《解放农奴》

【设计思路】

通过观看视频资料，使学生了解西藏农奴制的极为黑暗、残酷、野蛮和落后，深切感受、理解中国共产党在西藏实行民主改革、彻底推翻农奴制的重大历史意义和现实意义，明确西藏是中华人民共和国神圣领土不可分割的一部分。

【步骤安排】

1. 组织学生观看中国网络电视台电视片《解放农奴》

《解放农奴》主要讲述了西藏的封建农奴制沿袭了上千年之久。民主改革以前，西藏实行的是极为黑暗、极为残酷、极为野蛮、极为落后的封建农奴制，这一制度比中世纪欧洲的农奴制度有过之而无不及。1959 年中国共产党领导西藏各族人民，坚决平息达赖集团全面武装叛乱，实行民主改革，彻底推翻了农奴制，解放了世世代代饱受压榨和剥削的百万农奴。

2. 布置学生查阅改革开放特别是近几年以来，有关西藏经济社会发展的资料，写一篇读后感。

3. 教师点评

有人说，西藏的农奴制是世界上最美妙的制度，反对西藏进行民主改革。这种观点在事实面前是立不住脚的！民主改革以前，西藏实行的封建农奴制是极为黑暗、极为残酷、极为野蛮、极为落后的。1959 年中国共产党领导西藏各族人民，坚决平息达赖集团全面武装叛乱，实行民主改革，彻底推翻了农奴制，解放了世世代代饱受压榨和剥削的百万农奴。从此，西藏迈上了从黑暗走向光明、从落后走向进步、从贫穷走向富裕、从专制走向民主、从封闭走向开放的伟大征程。

改革开放特别是近几年以来，西藏人民在党中央、国务院的正确领导下，在全国人民的无私援助下，团结奋斗、开拓进取，建设社会主义新西藏的伟大事业取得了辉煌成就。

西藏是中华人民共和国神圣领土不可分割的一部分。然而，长期叛逃的达赖集团，披着“民族、宗教、人权”的外衣，顽固坚持图谋“西藏独立”、分裂祖国的反动立场，其阴谋不会得逞。

方案二　阅读马克思、列宁、毛泽东、邓小平、江泽民、胡锦涛关于民主的论述

【设计思路】

通过阅读经典论述和文章，使学生更加准确地理解和把握什么是民主，民主是否具有普世价值，以及什么是社会主义的民主。

【步骤安排】

1. 提前两周布置，要求学生阅读相关资料，为课堂讨论做准备

“民主”一词起源于古希腊文，由“人民”和“权力”两词合成，意为“人民的政权”，是人民当家做主的意思。

人类政治文明发展的历史和现实情况说明，任何一种民主的本质、内容和形式，都是随着本国经济文化的发展而发展的，并不存在唯一的、普遍适用的和绝对的民主模式。民主作为一种国家制度，作为上层建筑，它的本质是由经济基础决定的。在民主政治发展进程中，存在着建立在私有制基础上的为少数人服务的民主和建立在公有制基础上的为多数人服务的民主。不管是资本主义民主，还是社会主义民主，都是为了维护统治阶级的权益。

2. 在认真阅读的基础上，把学生分为几个小组，每个小组选出组长或主持人，选定一个问题，先在小组内就题目进行讨论，将大家讨论的内容写成小论文，经过修改整理定稿。

3. 以班为单位，召开研讨会，每小组选一名同学为代表，主题发言，其他同学可以作补充。

4. 学生代表的发言稿，经教师修改，可以推荐发表或出书。

5. 教师对学生发言稿的点评

点评侧重于两个方面：

(1)如何撰写发言稿。

(2)如何深刻领会和掌握民主和社会主义民主的内涵。

考研题解

一、单项选择题

1. (模拟题)发展社会主义民主政治，最根本的是要(　　)

A. 充分发挥人民群众的监督作用

B. 实现民主政治的制度化、规范化、程序化

C. 有领导、有步骤地推进政治体制改革

D. 坚持党的领导、人民当家做主和依法治国的有机统一

2. (2007年考研政治试题第13题)中国共产党和中国政府始终尊重和保护人权，认为首要的人权是(　　)

A. 参政权、议政权　　B. 自由权、平等权

C. 生存权、发展权　　D. 选举权、被选举权

二、多项选择题

3. (2010年考研政治试题第23题)1954年9月，第一届全国人民代表大会第一次会议在北京召开，标志着人民代表大会制度在全国范围内建立起来，人民代表大会制度是中国人民当家做主的根本政治制度，这一制度是(　　)

A. 中国共产党把马克思主义与中国实际相结合的伟大创造

B. 中国共产党带领全国人民长期奋斗的重要成果

C. 全国各族人民的共同利益和共同愿望的反映

D. 近代以来中国社会发展的必然选择

参考答案　1. D　2. C　3. ABCD

三、材料分析题

1. 阅读下列材料

成思危，著名经济学家，原民建中央主席，九届、十届全国人大常委会副委员长。谈到我国的政党制度，他深有体会地说："西方的政党制度是打橄榄球，一定要把对方压倒。我们的政党制度是'唱大合唱'，民主党派和中国共产党的合作共事是为了一个共同的目标，为了保持社会的和谐。要大合唱，就要有指挥，这个指挥无论从历史还是现实来看，都只有中国共产党才能胜任。"海外有评论说中国的民主党派人士在政府任职多是"坐虚位"、"无实权"，成思危说，这不符合实际情况，中国的民主党派不是"政治花瓶"。"在担任化工部副部长的时候，我对自己负责范围内的工作是完

全有权作出决策的。作为全国人大常委会副委员长，我负责证券法、农村金融的执法检查。我和中共党籍的副委员长一样，也是独当一面的。”

资料来源：http：//www. edu. sina. com. cn/kaoyan

请结合材料，说明我国政党制度不同于西方的政党制度的特点和优点。

【解题思路】

我国实行共产党领导的多党合作和政治协商制度，这是一种社会主义的新型政党制度，它与西方打橄榄球式的政党制度是截然不同的，不是你方唱罢我登台，轮流坐庄，而是中国共产党和各民主党派团结一致、合作共事。解答问题时要从我国的基本国情出发，认识我国政党制度的中国特色。

【答案要点】

我国政党制度与西方的政党制度不同，西方国家的政党制度建立在资本主义私有制基础之上，反映的是资产阶级不同利益集团的竞争；西方国家实行两党制或多党制，但是不论是哪个政党上台执政，最后受益的是资产阶级而不是广大人民群众。

我国的政党制度的特点和优点是：第一，中国共产党领导的多党合作和政治协商制度的基本特征是，共产党领导，多党派合作，共产党执政，多党派参政。民主党派是参政党，不是在野党，更不是反对党。第二，坚持四项基本原则，是多党合作的政治基础。共产党和民主党派以实现不同时期的总任务为共同纲领，以建设中国特色社会主义为共同理想。共产党与民主党派团结合作的方针是，长期共存，互相监督，肝胆相照，荣辱与共。第三，各民主党派都参加国家政权，参与国家事务的管理，参与国家大政方针和国家领导人选的协商，参与国家方针、政策、法律、法规的制定执行。第四，中国共产党和各民主党派都以宪法为根本活动准则，各民主党派都受到宪法的保护，享有宪法规定范围内的政治自由、组织独立和法律上的平等地位。新中国成立，特别是改革开放以来，中国共产党领导的多党合作和政治协商制度在国家政治和社会生活中发挥重要作用充分彰显了我国政党制度的优越性。

第十章　建设中国特色社会主义文化

名人名言

不加强精神文明的建设，物质文明的建设也要受破坏，走弯路。光靠物质条件，我们的革命和建设都不可能胜利。

——邓小平（《在中国共产党全国代表会议上的讲话》，《邓小平文选》第3卷，144页，北京，人民出版社，1993）

当今世界，文化与经济和政治相互交融，在综合国力竞争中的地位和作用越来越突出。文化的力量，深深熔铸在民族的生命力、创造力和凝聚力之中。

——江泽民（《全面建设小康社会，开创中国特色社会主义事业新局面》，《江泽民文选》第3卷，558页，北京，人民出版社，2006）

要坚持社会主义先进文化前进方向，兴起社会主义文化建设新高潮，激发全民族文化创造活力，提高国家文化软实力，使人民基本文化权益得到更好保障，使社会文化生活更加丰富多彩，使人民精神风貌更加昂扬向上。

——胡锦涛（《高举中国特色社会主义伟大旗帜，为夺取全面建设小康社会新胜利而奋斗》，在中国共产党第十七次全国代表大会上的政治报告）

专题讲授

专题一　发展社会主义先进文化

一、文化的含义和特征

文化是人类劳动创造的、人类社会特有的现象，是人和动物区别的标志。一部人类史就是人的文化史。我们每个人天天都生活在文化之中，一尊精美的雕像，一篇催人泪下的散文，一首动听的歌曲等，都是文化，文化无处不在。正因为如此，文化是一个内涵和外延十分宽广的概念。从广义上看，文化是指人类在改造自然和改造社会的过程中所创造的物质财富和精神财富的总和（物质财富是人类改造自然的物质成果，它表现为物质生产的进步和物质生活的改善，如摩天大楼、奔驰轿车、舒适家居等。什么是精神财富？精神财富是人类改造主观世界的精神成果，它表现为教育、科学、文化的发展以及道德、理想、情操的升华，如科学研究成果、更高更快更强的奥林匹克精神等）。从狭义上看，文化是指物质生活以外，作为观念形态的、与经济和政治并列，有关人类社会生活的思想理论、道德风尚、文学艺术、教育和科学等精神方面的内容，其中，人们的世界观、人生观、价值观是其核心。

二、中国共产党历来重视先进文化建设

文化有先进和落后之分，落后文化会桎梏人们的思想，扼制社会的创造力，阻滞社会的进步，先进文化一旦形成，就会作为人类社会发展目的性的一种潜在力量，通过知识体系、价值观念、思想信仰和行为规范，教化生活于其中的每个成员，规范人们的行为，保持社会认同，凝聚社会共识，制约社会发展的特色和方向，从而成为人类社会发展的灵魂和一面旗帜。

什么是先进文化？先进文化就是反映先进生产力发展要求的、符合广大人民群众根本利益的、体现社会进步方向的文化。它包括先进的政治思想、先进的伦理道德、先进的科学文化三个部分。先进文化总是具体的、历史的，中国共产党从成立之日起，一直十分重视先进文化的建设，始终代表中国先进文化的前进方向，努力建设和弘扬反映革命、建设和改革要

求的新文化。如毛泽东十分强调文化的重要作用，他在新中国成立前及新中国成立后的许多著作中，均强调建设无产阶级文化思想为领导的民族的、科学的、大众的新民主主义文化，他自己也写下了许多优美的诗篇和著作，从思想上精神上极大地解放和激励了中国人民。

改革开放时期，邓小平根据新的历史条件，创造性地阐述了加强社会主义精神文明建设的思想，要一手抓物质文明，一手抓精神文明，“两手都要硬”。随着中国特色社会主义建设实践的发展，江泽民指出中国共产党要始终代表中国先进文化前进的方向，坚持以科学的理论武装人，以正确的舆论引导人，以高尚的精神塑造人，以优秀的作品鼓舞人等，这指明了文化建设的方向。进入全面建设小康社会的新阶段，胡锦涛强调要牢牢把握社会主义先进文化的前进方向，大力建设和谐文化，进一步形成全社会共同的理想信念和道德规范，打牢全党全国人民团结奋斗的思想道德基础。和谐文化，是以社会主义意识形态为核心、以构建社会主义核心价值体系为根本、以崇尚和谐、追求和谐为价值取向的思想文化，它融思想观念、思维方式、行为规范、社会风尚为一体，反映着人们对和谐社会的总体认识、基本理念和理想追求。和谐文化既是和谐社会的重要特征，也是实现社会和谐的精神动力。

三、社会主义先进文化的基本含义

在当代中国，发展社会主义先进文化，建设和谐文化，就是建设中国特色社会主义文化。所谓中国特色社会主义文化，就其主要内容来说，同改革开放以来我们一贯倡导的社会主义精神文明是一致的。中国特色社会主义文化，就是以马克思主义为指导，以培育有理想、有道德、有文化、有纪律的公民为目标，发展面向现代化、面向世界、面向未来的、民族的科学的大众的社会主义文化。上述文字涵盖了指导思想、根本任务、发展方向、特点四个方面。所谓中国特色和民族性，指它渊源于中华民族五千年文明史，又植根于中国特色社会主义的改革开放实践，它反映我国社会主义初级阶段政治、经济的基本特征，与社会主义的基本经济制度和政治制度结合在一起，对经济和政治的发展起巨大的促进作用。

四、发展社会主义先进文化的重大意义

第一，中国特色社会主义文化是中国现代化建设的重要内容。在人类发展史上，任何社会都是由一定的经济、政治和文化、社会构成的有机统

一整体。社会主义国家也不例外，中国现代化是富强、文明、民主、和谐缺一不可，只有使文化和经济、政治协调发展、大放异彩，才能充分显示社会主义制度的生命力和优越性。如果只求经济一方面的单项突进，而忽视文化建设，导致文化落后、精神空虚、思想腐朽、道德沦丧、生活堕落，这不是我们想要的社会主义，更不是现代化的社会主义。

第二，中国特色社会主义文化是凝聚全国人民的重要力量和综合国力的重要标志。《易经》云：观乎天文，以察时变；观乎人文，以化成天下。很显然，文化从最初起，便具有明确的教化功能、认同功能和凝聚功能，让天下人有相同的知识体系、思维方式、价值观念、思想信仰和行为规范，形成强大的亲和力和凝聚力。同样，中国特色社会主义文化可以让中国人民产生凝聚和激励社会成员的巨大力量。

综合国力，以前主要指经济力＋政治力＋军事力＋外交力，但现在还必须包括文化力在内。文化力的实质是文化对经济基础和政治上层建筑的反作用，最终表现为对生产力和经济发展的促进作用。此外，文化产业化经营和发展后，便可产生巨大的经济效益。中国有自己丰富灿烂的文化，是文化资源大国，但目前不是文化产业强国。

第三，中国特色社会主义文化为现代化建设提供智力支持、精神动力和思想保证。民族文化和民族精神是世界各民族的身份证和标示。中国自鸦片战争以来，历经劫难，但中华民族爱国自强的民族精神成为中国追求独立、富强的不竭动力。但我们只有加强中国特色社会主义文化建设，才能为现代化建设提供科学的理论指导，保证其正确的方向；才能帮助国民以全面的、辩证的、发展的眼光看待发展中的社会主义，树立正确的世界观、人生观和价值观，坚定对社会主义的信念，增强民族自尊心、自信心、自豪感，从而为改革开放和现代化建设提供强有力的思想保证。

五、中国特色社会主义文化建设的根本任务

根本任务：以马克思列宁主义、毛泽东思想、邓小平理论和“三个代表”重要思想为指导，全面贯彻科学发展观，着力培育有理想、有道德、有文化、有纪律的公民，切实提高全民族的思想道德素质和科学文化素质。

培育有理想、有道德、有文化、有纪律的社会主义公民，是建设社会主义先进文化对公民素质提出的综合要求。其中，有理想、有道德、有纪律，是对公民思想道德素质方面的要求，有文化则是对公民科学文化素质的要求。思想道德素质和科学文化素质是有机统一、相辅相成的整体，二

者互相补充、互相促进、协调发展。理想是核心和精神支柱，与道德紧密联系，理想的破灭，也常常伴随着道德的沦丧；道德是行为的规范和理想的体现，纪律是理想和道德的表现，是实现理想、维护道德的重要保证，文化是基础，是形成理想信念、道德情操和纪律观念的重要条件。这四个方面构成了培育社会主义社会公民的整体标准。建设中国特色社会主义文化，发展社会主义先进文化，要始终按照“四有”这样一个整体标准去培养大学生，提高同学们的综合素质，所以，同学们“四有”缺一不可，不能片面发展。有德有才是优质品、有德无才是次品、有才无德是危险品、无德无才是废品。

六、中国特色社会主义文化建设的基本方针

第一，坚持以马克思主义为指导，为人民服务、为社会主义服务。坚持以什么为指导、为什么人的问题，是文化建设的根本问题，不仅决定着文化建设的目标和方向，也决定着文化的性质。建设中国特色社会主义文化，必须坚持以马克思主义为指导，因为马克思主义是源于实践、指导中国革命、改革和建设的实践，并为实践所检验的科学体系；文化的最终目标是丰富人发展人完善人，促进社会进步和繁荣，毫无疑问，它应该坚持为人民服务、为社会主义服务的方向。

第二，坚持百花齐放、百家争鸣的方针。“双百”方针是对文化建设经验的深刻总结，反映了文化发展的内在规律。文化建设要尊重文化工作者的创造性劳动，弘扬主旋律，提倡多样化，促进学术研究和艺术创作的繁荣发展。要在宪法规定的范围内，努力营造生动活泼、求真务实的良好氛围，充分发扬学术民主和艺术民主，在学术问题上提倡不同观点和学派的自由讨论，在艺术创作上提倡不同艺术风格和流派的争鸣和切磋，提倡健康说理的批评和反批评。注意区分学术问题、思想认识问题、政治问题的界限。对政治问题，要旗帜鲜明，立场坚定。对学术问题，要提倡学术民主、平等讨论、相互切磋。对思想认识问题，要加强有针对性的引导，努力析事明理、解疑释惑。

第三，坚持贴近实际、贴近生活、贴近群众，不断推进文化创新。鲜活的实际、火热的生活和人民群众的生动实践，是文化发展与创新的丰富土壤和不竭源泉。只有坚持贴近实际、贴近生活、贴近群众，文化建设才能回答和解决现实问题、反映生活本质、满足群众的文化需求。

第四，坚持立足当代又继承民族优秀文化传统，立足本国又充分吸收世

界优秀文化成果。文化发展犹如一条奔腾不息的大河，要河道通畅，水清质美，就必须清理和维护好水源和支流。要建设中国特色社会主义文化就必须正确认识和处理当代文化与中国传统文化、本国文化与外来文化的关系。

第五，坚持一手抓繁荣，一手抓管理。繁荣是文化建设的永恒主题，管理是文化繁荣发展的有力保障，两者紧密联系，相互促进。

专题二　建设社会主义核心价值体系

一、价值观、核心价值观、核心价值体系的基本含义

价值观可以分为两类，一是非核心价值观，二是核心价值观，所谓“核心价值观”即从历史上传承下来的、为社会多数成员认可的价值观。有人简言之能维持社会基本团结的价值观就是核心价值观，不能维护社会基本团结的都是非核心价值观。在一个社会里，多元的非核心价值观能增进社会活力，统一的核心价值观能阻止社会分裂。

核心价值观是一个国家和民族价值体系中最本质、最重要、最集中、最具决定作用的价值内核，它反映社会和人类的长远利益和未来发展方向，具有激励人心和鼓舞人们不断前进的作用，而且这种价值观包含着非常高尚和值得人们前赴后继为之献身的内在合理性，它支撑和影响着所有价值判断，它的成型和系统化，必将成为人们共同遵循和维护的行为准则，潜入人们的思想和心灵深处，进而作为人们的价值传统和文化精神长期稳定下来，发挥代代相传的价值传递效用。

在社会成员的价值观中，能够影响人们对一个事物、一种行为作出选择和判断的，居于主导地位并形成一定逻辑体系的若干价值内涵的集合，就构成了所谓的核心价值体系。一个国家、一个民族在长期的实践过程中，必然形成自己的核心价值体系，这是社会系统得以运转、社会秩序得以维持的基本精神依托。核心价值体系，不仅作用于经济、政治、文化和社会生活的各个方面，而且对于每个社会成员的世界观、人生观、价值观都施加着深刻的影响。

二、社会主义核心价值体系的基本内容

第一，坚持马克思主义指导思想。马克思主义指导思想是社会主义核心价值体系的灵魂。马克思主义决定了社会主义核心价值体系的性质和方

向，建设社会主义核心价值体系，最根本的是坚持马克思主义的指导地位。

马克思主义指导地位是近代以来中国历史发展的必然结果，是中国人民长期探索的历史选择。马克思主义作为一个开放的理论体系，一百多年来始终与时代同行、与实践同步。一个半世纪以来，它总是不断吸收、借鉴、融合各种优秀的思想文化成果，在继承中前进，在创新中发展。

中国共产党坚持把马克思主义基本原理同中国革命、建设和改革的具体实践相结合，形成了马克思主义中国化的一系列成果，生动而具体地坚持和发展了马克思主义。特别是改革开放三十多年来，我们党坚持以马克思主义为指导，开创了中国特色社会主义道路，把一个贫穷落后的中国，变成为一个初步繁荣昌盛、欣欣向荣的中国，向世界展示了马克思主义的强大生命力。

第二，树立中国特色社会主义的共同理想。一个社会、一个民族、一个国家，只有形成共同理想，才能有共同进步和精神支柱，才会形成凝聚力。理想是有层次的，对中国共产党人来说，最高理想是实现共产主义。这个理想并没有随着时代的改变而改变，共产主义的最高理想同现阶段建设中国特色社会主义共同理想是统一的。我们现在为建设中国特色社会主义而努力，就是为将来实现共产主义最高理想而奋斗。

随着我国经济社会发生的深刻变化，不可避免会出现社会意识的多样化。这就更加需要一个能够代表广大人民根本利益、为社会各个阶层广泛认可和接受的共同理想，才能有效凝聚各方面的智慧和力量，打牢全党全国各族人民团结奋斗的思想基础。这个共同理想，就是在中国共产党领导下，走中国特色社会主义道路，实现中华民族的伟大复兴。

第三，弘扬民族精神和时代精神。民族精神和时代精神是一个民族自立于世界民族之林，不断生存和发展的精神支撑。把握了以爱国主义为核心的民族精神和以改革创新为核心的时代精神，就把握了社会主义核心价值体系的精髓。

民族精神和时代精神相互交融，深深熔铸在民族的生命力、创造力和凝聚力之中，共同构成中华民族自立自强的精神品格，成为推动中华民族伟大复兴的精神动力。在新的历史条件下，要实现中华民族的振兴发展，就必须把弘扬民族精神和时代精神结合起来，统一起来。这个民族精神和时代精神，是中华民族五千多年来生生不息、发展壮大的强大精神动力，也是中国人民在未来的岁月里薪火相传、继往开来的强大精神动力。

第四，树立社会主义荣辱观。荣辱观，是人们对荣誉和耻辱的根本看法和态度。树立正确的荣辱观，是形成良好社会风气的重要基础。只有分清是非荣辱，明辨善恶美丑，一个人才能形成正确的价值判断，一个社会才能形成良好的道德风尚。

以“八荣八耻”为主要内容的社会主义荣辱观，代表了当代中国先进文化的前进方向，体现了社会主义基本道德规范的本质要求，是进一步推进精神文明建设的指导方针。“八荣八耻”指的是：以热爱祖国为荣，以危害祖国为耻；以服务人民为荣，以背离人民为耻；以崇尚科学为荣，以愚昧无知为耻；以辛勤劳动为荣，以好逸恶劳为耻；以团结互助为荣，以损人利己为耻；以诚实守信为荣，以见利忘义为耻；以遵纪守法为荣，以违法乱纪为耻；以艰苦奋斗为荣，以骄奢淫逸为耻。

以上四个方面的内容，相互联系，相互贯通，相互促进，是一个有机统一的整体，都是社会主义意识形态最重要的组成部分，是对社会主义核心价值体系深刻内涵的科学揭示。坚持马克思主义的指导地位，抓住了社会主义核心价值体系的灵魂；树立共同理想，突出了社会主义核心价值体系的主题；培育和弘扬民族精神与时代精神，掌握了社会主义核心价值体系的精髓；树立和践行社会主义荣辱观，打牢了社会主义核心价值体系的基础。

三、建设社会主义核心价值体系的重大意义

建设社会主义核心价值体系，是党在思想文化建设上的一个重大理论创新，是在我国经济体制深刻变革、社会结构深刻变动、利益格局深刻调整、思想观念深刻变化的新形势下，凝聚和统一社会各阶层、各利益群体思想的有力武器，是社会主义制度的精神之魂，是社会主义意识形态大厦的基石。

建设社会主义核心价值体系，既是丰富发展中国特色社会主义理论与实践的需要，也是构建和谐社会、建设和谐文化的必然要求。没有社会主义核心价值体系的引领和主导，和谐文化建设就会迷失方向、失去根本。在和谐文化建设中，抓住了社会主义核心价值体系这个根本，才能形成全社会的共同理想，增强全社会的凝聚力；才能树立全社会的和谐理念，培育全社会的和谐精神；才能形成全社会的良好道德风尚，形成全社会的和谐人际关系；才能营造全社会的和谐舆论氛围，塑造全社会的和谐心态。只有建设具有广泛感召力的社会主义核心价值体系，才能在尊重差异中扩大社会认同，在包容多样中增进思想共识，形成全民族奋发向上的精神力量和团结和睦的精神纽带，打牢全党全国人民团结奋斗的思想基础。

专题三 加强思想道德建设和教育科学文化建设

二十多年前，台湾的一位学者在他的一本书中讲了这样一个故事：两个广东人在美国街边说话，美国人认为他们就要打架，急拨电话报案。警察来了，问两人在干什么，他们说：我们正在耳语。原来两个广东人的大嗓门让美国人误以为要打架。

二十多年后，中国经济发展了，中国人在公众场合的形象是否有所改观？根据世界银行统计，2006 年中国经济总量已经居世界第四。中国人的腰包鼓了，越来越多的国人选择出国旅游。可是在中国人经常出境旅游的主要目的地国——法国、德国、日本、泰国、新加坡等地频频出现了用简体中文标识的警示牌，上面写道："中国人，便后请冲水"，"中国人，请安静"，"中国人，请不要随地吐痰"。

经济的腾飞并不意味着精神文明的同步。改革开放以来，我国的 GDP 不断增长，我国的精神文明建设，中国特色的社会主义文化建设不断取得新成绩，但是相对于 GDP 的飞速增长，我国的思想道德建设和教育科学文化建设却严重滞后。这种滞后不仅会影响中国国民素质的提高，影响中国的对外形象，甚至会影响到中国综合国力的提升。加强思想道德建设和教育科学文化建设显得尤为迫切。

一、加强思想道德建设

思想道德建设解决的是整个中华民族的精神支柱和精神动力问题。加强思想道德建设，是建设社会主义核心价值体系的必然要求，是中国特色社会主义文化建设的重要内容和中心环节。

第一，要紧紧围绕社会主义核心价值体系进行建设。第二，要加快建立和完善社会主义思想道德体系。第三，要着力培育文明道德风尚。第四，要把先进性要求同广泛性要求结合起来。第五，要进一步加强和改进思想政治工作。

二、发展教育和科学

教育和科学是中国特色社会主义文化建设的重要内容，对于提高民族素质、提高社会文明程度、促进经济发展和社会全面进步具有重要作用。发展教育和科学，营造良好的文化环境，是加强文化建设、推进改革开放和现代化建设的重要条件。

1. 不断推进科技进步，加快建设国家创新体系。科技作为第一生产力，对一个国家、一个民族现在和未来的发展具有决定性意义。与现代化建设的需要相比，与世界先进水平相比，我国科技发展的水平还相对落后。当前，要全面建设小康社会，就必须大力推进科技进步和创新，进一步发挥科学技术对经济社会发展的关键性作用，把经济建设转到依靠科技进步和提高劳动者素质的轨道上来。

2. 大力发展哲学社会科学。哲学社会科学是人们认识世界、改造世界的重要工具，是推动历史发展和社会进步的重要力量。哲学社会科学是现代国家的一种战略性资源，它的研究能力和成果是综合国力的重要组成部分。建设中国特色社会主义离不开以马克思主义为指导的哲学社会科学的繁荣发展。

3. 坚持把教育摆在优先发展的战略地位。教育是民族振兴的基石。一是要通过教育培养高素质的劳动者、专门人才和拔尖创新人才，建设人力资源强国；二是要坚持育人为本、德育为先，实施素质教育，提高教育现代化水平；三是要优化教育结构，促进义务教育均衡发展，加快普及高中阶段教育，大力发展职业教育，提高高等教育质量，重视学前教育，关注特殊教育；四是要更新教育观念，坚持教育的公益性质，加大财政对教育的投入，规范教育收费；五是要加强教师队伍建设，重点提高农村教师素质；六是要鼓励和规范社会力量兴办教育，发展远程教育和继续教育，建设全民学习、终身学习的学习型社会。

三、深化文化体制改革，大力发展文化事业和文化产业

1. 深化文化体制改革是重大而紧迫的任务

首先，随着社会主义市场经济的发展和对外开放的扩大，文化赖以生存和发展的经济基础、体制环境和社会条件都发生了深刻变化，而我国文化建设还远远不能适应时代发展的要求。因此迫切要求通过深化文化体制改革，消除各种体制性障碍，改变我国文化产业规模较小、相对分散、总体实力弱的现状，不断提高文化竞争力。其次，通过深化文化体制改革，激发文化发展的活力，为人民群众提供更多更好的文化产品和文化服务。最后，落实科学发展观，积极推进和谐社会建设，也要求通过深化文化体制改革，加快文化发展步伐，使文化与经济、政治、社会建设全面推进，使人民群众的经济、政治和文化权益得到充分保障。

2. 深化文化体制改革的任务

深化文化体制改革，要坚持以发展为主题，以改革为动力，以体制机

制创新为重点，以创造生产更多更好适应人民群众需求的精神文化产品为目标，促进文化事业全面繁荣和文化产业快速发展。要牢固树立新的文化发展观，进一步增强深化改革的自觉性和坚定性，坚决冲破一切妨碍文化发展的思想观念，坚决改变一切束缚文化发展的做法和规定，坚决革除一切影响文化发展的体制弊端。

3. 大力发展文化事业和文化产业

深化文化体制改革，要坚持一手抓公益性文化事业，一手抓经营性文化产业。

公益性文化事业是保障人民基本文化权益的主要途径，是政府主导的公共文化服务体系，其根本任务是为人民群众提供基本的公共文化服务，要加大投入力度，加强社区和乡村文化设施建设，努力构建覆盖全社会的比较完备的公共文化服务体系，普及文化知识，传播先进文化，不断满足人民群众最基本的文化需求。发展公益性文化事业，要坚持以政府为主导，鼓励社会参与，贯彻“增加投入、转换机制、增强活力、改善服务”的方针，切实提高服务群众的能力和水平，最大限度地发挥其社会效益。

发展经营性文化产业，推动形成以公有制为主体、多种所有制共同发展的文化产业格局和民族文化为主体、吸收外来有益文化的文化市场格局，是在社会主义市场经济条件下，繁荣社会主义文化的重要途径。经营性文化产业的根本任务是繁荣文化市场，满足人民群众多方面、多层次、多样性的精神文化需求。其主要内容包括实施重大文化产业项目带动战略，加快文化产业基地和区域性特色文化产业群建设，培育文化产业骨干企业和战略投资者，繁荣文化市场，增强国际竞争力，以及运用高新技术创新文化生产方式，培育新的文化业态，加快构建传输快捷、覆盖广泛的文化传播体系。发展经营性文化产业的方针是“创新主体、转换机制、面向市场、壮大实力”，调动社会力量，在市场竞争中发展壮大文化产业。

案例分析

案例一　大众文化“太平盛世”下的危机

镜头一：芙蓉姐姐能否承载“行为艺术”的嬗变

2005年，在网络舞台上，第一个大红大紫的莫过于芙蓉姐姐了。

年初，一个网名叫“芙蓉姐姐”的女性，在网络上陡然蹿红。她成名的诀窍是，不断地在水木清华BBS上张贴自己的生活照，同时以令人生畏的激情，在网上发表了大量与玉照交相辉映的抒情文字。她那自我陶醉地扭动舞姿，做出风情状，颇有“行为艺术”的味道，曾经每天都有5000以上的人同时在线等待有关她的图片、文字和视频！

镜头二：“娱乐传销”的超级女声

2005年，湖南卫视这个电视娱乐中的“黑马”，再次风头出尽。不管赞誉还是贬损，“超级女声”四个字，至少在中国的城市已经叫响，几乎无人不知超女。超级女声虽然早就拉下了帷幕，但其鸣远未收兵，演出的舞台已经从演播室转向巡回演出，商业包装，娱乐炒作，“玉米”、“凉粉”、“笔迷”等富有新型文化含义及特殊群体标志的词语火速流行，数以亿计的目光集中在那几个年轻女孩的身上，关注程度空前绝后。

镜头三：用权谋哲学“烹饪”名著

2005年被誉为“原创长篇小说年”。12月8日揭晓的第二届《当代》长篇小说2005年度最佳奖中，贾平凹大悲无言的《秦腔》，余华十年磨一剑的《兄弟》(上)榜上有名。贾平凹和余华等老作家“还魂”，人气固然很旺。和《水煮三国》、《麻辣水浒》、《孙悟空是个好员工》等畅销书相比，究竟是原创的新作有名，还是“烹饪”的名著影响更大，暂时还不好下结论。

镜头四：“民间国葬”演艺界明星

2005年4月10日，59岁的著名电影导演陈逸飞在上海去世，引起社会关注；8月18日，著名小品演员高秀敏因为心脏病发作，在家中去世，令喜爱她的观众愕然；8月30日，演员傅彪去世，悼念的规模远远超过了前者。9月1日，傅彪的追悼会在八宝山殡仪馆举行，几千名群众自发来到现场。网上的悼念，更是隆重之至，以至于谁不知道傅彪，会被当成“娱乐文盲”。

与此形成鲜明对比的是，7月6日，院士黄昆走了，科学界扼腕，许多普通公众却相当茫然：黄昆是谁？在科学界赫赫有名，在公众面前却是陌生人。中国科学院化学研究所原所长胡亚东说，不仅是黄昆，几乎所有科学家，特别是搞基础领域研究的都会遇到这样的尴尬。

镜头五：突如其来的艺名事件

2005年6月11日晚，香港凤凰卫视首次披露了去世一周年的豫剧大师常香玉生前留下的一份声明，称“将收回陈百玲对‘小香玉’这个艺名的继承权和使用权”。“声明”说，当初给孙女陈百玲起艺名叫小香玉，意思是要求她把常派豫剧表演艺术继承和发展下去。“可是她从1997年开始，就不按照这个承诺办事了。”祖母希望孙女经常上演《拷红》、《白蛇传》、《花木兰》，而“小香玉”却背离了豫剧传统剧目，改演别的节目。尽管小香玉坚信自己没有违背继承和发扬豫剧的誓言，但祖母的声明，还是说明了一切。

镜头六：从今往后的端午“祭”谁

由韩国申报的江陵端午祭，2005年11月24日被联合国教科文组织正式确定为“人类口头和非物质遗产代表作”，中韩端午节“申遗”之争以韩国的胜利而告终。从今往后，端午节在世界上可能被“端午祭”所取代，一字之差，其“法人代表”已经大相径庭，端午节那天，我们祭祀屈原的同时，恐怕还需要祭祀失去了的文化遗产。与此同时，西方的圣诞节在中国已成为仅次于春节的第二大节日，情人节、愚人节甚至万圣节都在以迅猛的速度与超强的普及率走进国人的生活。

镜头七：恶作剧搞得福娃“变脸”

2005年11月11日晚，北京2008年奥运吉祥物出炉，五个可爱的福娃从此被赋予了生命，和中国人民一起，大声向世界说出“北京欢迎你”。很快，五个可爱的奥运吉祥物“福娃”形象竟被网友篡改为各种版本——“超女版福娃”、“灌篮高手版福娃”、“葫芦娃版福娃”、“小新版福娃”等，被篡改的“福娃”竟然多达22个版本。

中国网络上那些“文化刽子手”们，为了证明其存在，为了引起网友的关注，不惜破坏代表整个民族、整个国家形象的文化产品，从“福娃”到中华民族象征的文化标志，被“动土”、“涂鸦”后的网络扭曲产品比比皆是，触目痛心。

——摘自刘海明：《大众文化，“盛世”下的危机》，《人民政协报》，2006年2月28日。

【案例点评】

七个镜头应该引发我们的思考是：为什么有那么多眼球会被这种恶俗的表演所吸引？为什么我们身边的人，包括我们自己越来越关心传统道德的反面？我们的社会，特别是当今我们的大众文化究竟是怎么了？

应当承认，20世纪六七十年代的“文化大革命”在国人心中造成了一定程度的价值观混乱，甚至连最基本的善恶、美丑观念都受到了动摇，传统文化在经历了五四后，于“文化大革命”中被进一步打倒，使国人的道德处于一个无以凭借的、相对真空的状态。随着20世纪80年代的改革开放，国门洞开，西方文化，特别是功利主义、拜金主义思潮的蜂拥而至，它们令国人，特别是年青一代人猝不及防，以致未辨明对错就已然受其影响，这一影响持续至今，即形成了我国当前社会文化混乱的现状。

“古为今用，洋为中用”，我们一直在寻找一个“度”，寻找一种平衡，在这种寻找中，我们越来越迫切地需要一种主流文化形态予以领导。胡锦涛总书记提出“八荣八耻”，即表现了对这一问题的高度重视。弘扬民族精神和时代精神，培育“四有”新人是中国特色社会主义文化建设的根本任务。手执这一任务，以“八荣八耻”为基本道德观，改良传统文化，使国学中的精华具有时代意义，并使其吸收西方文化精华成为当今社会主流文化，滋养年青一代中国公民，这是改变混乱现状的根本途径。

案例二　人人都得为道德沦丧买单

一觉醒来，报纸上、网络上，铺天盖地都是大头娃娃的照片，171个婴儿初到人间，就接受了假劣奶粉的洗礼，并付出了13条生命和无法估量的后遗症的沉重代价。

出了这样的事情，我们真的很意外很吃惊吗？

这个时代怎么了？

我生于60年代末，从小听的就是父母将他们1957年怎样听毛主席的话，提意见，然后又是怎样差点被引蛇出洞打成右派的；讲大跃进的时候他们是怎样砸锅卖铁勒紧裤腰带进入所谓共产主义的；讲“文革”时候同事间的伟大友谊是什么样的……现在我知道了从前和现在的区别是什么。不错，从前的东西是很纯，很真，没有假货，但伟大的友谊很假，大跃进很假，百花齐放百家争鸣后来也很假。现在则是在那个假的基础上，不仅继承和发扬了精神世界的作假本领，还发掘出了物质世界里的造假能力，有多大的利益驱动，就有多大的造假想象力和创造力的发挥。于是，从假水泥到假钢材，从假烟到假酒，从假药到假种子，从毒瓜子到毒大米，从潲水油到假奶粉，从假发票到假学历，从买官卖官到假意上市真心圈钱，从假执法到假评估，从假 GDP 到假政绩，从假爱情到假婚姻……中国，终于完成了从官员至商人、从学者到农民、从精神到物质再到精神的普假教育，使作假害人之风气得以最大程度地彰显。

对于曝光了的事情，大家都习惯用冰山一角来形容其黑暗的广度和深度，可是，对于深受假冒伪劣产品伤害的民众来说，冰山是谁？

以前，我们看到更多的导向指向政府官员，指向无良商人，但是，这还不够，我的结论是，官员、商人和经常受到伤害的民众自己加在一起，构成完整的冰山。

我的家乡在黑龙江省齐齐哈尔地区，这次有 7 家不合格奶粉出自那里。我没有去过那些厂，也不认识那些人，但我知道他们可能就是我同学的父母，可能就是好不容易留在岗位的勤奋工人，可能就是不久前受到国人同情的、被日本遗留下来的毒气伤害过的人的亲友，那些没有权势的弱者，那些普普通通的民众。他们是一个个的个体，汇聚成一个个小的利益团体，就融入我们中间，甚至和我们血肉相连，但我们却分辨不出来。他们就像一把双刃剑，一方面从来是社会伤害的承受者，另一方面也是道德沦丧的推波助澜者，向正义和良知低头的伪劣商品的制造者、经营者。

当河南整个村庄开始制造假药的时候，当安徽整个村庄开始经营职业乞丐的时候，当湖南整个村庄开始操练假学历的时候……当学者著书立说为垃圾股的重组摇旗呐喊的时候，当大学生背信弃义对企业不尽职责的时候……你还能说道德的沦丧完全是政府的过错，没有民众的责任？在造假说谎的过程中，你我没有添过柴加过火？

对于国人的造假能力，我相信从来没有人敢给出一个底线，说道德或人性到了这里就肯定是最坏的程度了，决不会再堕落下去了。没有。因为谁都不敢肯定。相反，每个人的心里都有那么一个判断：说不定哪天，还会弄出更坏的结果出来呢。没有人知道下一次会是什么时候，是什么东西。但我们都知道，肯定还会有下一次的！

——可是，我们是怎么走到这样一条没有诚信、没有声誉、没有畏惧、没有神圣、人人都要为道德的沦丧买单的绝路上来的呢？

如果我们肯认真面对现实，我们就会正视这样一个答案：因为人们没有信仰。中国，既承受着信仰缺乏的伤害，又面临着信仰需求的饥渴。

没有信仰的人就是什么都不信的人，一个精神上什么都不信的人就只有相信感官上的欲望了，金钱、肉欲、名利因此成了疯狂追逐的载体。于是做什么都不再需要规矩、不再需要负责任、不再需要畏惧。一个人什么都不怕了就是最可怕的事。因为没有信仰，我们在别人眼里，最后在自己人眼里，渐渐异化为可怕、胡来的代名词。

——摘自《杂文选刊(上半月版)》，2004 年第 7 期。

【案例点评】

170 个大头娃娃，13 条稚嫩的生命，无法估量的后遗症，国人再次被震撼！当我们被假学历、假文章、假承诺、假药、假货、假话包围的时候，神经已经麻木了。只有当付出生命的代价时，也许才会清醒。

一百多年前的启蒙大师严复在他的文章里，常为国人“流于巧伪”而苦恼，即为斗心眼、玩伎俩、占便宜、违约定、背诺言而叹惜时，诚信就成为我们永远的痛。

可是，我们的老祖宗孔子早在二千多年以前就说过“自古皆有死，民无信不立”的名言。问题出在哪儿呢？这是因为下面两个方面没做好，关系处理不当：

一是如管子所言：“仓廪实而知礼节。”经济的发展是决定一切的主要力量。道德水平的提高，整体上也要靠经济的发展来解决。二是如孔子所言：“不义而富且贵，于我如浮云。”“四有”公民是目标。社会的进步取决于我们要培养有理想、有道德、有文化、有纪律的公民，加强思想道德建设。

总之，物质文明和精神文明要一起抓，“两手抓，两手都要硬”。尤其要树立爱国主义、集体主义、社会主义，以及共产主义的远大理想，清除拜金主义、享乐主义、利己主义和功利主义的私己毒瘤。否则，人人都得为道德沦丧买单。

疑难问题解答

1. 建设社会主义核心价值体系为什么必须坚持马克思主义的指导？

马克思主义指导思想是社会主义核心价值体系的灵魂。马克思主义决定了社会主义核心价值体系的性质和方向，建设社会主义核心价值体系，最根本的是坚持马克思主义的指导地位。我们把马克思主义作为立党立国的根本思想，从根本上说，是由马克思主义鲜明的阶级立场、严密的科学体系和巨大的实践指导作用决定的。只有坚持马克思主义，才能创造性地推进中国特色社会主义建设，才能有效抵制和消除各种落后的、腐朽的思想文化的侵袭，保证文化建设沿着正确的方向前进。

历史和现实告诉我们，只有用马克思主义的立场、观点、方法来正确认识经济社会发展的大势，正确认识社会思想意识中的主流和支流，才能在错综复杂的社会现象中看清本质、明确方向。我们坚持马克思主义，是坚持发展的马克思主义。只有坚持用发展着的马克思主义武装全党、教育人民，才能使马克思主义真正发挥马克思主义认识世界和改造世界的强大的思想武器的作用，才能真正成为我们行动的指南。

2. 怎样正确理解先进文化和和谐文化的内在联系？

(1)先进文化是一种更高层次和境界的和谐文化。我们党所倡导的先进文化不仅是与时俱进的文化，也是和谐协调的文化。在当代中国，发展先进文化就是发展面向现代化、面向世界、面向未来的，民族的科学的大众的社会主义文化。"面向世界、面向未来、面向现代化"，科学地阐明了文化发展与社会主义现代化、时代要求、世界进步之间的辩证关系，"面向现代化"是中国文化时代性的集中体现，"面向世界"和"面向未来"从空间层面和时间层面揭示了中国文化的开放性。"民族的科学的大众的社会主义的文化"是对先进文化前进方向的科学规定。"民族的"文化，就是要继承和发扬中华民族优秀文化传统，弘扬和培育民族精神，建设具有中国风格和中国气派的文化；"科学的"文化，就是要以马克思主义为指导，遵循社会历史发展的规律，大力发展现代科学技术和教育，提高公民的思想道德素质和科学文化素质；"大众的"文化，就是要以中国最广大人民的根本利益为出发点和归宿，面向大众、依靠大众、服务大众，建设为广大群众喜闻乐见的文化，使人民大众真正成为文化的创造者和享受者。

先进文化是更高层次、更高境界的和谐文化。社会主义先进文化是适应先进生产力发展要求、代表最广大人民的根本利益、顺应人类文明发展趋势、促进社会全面进步的文化。先进文化包括先进的思想道德和先进的科学文化两个部分，其中思想道德规定着整个文化的性质和方向，是先进文化的核心内容。在先进文化系统结构中，以马克思主义为指导是先进文化建设的指导思想，培育“四有”新人是先进文化建设的总体目标，坚持“三个面向”是先进文化建设的时代要求，民族的科学的大众的社会主义文化是先进文化建设的本质属性。建设社会主义先进文化，就是要使构成文化的诸要素和各成分有机整合、协调发展，就是建设更高层次、更高境界的社会主义和谐文化。

(2)文化的健康发展取决于文化结构的和谐。和谐文化有其内在结构。建设和谐文化，必须优化文化结构，正确处理文化自身的诸多关系。

一是要处理好民族文化与外来文化的关系。和谐文化不仅具有民族性、区域性，而且具有人类性、世界性。一方面，一种和谐的文化总与传统文化一脉相承，具有很强的继承性和延续性。另一方面，和谐的文化又应当是融入世界潮流的文化。因此，在全球化和信息化大潮中进行文化建设，必须坚持文化建设的传统继承性与时代创新性的统一，坚持文化归属的民族性和文化联系的世界性的统一，坚持用科学态度对待民族传统文化和外来文化，反对民族虚无主义和全盘西化。

二是要处理好主流文化与大众文化的关系。主流文化是体现社会主义主旋律的文化，是和谐文化的核心内容，代表着和谐文化发展的前进方向。大众文化是指以娱乐性为主要特征、适应大众文化生活需求、为社会大众广泛接受的文化。社会主义文化是人民大众的文化，它来源于群众，更要服务于群众，要创造更多更好的文化产品，最大限度地满足人民群众日益增长的、多层次的文化需要。和谐文化建设在弘扬社会主流文化的同时，当然需要通俗化、娱乐化，但要反对和防止文化的低俗化、庸俗化和媚俗化，注意用健康文明科学的文化占领思想文化阵地，不断提升大众文化的品位和群众的文化鉴赏水平。

三是要处理好文化事业与文化产业的关系。文化事业是指公益性文化生产和文化服务事业，文化产业是指从事文化产品生产和提供文化服务的经营性行业。在文化建设中，要把发展文化事业与文化产业统一起来，促进公益性文化与经营性文化的协调发展，努力建设配套的文化设施、一流的文化产品、繁荣的文化产业、有序的文化市场、充满活力的文化体制和丰富多彩的群众文化生活，不断推进社会主义和谐文化建设。

(3)和谐文化建设要牢牢把握先进文化的前进方向。

坚持和巩固马克思主义在和谐文化建设中的指导地位。在和谐文化建设中，必须旗帜鲜明地坚持以马克思主义为指导，全面落实科学发展观，用马克思主义占领思想文化阵地。要坚持为人民服务、为社会主义服务的方向和百花齐放、百家争鸣的方针，大力发展先进文化，支持健康有益文化，改造落后文化，抵制腐朽文化，不断丰富人们的精神世界，不断增强人们的精神力量，努力提高全民族的思想道德和科学文化素质。

实现弘扬主旋律与提倡多样化的和谐统一。和谐的文化既是积极向上、健康进步的，同时又是多样化、多色彩的。文化建设的规律表明，没有指导思想的一元性，文化建设就要混乱、失误，失去正确的方向和生命力；而没有内容和形式上的多样性，文化建设就会单调、枯竭，失去吸引力和感召力。从总体上说，先进文化已成为当代中国文化的主体，引领和整合着其他各种文化。但也应该看到，改革开放以来多样化的社会生活现实，必然导致文化存在和发展的多样性和多层次性，各种文化形态复杂纷纭，不同文化观念相互交织，思想文化领域呈现出多样性、复杂性、自主性的格局。因此，在和谐文化建设中，既要坚持用一元化的指导思想整合多样化的社会思潮，又要创造更多富有昂扬的旋律、高雅的品位、健康的内容、鲜活的气息的文化作品，满足人民群众不断增长的文化需要。

继承优秀文化传统，弘扬时代创新精神。和谐文化建设要继承中华民族优秀文化传统，从中汲取智慧和力量，以保持鲜明的文化个性，保持当代文化的民族底蕴。和谐的文化又是面向世界的开放的文化。要着眼于世界科学文化发展的前沿，以开放的态度接纳其他民族文化的精华，吸收人类的优秀文化成果，以滋养本民族的文化。要紧密结合中国特色社会主义建设的伟大实践，弘扬时代精神，提炼和升华和谐文化，不断发展健康向上、丰富多彩、具有中国特色、中国风格和中国气派的社会主义文化。

实践教学设计

方案一　观看理论片《世纪宣言》第三集《精神河流》

【设计思路】

通过观看视频资料，使学生真正理解和把握中国共产党始终代表中国先进文化的前进方向，为中国经济发展和社会进步提供精神动力和智力支持。

【步骤安排】

1. 组织学生观看《世纪宣言》第三集《精神河流》

《精神河流》从代表先进文化的角度，阐述中国共产党执政五十多年来致力于社会全面进步的丰功伟绩，并指出只有代表先进文化，才能保证中国共产党的领导地位，也才能使中国走向繁荣富强。本片对先进文化范畴的定位是大文化观念，而不仅仅是一般意义上的文化事业，它也包括先进的管理等重要文明成果。

2. 教师点评

在当代中国，发展社会主义先进文化，建设和谐文化，就是建设中国特色社会主义文化。中国特色社会主义文化是中国现代化建设的重要内容，也是凝聚全国人民的重要力量和综合国力的重要标志。此外，中国特色社会主义文化为现代化建设提供智力支持、精神动力和思想保证。

方案二　阅读原著《新民主主义论》

【设计思路】

通过阅读经典原著，使学生更加准确地理解和把握《新民主主义论》的基本观点，对新民主主义理论有直接的了解。

【步骤安排】

1. 布置学生阅读《新民主主义论》

《新民主主义论》是毛泽东思想的经典原著，它科学总结了鸦片战争以后，特别是共产党成立以后中国革命的经验教训，深刻论述了中国民主革命发展的基本规律，第一次旗帜鲜明地提出了新民主主义的完整理论，实现了马克思主义中国化过程中的一次飞跃，丰富和发展了马列主义有关民族和殖民地革命的理论。《新民主主义论》全文由十五部分组成，对新民主主义理论作了系统阐述，概括起来，主要论述了以下六个方面的内容：中国社会的性质；中国革命的对象和任务；中国革命必须分两步走；新民主主义革命的动力和领导；中国革命是世界社会主义革命的一部分；新民主主义革命的政治、经济、文化纲领。

2. 要求学生撰写心得体会

3. 教师对学生心得体会点评

点评侧重于两个方面：

(1)如何撰写心得体会。

(2)如何领会和掌握《新民主主义论》的基本观点。

方案三　课堂讨论“中国传统文化是否过时”

【设计思路】

通过“中国传统文化是否过时”的课堂讨论，使学生真正发现中国传统文化的当代价值，大力弘扬中华民族优秀的传统文化。

【步骤安排】

1. 提前两周布置，要求学生阅读相关资料，为课堂讨论做准备

2. 组织课堂讨论

设计问题，通过以下问题引导学生，层层递进进行讨论。

(1) 什么是文化？

(2) 面对中国传统文化的日益缺失，应采取什么样的对策？

(3)怎样看待中华优秀传统文化与社会主义先进文化的关系？

在讨论过程中，鼓励学生充分发表自己的意见，不正确的观点要及时指出和纠正。

3. 教师总结点评

我们在建设社会主义先进文化的时候，很重要的一部分就是要大力弘扬中华民族优秀的传统文化，充分发挥传统文化所具有的普遍社会认同和凝聚作用。这样，才能积极应对世界各种思想文化相互激荡带来的冲击波。中华民族历尽劫难，却生生不息，薪火相传，一个根本的原因在于优秀传统文化的无穷魅力。而优秀传统文化也是先进文化内涵构成的应有之义。只有把我们遗失的中华优秀传统文化捡起来，建设中国特色社会主义的文化才能落到实处。

考研题解

一、单项选择题

1. (模拟题)社会主义道德建设的核心是(　　)

A. 为人民服务　B. 集体主义　C. 诚实守信　D. 爱国主义

2. (模拟题)社会主义核心价值体系的精髓是(　　)

A. 树立中国特色社会主义的共同理想

B. 弘扬民族精神和时代精神

C. 树立和践行社会主义荣辱观

D. 坚持马克思主义的指导地位

二、多项选择题

3. (模拟题)中国特色社会主义文化是(　　)

A. 社会主义社会的重要特征

B. 社会主义制度优越性的重要体现

C. 社会主义现代化建设的重要目标

D. 社会主义现代化建设的精神动力、思想保证和智力支持

参考答案　1. A　2. B　3. ABCD

三、材料分析题

请阅读下列材料

材料1：从2002年10月开始，中央电视台每年推出的“感动中国”年度人物评选，在社会上均引起强烈反响。从人民公仆郑培民、航天英雄杨利伟、独臂英雄丁晓兵、爱心歌手丛飞，到乡邮递员王顺友、好军医华益慰、自立自强的优秀大学生洪战辉、70多年前参加长征的红军群体等，虽然他们的身份不同，经历不同，但他们的故事都让人热泪盈眶，震撼人们的心灵。在他们身上，我们看到了一种理想，一种信念，一种精神，一种力量，他们以自己的行动从不同角度诠释了社会主义核心价值体系的真谛。

——摘自《理论热点面对面·2007》

材料2：社会主义核心价值体系是建设和谐文化的根本。必须坚持马克思主义在意识形态领域的指导地位，牢牢把握社会主义先进文化的前进方向，弘扬民族优秀文化传统，借鉴人类有益文明成果，倡导和谐理念，培育和谐精神，进一步形成全社会共同的理想信念和道德规范，打牢全党全国各族人民团结奋斗的思想道德基础。

坚持把社会主义核心价值体系融入国民教育和精神文明建设全过程，

贯穿现代化建设各方面。坚持用马克思主义中国化的最新成果武装全党、教育人民，用民族精神和时代精神凝聚力量、激发活力，倡导爱国主义、集体主义、社会主义理想，加强理想信念教育，加强国情和形势政策教育，不断增强对中国共产党领导、社会主义制度、改革开放事业、全面建设小康社会目标的信念和信心。加强马克思主义理论研究和建设，增强党的思想理论工作的创造力、说服力、感召力。坚持以社会主义核心价值体系引领社会思潮，尊重差异，包容多样，最大限度地形成社会思想共识。

——摘自《中共中央关于构建社会主义和谐社会若干重大问题的决定》

材料3：社会主义核心价值体系是社会主义意识形态的本质体现。要巩固马克思主义指导地位，坚持不懈地用马克思主义中国化最新成果武装全党、教育人民，用中国特色社会主义共同理想凝聚力量，用以爱国主义为核心的民族精神和以改革创新为核心的时代精神鼓舞斗志，用社会主义荣辱观引领风尚，巩固全党全国各族人民团结奋斗的共同思想基础。

——摘自《十七大政治报告》

结合材料回答以下问题：

(1)结合材料1和2分析，为什么要建设社会主义核心价值体系？

(2)社会主义核心价值体系的基本内容是什么？

(3)如何才能做到“坚持以社会主义核心价值体系引领社会思潮，尊重差异，包容多样，最大限度地形成社会思想共识”？

【解题思路】

本题主要是讲建设社会主义核心价值体系，可以从社会主义核心价值体系的基本内容、建设社会主义核心价值体系的重要意义方面来解答。

【答案要点】

(1)建设社会主义核心价值体系是丰富和发展中国特色社会主义理论的需要。社会主义核心价值体系是社会主义制度在价值层面的本质规定，同时也是巩固全党全国人民团结奋斗的共同思想基础的需要。具体而言：第一，建设社会主义核心价值体系是党中央适应社会主义市场经济发展的要求，适应社会主义先进文化建设的要求，适应我国现阶段思想道德建设的新形势，向全党提出的重大任务。第二，建设社会主义核心价值体系是在我国经济体制深刻变革、社会结构深刻变动、利益格局深刻调整、思想观念深刻变化的新形势下，凝聚和统一社会各阶层、各利益群体思想的有力武器，是社会主义制度的精神之魂，是社会主义意识形态大厦的基石。第三，建设社会主义核心价值体系是构建和谐社会，建设和谐文化的必然要求，也是增强民族凝聚力、提高国家竞争力的迫切需要。第四，社会主义核心价值体系建设与社会主义制度建设相互联系、相互促进，统一于中国特色社会主义建设的伟大实践中。

(2)社会主义核心价值是一个科学体系，其基本内容有：第一，坚持马克思主义的指导思想；第二，树立中国特色社会主义的共同理想；第三，弘扬以爱国主义为核心的民族精神和以改革创新为核心的时代精神；第四，树立社会主义荣辱观。这四个方面的内容，相互联系、相互贯通、相互促进，是一个有机统一的整体，都是社会主义意识形态最重要的组成部分，是从我们党领导人民在长期的实践中形成的丰富的思想文化成果中提炼和概括出来的精华。

(3)首先，社会主义核心价值体系与多样化社会思想的关系是主导和被主导的关系。既不能因为强调建设社会主义核心价值体系而简单地排斥社会思想多样化，也不能因为存在社会思想多样化的倾向而怀疑和否定社会主义核心价值体系的主导作用。其次，必须进一步提高用社会主义核心价值体系引领多样化社会思想的水平。要使社会主义核心价值体系始终成为社会主义意识形态的旗帜和灵魂，必须坚持用马克思主义的立场观点方法分析社会思想的不同性质和变化过程，区别不同情况，采取不同措施，扬长避短，趋利避害。要使多样化社会思想朝着健康的方向发展，使人们在解放思想中统一思想，必须在尊重差异中扩大共识，在包容多样中共铸和谐，形成社会思想领域既百花齐放又主旋律鲜明的生动局面。

第十一章　构建社会主义和谐社会

名人名言

和则一，一则多力，多力则强，强则胜物。

——荀子(《荀子·王制》)

看不见的和谐比看得见的和谐更美好。

——[古希腊]赫拉克利特(《赫拉克利特》，《古希腊罗马哲学》，23页，北京，商务印书馆，1961)

代替那存在着阶级和阶级对立的资产阶级旧社会的，将是这样一个联合体，在那里，每个人的自由发展是一切人的自由发展的条件。

——马克思、恩格斯(《共产党宣言》，《马克思恩格斯选集》，2版，第1卷，294页，北京，人民出版社，1995)

专题讲授

专题一　构建社会主义和谐社会的提出

一、构建社会主义和谐社会提出过程

社会和谐是我们党不懈奋斗的目标。新中国成立后，我们党从第一代领导人开始就为促进社会和谐进行了艰辛的探索，积累了正反两方面的经验，取得重要进展。

1956年，毛泽东发表的《论十大关系》提出了调动国内外一切积极因素的基本方针，论述了怎样正确处理经济、政治方面的十大关系，以实现社会各方面关系的和谐，调动一切积极因素为社会主义服务。1957年2月，毛泽东发表了《关于正确处理人民内部矛盾的问题》。在这些著作中，毛泽东明确提出要学会用民主的方法解决人民内部矛盾，包括坚持百花齐放、百家争鸣的方针以解决科学文化领域里的矛盾，坚持长期共存、互相监督的方针以解决共产党与民主党派的矛盾，坚持统筹兼顾、适当安排的方针以解决全国城乡各阶层以及国家、集体、个人三者之间的矛盾，等等。他还提出："我们的目标，是想造成一个又有集中又有民主，又有纪律又有自由，又有统一意志、又有个人心情舒畅、生动活泼，那样一种政治局面，以利于社会主义革命和社会主义建设，较易于克服困难，较快地建设我国的现代工业和现代农业，党和国家较为巩固，较为能够经受风险。"毛泽东关于社会主义社会建设的正确思想，对我们今天仍然具有重要的指导意义。

十一届三中全会后，改革开放的总设计师邓小平重申了毛泽东关于社会主义社会建设的一系列重要思想，同时结合改革开放的实际，科学阐述了建设中国特色社会主义的一系列重大理论观点，也对社会主义社会建设提出了一系列重要论断。他领导中国共产党实现以阶级斗争为纲到以经济建设为纲的转变，而这一转变体现了我们党对社会主义认识的转变。改革开放时期，邓小平把发展纳入社会主义本质之中，指出社会主义的本质是解放生产力，发展生产力，消灭剥削，消除两极分化，最终达到共同富裕；也强调民主的重要性，指出没有民主，就没有社会主义，就没有社会主义的现代化；提出进行政治体制改革，使民主制度化、法律化；强调社会稳

定的极端重要性，提出稳定压倒一切，没有稳定什么事情都干不成；还论述了安定团结的重要性，没有安定团结的政治局面，就不可能搞社会主义现代化建设，不可能实现改革开放的政策；一系列“两手抓”的思想等等；这些思想奠定了我们党关于社会主义和谐社会建设理论的重要基础。

十三届四中全会以后，江泽民根据国内外形势的发展变化，围绕中国特色社会主义建设，提出了一系列新思想、新论断、新观点，进一步丰富和发展了我们党关于社会主义社会建设的理论。这些理论成果凝聚成为“三个代表”重要思想。江泽民同志指出全心全意为人民服务，立党为公、执政为民是我们党同一切剥削阶级政党的根本区别。党的第三代集体还实行了科教兴国、可持续发展、西部开发等一系列有利于社会主义和谐发展的战略。这些思想和措施孕育了构建社会主义和谐社会的主要内容，进一步丰富和发展了我们党关于社会主义和谐社会建设的理论。

党的十六大以来，我们党对社会和谐的认识不断深化。

2002 年，十六大报告明确把社会更加和谐列为全面建设小康社会的一个重要目标，十六大指出：21 世纪全面建设的小康社会是“社会更加和谐”的社会。

2004 年 9 月，十六届四中全会提出了构建社会主义和谐社会的任务，强调形成全体人民各尽其能、各得其所而又和谐相处的社会是巩固党执政的社会基础、实现党执政的历史任务的必然要求；明确了构建社会主义和谐社会的主要内容。这是我们党第一次明确提出构建社会主义和谐社会的重大战略任务。

2004 年 12 月，在中央经济工作会议上，胡锦涛同志明确提出了在现阶段构建社会主义和谐社会的四个着力点。它们是：积极扩大就业，努力完善社会保障体系，逐步理顺分配关系，加快社会事业发展。

2005 年 2 月，在中共中央党校举办的省部级主要领导干部提高构建社会主义和谐社会能力专题研讨班上，胡锦涛总书记第一次明确指出四位一体的中国特色社会主义事业的总体布局和社会主义社会建设的理论概念，以及构建社会主义和谐社会的总目标、总要求。

2005 年 10 月，胡锦涛同志在十六届五中全会上的讲话明确了提高协调各方面利益关系的能力是加强党对构建社会主义和谐社会领导的一项重要内容。

2006 年 10 月，十六届六中全会审议通过的《中共中央关于构建社会主义和谐社会若干重大问题的决定》，全面、深刻地阐明了社会主义和谐社会的性质和定位，指明了构建社会主义和谐社会的指导思想、目标任务、工作原则和重大部署。

党的十六届六中全会是我们党的历史上第一个以研究社会主义社会建设为主题的中央全会；这次全会作出的《中共中央关于构建社会主义和谐社会若干重大问题的决定》，是我们党执政以来第一个关于全面加强社会主义社会建设的纲领性文件。这次全会和这个《决定》，标志着我们党提出的构建社会主义和谐社会这一关系党和国家事业发展全局的重大战略任务，在亿万人民的伟大实践中，开始实现了由点题到进一步破题、由舆论和价值导向到比较系统完备的政策和制度导向的重大转变。这在中国特色社会主义建设史上是具有划时代意义的。

从党的十六大明确提出"社会更加和谐"的奋斗目标，到党的十六届四中全会进一步提出"构建社会主义和谐社会"的任务，再到党的十六届六中全会对此作出全面部署。这是以胡锦涛同志为总书记的党中央，从全面建设小康社会、加快推进社会主义现代化全局作出的战略举措，是对中国特色社会主义事业的新发展，标志着中国共产党对共产党执政规律、社会主义建设规律、人类社会发展规律的认识达到一个新的高度。

中国共产党为什么要提出建设和谐社会任务呢?

二、构建社会主义和谐社会提出的现实依据(重要性)

第一，从国内看，构建社会主义和谐社会，是我们抓住和用好重要战略机遇期、实现全面建设小康社会宏伟目标的必然要求(建议讲清楚以下方面内容，第一，如何理解两个"前所未有"，第二，如何理解改革发展关键期，第三，如何理解我国社会总体和谐，也存在不少影响社会和谐的矛盾和问题，有哪些矛盾和问题)。我国改革发展正处在一个关键时期。一些国家和地区的发展历程表明，在人均国内生产总值突破1000美元之后，经济社会发展就进入了一个关键阶段。在这个阶段，既有因为举措得当从而促进经济快速发展和社会平稳进步的成功经验，也有因为应对失误从而导致经济徘徊不前和社会长期动荡的失败教训。综合起来看，我国经济社会发展面临的矛盾和问题可能更复杂、更突出。主要是：资源能源紧缺压力加大，对经济社会发展的瓶颈制约日益突出；城乡发展不平衡、地区发展不平衡、经济社会发展不平衡的矛盾更加突出，人民群众的物质文化需要不断提高并更趋多样化，社会利益关系更趋复杂，各种思想文化相互激荡，人们思想活动的独立性、选择性、多变性、差异性明显增强；社会上存在的消极腐败现象以及各类严重犯罪活动等也给社会稳定与和谐带来了严重影响，等等。我们要抓住和用好重要战略机遇期、实现全面建设小康社会的宏伟目标，就必须正确应对这些矛盾和问题。

第二，从国际看，构建社会主义和谐社会，是我们把握复杂多变的国际形势、有力应对来自国际环境的各种挑战和风险的必然要求。和平与发展仍是当今时代的主题，但国际形势仍将继续处于深刻复杂的变化之中。在这样复杂多变的国际形势下，我们要有力应对来自外部的各种挑战和风险，必须把国内的事情办好，始终保持国家统一、民族团结、社会稳定的局面。这是我们集中全党全民族的智慧和力量、全面推进中国特色社会主义事业的重要保障。

第三，从我们党肩负的使命看，构建社会主义和谐社会，是巩固党执政的社会基础、实现党执政的历史任务的必然要求。巩固党执政的社会基础、实现党执政的历史任务要求我们：必须紧紧依靠人民群众，团结一切可以团结的力量，调动一切可以调动的积极因素，把人民群众以及各方面的积极性、主动性、创造性都充分发挥出来；必须正确认识和妥善处理人民内部矛盾和其他社会矛盾，协调好各方面的利益关系，只有做好了，我们党才能不断增强执政的社会基础，才能更好地实现继续推进现代化建设、完成祖国统一、维护世界和平与促进共同发展这三大历史任务。

三、构建社会主义和谐社会的有利条件(可能性)

首先，中国共产党的领导和我国的社会主义制度，为构建社会主义和谐社会提供了最根本的保证。

其次，经过新中国成立以来特别是改革开放以来的不断发展，我国社会生产力水平明显提高，综合国力显著增强，人民生活总体上实现了由温饱到小康的历史性跨越，我们已经具备了较为坚实的物质基础，可以为缩小社会差距、促进社会公平、完善社会保障、发展社会事业、加强社会建设和管理等提供更充分的物质保证。

再次，在我国，各阶层、各党派、各民族、各团体政治上享有平等地位，根本利益是一致的。

最后，马克思主义在党和国家工作中的指导地位已经确立并不断得到巩固，爱国主义、集体主义、社会主义思想深入人心，教育科技文化事业不断发展，全体人民的思想道德素质和科学文化素质不断提高，民族凝聚力显著增强。这些都是有利于我们构建社会主义和谐社会最基本的前提条件。

专题二　构建社会主义和谐社会的科学内涵和意义

一、社会主义和谐社会的科学含义(特征)

和谐社会是对人类社会发展理想状态的一种描绘，是古今中外人们梦寐以求的理想。一般地讲，和谐社会就是人与自然、人与社会、人与人之间的和谐统一与协调发展；就是生产力和生产关系、经济基础和上层建筑之间的和谐统一与协调发展。人类社会是在生产力和生产关系的矛盾统一中发展的，因而也是在和谐与不和谐的矛盾统一中发展的。

对什么是社会主义和谐社会的科学内涵，2005 年 2 月，胡锦涛同志在中央党校省部级主要领导干部提高建设社会主义和谐社会能力专题研讨班上发表的重要讲话中指出，我们所要建设的社会主义和谐社会，应该是民主法治、公平正义、诚信友爱、充满活力、安定有序、人与自然和谐相处的社会。

2005 年 2 月 19 日，胡锦涛总书记在中共中央举办的省部级主要领导干部“提高构建社会主义和谐社会能力”专题研讨班上，就和谐社会的基本特征，构建社会主义和谐社会的基本要求，构建社会主义和谐社会同建设社会主义物质文明、政治文明、精神文明的关系等发表了重要讲话，讲话指出，社会主义和谐社会应该是民主法治、公平正义、诚信友爱、充满活力、安定有序、人与自然和谐相处的社会。

民主法治，就是社会主义民主得到充分发扬，依法治国基本方略得到切实落实，各方面积极因素得到广泛调动。没有民主就没有社会主义，就没有社会主义的现代化，民主的主要功能就是通过设置合理的各项制度为公民的利益诉求提供充足的表达渠道，为解决利益冲突提供足够的信任机制，使社会矛盾能够通过正常的渠道得到舒缓和排解。法制社会通过合理的制度设计，使整个社会的运转服从法律的权威，通过法制来保障人人平等和人民的民主权利。这也意味着尊重人民群众的独立人格和民主权利，尊重并维护公众的社会知情权、社会参与权、民主监督权等，在民主得到充分发挥的基础上，社会各方面的积极性得到广泛调动，社会就和谐了。

公平正义，就是社会各方面的利益关系得到妥善协调，人民内部矛盾和其他社会矛盾得到正确处理，社会公平和正义得到切实维护和实现。一个社会只有做到公平正义，才能极大调动社会成员的积极性、创造性、主动性，从而激发整个社会的活力。同时，在平等的机会和规则下竞争，能极大减少由于结果差异导致的心理失衡，避免因此而产生的对社会的不满和怨恨，减少社会矛盾与冲突，化解社会危机，保持社会和谐。今天我们讲的公平正义，就是要把广大人民的根本利益作为制定政策和开展工作的出发点和落脚点，妥善协调处理社会各方面的利益关系，从而使各种利益关系和谐相处。

诚信友爱，就是全社会互帮互助、诚实守信，全体人民平等友爱、融洽相处。和谐社会不仅是利益层面的和谐，也包括价值层面的和谐，社会主义的和谐社会必然是一个有着价值信仰和道德行为规范的社会。从根本上说，价值信仰是物质利益在意识形态的反映，共同的价值信仰是共同的物质利益的反映。但是，价值信仰一旦形成之后，就会成为强大的精神支柱，产生巨大的能动作用，它对于凝聚人心，统一思想、团结社会具有重要的意义。

充满活力，就是能够使一切有利于社会进步的创造愿望得到尊重，创造活动得到支持，创造才能得到发挥，创造成果得到肯定。社会活力是社会进步、协调、和谐的条件，社会主义社会的活力体现在经济、政治、文化和人本身的各个方面。经济上就是要让一切创造社会财富的源泉充分涌流，以造福人民，政治上，努力营造一个既有集中又有民主，既有纪律又有自由，既有统一意志，又有个人意见的生动活泼的政治局面。文化上要使社会所倡导的主流文化能被广大社会成员认同，进而在人们的精神生活中产生凝聚作用。对具体人而言，就是不断提高人的素质，实现人的全面发展，促进个人与群体和社会的融洽和谐。

安定有序，就是社会组织机制健全，社会管理完善，社会秩序良好，人民群众安居乐业，社会保持安定团结。社会稳定是最大的社会问题，也是最大的政治问题。稳定有序的发展是社会主义和谐社会的标志性特征，没有稳定就没有经济发展和社会进步。要保持社会安定有序，必须具备以下几个条件：各方面有章可循，社会组织机构健全，定位分工明确，社会管理完善，社会秩序良好。

人与自然和谐相处，就是生产发展，生活富裕，生态良好。社会主义必须建立在高度发达的生产力基础上，但发展生产力必须以尊重客观规律，维护生态平衡为前提，一个和谐的社会不可能建立在一个资源枯竭和环境恶化的基础上，因此促进人与自然和谐，核心问题是实现经济、社会和人口、资源、环境的协调发展，寻求生产生产发展，生活富裕，生态良好的最佳结合点。

我们在理解社会主义的科学含义时要注意：

①社会主义和谐社会是一种状态，是一个美好的蓝图，但不是社会形态。它可以体现在不同的社会形态中，也可以在同一社会形态的不同阶段。

②和谐社会不是单一的，多元、差异是和谐社会的前提。“和而不同”才能和谐。和谐社会的美妙不是无矛盾或无差别，而恰在于处理和协调各种矛盾。

③和谐社会不简单等于稳定社会，和谐社会必然是稳定的社会，但稳定的社会不一定是和谐社会。在历史上有的稳定社会是以牺牲社会的活力为代价的。和谐社会不是静态完美，而是动态的、充满生机和活力的社会。

社会主义和谐社会的上述六个方面是相互联系、相互作用的。这六个方面既包括社会关系的和谐，也包括人与自然关系的和谐，体现了民主与法治的统一、公平与效率的统一、活力与秩序的统一、科学与人文的统一、人与自然的统一。这六个方面，内容十分丰富，既是社会主义和谐社会的科学内涵和总体特征，也是我们构建社会主义和谐社会的总体要求。

二、准确理解社会主义和谐社会注意的几个关系

我们要准确把握社会主义和谐社会的科学内涵，必须把握以下几个方面：

第一，是要正确把握社会主义和谐社会的性质。社会主义和谐社会不是以往任何其他社会形态标榜的社会协调与和谐，而是社会主义性质的和谐社会。一方面，它不同于封建式的“田园牧歌”，也不是空想社会主义的“乌托邦”，更不是现代资本主义式的“福利社会”。另一方面，它也不同于未来的共产主义和谐社会，而是马克思主义关于社会和谐的思想同当代中国实际相结合的产物，是迈向未来共产主义和谐社会的一个阶梯。我们要构建社会主义和谐社会，是在中国特色社会主义道路上，中国共产党领导全体人民共同建设，共同享有的和谐社会。构建社会主义和谐社会既是我们的一个治国理想，又是一种治国方略、治国机制，同时也是一种治国结果。

第二，要准确把握社会主义和谐社会和三大文明的关系。构建社会主义和谐社会，同建设社会主义物质文明、政治文明、精神文明是有机统一的。要通过发展社会主义社会的生产力来不断增强和谐社会建设的物质基础，通过发展社会主义民主政治来不断加强和谐社会建设的政治保障，通过发展社会主义先进文化来不断巩固和谐社会建设的精神支撑，同时又通

过和谐社会建设来为社会主义物质文明、政治文明、精神文明建设创造有利的社会条件。

第三，要准确把握社会主义和谐社会与全面建设小康社会的关系。构建社会主义和谐社会是贯穿中国特色社会主义事业全过程的长期历史任务和全面建设小康社会的重大现实课题。构建社会主义和谐社会同全面建设小康社会，都属于建设中国特色社会主义这个大范畴，两者是相互包含、相辅相成的。作为社会建设过程，构建社会主义和谐社会既是全面建设小康社会的重要内容，也是全面建设小康社会的重要条件。在全面建设小康社会阶段，构建社会主义和谐社会是一项现实的重大任务。同时，构建社会主义和谐社会又是一个长期的过程，在实现全面建设小康社会的宏伟目标之后，还要继续为构建更高水平的和谐社会长期奋斗。

三、构建社会主义和谐社会的理论意义

在新的历史条件下，以胡锦涛同志为总书记的党中央，坚持和继承我们党在社会建设方面的理论与实践成果，并借鉴传统和谐思想的有益成分，第一次把“社会主义”与“和谐社会”结合起来，提出了构建社会主义和谐社会的重大战略思想，系统回答了建设什么样的社会、怎样建设社会的问题，有着十分重大的理论创新意义。

首先，它是对人类社会发展规律认识的深化，是对马克思主义关于社会主义社会建设理论的丰富和发展。

其次，它是对社会主义建设规律认识的深化，丰富和发展了中国特色社会主义理论。中国特色社会主义社会，是一个全面发展和进步的社会。提出建设和谐社会，意味着在中国特色社会主义的历史进程中，社会建设与经济、政治、文化建设有着同等重要的地位，具有不可替代的重要作用。它表明，随着我国经济社会的发展，中国特色社会主义事业的总体布局，更加明确地由社会主义经济建设、政治建设、文化建设“三位一体”，扩展为社会主义经济建设、政治建设、文化建设、社会建设“四位一体”。这是认识上的一大飞跃。这个“四位一体”的布局，反映出我们党对中国特色社会主义发展战略的谋划更加全面、协调、均衡，从而进一步充实、创新了中国特色社会主义的理论体系。

最后，它是对共产党执政规律认识的深化，是党执政理念的升华。建设社会主义和谐社会，是我们党执政的本质要求。只有不断促进社会和谐，广泛调动各方面的积极性，妥善协调各方面的利益关系，切实维护和实现

社会公平和正义，使全体人民平等友爱、融洽相处，人与自然处于和谐状态，才能使我们党立党为公、执政为民的目的和要求得到更加充分的体现。提出和推进和谐社会建设，充分反映了我们党对执政规律、执政方略的新认识，进一步升华了我们党的执政理念。

四、构建社会主义和谐社会的现实意义

构建社会主义和谐社会还具有十分重要的现实意义。

第一，构建社会主义和谐社会是中国特色社会主义事业四位一体总体布局的重要组成部分，及时对构建社会主义和谐社会进行研究并作出部署，有利于全面推进中国特色社会主义事业。

第二，社会和谐是全面建设小康社会的重要目标，切实做好构建社会主义和谐社会的各项工作，有利于充分调动社会各方面的积极性，抓住和用好我国发展的重要战略机遇期，切实维护和促进改革发展稳定的大局，确保实现全面建设小康社会的目标。

第三，社会和谐是中国最广大人民的根本利益所在，把构建社会主义和谐社会的各项任务落到实处，有利于进一步解决好人民群众最关心、最直接、最现实的利益问题，实现好、维护好、发展好最广大人民的根本利益。

第四，社会和谐是应对外部挑战的重要条件，保持国内安定和谐的社会政治局面，有利于增强民族凝聚力和抗风险能力，更好地维护国家主权、安全、发展利益。

专题三　构建社会主义和谐社会的总布局

一、构建社会主义和谐社会的指导思想

构建社会主义和谐社会，必须坚持正确的指导思想。党的十六届六中全会《决定》提出，我们要构建的社会主义和谐社会，是在中国特色社会主义道路上，中国共产党领导全体人民共同建设、共同享有的和谐社会。必须坚持以马克思列宁主义、毛泽东思想、邓小平理论和“三个代表”重要思想为指导，坚持党的基本路线、基本纲领、基本经验，坚持以科学发展观统领经济社会发展全局，按照民主法治、公平正义、诚信友爱、充满活力、安定有序、人与自然和谐相处的总要求，以解决人民群众最关心、最直接、

最现实的利益问题为重点，着力发展社会事业、促进社会公平正义、建设和谐文化、完善社会管理、增强社会创造活力，走共同富裕道路，推动社会建设与经济建设、政治建设、文化建设协调发展。

构建社会主义和谐社会的指导思想明确了三个事关社会主义和谐社会建设全局的基本问题。

明确了社会主义和谐社会的性质。《决定》指出，我们要构建的社会主义和谐社会，是在中国特色社会主义道路上，中国共产党领导全体人民共同建设、共同享有的和谐社会。我国是一个发展中的社会主义大国，目前正处于工业化、城镇化、市场化、国际化加速推进的历史阶段，经济体制、社会结构、利益格局和思想观念都在发生着极其深刻的变化。我们面临着前所未有的发展机遇，也面对着前所未有的各种挑战。在这样的关键阶段构建社会主义和谐社会，必须坚持党的领导，必须走中国特色社会主义道路，必须从中国国情出发，以经济建设为中心，坚持四项基本原则，坚持改革开放。在推进这项伟大事业的过程中，其建设者是全体中国人民，其享有者也是全体中国人民。这就明确了和谐社会建设的道路、体制、动力和目的，从根本上明确了社会主义和谐社会的性质。

明确了社会主义和谐社会的特征。构建社会主义和谐社会，必须按照民主法治、公平正义、诚信友爱、充满活力、安定有序、人与自然和谐相处的总要求加以推进。这个总要求，是社会和谐与否的基本价值取向和主要衡量标准，也是推进社会主义和谐社会建设的目标参考系。

明确了构建社会主义和谐社会的切入点。这就是：以解决人民群众最关心、最直接、最现实的利益问题为重点，着力发展社会事业、促进社会公平正义、建设和谐文化、完善社会管理、增强社会创造活力。

二、构建社会主义和谐社会的基本原则

第一，必须坚持以人为本——构建社会主义和谐社会的根本出发点和落脚点。必须实现好、维护好、发展好最广大人民的根本利益，不断满足人民日益增长的物质文化需要，做到发展为了人民、发展依靠人民、发展成果由人民共享，促进人的全面发展。这充分体现了我们党和政府的执政理念，体现了社会主义的生产目的，体现了科学发展观的本质要求。

第二，必须坚持科学发展——构建社会主义和谐社会的工作方针。发展是我们党执政兴国的第一要务。只有经济社会发展了，社会财富增加了，才能形成构建社会主义和谐社会的雄厚物质基础。随着我国经济发展环境

和制约因素的变化，坚持发展是硬道理就必须坚持科学发展，科学发展才是硬道理，这是我们党在新世纪新阶段发展观念的与时俱进。坚持科学发展，必须坚持“五个统筹”，加快转变经济增长方式，推进节约发展、清洁发展、安全发展，转变发展观念、创新发展模式、提高发展质量，真正实现经济社会全面协调可持续发展。

第三，必须坚持改革开放——构建社会主义和谐社会的主要动力。构建社会主义和谐社会，要以改革为动力，要坚持社会主义市场经济的改革方向。

第四，必须坚持民主法治——构建社会主义和谐社会的重要保障。这是实现社会公平正义的客观要求，也是促进社会和谐的重要保障。必须加强社会主义民主政治建设，全面实施依法治国方略，加快建设社会主义法治国家；树立社会主义法治理念，使广大人民群众依据法律更大程度地参与到构建社会主义和谐社会的进程中。

第五，必须坚持正确处理改革发展稳定的关系——构建社会主义和谐社会的重要条件。构建社会主义和谐社会，不改革就没有动力，不发展就没有物质基础。但在改革发展过程中，必须高度重视社会稳定，妥善处理好各方面的关系，把改革的力度、发展的速度和社会可承受的程度统一起来，维护社会安定团结，做到以改革促进和谐、以发展巩固和谐、以稳定保障和谐，确保人民安居乐业、社会安定有序、国家长治久安。

第六，必须坚持在党的领导下全社会共同建设——构建社会主义和谐社会的领导核心和依靠力量。党的领导是我们事业成功的根本保证。和谐社会建设是为了人民，和谐社会建设要依靠人民。在构建社会主义和谐社会的过程中，必须发挥党的领导核心作用，坚持科学执政、民主执政和依法执政，提高党的执政能力和执政水平。必须维护广大人民群众作为和谐社会建设者和享有者的主体地位，充分调动广大人民群众的积极性和主动性，团结一切可以团结的力量，发展最广泛的爱国统一战线，真正形成促进和谐人人有责、和谐社会人人共享的生动局面。

构建社会主义和谐社会“六个必须坚持”的原则，既各自独立、不可或缺，又紧密联系、彼此贯通，是一个有机联系的整体。它们从不同的角度，回答了社会主义和谐社会为谁建、靠谁建、怎样建的问题，形成了比较系统的指导思想和基本原则。

三、构建社会主义和谐社会的目标任务

本着立足当前、着眼长远的要求，党的十六届六中全会，提出了到

2020年构建社会主义和谐社会的目标和主要任务。其主要内容是：

(1)社会主义民主法制更加完善，依法治国基本方略得到全面落实，人民的权益得到切实尊重和保障；(2)城乡、区域发展差距扩大的趋势逐步扭转，合理有序的收入分配格局基本形成，家庭财产普遍增加，人民过上更加富足的生活；(3)社会就业比较充分，覆盖城乡居民的社会保障体系基本建立；(4)基本公共服务体系更加完备，政府管理和服务水平有较大提高；(5)全民族的思想道德素质、科学文化素质和健康素质明显提高，良好道德风尚、和谐人际关系进一步形成；(6)全社会创造活力显著增强，创新型国家基本建成；(7)社会管理体系更加完善，社会秩序良好；(8)资源利用效率显著提高，生态环境明显好转；(9)实现全面建设惠及十几亿人口的更高水平的小康社会的目标，努力形成全体人民各尽其能、各得其所而又和谐相处的局面。

四、加快推进以改善民生为重点的社会建设

第一，优先发展教育，建设人力资源国家。(1)全面贯彻党的教育方针。(2)优化教育结构。(3)推进教育改革创新。(4)坚持教育公益性质。

第二，实施扩大就业的发展战略，促进以创业带动就业。(1)千方百计增加就业岗位。(2)鼓励自主创业、自谋职业。(3)推进就业体制改革创新。(4)规范和协调劳动关系。

第三，深化收入分配制度改革，增加城乡居民收入。(1)坚持和完善按劳分配为主体、多种分配方式并存的分配制度。(2)逐步提高居民收入在国民收入分配中的比重。(3)加大个人收入分配调节力度，合理调整收入分配格局。

第四，建立覆盖城乡的社会保障体系，保障人民基本生活。(1)完善基本养老保险制度。(2)完善基本医疗保险制度。(3)完善最低生活保障制度。(4)发展社会救助与慈善事业。(5)积极发挥商业保险的补充作用。(6)要采取多种方式充实社会保障基金，搞好基金投资运营。(7)把解决住房问题放在重要位置。

第五，建立基本医疗卫生制度，提高全民健康水平。(1)要加快推进医疗卫生事业改革和发展。(2)要以深化公立医院改革为突破口，深化医疗体制改革。(3)建立国家基本药物制度，保证群众基本用药。(4)要坚持计划生育的基本国策。

第六，完善社会管理，维护社会安定团结。(1)推进社会管理体制改革。(2)妥善处理人民内部矛盾。(3)重视社会组织建设和管理。(4)强化安全生产管理和监督。(5)健全社会治安防控体系。

案例分析

案例一　和谐之美

绿草如茵，花团锦簇，几只灰喜鹊悠闲地飞来飞去，燕京啤酒集团的厂区，更像是一座公园。经过25年的建设和发展，燕京啤酒集团公司已经成为北京市工业旅游的示范企业。

2005年10月，位于北京潮白河畔的燕京啤酒集团公司被国家环保总局命名为国家环境友好企业。

节约点子多——员工每年提出技改方案200多项

“啤酒生产的主要原料是大米、大麦、啤酒花，生产过程能源消耗包括水、煤、电，无论哪一样都是稀缺的，要不把各项消耗降下来，实实在在是心疼啊。”燕京啤酒集团公司副总经理李明玉这样告诉记者，“要节约，必须先有全员节约的意识，不然，这里精打细算，那边却大手大脚，那有什么用?”

有了这样的共识，每月的生产调度会、质量管理会都成了节能的宣传台。集中培训、宣传招贴画、答题竞赛、参加节能公益活动，十八般武艺悉数登场，目的只有一个，要让大家都明白，节约是必须的。“一点不吹牛，我们每个员工都知道生产过程中各种能源资源的使用情况。”环保节能处处长王起自豪地说。

按照清洁生产的思路，公司对啤酒酿造的全过程进行逐一排查，找出各个环节的能源耗子、资源耗子，强化管理，将一些消耗指标同世界先进指标看齐。按照节能降耗的具体要求，每个车间都分配节约指标，生产计划部每月都根据指标进行考核。

员工们想出了许多切实有效的节约点子。麦芽车间因为要保证95%以上的空气湿度，必须时刻向空气中喷水，原先工人们用钻头直接在水管上打眼，每天一个车间的水耗差不多要300吨，工人们通过各种实验，最后采用激光打眼的方法，车间每天的水耗一下子降到了30吨。目前，公司全年来自员工基层的节约技改方案就达200多项，占到了总项目的40%。

废物变资源——“废水”成为政府招商引资优势

“连我们的废水都成了顺义区引资的优势了。”企管办主任段秋生的话让记者有点好奇。原来，燕京污水处理厂处理的中水不仅有30%～40%回收自用，而且首钢的一个冷轧钢厂即将在附近投产，燕京把中水卖给他们，不仅自己有经济效益，冷轧钢厂也节约了成本。

这样的“废物”利用还有很多：啤酒发酵产生的二氧化碳从1990年就开始回收，去年共回收了11594.5吨，不仅减少了温室气体排放，还带来了800多万元的收入；废水处理产生的沼气替代蒸汽被用于烘干湿麦糟来生产饲料；湿麦糟烘干后添加相应比例的其他成分，成为非常受欢迎的饲料，去年的销售额达2000多万元……

不仅如此，对啤酒生产的副产物酵母的深加工也成为燕京新的利润增长点。每生产1000吨啤酒，就有1吨～1.5吨剩余酵母产生。以前剩余酵母大多用于生产干酵母粉，为进一步开发废酵母的价值，燕京借助“外脑”，成立了专门的研发队伍。目前，燕京已经率先在国内啤酒企业中利用废酵母生产核糖核酸和核苷酸。从废酵母中提取核苷酸的成本为每公斤80元，而核苷酸的市场价格高达每公斤2000元。

可持续发展——做负责任的企业公民

在秋高气爽的日子来到燕京啤酒集团公司，绿草蓝天相映，厂区安静整洁，让人们忍不住深吸几口清新的空气。

“不仅要少给环境增加负担，而且要与自然、要与邻居和谐相处。”李明玉说。燕京几年前开始在媒体上公开自己的环境信息，2002年还通过了环境管理认证。“坚持可持续发展、环境与经济的双赢，也是首都绿色奥运的要求。我们将致力于做负责任的企业公民，为环境友好型社会的建设作出贡献。”

——摘自孙秀艳：《和谐之美——探访国家环境友好企业燕京啤酒集团》，《人民日报》2005年11月17日。

【案例点评】

我们所要建设的社会主义和谐社会，应该是民主法治、公平正义、诚信友爱、充满活力、安定有序、人与自然和谐相处的社会。人与自然和谐相处，就是生产发展，生活富裕，生态良好。

绿草如茵，花团锦簇，几只灰喜鹊悠闲地飞来飞去，燕京啤酒集团的厂区，更像是一座公园。经过25年的建设和发展，燕京啤酒集团公司已经成为北京市工业旅游的示范企业。2005年10月，位于北京潮白河畔的燕京啤酒集团公司被国家环保总局命名为国家环境友好企业，燕京啤酒集团公司让人深深感受到了人与自然、生产活动与环境保护的和谐之美。

燕京啤酒集团公司以他们节能降耗、变废为宝的成功实践，展现了走可持续发展之路是建设社会主义和谐社会的科学含义的重要体现。

案例二　平凡人生因爱而崇高

2005年9月23日早晨，93岁的他静静地走了。无数活着的人在口口相传中记住了他——蹬三轮的老人白芳礼。这不是神话：这位老人在74岁以后的生命中，靠着一脚一脚地蹬三轮，挣下35万元人民币，捐给了天津的多所大学、中学和小学，资助了300多名贫困学生。而每一个走近他的人都惊异地发现，他的个人生活近乎乞丐，他的私有财产账单上是一个零。

从1993年到1998年，老人资助了红光中学的200多名藏族学生，月月给他们补助，直到他们高中毕业。白芳礼倾尽所能地把他的光和热洒向了众多需要帮助的学生身上，学生们从他那里获得的感动和成长，让他收获了无上的幸福。

老人忘不了那一年他到南开大学给贫困学生捐款的一幕。当时，学校要派车去接他，他说不用了，把省下的汽油钱给穷孩子买书。他自个儿蹬三轮到了学校。捐赠仪式上，老师把这个事一讲，台下一片哭声。许多学生上台从老人那里接过资助的钱时，双手都在发抖。

一位来自新疆地区的贫困学生，功课优秀，没毕业就被天津一家大公司看中，拟以高薪聘用。这一天，他走上台激动地说："我从白爷爷身上感到了一种前所未有的精神和力量。我正式向学校、也向白爷爷表示：毕业后我不留天津，要回到目前还贫困的家乡，以白爷爷的精神去为改变家乡面貌作贡献!"他深深地向白芳礼老人鞠了一躬。全场掌声雷动。老人高兴得流下了眼泪。

事后，老人对他的老友说："我过得是苦，挣来的每一块钱都不容易。可我心里是舒畅的。看到大学生们能从我做的这一点点小事上唤起一份报国心，我高兴啊!"

这些年得到白芳礼捐助的大学、中学、小学以及教育基金等单位达30家之多。老人捐钱从不图回报，许多得到他帮助的学生并不知道他的姓名。他的快乐和幸福来自他那一颗太阳的心!

他坚守着自己心中的追求，就像战士坚守着战斗的高地。1994年，白芳礼81岁。这一天，他把整整一个寒冬挣来的3000元辛苦钱交给一所学校后，校领导说代表全校300名贫困生向他致敬。这话触动了他：现今缺钱上学的孩子这么多，光靠我一个人蹬三轮车挣来的钱救不了几个娃呀!

他琢磨了一夜，第二天一早就把儿女家的门敲开了："我准备把你们妈和我留下的那两间老屋给卖了，再贷点款办个公司，赚钱支教。”

不多几天，在紧靠天津火车站的一块小地盘上，出现了一个7平方米的小售货亭，里面摆着一些糕点烟酒等，当头挂着一块牌子——“白芳礼支教公司”。他对受雇的员工宣布：“我们挣来的钱姓‘教育’，每月结算，月月上交。”

小售货亭让白芳礼增加了不少支教的财力，却一点也没有改变他蹬三轮的生活。他把售货亭交给伙计打理，自己照样天天出车拉活。他说：“我出一天车总能挣回二三十块钱，可以供十来个苦孩子一天的饭钱呢！”

为了在车站前拉活方便，他索性挨着亭子搭了个3平方米的小铁皮棚子，里面用砖头搭了一块木板算是“床”，棚顶上的接缝处露着一道道青天。夏天，棚里的温度高达40摄氏度；冬天，放杯水可以冻成冰坨子。白芳礼就在这里面住了整整5年。

“这老爷子怎么像个没家的人……”老人的儿女一直承受着某种误解的压力，他们对父亲有些埋怨。蹬着三轮闯荡了一辈子的白芳礼，骨子里有一种大义与胸怀，国家与社会在他心目中占有头号的位置。他对儿女们说：“我现在是有国无家，为了能给孩子们多挣钱，累点苦点都没啥。”

白芳礼像一个坚守战斗高地的战士一样坚守着他的追求。然而，终于在那一天他感到了无奈。1999年，天津火车站进行整顿，所有商亭一律被拆除。望着转眼工夫被拆成一堆垃圾的“白芳礼支教公司”，老人哭了。他老了，腿脚没劲了，以后还指望用什么挣钱给孩子们读书呢？

那年冬天，老人蜷缩在车站附近一个自行车棚里，硬是给人家看了3个月的自行车，每天把所得的1角、2角、1元、2元的钱整整齐齐地放在一个饭盒里，等存满500元时，他揣上饭盒，蹬上车，在一个飘着雪花的冬日，来到了天津耀华中学。人们看到，他的头发、胡子全白了，身上已经被雪浸湿。他向学校的老师递上饭盒里的500元钱，说了一句：“我干不动了，以后可能不能再捐了，这是我最后的一笔钱……”老师们全哭了。

白芳礼的生日是父亲节，一生辛苦无人能忘。一个馒头、一碗水，他曾经如此简单生活；三百学子，35万捐款，他就这样感动了中国。

——摘自穆秀玲、张鸣岐：《白芳礼老人留下的财富》，《天津日报》2005年10月5日。

【案例点评】

“朝朝暮暮，快快乐乐。一生到老，四处奔波。为了苦孩，甘为骆驼；与人有益，牛马也做。公无靠背，朋友无多。未受教育，状元盖过……为著一件大事来，兴学，兴学，兴学。”人民教育家陶行知所赞点的清末兴办义学的“千古一人”——武训传奇的一生，让我们感慨颇多。而被称作“当代武训”的93岁的白芳礼老人安然辞世，再一次感动中国。

白芳礼老人走了，留下的遗产是那么微薄；白芳礼老人走了，留下的遗产却又那么丰硕。他像流星一样划过，他让自己不停燃烧，它给世界留下最后光照。

一位白发苍苍的老者说，白芳礼实在太不简单了，别说蹬车助学十几年，就是一年，一个月，谁能做到？白芳礼是榜样，他唤起了人们的道德良知；白芳礼是旗帜，他驱使人们扶贫济弱；白芳礼是种子，他的义举已在百姓中开花、结果；白芳礼是符号，他代表了时代精神。

面对白芳礼，我们只有感动，没有悲哀；我们只有主动，不能漠视；我们只有行动，无权停歇。只要像白芳礼那样，积小善不断，一个和谐社会就会到来。

疑难问题解答

1．如何理解实现社会公平正义是中国特色社会主义的内在要求？

公平正义是马克思主义的基本价值。马克思和恩格斯在《共产党宣言》中，一方面高度评价资本主义文明带来高速发展的历史性进步，另一方面对资本主义带来的不公平、非正义和社会不和谐现象，展开了深刻揭露和猛烈批判。在此基础上，进一步指出代替资本主义社会的未来理想社会是充满公平正义、和谐美好的社会。此外，他们还把公平正义的实现同人的解放和全面发展结合起来，认为和谐社会的最高境界是“自由人的联合体”。社会和谐的理念和目标，是科学社会主义的本质规定，是社会主义文明发展的更高境界和奋斗目标。

公平正义是我国社会主义制度的重要价值和基本特征。中国特色社会主义在价值取向上包括两大主要内容：一是解放和发展生产力，实现梦寐以求的“强国富民”理想；二是走“共同富裕”道路，实现社会的公平与公正。邓小平曾明确强调：“社会主义的目的就是要全国人民共同富裕，不是两极分化”，“社会主义与资本主义不同的特点就是共同富裕，不搞两极分化”，这是体现社会主义本质的关键所在。“如果导致两极分化，改革就算失败了。”改革开放30年的经验也反复表明，处理好“效率与公平”的关系，始终是中国特色社会主义的内在要求和重大课题。构建社会主义和谐社会，理应是民主法治、公平正义、诚信友爱、充满活力、安定有序、人与自然和谐相处的社会。

实现社会公平正义是中国共产党人的一贯主张，是发展中国特色社会主义的重大任务。实践证明，“发展起来以后的问题不比不发展时少”。当前，我国的改革发展正处于关键时期，发展机遇与问题矛盾交织在一起。其中，特别是城乡、区域、收入分配等方面的不平衡现象比较突出；同时，在解决劳动就业、社会保障、文化教育、医疗卫生、住房交通、食品安全、社会治安、资源环境等关系群众切身利益的问题上，面临的压力不断加大。这些都突出地表明，新的历史条件下执政党促进和实现社会公平正义的重要性、紧迫性和复杂性。

应该说，我们党和政府重视社会的公平正义，很大程度上是针对新的利益关系和利益格局，着眼于营造有利的制度环境和社会环境，努力实现最大限度增加和谐因素并减少不和谐因素的目的。不过，除了强调实现社会公平正义是中国特色社会主义的内在要求之外，也必须看到处理好效率和公平的关系是中国特色社会主义的重大课题。促进和实现社会公平正义，离不开发展。正如胡锦涛总书记所指出的那样，必须把提高效率同促进社会公平结合起来，实现在经济发展的基础上由广大人民共享改革发展成果，推动社会主义和谐社会建设。

所以说，只有在科学发展与和谐发展的基础上才能实现社会公平正义。在深入贯彻落实科学发展观的实践中，具体可采取的措施有：坚持实施积极的就业政策，千方百计增加就业岗位；建立健全与经济发展水平相适应的社会保障体系，认真解决进城务工人员社会保障问题；完善分配制度，加大调节收入分配的力度；更多更好地为城乡居民提供满足他们需求的优秀文化产品；逐步解决群众看病难、看病贵问题，基本建立新型农村合作医疗制度；强化对食品、药品、餐饮卫生等的监管，加强社会治安综合治理。此外，还应大力加强制度建设和法制建设，在制度安排上真正确保公平正义价值目标的落实。

2. 如何看待当前我国存在的贫富收入差距？

改革开放三十年来，最为重要的成果无疑是中国经济发展取得了举世瞩目的成就，共同贫穷的时代被彻底送进了历史。然而，贫困问题的长期存在和贫富差距的持续拉大，正在成为中国社会发展进程中的重大问题。它作为一种社会现象，实质上反映了不同社会群体经济权益的失衡程度，进而影响到国民的社会权益乃至政治权益。因此，对贫富差距持续拉大的发展态势保持警惕是十分必要的。

第一，现阶段贫富差距有必然性。改革开放和社会主义市场经济体制的建立与发展，使中国成为世界上财富增长最快的国家；与此同时，中国国民的收入分配差距也在持续拉大，成为世界上贫富差距较大的国家之一。不过，在改革与发展过程中，一定时期内出现贫富差距持续拉大的现象并不令人感到意外，因为以效率为准则的市场经济体制是促进经济发展的基础力量，而市场经济体制必然导致某些生产要素禀赋差的个体无法分享经济发展的成果，甚至陷入贫困；再加上中国选择的是一条渐进式改革和发展的道路，不同地区改革开放进程不一，不同群体获得的政策支持也有差异，带来的发展机会也就不一样。收入分配制度、社会保障制度等变革也必然要经历一个渐进过程，才能从规范到失范再到新的规范、从有序到无序再到新的有序，这个过程中往往很难实现机会的公平。因此，在共同贫穷的前提下，中国出现贫富差距以及贫富差距持续扩大，其实是改革与发展中必然出现的现象。

第二，贫富差距持续拉大损害社会和谐发展。根据贫富差距功能论的基本观点，贫富差距是社会发展进程中的必然现象，在一定的历史发展阶段，是具有一定的积极功能的社会现象。贫富差距的存在既能激发人们努力提高自身的能力和素质，又能激发人们为创造社会财富而奉献自己的体能和智能，中国经济的快速发展就是通过“先富带后富”的方式实现的。

因此，和谐社会也承认和接受一定程度的贫富差距的存在。而根据贫富差距效应论的基本观点，贫富差距与其社会条件或社会环境之间存在一种相互作用的机制，贫富差距会产生“马太效应”。如果不控制贫富差距，就必然造成贫富两极分化，必然会对社会稳定、和谐与可持续发展产生负面影响。

毫无疑问，中国贫富差距的出现，造成了社会阶层的分化和社会阶层矛盾，而近10年来贫富差距的持续拉大，则造成了社会阶层的固化和不同社会阶层之间的心理对抗。部分中、低收入阶层对富裕阶层已经在一定程度上产生了对抗心理，甚至有可能演化为社会冲突行为。同时，由于部分高收入者是通过掠夺性、腐败性、欺诈性、垄断性等不合理甚至非法手段获得的，又进一步加剧了社会弱势群体的被剥夺感，激化了不同收入阶层之间的冲突与矛盾，从而严重影响了社会的稳定与和谐。切实缓解贫困问题、缩小贫富差距、确保不同社会阶层能够在合理分享改革发展成果的条件下和谐相处，已经成为中国发展进程中刻不容缓的重要目标和任务。

第三，中国能够解决好贫富差距偏大的社会问题。作出这样肯定的判断是有充分依据的。首先，虽然中国的基尼系数已经比较高，但还不能因此认定中国的贫富差距十分严重且无法化解，因为中国继续处于发展上升期的格局没有改变，绝大多数城乡居民在国家发展中获得越来越多实惠的格局没有改变。

其次，维护公平正义和实现共享发展成果正在成为中国政府与社会公众的基本价值取向，追求社会公平、共同富裕正在成为中国步入健康、文明、可持续的现代化道路的社会发展目标，中国正在放弃以往仅靠劳动力成本低、弱化国民福利权益来维持高投资、高能耗、高污染的落后经济增长格局，代之以既能够保持效率又能够促进公平的发展格局。中国共产党与中央政府明确提出了提高居民收入占国民收入的比重、提高劳动者所得占GDP分配中的比重的财富分配目标。这种发展理念与分配理念的转变，是切实缓解贫困问题和解决贫富差距偏大的重要的社会基础与政治基础。

再次，中国正在加大对收入分配制度的改革力度和社会保障制度的建设步伐，包括持续提高最低工资标准、快速扩大社会保障覆盖面、提高个人所得税起征点、严格针对高收入群体的税收管制、实行对低收入群体的补贴政策等，以确保初次分配符合法定的、公共伦理的正义底线，再分配符合公平、均衡、共享的原则。这些政策措施的实施，确实已经起到了遏制贫富差距持续拉大势头的作用。

此外，中国国民经济的持续高速增长与国家财政实力的持续增强，也为强化再分配手段并通过再分配方式来调节收入分配差距奠定了日益丰厚的物质基础。因此，中国的贫富差距偏大确实是一个严重的社会问题，但又是一个可以缓解的社会问题。在缓解贫困问题和缩小贫富差距方面，中国需要吸取以往发展中偏重经济发展、忽视社会发展，偏重财富增长、忽视财富分配，偏重城市发展、忽视乡村发展，偏重东部发展、忽视中西部发展，偏重招商引资、忽视劳工权益以及制度分割、政策分割的教训，在确保国民经济持续、健康发展的同时，通过公平的教育制度、平等的就业制度、合理的收入分配制度、健全的社会保障制度等，为全体国民提供更为公平的发展机会和合理分享改革发展成果的有效途径。中国构建和谐社会的最终目标，是实现国民合理分享社会经济发展成果，进而实现人与人之间以及不同社会阶层之间的和谐相处、共同发展，最终实现共同富裕。

实践教学设计

方案一 观看理论文献片《走向和谐》

【设计思路】

通过观看视频资料，使学生把握社会主义和谐社会提出的理论渊源和依据，了解党领导人民构建社会主义和谐社会的历史进程，真正理解社会主义和谐社会的基本内涵和构建社会主义和谐社会的重大意义。

【步骤安排】

1. 组织学生观看理论文献片《走向和谐》

《走向和谐》围绕“为什么要构建社会主义和谐社会、什么是社会主义和谐社会、怎样构建社会主义和谐社会”的逻辑主线，在深刻把握科学发展与和谐社会辩证关系的基础上，深入阐释了构建社会主义和谐社会的理论来源、实践基础、基本内涵和本质要求。

2. 教师点评

社会和谐是科学社会主义的题中之义，是中国特色社会主义的本质属性。社会主义和谐社会理论具有深厚的理论渊源和实践基础，是当代中国共产党人在建设中国特色社会主义的新的实践基础上对科学社会主义思想遗产的继承和发展。构建社会主义和谐社会是全面建设小康社会的重要目标和贯穿中国特色社会主义事业全过程的长期的历史任务。社会主义和谐社会理论，是党从全面建设小康社会、加快推进社会主义现代化全局作出的战略举措，是对中国特色社会主义事业的新发展，标志着中国共产党对共产党执政规律、社会主义建设规律、人类社会发展规律的认识达到一个新的高度。

方案二 共建和谐校园主题活动

【设计思路】

通过组织学生调查、统计出校园里的不和谐现象，引导学生分析这些校园不和谐现象产生的原因，提出解决这些不和谐现象的办法，探究大学生应如何为创建和谐校园、创建和谐社会贡献自己的力量。

【步骤安排】

1. 提前两周布置，组织学生调查、统计大学校园里的不和谐现象

2. 引导学生分析原因，提出共建和谐校园的举措

引导学生分析这些校园不和谐现象产生的原因，提出解决、杜绝这些不和谐现象的办法，如何从自身做起，积极投身于建设和谐校园、和谐社会的实践中。通过分析原因、探讨解决方法，有助于加深学生对构建社会主义和谐社会重大意义的理解，使学生积极主动地把理论学习和实践体验结合起来，懂得我们的生活中许多看似不起眼的事情，却都与创建和谐社会有着密切的联系，明白创建和谐社会，需要我们从身边做起，从小事做起。只要我们坚持积小善不断，一个和谐社会就会到来。

3. 教师对活动点评

点评侧重于两个方面：

(1)建设和谐校园是建设和谐社会的一部分。

(2)建设和谐社会也是当代青年学生肩负的使命之一。

方案三　课堂讨论："如何共建社会主义和谐社会"

【设计思路】

通过"如何共建社会主义和谐社会"的课堂讨论，使学生把握社会主义和谐社会的科学含义，对构建和谐社会的必要性、怎么共建和谐社会有更深的理解。

【步骤安排】

1. 提前两周布置，要求学生查阅相关资料，为课堂讨论做准备

2. 组织课堂讨论

设计问题，通过以下问题引导学生，从不同角度、层层递进地进行讨论。

(1)社会主义和谐社会的科学含义和意义是什么？

(2)构建和谐社会的指导思想和基本原则是什么？

(3)怎么共建和谐社会？青年学生应如何投身构建社会主义和谐社会的实践？

在讨论过程中，鼓励学生充分阐述自己的观点，片面的观点要及时指出、给予补充。

3. 教师总结点评

(1)社会和谐是我们党不懈奋斗的目标。社会主义和谐社会应该是民主

法治、公平正义、诚信友爱、充满活力、安定有序、人与自然和谐相处的社会。构建社会主义和谐社会的重大战略思想，系统回答了建设什么样的社会、怎样建设社会的问题，有着十分重大的理论创新意义和实践意义。

(2)构建社会主义和谐社会，必须坚持正确的指导思想：必须坚持以马克思列宁主义、毛泽东思想、邓小平理论和“三个代表”重要思想为指导。必须坚持以人为本、科学发展、改革开放、民主法治、正确处理改革发展稳定的关系、在党的领导下全社会共同建设的原则。

(3)构建社会主义和谐社会的主要举措有以下几个方面：

第一，坚持协调发展，加强社会事业建设。

第二，加强制度建设，保障社会公平正义。

第三，建设和谐文化，巩固社会和谐的思想道德基础。

第四，完善社会管埋，保持社会安定有序。

第五，激发社会活力，增进社会团结和睦。

考研题解

一、单项选择题

1. (2011年考研试题第7题)党的十七大通过的党章把“和谐”与“富强民主文明”一起作为社会主义现代化建设的目标写入了社会主义初级阶段的基本路线，其原因在于社会和谐是(　　)

   A. 中国特色社会主义的本质属性

   B. 中国传统文化的价值取向

   C. 经济建设的内在要求

   D. 解决收入分配差距的重要途径

2. (2007年考研试题第14题)《中共中央关于构建社会主义和谐社会若干重大问题的决定》指出，社会和谐是中国特色社会主义的(　　)

   A. 根本任务

   B. 根本原则

   C. 本质属性

   D. 基本要求

二、多项选择题

3. (2009年考研试题第29题)我们所要建设的社会主义和谐社会，应该是民主法制、公平主义、诚信友爱、充满活力、安定有序、人与自然和谐相处的社会，其中“诚信友爱”的内涵包括(　　)

   A. 全社会管理完善，秩序良好

   B. 全社会互帮互助，诚实可信

   C. 全体人民生活富裕，安居乐业

   D. 全体人民平等友爱，融洽相处

参考答案　1. A　2. C　3. BD

三、(2010年考研试题第35题)材料分析题

阅读下列材料：

材料1：新中国成立60年来，党和政府高度重视社会发展事业，着力保障和改善民生。改革开放以来，在社会建设方面取得显著成就。废除农业税，使延续几千年的“皇粮国税”成为历史。随着经济社会发展，人民生活水平显著改善，“吃穿住行用”水平显著提高。从1949年到2008年，城市人均住宅建筑面积和农村人均住房面积，已分别从6.7平方米和8平方米增

加到30.0平方米和32.4平方米。2008年城乡居民人民币储蓄存款余额达4.8万亿元，比新中国成立初期1952年增加32.5万倍。

我们在看到成绩的同时也要清醒认识到我国是世界上最大的发展中国家，人口众多，经济发展起点低，地区之间、城乡之间发展不平衡，造成社会保障体系建设与经济社会发展还有不适应之处，与人们的期望功能和需求还有一定差距。

——摘自《人民日报》，《理论热点面对面·2009》

材料2：2007年10月党的十七大对医药卫生事业的发展做出了整体规划。2009年4月，新医改《意见》和《实施方案》正式推出。新医改明确建立了覆盖城乡居民的基本医疗卫生制度的任务和工作。

国务院决定从2009年开始在10%的县(市、区)实行新型农村社会养老保险的试点，2020年前将覆盖全国农民。60岁后享有"普惠式养老金"，对广大农民来说，是一条振奋人心的利好消息。农民在"种地不交税、上学不付费、看病不太贵"之后，又向"养老不犯愁"的新梦想迈出了坚实的一步。

——摘自人民网、中国网

请回答：

(1)为什么在经济发展的同时要加快推进以改善民生为重点的社会建设？

(2)如何推进以改善民生为重点的社会建设？

【解题思路】

本题主要是考查构建社会主义和谐社会的着力点"加快推进以改善民生为重点的社会建设"这一知识点。这是个现实性很强的问题。结合题中所给材料，答好该题应着重抓住以下几点：

第一问：考查推进以民生为核心的社会建设的重要意义。社会建设与人民幸福安康息息相关；社会稳定是人民群众的共同心愿，是改革发展的重要前提。

第二问：考查推进以民生为核心的社会建设的六个基本要求、措施：积极解决好教育、就业、收入分配、社会保障、医疗卫生和社会管理等直接关系人民群众根本利益和现实利益的问题。

【答案要点】

(1)经济发展是社会发展的前提和基础，也是社会发展的根本保证。有利于提高经济增长的质量和效益，有利于不断提高人民生活水平，也有利于增强人们对经济发展前景的信心。社会发展是经济发展的目的，也为经济发展提供精神动力、智力支持和必要条件。当前，我国社会发展已经落后于经济发展，在这方面，我们目前面临的挑战是如何将其令人瞩目的收入增长转化为非收入方面的人类发展的可持续增长。

(2)社会建设与人民幸福安康息息相关。必须在经济发展的基础上，更加注重社会建设，着力保障和改善民生。第一，优先发展教育，建设人力资源强国。第二，实施扩大就业的发展战略，促进以创业带动就业。第三，深化收入分配制度改革，增加城乡居民收入。第四，加快建立覆盖城乡居民的社会保障体系，保障人民的基本生活。第五，建立基本医疗卫生制度，提高全民健康水平。第六，完善社会管理，维护社会安定团结。

第十二章　祖国完全统一的战略构想和实践

名人名言

统一，为中国全体国民的希望。能统一，全国人民便享福。不能统一，便要受害。

——孙中山(《在神户欢迎会的演说》,《孙中山全集》第11卷，373页，北京，中华书局，1986)

实现国家统一是民族的愿望，一百年不统一，一千年也要统一的。怎么解决这个问题，我看只有实行“一个国家，两种制度”。

——邓小平(《一个国家，两种制度》,《邓小平文选》第3卷，59页，北京，人民出版社，1993)

我们将坚定不移地贯彻“一国两制”、“港人治港”、“澳人治澳”、高度自治的方针，严格按照特别行政区基本法办事。

——胡锦涛(《高举中国特色社会主义伟大旗帜，为夺取全面建设小康社会新胜利而奋斗》，在中国共产党第十七次全国代表大会上的政治报告)

专题讲授

专题一　实现祖国完全统一是中华民族的根本利益

实现祖国的完全统一，是海内外中华儿女的共同心愿，是中华民族的根本利益，对实现国家繁荣富强和民族伟大复兴具有巨大推动作用。

一、维护祖国统一是中华民族的爱国主义传统

爱国主义是在长期的历史发展过程中形成的对自己祖国的一种最深厚的感情，是一个国家民族意识和民族觉悟的集中反映。中华民族富有爱国主义的光荣传统。爱国主义是动员和鼓舞中国人民团结奋斗的一面旗帜，是维护民族团结和国家统一、推动社会历史前进的巨大力量，是各族人民共同的精神支柱。

民族团结和国家统一，始终是中华民族历史发展的主流。国家统一，反映了人民对于和平与安定的渴望和追求，有利于经济社会的发展和进步，有利于各族人民的亲密合作和交流。而分裂则伴随着连绵的战争和破坏，伴随着外部势力的入侵和压迫，给人民造成极大的痛苦。在中国历史上涌现出了一大批维护民族利益和国家统一，坚决抵抗外辱的民族英雄，他们的可贵精神鼓舞着一代又一代的中国人维护民族团结，努力推进祖国的统一大业。

二、实现祖国完全统一是中华民族伟大复兴的历史任务之一

民族复兴，就是要改变民族因某种原因陷入停滞不前、贫穷落后、被动挨打的状况，使民族奋发自强、独立解放，实现繁荣昌盛，重振民族雄风，重塑民族形象，重立民族地位，重铸民族辉煌。实现中华民族伟大复兴，是近代以来仁人志士魂牵梦萦的执著追求。中国共产党成立后，义无反顾地担当起民族解放和民族复兴的历史使命，领导人民取得了新民主主义革命的胜利，建立了社会主义制度，为实现中华民族伟大复兴奠定了制度基础。

实现祖国完全统一，是中华民族伟大复兴的重要内容和基本任务。国家的完全统一是民族复兴的重要标志，没有国家的完全统一，就没有完全意义上的民族复兴。中国共产党成立后，义无反顾地担当起中华民族解放和

实现中华民族伟大复兴的历史使命，新民主主义革命的胜利为中华民族伟大复兴扫清了障碍，社会主义制度的建立成为中华民族伟大复兴的重要起点，波澜壮阔的改革开放开创了中华民族伟大复兴的崭新局面。中华民族伟大复兴既是一个走向现代化的实现繁荣强盛的过程，同时也是一个实现祖国完全统一的过程。只有实现祖国的完全统一，才能更好地在国际上展现中华民族团结奋进、朝气蓬勃的雄姿，使中华民族真正自立于世界民族之林。

三、实现祖国完全统一是中国人民不可动摇的坚强意志

民族团结和国家统一，符合中华民族的根本利益，符合中国社会发展的历史潮流。实现祖国完全统一是包括台湾同胞在内的所有海内外中华儿女的共同心愿。中国共产党代表中国最广大人民的根本利益，始终高举爱国主义的伟大旗帜，把捍卫民族尊严、实现祖国完全统一、维护国家主权和领土完整作为自己神圣的历史使命，并带领中国人民为之英勇奋斗。

党和人民在实现祖国统一问题上的立场是坚定不移的。党领导人民同一切阻挠破坏中国统一的势力进行坚决的斗争，不断推动实现祖国统一的进程。毛泽东曾严正地指出，台、澎、金、马整个地收复回来，完成祖国统一，这是中国人民的神圣任务，这是中国内政。邓小平在会见英国首相撒切尔夫人谈到香港问题时曾指出，如果到 1997 年后中国还不能收回香港，人民就没有理由信任我们，任何中国政府都应该下野，自动退出政治舞台，没有别的选择。江泽民也指出，中国人民将坚定不移地完成祖国的统一大业，这是中华儿女不可动摇的共同愿望和决心。胡锦涛强调，实现祖国的完全统一，是海内外中华儿女的共同心愿，是中国政府和人民不可动摇的意志和决心，符合包括 2300 万台湾同胞在内的全中国人民的共同利益。无论在祖国统一的道路上遇到多大的艰难险阻，无论国内外敌对势力如何阻挠破坏，都动摇不了党和人民实现祖国完全统一的坚定信念和坚强决心。

专题二　“和平统一、一国两制”的科学构想

一、“和平统一、一国两制”基本方针的形成和确立

“一国两制”构想最初是针对解决台湾问题提出来的，首先运用于解决香港问题。这一战略构想的形成和发展，经历了一个不断探索和完善的过程。

1.“一国两制”构想的思想来源

新中国成立初期，我们党关于解决香港、澳门问题的设想和20世纪50年代中期毛泽东、周恩来关于用和平方式解决台湾问题的政策主张，是“一国两制”构想的思想来源。

香港和澳门问题同台湾问题性质不同，不是统一问题，而是恢复行使中国主权问题。香港、澳门问题是历史上殖民主义侵略遗留下来的问题。香港是被英国殖民主义者通过向中国发动侵略战争，强迫清政府先后签订《南京条约》、《北京条约》、《展拓香港界址专条》等不平等条约而强占的。澳门是被葡萄牙殖民主义者通过胁迫清政府签订不平等的《北京条约》而强占的。新中国成立后，中国共产党和中国政府根据当时的国际国内形势，对香港、澳门这两个地区采取了如下立场：香港、澳门地区是中国的领土，不承认外国强加在中国人民头上的不平等条约；对于这一历史遗留下来的问题，将在条件成熟时通过谈判予以和平解决；未解决之前维持现状。1960年中央进一步将上述立场归结为“长期打算、充分利用”的工作方针。

2.“一国两制”构想的形成

早在党的十一届三中全会前，邓小平就阐述过解决台湾问题要尊重台湾现实的思想。党的十一届三中全会公报首次以“台湾回到祖国怀抱，实现统一大业”代替了“解放台湾”的提法。1979年元旦，全国人大常委会发表了《告台湾同胞书》，郑重宣告和平统一祖国的大政方针，提出在解决统一问题时，尊重台湾现状和台湾各界人士的意见，采取合情合理的政策和办法，不使台湾人民蒙受损失。1979年底，邓小平在会见日本首相大平正芳时指出，对台湾我们的条件是很简单的，那就是台湾的制度不变，生活方式不变，台湾与外国的民间关系不变，包括外国在台湾的投资、民间交往照旧。条件只有一条，那就是台湾要作为中国不可分割的一部分。这些论述已蕴涵着“一国两制”的思想。

1984年2月，邓小平在会见外宾时更加明确地指出：“我们提出的大陆与台湾统一的方式是合情合理的。统一后，台湾仍搞它的资本主义，大陆搞社会主义，但是是一个统一的中国。一个中国，两种制度。香港问题也是这样，一个中国，两种制度。”至此，“一国两制”的基本思想已经形成。

3.“一国两制”构想的进一步发展

1985年3月，六届全国人大三次会议正式把“一国两制”确定为中国的一项基本国策。根据邓小平“一国两制”的构想，我国政府先后分别和英国政府、葡萄牙政府就香港、澳门主权回归问题进行了多轮谈判并达成协议，香港、澳门成功地回到祖国怀抱，并在回归后保持了繁荣稳定，使“一国两制”由科学构想变成了现实。在邓小平“一国两制”构想的基础上，根据两岸关系和国际形势的发展变化，江泽民提出了发展两岸关系、推进祖国和平统一进程的八项主张。以胡锦涛为总书记的党中央在新形势下为解决台湾问题、实现祖国完全统一又采取了一系列新的有力的措施。这些政策主张和措施进一步丰富和发展了“一国两制”的科学构想。

二、“和平统一、一国两制”构想的基本内容和重要意义

“一国两制”作为实现祖国和平统一的具有重大战略意义的构想，包含着丰富的科学内涵。按照这个构想实现祖国的完全统一，有利于台湾、香港和澳门的长期稳定，有利于祖国统一和民族振兴，有利于世界的和平与发展，得到了国际社会的广泛认同。

1.“一国两制”构想的科学内涵和基本内容

“一国两制”构想就是在一个中国的前提下，国家的主体坚持社会主义制度；香港、澳门、台湾是中国不可分离的部分，它们作为特别行政区保持原有的资本主义制度长期不变。在国际上代表中国的，只能是中华人民共和国。具体来说，有十个方面的内容。

第一，一个中国。这是“和平统一，一国两制”的核心，是发展两岸关系和实现和平统一的基础。第二，两制并存。在统一的中国内，大陆地区是主体部分，实行社会主义制度。第三，高度自治。高度自治的基本内容指的是，祖国统一后，台湾现行的经济和社会制度、生活方式、与外国的经贸文化联系长期维持不变；台湾作为特别行政区享有高度的自治权，包括行政管理权、立法权、司法权(包括终审权)；可以实行单独的财政预算，中央政府不向台湾收税；中央政府不干预特别行政区的内部事务；中央政府在全国性政权机构中留出一定比例的名额，让台湾各界人士参与国家管理；大陆不派行政人员去台湾，党、政、军等系统，都由台湾自己来管；台湾人民的各种合法权益，诸如私人财产、合法继承权、企业所有权等，以及外国人和侨胞在台湾的私人投资等，均予以法律保护。在不损害国家和民族利益的前提下，特别行政区还享有以地方政府的名义，单独同各国、各地区及有关国际组织保持和发展经济、文化关系的权力，并可以与其签订有关协定。台湾还可以保留自己的军队。特别行政区受中央政府管辖，不具备行使国家主权的权力。第四，尽最大努力争取和平统一，但不承诺放弃使用武力。第五，解决台湾问题，实现祖国的完全统一，寄希望于台湾人民。解决台湾问题，要同台湾当权者打交道。第六，积极促谈，争取

通过谈判实现统一。以和平的方式实现国家统一，关键在于通过谈判解决问题。第七，积极促进两岸“三通”和各项交流，增进两岸同胞的相互了解和感情，密切两岸经济、文化关系，为实现和平统一创造条件。第八，坚决反对任何“台湾独立”的言行。“台独”势力的活动与国际反华力量的支持是分不开的，若是“台独”搞起来，台湾最终将沦为外国的附庸。第九，坚决反对外国势力插手和干涉台湾问题。解决台湾问题是中国的内政，任何国家无权干涉。第十，集中力量搞好经济建设，是解决国际国内问题的基础，也是实现国家统一的基础。中国解决所有问题的关键靠自己的发展。

2.“一国两制”构想的重要意义

第一，“一国两制”构想创造性地把和平共处原则用之于解决一个国家的统一问题。第二，“一国两制”构想创造性地发展了马克思主义的国家学说。马克思主义认为，国家是历史范畴，是阶级矛盾不可调和的产物。第三，“一国两制”构想体现了既坚持祖国统一、维护国家主权的原则性，也体现了照顾历史实际和现实可能的策略灵活性。第四，“一国两制”构想有利于争取社会主义现代化建设事业所需要的和平的国际与国内环境。第五，“一国两制”构想为解决国际争端和历史遗留问题提供了新的思路。

三、“一国两制”构想在香港、澳门的成功实践

1.“一国两制”构想指引下香港、澳门的顺利回归

“一国两制”构想提出后，首先被成功地运用于解决香港和澳门问题。

由于中国政府在主权问题上坚持毫不让步的立场，英国在1983年7月第二阶段会谈开始后不再坚持三个旧条约，但又提出所谓“以主权换治权”方案，以便在1997年后继续管治香港。1983年9月10日，邓小平在会见来访的希思时说：英国想用主权来换治权是行不通的，希望不要再在治权问题上纠缠，不要搞成中国单方面发表声明收回香港。在香港问题上，希望撒切尔夫人和她的政府采取明智的态度，不要把路走绝了。中国1997年收回香港的政策不会受任何干扰，不会有任何改变，否则我们就交不了账。此后，中英双方几经磋商，反复较量，谈判逐步有所进展。经过艰苦的谈判，中英两国终于在1984年9月达成协议，草签了《中英联合声明》和三个附件。同年12月19日，中英两国政府首脑在北京正式签署《中英联合声明》。联合声明宣布：中华人民共和国于1997年7月1日对香港恢复行使主权；中国政府将根据宪法第31条的规定，在香港设立直辖于中央政府的特别行政区，同时保持香港的制度和生活方式不变。

《中英联合声明》的签署，标志着香港进入回归前的过渡时期。1985 年 4 月，中华人民共和国香港特别行政区基本法起草委员会成立，负责基本法的起草工作。邓小平对此非常重视。他在 1987 年会见基本法起草委员会委员时说："我们的'一国两制'能不能够真正成功，要体现在香港特别行政区基本法里面。这个基本法还要为澳门、台湾作出一个范例。所以，这个基本法很重要。世界历史上还没有这样一个法，这是一个新的事物。"1990 年，经过近五年努力，《中华人民共和国香港特别行政区基本法》诞生，并经七届全国人大三次会议审议通过。邓小平称赞它是"一部具有历史意义和国际意义的法律"，"是一个具有创造性的杰作"。邓小平曾经说过："我的最大愿望是活到 1997 年，因为那时将收回香港，我还想去那里看看。"就在香港回归前夕，1997 年 2 月 19 日，邓小平在北京逝世。他虽然没有能实现到香港去看看的愿望，但他提出的"一国两制"的伟大构想将永垂史册。

在中英就解决香港问题开始谈判后，澳门回归祖国的各项准备工作也开始积极有序地进行。1985 年 5 月，中国政府和葡萄牙政府就举行谈判解决澳门问题达成协议。谈判的重点是"何时移交管治权"、"用什么方式移交管治权"等问题。从 1986 年 6 月 30 日到 1987 年 3 月，中葡两国先后举行了四轮会谈，终于达成协议。1987 年 4 月 13 日，《中华人民共和国政府和葡萄牙共和国政府关于澳门问题的联合声明》在北京正式签署，宣布中国政府将于 1999 年 12 月 20 日对澳门恢复行使主权并设立澳门特别行政区，实行高度自治和澳人治澳。1999 年 12 月 20 日，中葡两国政府举行澳门政权交接仪式，历经 400 多年沧桑的澳门重新回到了祖国的怀抱。

"一国两制"构想是一个创造性的杰作，符合祖国大陆和台湾、香港、澳门的政治、经济、社会现实，是合情、合理、符合时宜的。"一国两制"构想在解决香港、澳门问题上取得的成功，显示了它的科学性。

2. 香港、澳门顺利回归的重要意义

第一，香港、澳门回归使"一国两制"由科学构想变为现实。第二，香港、澳门回归开创了和祖国内地共同繁荣发展的新纪元。第三，香港、澳门回归对解决台湾问题具有重要的示范作用和促进作用。新世纪新阶段，要继续坚持"一国两制"、"港人治港"、"澳人治澳"、高度自治的方针，严格按照特别行政区基本法办事，在爱国爱港、爱国爱澳旗帜下，团结港澳各界人士，维护香港、澳门长期繁荣稳定。

专题三 新形势下“和平统一、一国两制”构想的重要发展

20世纪80年代末90年代初以来，围绕台湾问题的内外环境发生了巨大变化。在国际上，随着东欧剧变、苏联解体，美国加紧利用台湾问题对我国进行牵制。在台湾岛内，1988年1月，蒋经国去世，李登辉继任台湾当局领导人。此后，李登辉逐步背弃一个中国原则，顽固拒绝和谈统一，企图在维持“中华民国”的招牌下把台湾变成一个“独立的政治实体”，公开制造“两个中国”、“一中一台”；支持、纵容“台独”势力及其活动，使“台独”势力膨胀，“台独”思潮蔓延。

1992年，大陆海峡两岸关系协会(简称“海协”)和台湾海峡交流基金会(简称“海基会”)达成各自以口头方式表述的“海峡两岸均坚持一个中国原则”的“九二共识”。在此基础上开启了两岸事务性商谈。1993年4月，两岸举行了汪辜会谈，两岸关系发展迈出历史性的重要一步。但李登辉于1995年6月赴美进行制造“两个中国”的分裂活动，1997年抛出“两国论”，严重破坏了两岸关系的发展。针对李登辉的“台独”分裂活动，中国政府和人民展开了声势浩大的反分裂、反“台独”斗争，沉重打击了“台独”分裂势力，促使台湾民众和国际社会认清了“台独”的危险性。2000年5月，主张“台独”的民进党在台湾上台后，顽固坚持“台独”立场，拒不接受一个中国原则，否认“九二共识”，并在2002年8月悍然抛出“一边一国”论，反对和遏制“台独”成为两岸同胞最重要、最紧迫的任务。

一、对“和平统一、一国两制”构想的丰富和发展

面对内外环境的巨大变化，以江泽民为核心的党的第三代领导集体，在“和平统一、一国两制”思想的基础上，提出了一系列具有鲜明时代特色的重要论断和主张。1995年1月30日，江泽民发表了《为促进祖国统一大业的完成而继续奋斗》的重要讲话，提出了现阶段发展两岸关系、推进祖国和平统一进程的八项主张(“江八点”)。2002年11月，中共十六大提出了今后一个时期对台工作的指导思想和总体要求，宣示了全党和全国人民完成祖国统一大业的坚定决心。这些重要论述创造性地丰富和发展了“和平统一、一国两制”重要思想。

第一，明确提出坚持一个中国原则是实现和平统一的基础和前提，坚定地维护一个中国原则。

第二，在坚持和平统一、不承诺放弃使用武力的基础上，提出“文攻武卫”的总方略。

第三，首次提出进行海峡两岸和平统一谈判，创造性地发展了关于两岸谈判的主张：一个中国是两岸谈判的前提，在一个中国的前提下，什么问题都可以谈。

第四，强调寄希望于台湾人民。要从根本上使台湾同胞明白：台湾离开了祖国，必将被外国干涉势力所控制，陷入风雨飘摇之中；要使他们明白：实现统一并不会改变台湾现行的社会制度、生活方式，他们现有的各种权益将得到切实尊重和维护。

第五，指出台湾问题不能无期限地拖延下去。

第六，强调解决台湾问题的关键在于增强综合国力。发展是硬道理。解决台湾问题，完成祖国统一大业，要靠发展。大力发展经济，增强综合国力，主要是经济实力、科技实力、军事实力，才能为最终解决台湾问题奠定坚实而强大的基础。

二、新世纪新阶段的对台方针政策

2003 年以来，台湾当局在“台独”分裂道路上越走越远，台海局势日益严峻。以胡锦涛为总书记的党中央，针对台海局势的新变化、新情况、新特点，创造性地提出了具有鲜明时代特色的新论述、新主张，采取了一系列新举措。2005 年 3 月，胡锦涛就新形势下发展两岸关系提出了四点意见（“胡四点”）：第一，坚持一个中国原则决不动摇；第二，争取和平统一的努力决不放弃；第三，贯彻寄希望于台湾人民的方针决不改变；第四，反对“台独”分裂活动决不妥协。

2005 年 4～5 月，中共中央和胡锦涛总书记先后邀请当时的国民党主席连战、亲民党主席宋楚瑜率团访问大陆。胡锦涛亲切会见他们，并就促进两岸关系改善和发展的重大问题及党际交往事宜广泛而深入地交换了意见。胡锦涛还分别与中国国民党和亲民党领导人联合发布了会谈公报。此后，胡锦涛总书记就新形势下发展两岸关系提出了一系列新主张，这些新主张是对“和平统一、一国两制”的进一步丰富和发展，是新形势下对台工作的指导思想。

第一，明确提出反对和遏制“台独”是新形势下两岸同胞最重要、最紧迫的任务。我们愿意以最大的诚意、尽最大的努力争取以和平方式解决台湾问题，但绝不容忍“台湾独立”，绝不会允许任何人以任何方式把台湾从中国分割出去。

第二，提出两岸关系现状的定义，丰富了坚持一个中国原则的内涵。1949年以来，尽管两岸尚未统一，但大陆和台湾同属一个中国的事实从未改变。这就是两岸关系的现状。坚持一个中国原则，是构建和平稳定的两岸关系的基础。

第三，提出构建和平稳定发展的两岸关系，和平发展理应成为两岸关系发展的主题。具体内容：一是，坚持一个中国原则是实现两岸关系和平发展的政治基础；二是，加强经济上的交流合作，互惠互利，是实现两岸关系和平发展的有效途径；三是，早日恢复两岸对话谈判和平等协商，是实现两岸关系和平发展的必由之路；四是，为两岸同胞谋福祉，是实现两岸关系和平发展的根本归宿。

第四，强调和平统一要体现以民为本、为民谋利。只要是对台湾同胞有利的事情，只要是对促进两岸交流有利的事情，只要是对维护台海地区和平有利的事情，只要是对祖国和平统一有利的事情，我们都会尽最大努力去做，并且一定努力做好。这是我们对广大台湾同胞的庄严承诺。

第五，制定《反分裂国家法》，将中央对台方针政策法律化。2005年3月14日，十届全国人大三次会议通过《反分裂国家法》。这部重要法律，将中央解决台湾问题的大政方针以法律的形式固定下来，充分体现了我们以最大的诚意、尽最大的努力争取和平统一的一贯主张，同时表明了全中国人民维护国家主权和领土完整，绝不允许“台独”分裂势力以任何名义、任何方式把台湾从中国分裂出去的共同意愿和坚定决心。这部重要法律的颁布和实施，对打击和遏制“台独”活动，维护国家主权和领土完整，维护中华民族根本利益，具有重大的战略意义。

国家要统一，民族要振兴，是任何力量也阻挡不了的历史大趋势。两岸同胞是一家人，再创中华民族的历史辉煌是我们共同的期盼。

案例分析

案例一　“台独”的产生与悲剧

“台独”是谋求将台湾从中国分离出去，成为一个“独立国家”。“台独”思潮及“台独”运动作为一种非常复杂的社会政治意识及其行动，经历了一个长期演变和发展的过程。

1895年《马关条约》割让台湾，台湾被日本霸占50年之久。日本为强化对台湾的殖民统治，从20世纪30年代开始在台湾推行所谓的“皇民化运动”，一小部分所谓“上等台湾人”因而被改造成“台湾皇民”。抗战胜利后，一些“台湾皇民”不愿意回归中国，有几个人与当时的驻台日军少壮军官秘密组织“台独”小团体，企图在台湾建立“第二个满洲国”，抗拒中国恢复对台湾行使主权。这就是最早出现的“台独”。

美日是“台独”的始作俑者。早在太平洋战争开始时，美国国防部成立了远东战略小组，其使命之一就是研究战后美国托管台湾方案。该小组在1942年春曾建议麦克阿瑟，从日本手中夺取台湾后，由美国军队暂时接管，战后再进行“台湾民族自决”或成立“台湾共和国”；并着手培训一批接管台湾的行政人员。于是，具有“上等台湾人”身份，并且顶着美国俄亥俄州州立大学化工博士头衔的廖文毅被选中。他回台后炮制民意调查，制造“台湾人不愿意受中国管而愿意受美国管”的舆论，还向美国特使魏德迈递交所谓“台湾人民的意见书”，主张台湾脱离中国，交联合国托管。

1947年2月，在国民党接收台湾后短短一年半的时间里，其腐败残暴的统治激起台湾人民的反抗，爆发了“二二八”起义。国民党的残酷镇压，埋下了台湾同胞仇恨国民党的种子，也为“台独”滋生提供了土壤。廖文毅在“二二八”起义后从台湾来到日本，联合一批逃到日本的“台湾皇民”，成立“台湾民主独立党”，拼凑“台湾共和国临时政府”，自任“大统领(总统)”，使用日本昭和纪年，讲日本语，唱日本歌曲，十足地体现了台湾皇民的本质。

上世纪50年代初至60年代中期，日本成为“台独”势力的大本营。60年代末至70年代初，随着中日关系的发展，特别是1972年中日恢复邦交正常化，在日本的“台独”组织遂告衰落，“台独”活动的中心随之由日本转移至美国。1970年1月，台湾大学教授彭明敏在美国中央情报局特工帮助下，进入美国政治避难。一批台湾籍留学生迅速聚集到其周围，尊他为“台独教父”，成立“全球台湾人争取独立联盟”。集合了几乎所有海外“台独”团体，盟员遍及美日两国及欧洲、南美洲、大洋洲等地。

李登辉、陈水扁直接纵容、操弄“台独”的政策取向。蒋氏父子时期，国民党当局在刑法100条中专门规定了“分裂国土罪”，境管部门还列出了所谓“黑名单”，严格禁止“台独”分子入境。在国民党的严密控制下，“台独”势力把“台独”运动落实到台湾岛内的企图始终无法实现。但李登辉上台后，情况发生变化。1988年8月，李登辉允许被“台独”分子把持的“世界台湾同乡会”第十五届年会首次在台湾召开，一些“台独”分子得以大摇大摆地回到台湾。1990年7月，李登辉召开所谓“国事会议”，被国民党当局长期通缉的彭明敏赫然出现在邀请出席会议的名单中。随后，李登辉以推行民主的名义，取消“黑名单”，宣布“台独”属于言论自由范畴，从而为“台独”分子返台打开方便之门。“台独”分子返台后，成立了五花八门的“台独”组织。他们还投入选举，堂而皇之地跨入政治舞台，从通缉犯一跃成为“立法委员”或“国大代表”，有人还担任了县长。“台独”势力在李登辉纵容下迅速在党内蔓延开来。

民进党执政八年(2000～2008年)，岛内“台独”活动经历了从恶性发展到由盛转衰的过程。这一时期岛内“台独”活动的发展可分为三个阶段。第一阶段从2000年5月到2002年8月，主要特点为：陈水扁当局全方位推进极具欺骗性的“渐进式台独”，“急独”势力和各类组织开始膨胀、活跃，二者分进合击；第二阶段从2002年8月至2005年底，以2002年8月3日陈水扁发表“一边一国论”为标志，主要特点为：实现了体制内与体制外相结合，执政当局与“急独”团体联手，利用选举拼“台独”，全面谋求法理“台独”；第三阶段从2006年初到2008年5月，以陈水扁在2006年元旦发表措辞强硬的“急独”讲话为标志，主要特点为：在进程上更为急躁，在形式上更为粗糙，在内容上更为激进，在结果上更为失败。由于陈水扁违背“四不一没有”承诺，不断挑动中共敏感神经，制造台海危机，中美政府同时将陈水扁归类为“麻烦制造者”。2008年，民进党接连在“立委”和“总统”选举中惨败，岛内外局势和两岸关系发生巨变，“台独”政权被终结，“台独”活动进入低潮期。

宋楚瑜于2005年5月11日清华演讲中强调：“台独”是一条走不通的死路。“世界潮流，浩浩荡荡，顺之者昌、逆之者亡。”从长远角度考虑，合则两利，分则两伤，分裂对于两岸都没有好处，两岸人民的利益交集在于统一。200里海峡隔不断两岸亲情，60年分离割不断血肉相连的历史纽带。随着两岸经济文化联系日渐恢复，发展水平和运行方式差距日渐缩小；随着中国经济实力赶上并超过美国，尤其是在台海地区实现对美相对优势……岛内民意将逐步朝“去独趋统”的方向转变，“台独”社会基础将逐渐走向衰落。我们坚信，海峡两岸的完全统一、中华民族的伟大复兴必将实现。

——摘自王升：《台湾问题的由来与发展》，《人民公安》2000 年第 7 期；李仁质：《“台独”发展述评》，《中央社会主义学院学报》2003 年第 6 期；吴坚：《“台独”势力缘起与嬗变溯源》，《重庆社会主义学院学报》2010 年第 2 期 。

【案例点评】

祖国的统一与繁荣富强始终是中华儿女的共同意志，也是华夏子孙的福祉所系。不管“台独”以什么名义、何种方式制造分裂、谋求“独立”，都会损害两岸人民的根本利益，特别是违背了绝大多数台湾人民求和平、求安定、求发展的意愿。中国共产党非常明确地表明了坚决反对和遏制“台独”的严正立场，强调坚持一个中国原则决不动摇，这是两岸和平发展的政治基础。把台湾从祖国版图上分裂出去，是对中国主权和领土完整的挑衅，中国政府和全国各族人民决不允许任何形式的“台湾独立”。

案例二　中英香港问题谈判始末

中国政府关于香港问题的立场是很明确的：我们要收回的不仅仅是新界，而是整个香港地区，包括香港岛、九龙和新界。而从英国的角度来说，新界是必须还给中国的，但由于新界占香港地区土地总面积的 92%，在香港的经济和社会发展中占有重要的地位，香港岛和九龙区离开新界根本不可能独立存在。这就迫使英国政府不能不从整体上认真对待中国提出收回全部香港地区的要求。

从 1979 年起，英国不断派员前来中国，想摸中国在香港问题上的底牌。港督麦里浩在这一年访华时，采取“侧面进攻”的方式，从商业事务的角度出发，要求中国领导人同意港英政府批出超越 1997 年 6 月的“新界”土地契约，把“新界”土地契约原事的年限规定(1997 年 6 月 27 日)改为该地契“在英国王管制此地区期间内有效”，借以达到模糊“九七大限”的目的。

1982 年，英国前首相希思带着撒切尔夫人交付的重任来到中国。希思明确提出希望知道中国对香港的态度。邓小平回答：“无论将来香港的政治地位如何，香港经济现状会维持不变，投资者大可放心。”邓小平的话很含蓄，但是已经将中国政府对解决香港问题的基本立场表述得清清楚楚，这就是香港的主权必须收回，至于在经济上，可维持现行的资本主义制度不变。希思进一步问道："现在谈判是否有失仓促呢?"邓小平回答："不，我们有办经济特区的经验，我们有逐步好转的国际关系，是考虑解决香港问题的时候了。"

1982年9月23日，撒切尔夫人访华，中英两国围绕香港前途的谈判正式开始了。这时候，号称"铁娘子"的撒切尔夫人刚刚打胜了马岛战争，从阿根廷军队手中夺过两国争议多年的马尔维纳斯群岛。这一仗不仅打出了英国的威风，使世界对英国刮目相看，也大大提高了撒切尔夫人在国内的威望和国际的影响。

撒切尔夫人同邓小平会晤时，坚持"三个条约有效"论，提议如果中国同意1997年后由英国继续管制香港，她愿意"考虑向议会提议以令中国满意的方式处理整个主权问题"。撒切尔夫人的这两张牌，前者为虚，后者为实。她早就知道，要想保住英国对香港的主权是不可能的，她之所以坚持三个条约依然有效，不过是想以此迫使中国让步，同意英国继续统治香港，玩所谓的"以主权换治权"的把戏。

针对撒切尔夫人的言论，邓小平明确表示，中国要解决的主要有三个问题：一是主权问题，双方要就香港归还中国达成协议；二是1997年中国恢复行使主权后对香港采取的政策，也就是如何管理香港；三是从现在起到1997年15年中的安排，也就是双方如何合作为中国恢复行使主权创造条件。这三者构成香港主权回归的完整意义。接着，邓小平坦率地指出，主权问题是不能谈判的，1997年中国要收回香港，这是谈判的前提。从1842年英国占领香港至今，已经整整140年。中华人民共和国成立已经33年，到1997年就是48年。我们不是满清政府，不是李鸿章，如果到时还不收回，就无法向中国人民和世界人民交代。他说，中国的目标是既要恢复行使主权，又要保持繁荣稳定，两者是统一而不可分割的。在保持繁荣方面，中国希望取得英国的合作，但不是说，香港继续保持繁荣必须在英国的管制下才能实现。邓小平随即阐述了中国以"一国两制"解决香港问题的构想，并指出中国政府会制定出收回香港后实行的、能为香港人民和香港的其他投资者首先是英国所接受的政策。

撒切尔夫人不怀善意地问："要是谈判不成功怎么办呢?"邓小平告诉撒切尔夫人，中国政府在作出要收回香港的决策时，已估计到了可能出现的各种状况。他意味深长地说，如果在15年的过渡时期内香港发生严重的波动，中国将被迫重新考虑收回香港的时间和方式，如果说宣布要收回香港就会“带来灾难性的影响”，那么中国政府要勇敢地面对这个灾难，作出决策。

面对中方毫不动摇的立场和停滞的情况，撒切尔夫人焦躁不安，她在1983年1月28日首相府召开的谈判小组工作会议上，竟提出如下建议：如果谈判不能进展，在短时间内让香港独立或自治，像当年在新加坡做的；亦可考虑在联合国主持下就香港问题举行全港投票，由当地居民公决。但是大家似乎对这些“爆炸性观点”都不感兴趣。

同年3月9日，撒切尔夫人在首相府会议后终于露出了妥协之态，致函中国总理说，英国不反对中国以其对香港主权的立场进入谈判。4月，中国总理复函表示，中国政府同意尽快举行正式谈判。中英第一阶段谈判宣告结束。

中英第二次谈判历时14个月，在北京共举行了22轮正式会谈和多次非正式接触。会谈前期，两国代表团团长分别为中国外交部副部长姚广和英国驻华大使柯利达；后来分别由中国外交部部长助理周南和英国新任大使伊文思接替。

会议大体可分为三个段落。第一段落，指第1轮至第7轮会谈，主要议程是1997年后的安排。英方采取“主权和治权分离”的谈判策略，力谋“在承认中国对香港的主权的原则下，由英国继续大体像过去那样管治香港”。中方坚持主权和治权不可分割，中国恢复对香港行使主权，是指包括恢复行政管理权在内的完整主权，而不是一个架空的名义上的主权。在两方僵持的同时，由于英方散布“香港前途不明”的论调，香港发生“金融风暴”，港元汇率及股市急剧下跌。香港经济波动，英方损失也很惨重。不久，撒切尔夫人与港英当局采取干预汇市、稳定港元的措施，使金融危机得以平息。实行对抗要冒关系破裂的危险，直到1983年10月4日，撒切尔夫人授权柯利达在会谈中阐明，1997后英国将不再坚持英国管治，也不谋求1997年后同香港的任何“权力联系”。

第二段落，指的是第7轮会谈到第12轮会谈。中心问题是英方力求保持其在香港的传统利益与特殊地位。撒切尔夫人于1984年初，在首相府举行的会议提出把“谋求香港最大限度的自治”作为英方现阶段谈判的主要目标，企图以此来修改中方主张的“高度”自治的内涵。在谈判中，英方不再宣传“港人治港不可行”，并由鼓吹香港政制完美无缺转而强调英当局“绝对不会反对香港政治结构的未来发展”。但是英方在会谈中不时提出与其承诺相违背的主张，试图让英国人在1997后香港新行政体系内继续扮演举足轻重的角色。

第三段落，指的是第13轮至第22轮会谈。这一段落的主题有两个，讨论过渡时期的安排和政权交接事宜，研究解决遗留的具体问题和商定最后文件。

关于中英联合机构，英方希望推迟进驻香港时间，中方7月28日表示，如英方同意设立联合小组并以香港为常驻地，该小组进驻香港的时间及1997年后是否继续存在一段时间都可商量。否则，谈判中止。1984年7月29日，英方的态度果然有所变化，双方商定将联合机构定名为中英联合联络小组，该小组在协议生效时正式成立，于1988年7月进驻香港，并继续工作到2000年。至此，会谈的最后一个障碍终于得以清除。

7月30日，双方本着互谅互让的精神，就有关文件的形式和名称达成一致意见：协议采用"联合声明"的形式，内容包括中英两国政府所发表的互有关联的声明。9月18日，双方就包括驻军、选举、协议文本草案在内的全部问题达成协议。9月26日，中英代表团团长在北京草签了关于香港问题的联合声明，协议的全部文件即一个主体文件、三个附件及双方准备交换的备忘录于同日公布。

1984年12月19日下午，是世人最为关注的一个时刻，中国总理和英国首相正式签署仪式，它正式确认了中华人民共和国将在1997年7月1日对香港恢复行使主权。

——摘自墨墨：《中英香港问题谈判始末》，《21世纪》杂志1997年第3期。

【案例点评】

尽管中英之间的谈判非常艰难，但最终还是获得了圆满的成功，其主要的原因是：首先，当今世界和平发展的大趋势是客观条件。任何逆历史潮流而动，试图挑起战争，继续维护殖民主义利益的企图都是不得人心的，也是不可能实现的。其次，"一国两制"创造性的构想是解决香港平稳过渡、继续繁荣难题的内在基础。它在原则上的刚性和在策略上的柔性可以很好地构成双方达成共识的基础。最后，"一国两制"的构想不仅在解决香港问题上表现出其符合时代需求的创造性，而且也具有极大的灵活性和扩展性，从而使得它可以成为解决其他历史遗留问题和国际争端的最好典范。

疑难问题解答

1. 为什么说台湾自古以来就是中国的神圣领土？

在远古时代，台湾和大陆本来连接在一起。后来由于地壳运动，相连接的部分沉为海峡，台湾遂成为海岛。自有史籍记载以来，台湾的开拓、发展和统一，始终与华夏民族的辛勤劳动和英勇捍卫联系在一起。

(1)台湾的早期开发凝聚着炎黄子孙的血汗，融会着中华民族的精神，据古文记载，早在1700多年前的三国时代，大陆居民就已开始东渡台湾，经营这座宝岛。

(2)初设府治。公元1335年，元朝正式设立“巡检司”，管辖澎湖、台湾一带，隶属于福建省朱州同安县(今厦门)。从此，中国开始在台湾设立专门的政府机构。明朝末期，大陆居民大规模移民台湾，推动了台湾的经济和文化发展。

(3)荷兰占领。台湾岛美丽富饶，是西方殖民者眼中的“佳肴”。荷兰先后于1602年和1622年两次侵占澎湖。1642年，荷兰人占领了西班牙人在台湾北部的据点，台湾自此沦为荷兰殖民地。

(4)清朝治理。1683年，清政府统一台湾，第二年，设置一府三县，隶属福建省管辖。从1760年以后，出现了大陆居民再度大规模移居台湾的高潮，到1811年，除山地族原住民以外，人口已超过了200万。

(5)日本侵占。1894年，日本发动了中日战争(甲午之战)，次年3月攻占澎湖。1895年4月17日，清政府与日本签订了《马关条约》，将台湾和澎湖列岛割让给日本。台湾从此沦为日本殖民地，开始了长达50年的日本统治时期。

(6)抗日保台。从1895年沦陷到1945年重新光复，台湾在日本统治下度过了50年。在此期间，台湾人民不堪忍受亡国奴的生活，多次进行反抗，从清末的民族武装、辛亥革命前后的起义到“五四”运动以后的解放斗争，直到抗战胜利。

(7)收复失土。1943年12月1日，中、美、英三国共同签署的《开罗宣言》中规定：日本所窃取于中国之领土，例如满洲、台湾、澎湖列岛等，归还中国。1945年8月15日，日本宣布投降，台湾重新回归祖国怀抱。

2. 为什么说台湾问题悬而未决美国政府应负重大责任？

1949年新中国成立后，美国政府原本可以从中国内战的泥潭中拔出来，但它没有这样做，而是对新中国采取了孤立、遏制的错误政策。它在中国人民积极准备解放台湾时，利用朝鲜战争爆发的机会，公然派遣第七舰队侵入台湾海峡，阻挠中国人民解放台湾的正义行动，武装干涉纯属中国内政的海峡两岸关系，并通过与台湾当局签订所谓“共同防御条约”，将中国领土台湾置于美国的“保护”之下。美国政府的政策，造成了台湾当局在其庇护下，与大陆军对峙超过50年。台湾海峡地区局势因之长期紧张，台湾问题也由此成为中美两国间的重大争端。因此，台湾问题的产生，从本质上讲既是中国内战的遗留问题，也与美国势力的介入有密切关系。台湾问题长期得不到解决，美国政府负有重大责任。

20世纪60年代末70年代初，随着国际局势的发展变化和中华人民共和国的壮大，美国开始调整其对华政策，两国关系开始出现解冻的时机。1971年10月，第26届联合国大会通过2758号决议，恢复中华人民共和国政府在联合国的一切合法权利，驱逐台湾当局的代表。1972年2月，美国总统尼克松访问中国，中美双方在上海发表了联合公报。公报称：“美国方面声明：美国认识到，在台湾海峡两边的所有中国人都认为只有一个中国，台湾是中国的一部分。美国政府对这一立场不提出异议。”

1978年12月，美国政府接受了中国政府提出的建交三原则，即：美国与台湾当局“断交”、废除“共同防御条约”以及从台湾撤军。中美两国于1979年1月1日起正式建立外交关系。中美建交联合公报声明：“美利坚合众国承认中华人民共和国是中国的唯一合法政府。在此范围内，美国人民将同台湾人民保持文化、商务和其他非官方关系”；“美利坚合众国政府承认中国的立场，即只有一个中国，台湾是中国的一部分”。自此，中美关系实现正常化。

但遗憾的是，中美建交不过三个月，美国国会竟通过了所谓《与台湾关系法》，并经美国总统签署生效。该法以美国国内立法的形式，作出了许多违反中美建交公报和国际法原则的规定，严重损害中国人民的权益。美国政府根据这个“关系法”，继续向台湾出售武器和干涉中国内政，阻挠台湾与中国大陆的统一。由上可见，台湾问题直到现在还未得到解决，美国政府负有重大责任。

实践教学设计

方案一　观看理论片《香港十年》第一集《十年见证》

【设计思路】

通过观看视频资料，使学生真正了解香港问题、澳门问题和台湾问题的由来以及“一国两制”科学构想的形成确立过程及成功实践过程，通过香港回归及回归后十年的发展，见证“一国两制”这一伟大构想的科学性和前瞻性及其强大的生命力和影响力。

【步骤安排】

1. 组织学生观看《香港十年》第一集《十年见证》

《十年见证》着眼于香港回归及回归后十年的发展，以生动的事实阐释“一国两制，港人治港”这一伟大构想的科学性和前瞻性，以及由此而产生的强大的生命力和影响力。这部片子折射出香港的变与不变、十年来“一国两制”基本方针在香港的成功实践，让学生们更切身地理解“一国两制”伟大构想的形成过程、基本内容和重大意义。

2. 教师点评

在1997年香港回归之前，一些西方媒体曾预言香港回归后一定会“死亡”，但实际情况正好相反：“一国两制”的成功实施，使这颗东方之珠更加璀璨夺目，充满了前所未有的活力。

香港回归十年的事实证明，“一国两制”在香港的实践是成功的。展望未来，我们充满信心。同时，我们也应看到，由于全球经济竞争日趋激烈，香港要保持自身的经济竞争优势并非易事，需要不断开拓进取；香港政改也面临许多挑战，保障香港的繁荣稳定仍是我们未来的艰巨任务。十年的经验告诉我们，只要坚持“一国两制”的基本方针，严格依照基本法办事，实事求是解决“一国两制”实践过程中出现的新情况、新问题，一定能够把香港实践“一国两制”的伟大事业不断推向前进！

方案二　举办台湾问题专题讲座

【设计思路】

邀请台湾问题研究专家，给学生做台湾问题专题讲座，通过讲座，让学生了解为什么说台湾是中国不可分割的一部分，“台独”没有出路，统一是大势所趋。

【步骤安排】

1. 邀请台湾问题研究专家，给学生做台湾问题专题讲座

通过讲座，学生可以了解台湾地区的地理、历史、政治、经济、社会、军事概况，能够就新中国成立以来中央对台政策的发展过程、台湾岛内的政治动态、台湾问题的由来、围绕台湾问题的中美斗争以及未来两岸关系的走向、台湾问题与对台政策等方面有进一步的了解和掌握。

2. 要求学生撰写心得体会

3. 教师对学生心得体会点评

点评侧重于两个方面：

(1)台湾问题是中国国内战争遗留下来的问题，台湾问题实质上是中国的内政问题。国家的统一，是任何力量也阻挡不了的历史大趋势。两岸同胞是一家人，再创中华民族的历史辉煌是我们的共同期盼。我们相信，在全体中华儿女的共同努力下，两岸关系一定能够和平稳定发展，祖国的完全统一一定能够早日实现。

(2)在新形势下贯彻“和平统一、一国两制”的基本方针，就是要牢牢把握两岸关系主导权，同“台独”分裂势力坚决斗争，打击“台独”分裂势力，坚定地维护台湾是中国一部分的地位，引导两岸关系朝着和平稳定的方向发展，推动两岸经济、文化交流和人员往来，推进了祖国和平统一的进程。

方案三　组织主题读书活动

【设计思路】

结合当前香港和澳门回归后的情况，进一步掌握“一国两制”的相关内容，组织一次主题读书竞赛活动并在课堂上作汇报。通过这种读书竞赛活动，可以让学生进一步了解香港问题、澳门问题和台湾问题的由来以及“一国两制”构想的形成过程，掌握“一国两制”的基本内容，深刻理解邓小平“一国两制”理论的重大意义，对香港问题和澳门问题的成功解决过程有一个基本了解，认识到以“一国两制”基本方针解决台湾问题的必要性。

【步骤安排】

1. 提前两周布置，要求学生查阅相关参考资料，为课堂讨论做准备

相关参考资料：《邓小平文选》第2、3卷，其他相关书籍及论文等。

2. 组织学生汇报学习心得

3. 教师对学生心得体会点评

点评侧重于两个方面：

(1)实现祖国完全统一是中华民族的根本利益，是任何力量也阻挡不了的历史大趋势。

(2)“一国两制”的成功实施，充分显示了这一伟大构想的科学性和前瞻性及其强大的生命力、影响力。

考研题解

一、单项选择题

1. (模拟题)我国目前在对待统一问题上使用的是“一国两制”的政策，但它不会改变我国人民民主的国家性质，这是因为(　　)

A. 特别行政区是在中华人民共和国中央人民政府的统一领导下

B. 两种制度地位不同，社会主义制度是主体

C. 特别行政区只是中华人民共和国的一个行政区域

D. 特别行政区享有内地一般地方行政区所没有的高度自治权

二、多项选择题

2. (模拟题)在“一国两制”中，两种制度的关系是(　　)

A. 相互支援　　B. 大陆的社会主义制度是主体

C. 长期共存和平共处　　D. 不分主次、共同发展

3. (模拟题)中国政府目前对待台湾问题的立场有(　　)

A. 坚持“和平统一、一国两制”的基本方针

B. 努力用和平方式实现，但不能承诺放弃使用武力

C. 台湾问题同香港、澳门问题一样是殖民主义侵略遗留问题

D. 我国对台湾的主权神圣不可侵犯；绝不允许任何势力以任何方式改变台湾是中国一部分的地位

参考答案　1. B　2. ABC　3. ABD

三、(模拟题)材料分析题

请阅读下列材料：

材料1：台湾的李登辉9日在接受德国电视台采访时，就中国和台湾现在的关系明确地说：“是国与国的关系，至少是特殊的国与国的关系。”李登辉迄今对中台关系用过“是两个对等的政治实体”、“分治的现实”的措施，而表明“是国与国的关系”的认识则是第一次。可以认为，以往用的“政治实体”和“分治”的措辞太暧昧，外国很难理解，所以进一步表明了明确的认识。

——摘自《读者新闻》1999年7月11日

材料2：2002年8月3日，陈水扁在“总统府”以视讯方式向在日本东京召开的“世界台湾同乡联合会”第29届年会上称：“台湾不是人家的一部分，不是人家的地方政府或一省，也不能成为第二个香港或澳门，台湾是主权独立国家……台湾与对岸是一边一国……公投是基本人权，大家应认真思考公民投票立法的重要性与急迫性。我们要坚持走自己的路，最后替台湾

走出一条民主自由的路。”

材料 3：我们解决台湾问题的基本方针，自然是“和平统一、一国两制”。我们一直在积极促进两岸人员往来和经济交流，争取两岸直接“三通”，推动两岸进行政治谈判。但是，在台湾问题上，我们不承诺放弃使用武力。原因很清楚，台湾岛内和国际上都有一股企图把台湾从祖国分裂出去的势力。如果出现搞“台湾独立”和外国势力干涉中国统一的情况，我们决不会坐视不管。

——摘自《江泽民重申中国政府在台湾问题上的严正立场》，《人民日报》1999 年 7 月 19 日

请回答：

(1)结合材料 1、2，请说明台湾当局在祖国统一问题上的立场。

(2)结合材料 3，请说明我国政府在台湾问题上的立场。

(3)结合上述材料，说明“一国两制”解决台湾问题的可能性。

【解题思路】

本题考查综合分析我国政府祖国统一的立场和“一国两制”制度。既要认识到“台独”的危害性，又要强调我国政府对“一国两制”政策的正确性和坚定性。

【答案要点】

(1)台湾当局一直不承认其是中国不可分割的一部分，一直企图谋取独立的地位，从李登辉到陈水扁都对大陆持敌对态度。这实际上是否认一个中国的原则，企图把台湾从中国分割出去。

(2)中国政府的基本立场是：台湾是中国的一部分，世界上只有一个中国，不能允许有什么“两个中国”或“一中一台”，坚决反对“台湾独立”。“和平统一、一国两制”是我国政府解决台湾问题的基本方针。我们主张并一贯致力于和平统一，但同时不承诺放弃使用武力。

(3)“一国两制”的构想丰富了马克思主义原则的坚定性与策略的灵活性相统一的原则。坚持祖国统一，维护国家主权，坚持国家主体的社会主义制度，这是原则问题，是丝毫不能动摇和改变的。同时，充分考虑到台湾的历史与现状，考虑到当地同胞及各方面人士的意愿，考虑到实现祖国统一的现实可能性，允许两种制度并存，台湾保持资本主义制度长期不变，找到了有关各方面都能接受的方案。这又表现出极大的灵活性。实践已经证明，“一国两制”是最终实现祖国和平统一的最佳途径。

第十三章　国际战略和外交政策

名人名言

世界上最不怕孤立、最不怕封锁、最不怕制裁的就是中国。建国以后，我们处于被孤立、被封锁、被制裁的地位有几十年之久。但归根到底，没有损害我们多少。

——邓小平(《社会主义的中国谁也动摇不了》，《邓小平文选》第3卷，329页，北京，人民出版社，1993)

我们不搞政治游戏，不搞语言游戏。我个人爱好打桥牌，但中国在政治上不爱好打牌。

——邓小平(《中国的对外政策》，《邓小平文选》第2卷，415页，北京，人民出版社，1994)

我觉得美国能为中国做些什么也许谈得太多了，而美国能从中国学些什么却谈得不够。有一点我们可以从中国获得教益，那就是中国人惯于采取长期观点，不仅考虑到几十年，而且考虑到几百年。

——[美]尼克松(1979年9月18日尼克松访华与邓小平的谈话)

专题讲授

专题一　当今时代的主题和特征

时代主题就是在一定历史时期内反映世界基本特征并对世界形势的发展具有全局性影响和战略性意义的问题，就是在一定历史条件下世界历史发展进程中需要解决的主要问题。随着世界矛盾和国际形势的发展变化，时代主题也会发生转换。科学认识和准确把握时代主题，是制定正确发展战略和内外政策的一个重要前提。毛泽东、邓小平、江泽民、胡锦涛等党的几代领导人都对自己所处时代的主题进行过科学分析和判断。

一、毛泽东对第二次世界大战后国际形势的分析

第二次世界大战结束后，战争与和平问题成为国际社会所面临的突出问题。毛泽东分析战后国际形势，指出世界反动力量确在准备第三次世界大战，战争危险是存在着的。但是，世界人民的民主力量超过世界反动力量，并且正在向前发展，必须和必能克服战争危险。正是基于这种判断，中国共产党领导人民勇敢地将新民主主义革命进行到底，建立了全国政权。新中国成立后，我们党密切关注世界上各种力量的消长和各种矛盾的变化，在战争与和平问题上，继续坚持新的世界大战既有可能发生也有可能防止的两点论。在科学分析战争与和平问题的基础上，毛泽东逐步提出了两个中间地带和三个世界划分的战略。

1. 两个中间地带。1946 年 8 月，毛泽东在同美国记者安娜·路易斯·斯特朗的谈话中指出，在美国和苏联中间隔着极其辽阔的地带。进入 20 世纪 60 年代，随着世界各种政治力量的进一步分化和改组，毛泽东进一步指出："我们现在提出这么一个看法，就是有两个中间地带：亚洲、非洲、拉丁美洲是第一个中间地带；欧洲、北美加拿大、大洋洲是第二个中间地带。日本也属于第二个中间地带。"根据这样的判断，在当时的国际关系格局下，中国不仅对发展与亚、非、拉国家的关系继续采取积极的态度，而且对建立和改善同西方国家的关系给予了一定程度的重视。

2. 三个世界划分。1974 年，毛泽东又提出了三个世界划分的战略。他对来访的赞比亚总统卡翁达说："美国、苏联是第一世界。中间派，日本、

欧洲、澳大利亚、加拿大，是第二世界。咱们是第三世界。”他还指出，第三世界人口很多，“亚洲除了日本，都是第三世界。整个非洲都是第三世界，拉丁美洲也是第三世界。”毛泽东关于划分三个世界的战略，关于中国站在第三世界一边，加强同第三世界国家的团结，争取第二世界国家共同反霸，并且推动同美国、日本建立正常关系的决策，对于我们团结世界人民反对霸权主义，改变世界政治力量对比，改善我国的国际环境，提高我国的国际威望，起了重要的作用。

毛泽东还根据战后国际形势的发展，先后提出了各国的事情应由各国人民自己来管，反对帝国主义的干涉和称霸；国家不分大小强弱都是平等的，反对以大压小、以强凌弱；支持世界被压迫民族的解放运动和各国人民的革命斗争；结成广泛的反帝反霸斗争的国际统一战线等著名论断。

20 世纪 60 年代后期和 70 年代初期，面对日益复杂的周边环境和不断加剧的国际紧张局势，我国政府一方面坚定不移地反对霸权主义的侵略扩张活动，为维护世界和平而斗争，另一方面也在做应对大规模侵略战争的准备，提出备战备荒，立足于早打、大打、打核战争。

二、邓小平对时代主题的新判断

20 世纪 70 年代末以后，邓小平对世界形势的发展变化进行了深入的研究和分析，在战争与和平问题上逐渐形成了新的判断。他先是提出，国际形势是好的，我们有可能争取多一点时间不打仗。同时，我们也要防备别人早打、大打。后来，随着国际形势的进一步发展，他又指出，世界政治力量对比出现重要变化，和平因素增长超出战争因素增长，世界大战打不起来，争取一个较长时期的和平环境是可能的。1985 年，邓小平进一步指出：“现在世界上真正大的问题，带全球性的战略问题，一个是和平问题，一个是经济问题或者说发展问题。和平问题是东西问题，发展问题是南北问题，概括起来，就是东西南北四个字。南北问题是核心问题。”

1. 1987 年党的十三大确认了和平与发展是当今世界的两大主题这一深刻论断。

邓小平对时代主题的判断，其基本点是：第一，世界大战在一个相当长的时期内可以避免，我们有可能争取较长时期的和平环境；第二，和平与发展是当今世界两大带有全球性的战略问题，是东西方之间、发达国家与发展中国家之间矛盾全局的集中体现；第三，和平与发展是相辅相成的，世界和平是促进各国共同发展的前提条件，各国的共同发展则是保持世界和平的重要基础；第四，和平与发展成为时代主题，并不意味着这两个问题已经解决。要清醒地看到，当今世界和平与发展这两大问题一个都没有得到解决，还需要各国人民长期不懈的共同努力。

和平与发展成为当今时代的主题，这是世界各种矛盾发展变化和世界抑制战争因素不断增长的合力作用的结果。从和平趋势的内在需求看，两次世界大战的浩劫给人类留下深重灾难和沉痛教训，世界各国人民对和平的追求十分强烈；和平发展成为世界的潮流，民心所向；世界经济的发展加深了各国利益的相互交织和相互依赖，"冷战"结束后多极化进程使世界各种主要力量彼此制衡，对霸权主义战争政策的牵制力量在增强，成为制约战争的一个重要因素；核武器等毁坏世界的战争工具形成的"恐怖平衡"，也成为制约战争的一个重要因素；广大发展中国家力量的发展，尤其是中国的发展壮大，对世界和平与发展起着不可低估的作用，通过和平方式解决国际争端越来越受到国际社会的重视。生存与发展是广大发展中国家的首要任务，继续发展和保持优势则是发达国家面临的问题，对内图稳，对外思和，是多数国家的政策取向，对抑制战争起到积极作用。世界相对和平的新历史条件，为各国尤其是广大发展中国家带来了难得的发展机遇。

2. 进入新世纪后，和平与发展仍是当今世界的主题。江泽民指出："维护和平，促进发展，事关各国人民的福祉，是各国人民的共同愿望，也是不可阻挡的历史潮流。"当前和今后一个时期国际局势发展的基本态势是总体和平、局部战争，总体缓和、局部紧张，总体稳定、局部动荡。

3. 2005 年 9 月，胡锦涛在联合国成立 60 周年首脑会议上进一步明确提出，当今世界，和平与发展仍然是当今世界的主题，全球总体上保持和平稳定。但是，世界还很不安宁。要和平、促发展、谋合作是时代的主旋律。

时代主题的变换，为我国社会主义事业发展提供了新的机遇。和平的国际环境，是我国顺利进行现代化建设的必要条件和有利时机。因此，我们要强抓机遇，促进发展。

专题二　世界政治、经济形势的新发展

一、世界多极化趋势及其影响

世界多极化是指在一定时期内对国际关系有突出影响的国家和国家集团相互作用而趋向于形成多极格局的一种发展趋势，是对主要政治力量在

全球实力分布状态的一种反映。

世界格局多极化是国际关系发展的必然结果，是不以人的意志为转移的客观趋势。第二次世界大战后世界格局的演变，经历了从两大阵营对立到美苏两个超级大国争霸全球，再到两极格局终结、走向多极化的曲折发展过程。20世纪50年代，以美国为首的资本主义阵营和以苏联为首的社会主义阵营，在政治上尖锐对立、军事上全面对峙、经济上封锁与反封锁、意识形态上演变与反演变。20世纪60年代后，苏联对外政策中的大国主义朝着霸权主义的方向加速蜕变，中苏关系破裂，社会主义阵营逐渐瓦解。随后，美苏两个超级大国全球争霸取代了两个阵营的对立。随着一些国家经济政治力量的兴起并迅速上升为对全球具有重大影响的新的战略力量，两极格局受到了冲击和削弱。国际舞台出现了大动荡、大分化和大改组的局面，世界格局逐步向多极化方向发展。20世纪80年代末90年代初，东欧剧变、苏联解体，标志着存在40多年的两极格局的终结。

“冷战”结束以来，世界各种力量此消彼长。虽然世界力量对比严重失衡，但是世界格局走向多极化的趋势越来越清晰。

国际格局走向多极化，是时代进步的要求，符合各国人民的利益。但也要看到，世界多极化的最终形成将经历一个漫长、曲折、复杂的演进过程。在这个过程中，单极与多极的矛盾，称霸与反霸的斗争，将成为相当长一个时期内国际斗争的焦点。合作中的竞争和竞争中的合作成为世界格局多极化趋势发展过程中的重要特征。在世界格局多极化与单边主义的斗争中，军事力量仍然是关键因素。在日趋激烈的综合国力竞争中，经济技术的地位也越来越重要。

二、经济全球化趋势及其影响

世界格局演变的一个重要背景是经济全球化，经济全球化趋势和世界多极化趋势相互关联，相互影响。马克思、恩格斯在《共产党宣言》中指出：资产阶级由于开拓了世界市场使一切国家的生产和消费都成为世界性的了。20世纪80年代中期，邓小平也指出，现在的世界是开放的世界，任何国家的发展都离不开世界。由于全球商品经济的发展，经济活动把世界连成一体。20世纪90年代以来，随着“冷战”的结束，世贸组织的建立，信息技术的发展，加快了经济全球化发展的趋势。

经济全球化的主要特征是生产、交换、分配、消费的全球化。经济全球化使各种生产要素在全球范围内优化组合和资源优化配置，从而促进全球经济的迅速发展。但经济全球化是一把“双刃剑”，它在推动全球生产力大发展、加速世界经济增长的同时，也带来一些负面影响，增多了各国和全球共同面临的社会经济问题，加剧了国际竞争，增加了国际风险，并对国家主权和发展中国家的民族工业造成了严重冲击。经济全球化是由西方发达国家主导的，在国际经济秩序仍存在不公正不合理因素的情况下发生和发展的。对发展中国家来说，经济全球化既是一个难得的机遇，又是一个巨大的挑战。西方发达国家虽是经济全球化的主要受益者，但也面临着其带来的一系列新的社会经济问题的挑战。

新科技革命是当代经济全球化浪潮的重要推动力。经济全球化在本质上是资本的跨国流动，是资本国际循环与周转的形成。经济全球化实际上是全球经济市场化的过程。

面对经济全球化带来的机遇和挑战，发展中国家在扩大开放时应根据本国的具体条件，循序渐进，注意提高防范和抵御风险的能力。经济全球化趋势使各国经济的相互依存、相互影响日益加深。一旦某些国家和地区发生经济危机，不仅发展中国家会受害，发达国家也难以置身其外。因此，全球化的经济需要全球性的合作。我们需要的是世界各国平等、互惠、共赢、共存的经济全球化。

专题三　中国外交政策的形成和发展

一、独立自主和平外交政策的形成

中华人民共和国成立以来，我国一贯坚持独立自主的和平外交政策。我们党在新中国成立时就制定了独立自主的和平外交政策。根据这一基本方针，在不同的历史时期还针对国际形式发展的趋势和特点，确定并实施了不同的具体外交战略和外交政策。独立自主的和平外交政策在我国外交工作的实践中不断得到丰富和发展。

中华人民共和国成立前夕，毛泽东就强调，中国必须独立自主，不容许任何帝国主义国家再有一丝一毫的干涉。新中国成立之初，为了从根本上与旧中国半殖民地的屈辱的外交划清界限，毛泽东就提出了“另起炉灶”、“打扫干净屋子再请客”和“一边倒”的三大外交主张。

同时，1953 年 2 月，周恩来在会见印度政府代表团时，首次系统地提出了和平共处五项原则，经过1955年的万隆会议为许多亚洲国家所接受。即：互相尊重主权和领土完整、互不侵犯、互不干涉内政、平等互利、和平共处。和平共处五项原则成为我国处理对外关系的基本准则。

20世纪60年代，世界形势仍然处于“冷战共处”状态。根据当时美国对我国实行孤立、封锁和禁运，以及社会主义阵营中发生重大变化的情况，我国外交政策的重心由“一边倒”的政策调整为反对美苏两个超级大国。

20世纪70年代，苏联加强在中苏边界的军事部署，企图从北、南、西三面包围中国。美国实行战略收缩，急于从越南脱身，谋求打开对华关系。毛泽东审时度势，果断地决定打开中美关系的大门，提出了“一条线”的外交战略。即从东边起，日本、中国、欧洲国家、美国，加上同一条线上的第三世界各国，联合努力，共同对付苏联霸权主义。这是我国外交战略的一次重大调整。无论实行什么具体的对外政策，独立自主、和平共处的基本方针始终没变。

二、独立自主和平外交政策的发展

十一届三中全会后，我国进入社会主义现代化建设的新时期，邓小平在对国际形势作出新的分析和判断的基础上，又对我国的外交战略和政策进行了重大调整，丰富和发展了毛泽东的外交思想。

20世纪80年代，国际形势发生了变化。美苏争霸转入均衡、僵持阶段。邓小平根据国际形势的变化，果断、及时地指导我党改变外交战略，确定了“真正的不结盟”战略，强调反对霸权主义，维护世界和平，向全世界表明中国坚持独立自主的和平外交政策，并确定了新时期我国外交工作的方针：冷静观察，稳住阵脚，沉着应付，韬光养晦，有所作为，善于守拙，决不当头。从“一条线”到“真正的不结盟”是一个重大的转变，是顺应国内外形势反战的重大决策。

“冷战”结束后，面对复杂多变的国际局势，江泽民继承和发展了邓小平的外交思想，开创了我国外交工作的新局面。

十六大以来，以胡锦涛为总书记的党中央高举和平、发展、合作的旗帜，坚持独立自主的和平外交政策。中国的发展是和平的发展、开放的发展、合作的发展。中国积极推动经济全球化朝着有利于实现共同繁荣的方向发展，推动国际秩序向公正合理的方向发展，为推动建设持久和平、共同繁荣的和谐世界作出贡献。

中国坚定不移地奉行独立自主和平外交政策，是由我国社会主义性质和在国际上的地位决定的。它体现了中国人民热爱和平的愿望和高尚品质，也为世界和平和人类社会文明进步作出了重要贡献。

三、独立自主和平外交政策的基本原则

独立自主和平外交政策的基本原则，是我国对外交往活动的根本准则，是我国外交工作的根本依据。

第一，坚持独立自主地处理一切国际事务的原则。独立自主就是坚持从我国的实际情况出发，依靠自己的力量，同任何国家友好相处，不容许任何国家损害我国的尊严和主权。

第二，坚持和平共处五项原则为指导国家间关系的基本准则。和平共处五项原则的精髓是国家主权平等。这一原则既适用于社会制度相同的国家，也适用于社会制度不同的国家；既适用于发展中国家，也适用于发达国家；既适用于国家间的政治关系，也适用于国家间的经济关系。

第三，坚持同发展中国家加强团结合作的原则。中国是发展中国家，加强同发展中国家的团结与合作是我国对外政策的基本立足点。

第四，坚持爱国主义与履行国际义务相统一的原则。中国在处理国际事务和对外关系时，既坚决维护本国人民的根本利益，又注意维护世界和平和世界人民的根本利益。

专题四　建立公正合理的国际政治经济新秩序

一、世界和平与发展的主要障碍

霸权主义和强权政治仍然是威胁世界和平与阻碍发展的主要根源。当今世界，霸权主义主要来自超级大国和少数西方发达国家，霸权主义、强权政治在国际政治生活中仍然存在。东欧剧变特别是苏联解体后，原有两极格局瓦解，“冷战”局面结束。但是，“冷战”思维依然存在，不合理、不公正的国际政治经济旧秩序并没有改变。一些西方国家坚持要把它们的政治经济制度和价值观强加于别国。超级大国妄图建立由其领导的世界新秩序，到处插手别国内部事务，引发了不少新的矛盾乃至动乱、战争。不公正、不合理的国际经济旧秩序还在损害着发展中国家的利益。贫富差距继

续不断扩大。利用“人权”等问题干涉他国内政的现象还很严重。此外，因民族、宗教、领土等因素而导致的局部冲突和战争时起时伏，世界仍不安宁。由于霸权主义、强权政治作祟，世界和平与发展这两个问题，至今一个也没解决。世界各国人民反对霸权主义、强权政治，维护世界和平的任务仍然十分艰巨。社会主义中国应该用实践向世界表明，中国反对霸权主义、强权政治，永不称霸。

二、反对各种形式的霸权主义和强权政治

中国是维护世界和平的重要力量。中国一直把反对霸权主义，维护世界和平和地区稳定作为对外政策的重要目标，并为实现这一目标而不懈努力。中国在联合国和其他国际组织中，支持世界一切维护和平的国家提出的和平建议，一贯支持各国人民维护主权独立，反对霸权主义和种族主义的斗争。中国在各种场合，敢于和善于运用自己的优势在国际政治中发挥特殊作用，是世界政治格局中制约战争、维护和平的重要因素。

三、国际政治经济新秩序的主要内容

中国政府主张以和平共处五项原则为基础，建立国际政治经济新秩序。国际秩序包括国际政治秩序和国际经济秩序，指的是国际社会中各国处理彼此之间关系的指导原则、规范和相应的保障机制。它包含着主观和客观两方面的内容。前者提出国际社会中各国应该如何行事，反映了国际法的基本要求；后者表现了国际关系的实际运行状况，其中起主要作用的是实力和利益。国际新秩序的建立，有利于形成在独立、平等、互利基础上民主型的国际社会关系。

旧的国际政治经济秩序是在发展中国家无权的情况下，按照发达国家利益而形成的。旧秩序的特点就是不平等性和不合理。政治上，少数发达国家说了算，以强凌弱，以大欺小；在经济上、生产上，服从发达国家的需要，把发展中国家变成原料基地和加工厂；在国际贸易上，发达国家制定有利于自身的贸易规则，控制世界市场。这种政治经济秩序是为发达国家利益服务的，极大地损害了广大发展中国家的利益。既不利于维护世界和平，也不利于整个世界的发展，尤其不利于发展中国家的发展。

国际政治新秩序是指国家不分大小、强弱、贫富，都应当作为国际社会的平等成员参与国际事务；各国有权根据各自的国情，独立自主地选择本国的社会、政治、经济制度和发展道路；国与国之间应互相尊重，求同

存异，平等相待，友好相处，不干涉别国的内政；国家之间的分歧和争端应当遵照联合国宪章和国际法准则，通过协商和平解决，不得诉诸武力和以武力相威胁。

国际经济新秩序是指各国有权对本国资源及其开发，实行有效控制；有权参与处理国际经济事务；发达国家应尊重和照顾发展中国家的利益和需要，在提供援助时不应附加任何政治条件；加强南北对话与合作，在商品、贸易、资金、债务和货币、金融等主要领域作出必要的调整和改革，做到经济上互惠互利。

案例分析

案例一 做自己命运的主人

毛泽东是新中国的主要缔造者，也是中国对外方针的主要奠基者。

早在新中国成立前夕，毛泽东即为新中国的外交提出了三个重要原则。一个是另起炉灶，一个是打扫干净屋子再请客，第三个是一边倒。另起炉灶，比较容易理解，旧中国的外交，是屈辱外交，磕头外交，丧权辱国外交，所以毛泽东提出来另起炉灶，重新干。打扫干净屋子再请客，什么意思呢？由于不平等条约遗留下来的许多问题，还存在那里，还在起作用，要逐渐消除，有许多事情要做，没有办好，要马上建交，跟人家来来往往是不合适的。第三呢，一边倒。在东西方两个阵营尖锐对立的情况下，确定社会主义发展方向的新中国，自然要倒向苏联一边。在外交方面，“一边倒”只是表明新生的政权是属于社会主义阵营的，并不等于说，我们在任何方面都要屈从于苏联，或跟随着苏联当时的旨意，按苏联的旨意来行事。

1949年12月，从来没有出过国的毛泽东行程万里乘火车来到了莫斯科，此行的目的一来是参加斯大林七十寿辰的庆祝活动，二来则是希望中苏两国就共同关心的问题商谈和签订新的中苏条约，替代苏联曾经和国民党政府在1945年8月签订的《中苏同盟条约》。起初斯大林并不愿意放弃从旧条约中得到的某些权益，毛泽东据理力争，谈判中，他以幽默的方式向斯大林表达了自己的意思：“要搞个什么东西，这东西‘既好看又好吃’。”“好看”就是形式上好看，就是冠冕堂皇，“好吃”就是要有内容，不是个空架子。当斯大林终于明白什么是“既好看又好吃”的东西后，双方很快坐上了“条约”的签字台。

中苏两国人民走到了一起，大批苏联专家来到了新中国建设最需要的地方，为百废待兴的新中国打下工业化的基础。中国人民不会忘记这段美好的历史。

民族利益和国家安全始终是毛泽东在外交事务中考虑的头等大事，他的一贯方针是，独立自主走自己的路，不听从任何大国强加于人的摆布。当然，也包括曾向中国伸出友谊之手的苏联。

1958年，中苏两国出现的分歧日渐明显，在两国商谈军事科技合作的时候，赫鲁晓夫通过苏联驻中国大使尤金向毛泽东提出建议，一个是要搞个长波电台，一个是搞个共同舰队。搞长波电台，他说他们远东的潜艇需要加油，需要联系，有的时候不方便，搞共同舰队呢，是要联合对付美国的第七舰队，等等。7月22日，毛泽东约见苏联驻华大使尤金。严肃地提出："在军事上搞'合作社'是不适当的。""要讲政治条件，连半个指头都不行；你们可以说我是民族主义者，如果按你们说的办，我就可以说你们把俄国的民族主义扩大到了中国的海岸！你讲不清，请赫鲁晓夫来！"7月31日，赫鲁晓夫来到北京。"请告诉我，什么叫共同舰队？"毛泽东见面后就非常严肃地直指要害问题。"所谓共同么，就是共同商量的意思，我们希望长波电台尽快地建立起来……"毛泽东蓦地站了起来，手指着赫鲁晓夫的鼻子说："赫鲁晓夫同志你说了大半天还没有切题，我问你什么叫共同舰队？你就真正地讲你想干什么？你是不是要把我们沿海的地统统拿过去，你要就拿去好了。共同舰队？谁的舰队？是归你指挥是归我指挥？怎么指挥法？你想干什么？"陪同赫鲁晓夫访问的费德精通汉语，他用俄语提醒赫鲁晓夫："毛泽东可真火了！"赫鲁晓夫皱起眉头，摇摇头说："这样吧，我们能不能达成一项协议，让我们的潜水艇在中国有个基地，以便加油、修理、短期停留？""不行！"毛泽东斩钉截铁地将手一挥，"我不想再听到这件事！"赫鲁晓夫听了面无表情，一言未发。

1959年9月30日，赫鲁晓夫访华，参加中国的国庆十周年大典，中国共产党认为，趁此机会把矛盾摊开了，有助于中苏之间的相互理解。看起来谈得似乎很融洽，但分歧却在不可避免地加深，因为毛泽东不允许苏联把中国纳入它的全球战略轨道。

赫鲁晓夫回国后不到一年，1960年7月，苏联便中止合同，撤走专家，催还贷款。留给中国一大批半截子工程。这对正处于经济困难的中国人民来说，无疑是雪上加霜。中国在失去外援的时候，毛泽东倡导一种民族气节，自力更生，艰苦奋斗。国际上的封锁给我们造成了极大的困难，却不能阻止中国人民前进的步伐。

1964年10月16日下午三点，在差不多同一时间里，爆出两件让世界震惊的新闻。一件是赫鲁晓夫下台，一件是中国成功地爆炸了自己研制的第一颗原子弹。历史的安排竟如此巧合。毛泽东风趣地说："应该给赫鲁晓夫发一个一吨重的大勋章。"

在毛泽东一生的外交实践活动中，他始终不渝地奉行社会主义的独立自主的外交方针，无论遇到什么困难，都不在任何外来的压力面前屈服，表现了中国共产党、中国各族人民的大无畏的英雄气概。

——摘自郝首栋、潘敬国：《毛泽东开创了独立自主的新型中国外交》，

《北京青年报》2003年12月24日；陈晋：《放眼世界》，《湖南党史》1995年第1期。

【案例点评】

在毛泽东一生的外交实践活动中，他总是高瞻远瞩，始终高度警觉地关注着国家的独立和安全，始终不渝地奉行独立自主的外交方针，不信邪，不怕压，不屈服于任何外来压力，既敢于斗争，又善于斗争，及时把握历史机遇，敢于决断，推动中国走向世界。

中国外交在毛泽东的国际战略指导下，开创了崭新的外交格局，取得了巨大成就，确立了中国在国际舞台上的大国地位。新中国在错综复杂的国际社会中牢牢站稳了脚跟。中国的正确外交战略为新中国的经济建设争取到了一个宝贵的和平建设环境，也为当代中国的对外开放事业向前发展奠定了重要的基础。毛泽东开创了我国独立自主的新型外交，时至今日，他的深邃的外交战略思想及其丰富的外交实践，对于进一步开创中国外交工作的新局面，仍具有重要的借鉴意义。

案例二 “中国现代外交第一人”

周恩来是新中国外交的奠基人。在几十年的外交生涯中，周总理一直以德高望重、幽默风趣著称，不管在何种场合，遇到什么样的对手，他都能唇枪舌剑，以超人的智慧，应付自如，留下了许多脍炙人口的故事。

1. 妙对基辛格

1971年，基辛格博士为恢复中美外交关系秘密访华。在一次正式谈判尚未开始之前，基辛格突然向周恩来总理提出一个要求：“尊敬的总理阁下，贵国马王堆一号汉墓的发掘成果震惊世界，那具女尸确是世界上少有的珍宝啊！本人受我国科学界知名人士的委托，想用一种地球上没有的物质来换取一些女尸周围的木炭，不知贵国愿意否？”

周恩来总理听后，随口问道：“国务卿阁下，不知贵国政府将用什么来交换？”基辛格说：“月土，就是我国宇宙飞船从月球上带回的泥土，这应算是地球上没有的东西吧！”

周总理哈哈一笑：“我道是什么，原来是我们祖宗脚下的东西。”基辛格一惊，疑惑地问道：“怎么？你们早有人上了月球，什么时候？为什么不公布？”

周恩来总理笑了笑，用手指着茶几上的一尊嫦娥奔月的牙雕，认真地对基辛格说："我们怎么没公布？早在5000多年前，我们就有一位嫦娥飞上了月亮，在月亮上建起了广寒宫住下了，不信，我们还要派人去看她呢！怎么，这些我国妇孺皆知的事情，你这个中国通还不知道？"周恩来总理机智而又幽默的回答，让博学多识的基辛格博士笑了。

2. 妙斥赫鲁晓夫

有一次周总理应邀访问苏联。在同赫鲁晓夫会晤时，批评他在全面推行修正主义政策。狡猾的赫鲁晓夫却不正面回答，而是就当时敏感的阶级出身问题对周总理进行刺激，他说："你批评得很好，但是你应该同意，出身于工人阶级的是我，而你却是出身于资产阶级。"言外之意是指总理站在资产阶级立场说话。周总理只是停了一会儿，然后平静地回答："是的，赫鲁晓夫同志，但至少我们两个人有一个共同点，那就是我们都背叛了我们各自的阶级。"出其不意地将赫鲁晓夫射出的毒箭掉转方向，朝赫本人射去。据说，此言一出，立即在各共产党国家传为美谈。

3. 妙解中国故事

1954年，周恩来参加日内瓦会议，通知工作人员，给与会者放一部《梁山伯与祝英台》的彩色越剧片。工作人员为了使外国人能看懂中国的戏剧片，写了15页的说明书呈周总理审阅。周恩来批评工作人员："不看对象，对牛弹琴。"工作人员不服气地说："给洋人看这种电影，那才是对牛弹琴呢！"

"那就看你怎么个弹法了"，周恩来说，"你要用十几页的说明书去弹，那是乱弹，我给你换个弹法吧，你只要在请柬上写一句话：'请您欣赏一部彩色歌剧电影，中国的《罗密欧与朱丽叶》就行了。'"电影放映后，观众们看得如痴如醉，不时爆发出阵阵掌声。

4. 妙答记者问

一次，周恩来接见的美国记者不怀好意地问："总理阁下，你们中国人为什么把人走的路叫做马路？"他听后没有急于用刺人的话反驳，而是妙趣横生地说："我们走的是马克思主义之路，简称马路。"这个美国记者仍不死心，继续出难题："总理阁下，在我们美国，人们都是仰着头走路而你们中国人为什么低头走路，这又怎么解释呢？"周总理笑着说："这不奇怪，问题很简单嘛，你们美国人走的是下坡路，当然要仰着头走路了，而我们中国人走的是上坡路，当然是低着头走了。"记者又问："中国现在有四亿人，需要修多少厕所？"这纯属无稽之谈，可是，在这样的外交场合，又不便回绝，周总理轻轻一笑回答道："两个！一个男厕所，一个女厕所。"

还有一次在接受采访过程中，一位美国记者无意中看到总理桌子上有一支美国产的派克钢笔。那记者便以带有几分讥讽的口吻问道："请问总理阁下，你们堂堂的中国人，为什么还要用我们美国产的钢笔呢?"周总理听后，风趣地说："谈起这支钢笔，说来话长，这是一位朝鲜朋友的抗美战利品，作为礼物赠送给我的。我无功受禄，就拒收。朝鲜朋友说，留下做个纪念吧。我觉得有意义，就留下了这支贵国的钢笔。"美国记者一听，顿时哑口无言。

5. 谈笑吃"纳粹"

有一次周总理在中南海勤政殿设宴招待外宾。客人们对中国菜的花样之繁多，风味之独特，味道之鲜美都赞不绝口。这时，上来一道汤菜，汤里的冬笋、蘑菇、红菜、荸荠等都雕刻成各种图案，色、香、味俱佳。然而，冬笋片是按照民族图案刻的，在汤里一翻身恰巧变成了法西斯的标志。贵客见此，不禁大惊失色，忙向周总理请教。对于这个问题，周总理也感到十分突然，但他随即泰然自若地解释道："这不是法西斯的标志！这是我们中国传统中的一种图案，念'万'，象征'福寿绵长'的意思，是对客人的良好祝愿!"接着他又风趣地说："就算是法西斯标志也没有关系嘛！我们大家一起来消灭法西斯，把它吃掉!"话音未落，宾主哈哈大笑，气氛更加热烈，这道汤也被客人们喝得精光。

——摘自《周恩来的外交故事》，http：//zhidao. baidu. com。

【案例点评】

在维护国家和民族的根本利益以及独立自主权利方面，周恩来为我们做出了光辉的榜样。周恩来在处理对外关系上，始终坚定不移地站在争取和维护民族独立与国家主权的原则立场上，决不容许任何国家损害我国的尊严和主权。周恩来是新中国外交的创始人、奠基者之一。他在长达 26 年(1949—1975)的总理生涯中，以决策人、指挥者、实践家三位一体的身份，以异乎寻常的精力、才能和智慧，为新中国的外交事业作出了全面而杰出的贡献。

周恩来的外交才能和智慧在世界范围内赢得广泛赞誉。他还曾被美国总统尼克松称为"世界头号外交家"。1976 年 1 月周恩来去世时，许多国家的传媒评价周恩来是中国外交的中心人物、主要发言人、对外政策的建筑师，是中国的第一个外交形象，是世界上最杰出的外交家，外交棋盘上的一位棋王。周恩来和他所经历的外交风云将永远留在中国和世界人民的记忆中。

疑难问题解答

1. 为什么说和平与发展仍然是当今时代主题？

每个历史时代，都有自己的主要矛盾，都有需要解决的根本任务。这个主要矛盾和根本任务就是那个时代的主题。大体上说，20世纪可以一分为二：前半个世纪战争与革命相互交织；后半个世纪形成了有利于维护和平、促进发展的总趋势，时代主题从战争与革命逐步向和平与发展转换。

面对国际形势的这种新变化，邓小平以敏锐的洞察力深刻地指出，和平与发展成为“现在世界上真正大的问题，带全球性的战略问题”。邓小平关于“和平与发展”是当今世界两大“问题”的论断，在1987年党的十三大报告中被概括为“当代世界主题”，在1997年党的十五大报告中则被表述为“当今时代的主题”。尽管提法不同，但它们都是指和平与发展这两大问题是“带全球性的战略问题”。和平与发展成为时代主题的提出，对于我们党正确认识国际形势，制定正确的内外政策，抓住机遇，加快发展，产生了深远影响。

从邓小平提出和平与发展是当代世界两大问题以后，世界经历了许多深刻变化，发生了许多重大事件。但是，时代的主题没有变，世界要和平，人民要合作，国家要发展，社会要进步，已成为不可抗拒的时代潮流或世界主流。

第一，世界形势总体趋缓。“冷战”结束后，虽然世界上地区性冲突和局部战争不断，但新的世界大战在可预见的时期内是可以避免的。越来越多的国家愿意坐下来进行谈判协商，以解决纠纷。政治多极化虽然步履维艰，但仍然为各国所追求。绝大多数国家包括美国的一些盟国，对霸权主义和强权政治越来越不满。包括中国在内的广大发展中国家已经成为反对霸权主义、维护世界和平的主要力量。这些说明，世界范围内和平因素的增长，超过了战争因素的增长。

第二，世界各国的共同利益明显增多。在经济全球化背景下，整个世界越来越紧密地联系在一起，世界各国利益的相互关联和相互依赖日益加深。

第三，重视发展战略已成为各国的主要政策取向。正如江泽民指出：“经济优先已成为世界潮流，这是时代进步和历史发展的必然。当前对每个国家来说，悠悠万事，唯经济发展为大。发展不但关乎各国国计民生，国家长治久安，也关系到世界的和平与安全。”

第四，和平与发展是世界各国人民的普遍愿望。“冷战”结束以后，各国人民都不愿看到任何国家或国家集团再推行新的霸权和强权，都不愿看到南北之间发展的差距、贫富的悬殊再扩大下去，都渴望世界持久和平，渴望过上稳定安宁的生活，渴望建立公正合理的国际新秩序，渴望实现国际关系的民主化，渴望促进共同发展和共同繁荣，共创人类美好的未来。此外，当今世界面临许多突出的需要解决的问题，如人口增长过快，资源开发盲目无序，生态环境日趋恶化等，这些问题的解决，归根到底都要取决于和平与发展这两大问题的解决。

维护世界和平、促进共同发展是世界人民共同的心愿，但这并不意味着世界已实现了和平与共同发展。和平与发展仍然是人类不懈追求的目标，解决这两大问题的进程仍然坎坷曲折。

首先，威胁世界和平的因素依然存在，天下并不太平。近几十年来，世界范围的大战没有打起来，但小规模的地区性冲突乃至局部战争时起时伏。近十多年来，就先后发生了海湾战争、科索沃战争、阿富汗反恐战争、伊拉克战争等局部战争。

其次，霸权主义和强权政治有了新的表现。某些国家大肆鼓吹“新干涉主义”，企图建立由西方价值观主导的世界，竭力推行单边主义，干涉别国内政，导致了一些国家和地区矛盾激化，局势紧张，对世界和平与发展构成严重威胁。

最后，世界的发展很不平衡，不公正、不合理的国际政治经济旧秩序还没有根本改变，南北差距仍在扩大，世界各国远未实现共同繁荣；而且，贫困、环境恶化、毒品、恐怖主义等非传统安全问题也在增多。这些问题特别是发展中国家与发达国家之间的贫富悬殊，既表明旧的国际经济秩序成为各国共同发展的障碍，同时也构成危害世界和平的潜在因素。

上述问题表明，世界和平与发展仍然面临严峻挑战。邓小平在20世纪90年代初说，在和平与发展两大问题中，和平问题没有得到解决，发展问题更加严重。“世界和平与发展这两大问题，至今一个也没有解决。”和平与发展仍是人类需要不懈追求的目标。

因此，“和平与发展成为时代主题”的命题，应从两方面理解：一是指和平与发展代替战争与革命成为当代世界面临的两个重大课题，并不意味着这两个问题已经解决。“问题”或“主题”本身就包含了有待解决的意涵；如果解决了，就不成其为“问题”了。二是和平与发展是大势所趋、人心所向。人类和平与发展的崇高事业虽面临着挑战，但各国人民求和平、谋发展的愿望有增无减，和平与发展仍然是时代的主流和发展方向。

2. 为什么中国要坚持走和平发展的道路?

第一，实现和平发展，是中国人民的真诚愿望和不懈追求。自20世纪70年代末实行改革开放以来，中国成功地走上了一条与本国国情和时代特征相适应的和平发展道路。通过这条道路，中国人民正努力把自己的国家建设成富强民主文明和谐的现代化国家，并以自身的发展不断对人类进步事业作出新的更大贡献。

和平、发展、开放、合作、和谐、共赢是我们的主张、我们的理念、我们的原则、我们的追求。走和平发展道路，就是要把中国国内发展与对外开放统一起来，把中国的发展与世界的发展联系起来，把中国人民的根本利益与世界人民的共同利益结合起来。

第二，中国和平发展的道路，是一条统筹国内发展和对外开放的发展道路。坚持独立自主的和平外交政策，坚定不移地走和平发展道路，实施互利共赢的开放战略，维护国家主权、安全、发展利益，积极争取和平稳定的国际环境、睦邻友好的周边环境、平等互利的合作环境、互信协作的安全环境、客观友善的舆论环境。

第三，中国和平发展的道路，是一条勇于参与经济全球化而又坚持广泛合作、互利共赢的发展道路。中国实行对内改革从一开始就是同对外开放联系在一起的。中国勇敢地参与国际经济技术合作和竞争，获得了在闭关锁国条件下不可能获得的资金、先进技术、管理经验和各种人才，从而极大地增强了发展的优势。

第四，坚持走和平发展道路，是基于中国特色社会主义的必然选择。改革开放以来，中国坚持以经济建设为中心，坚持深化改革，不断扩大对外开放，经济、政治、文化全面发展，人民生活在经济发展的基础上不断得到改善，中国取得了举世瞩目的发展成就。事实证明，走和平发展道路，是中国实现国家富强、人民幸福的必由之路，符合中国人民的共同利益。

第五，坚持走和平发展道路，是基于中国历史文化传统的必然选择。中华文化是一种和平文化。渴望和平始终是中国人民的精神特征。

第六，坚持走和平发展道路，是基于当今世界发展潮流的必然选择。求和平、促发展、谋合作、是世界各国人民的共同心愿，也是不可阻挡的历史潮流。

3. 为什么说世界的繁荣和稳定也离不开中国?

首先，中国一贯积极支持和参与联合国的各项工作，遵守联合国议案和决议，捍卫联合国宪章的基本原则，在维护正义和国际秩序方面进行了积极的努力。在当今世界各种矛盾错综复杂的情况下，中国致力于在世界范围内进一步深化国际民主，建立更加公正、合理、互惠的国际政治经济新秩序。中国既维护国际正义、维护国际和平与稳定，也维护自身的国家利益；既维护和代表发展中国家的利益，也从全局出发解决国际社会的实际问题；既维护国家主权、坚持反对干涉国家内政的原则，也考虑在特殊情况下国际社会有权利有义务对一些国家采取维和、适当干预与预防措施的权利；既支持国际反恐、防扩散等维护国际安全的措施，也维护国际经济的正常秩序、大力推动发展中国家的经济文化发展、解决地区贫困问题。中国所倡导的和平共处五项原则等解决国与国争端的基本准则，完全符合联合国宪章的宗旨与精神。中国为促和平、求发展而采取的灵活、务实的态度，丰富了在联合国框架下处理国与国之间关系的实践。可以这样说，正是由于有了中国这一维护和平、稳定力量的积极参与，联合国才得以成为世界性的国际组织，并在谋求人类的共同发展方面发挥了积极的作用。

其次，中国是世界上经济发展最快、潜力最大的新兴市场，强劲的经济发展带动了全球经济的增长。保持经济长期、稳定的发展和中国人民生活水平的不断提高，既是中国政府对本国人民的责任，也是对联合国充分履行促和平、求发展职能所作出的贡献。在 25 年时间里，中国解决了 2.2 亿贫困人口的温饱问题，人民生活得到极大改善，堪称人类历史的奇迹。联合国专家认为："正是因为中国在消除贫困人口方面取得了显著成就，世界贫困人口比率才有了大幅度的下降。"改革开放以来，中国经济年均增长 9%以上，经济总量翻了两番，实现了小康目标。2010 年，中国对外贸易总额跃居世界第三位，达到 11548 亿美元，为世界经济注入了强劲的活力。到 2020 年左右，中国经济将实现第二个翻两番，经济总量将达到 4 万亿美元左右。中国人民在实现自身发展的宏伟蓝图过程中，必将惠及世界各国，成为对世界贡献更大的国家。

再次，中国尊重联合国宪章，积极提倡新型安全观，主张国际关系民主化，不搞对抗，不诉诸武力或以武力相威胁，而是通过对话、和平的方式解决国家间存在的分歧和争端。中国注重与所有邻国建立和发展长期稳定的睦邻友好关系。中国积极参加朝鲜核问题六方会谈，为维护朝鲜半岛及东北亚地区的和平与稳定作出了建设性贡献；努力推动地区安全对话合作机制的建设，积极参与了亚太地区多边安全对话合作；成功实践了新型安全观，通过友好协商妥善解决历史遗留的边界问题，增进了军事互信，在打击恐怖主义、分裂主义和极端主义势力方面进行了有效的合作。随着自身的繁荣发展，中国在全球安全和全球繁荣中的责任也在增长。在防扩散和国际反恐斗争中，中国是一个关键的参与者。在尊重有关国家主权、不干涉内政、以和平方式解决争端的原则下，中国积极参与了在柬埔寨、东帝汶、海地、刚果(金)等国的联合国维和行动。在一些国家不太愿意提供医护人员和工程人员的情况下，中国向各个维和区派出了大量军事观察员和工程、医疗部(分)队。在联合国维和行动中，中国共派出2000余人次的军事人员和民事警察，足迹几乎遍及所有的热点地区。中国签署并严格遵守了大多数国际条约和公约，积极参与了《全面禁止核试验条约》、《禁止化学武器公约》、《禁止生物武器公约》、《特定常规武器公约》等一系列重大国际军控谈判，认真履行国际军控条约的各项规则。为提高军事透明度，中国建立和发展了适应新安全形势的国防白皮书制度，陆续发表了裁军和军控报告、国防政策白皮书等文件。目前，中国已同世界上146个国家建立了军事外交关系，在103个国家设立了武官处，其中有74个国家在华设立了武官处。近年来，中国与上海合作组织成员国举行了联合反恐军事演习，与俄罗斯举行了“和平—2005”联合军事演习，与英、法等西方国家及巴基斯坦、印度举行了海上联合搜救演习，与巴基斯坦在高海拔地区举行了联合反恐军事演习，还组织外军观察员观摩了中国军队的军事演习。通过这些联合军事演习，加强了我军与各国军队之间的相互了解和信任。

最后，中国离不开联合国，联合国也离不开中国。作为联合国成员国和安理会常任理事国，中国愿意为联合国的改革与发展作出更大贡献。当前，中国正与联合国各成员国一起，致力于有效维护联合国的权威，反对任何国家绕开联合国安理会采取破坏世界和平与稳定的行动，逐步提高联合国的工作效率，合理利用联合国的各种资源，解决联合国面临的各种问题。在联合国安理会改革这一重大问题上，中国主张各国就安理会改革进行广泛讨论以达成最大共识，提出了任何安理会改革方案都应该优先考虑发展中国家的代表性，防止联合国成员国发生分裂，防止安理会的有效性受到破坏的建设性意见。这说明，中国一贯认真履行着对联合国改革和发展的责任和义务。

实践教学设计

方案一　观看《周恩来外交风云》

【设计思路】

通过观看视频资料，使学生真正理解和把握新中国独立自主的和平外交政策的制定与具体实践，进一步领略周恩来总理的外交风采，以及他在中华人民共和国步履蹒跚的外交史上建立的丰功伟绩。

【步骤安排】

1. 组织学生观看《周恩来外交风云》

《周恩来外交风云》生动再现了周恩来总理充满智慧和富有魅力的外交生涯，介绍他如何参与制定并具体实践新中国独立自主的和平外交政策，使中国突破了美、苏的政治外交封锁，取得了外交大国地位。

2. 教师点评

我们党在新中国成立时就制定了独立自主的和平外交政策。根据这一基本方针，确定并实施了不同的具体外交战略和外交政策。独立自主的和平外交政策在我国外交工作的实践中不断得到丰富和发展。

中华人民共和国成立前夕，周恩来明确指出，新中国外交的基本立场是中华民族的独立自主，任何国家都不能干涉中国内政；我们愿意和一切平等待我之国家合作，不排外，不挑衅，但必须站稳立场，否则就只能倒在外国人的怀里。

新中国成立初期，毛泽东提出“另起炉灶”、“打扫干净屋子再请客”、“一边倒”三大外交方针。这三大方针，符合中国人民实现国家安全、独立和维护世界和平的根本利益，为独立自主的新中国外交关系奠定了基础。

进入20世纪60年代，我国外交政策中心由“一边倒”调整为同时反对美苏两个超级大国到处侵略扩张、肆意干涉别国内政的霸权主义政策。同时，积极支持民族解放运动，坚持睦邻友好，维护中国的主权和领土完整，维护世界的进步与和平。20世纪70年代，毛泽东审时度势，果断地决定打开中美关系的大门，提出了“一条线”的外交战略。

无论实行什么样的具体对外政策，独立自主、和平共处的基本方针始终没变。

方案二 开展形势与政策专题讲座

【设计思路】

通过专家对当前的国际形势和我国的对外政策的讲解，使学生了解我国政府在国际舞台上为维护国家利益和世界和平，提升国家地位和形象等方面所做的大量工作，明确把握目前中国与发达国家、发展中国家和周边国家的关系现状。

【步骤安排】

1. 提前联系好专家，确定讲座主题、时间、地点

邀请校内外专家针对当前的国际形势和我国的对外政策，举行一场形势与政策的专题讲座，介绍我国政府在国际舞台上为维护国家利益和世界和平，提升国家地位和形象等方面所做的大量工作，重点分析目前中国与发达国家、发展中国家和周边国家的关系现状。

2. 讲座后要求学生撰写论文“我看当今世界”，以阐述自己对世界局势的看法

3. 教师对学生论文点评

点评侧重于两个方面：

(1)如何撰写论文。

(2)如何理解和把握目前中国与发达国家、发展中国家和周边国家的关系现状。

方案三 组织专题报告会——中国在国际政治、经济、文化和军事舞台上的立场和政策及取得的外交成就

【设计思路】

通过组织学生分组讨论中国在国际政治、经济、文化和军事舞台上的立场和政策以及在上述方面所取得的外交成就，使学生通过这项活动养成团队协作精神，提高他们搜集资料、整理资料的能力，并促使他们在活动中增长见识，更深刻理解教材所讲授的内容。

【步骤安排】

1. 提前两周布置，根据学生的学习兴趣，将其分成政治组、经济组、文化组、军事组等四个小组，要求学生搜集、整理相关资料，为课堂分组讨论做准备。

2. 组织课堂分组讨论

引导学生分组讨论在国际政治、经济、文化和军事舞台上，中国的立场和政策以及在上述方面所取得的外交成就，最后请每组选派一名代表上台发言。

在讨论过程中，鼓励学生充分发表自己的意见，不正确的观点要及时指出和纠正。

3. 教师总结点评

独立自主和平外交政策的基本原则，是我国对外交往活动的根本准则，是在外交工作实践中探索出来的处理对外关系的根本依据。第一，坚持独立自主地处理一切国际事务的原则；第二，坚持和平共处五项原则为指导国家间关系的基本准则；第三，坚持同发展中国家加强团结与合作的原则；第四，坚持爱国主义与履行国际义务相统一的原则。

中国外交政策的宗旨是维护世界和平、促进共同发展。各国政治上应相互尊重、共同协商，而不应把自己的意志强加于人；经济上应相互促进，共同发展，而不应造成贫富悬殊；文化上应相互借鉴，共同繁荣，而不应排斥其他民族的文化；安全上应相互信任，共同维护，树立互信、互利、平等和协作的新安全观，通过对话和合作解决争端，而不应诉诸武力或以武力相威胁。

考研题解

一、单项选择题

1.（模拟题）我国独立自主的和平外交政策，应坚持把（　　）

A. 反对霸权主义、强权政治放在首位

B. 国家主权和国家利益放在首位

C. 和平友好，真正不结盟放在首位

D. 扩大开放，发展对外经济关系放在首位

2.（模拟题）和平与发展是世界的主题，但这两个问题都没有从根本上得到解决，其主要障碍是（　　）

A. 宗教和领土争端

B. 民族矛盾

C. 意识形态冲突

D. 霸权主义和强权政治

3.（模拟题）世界政治发展的趋势是（　　）

A. 一极化

B. 两极格局

C. 多极化

D. 三足鼎立

4.（模拟题）中国外交政策的宗旨是（　　）

A. 反对霸权主义

B. 维护世界和平，促进共同发展

C. 独立自主

D. 维护国家的主权和领土完整

参考答案　1. B　2. D　3. C　4. B

二、材料分析题

1.（模拟题）请阅读下列材料

材料 1：中国今年的行动咄咄逼人而且傲慢。它建立了一支亚洲最强大的军队，并对美国构成了直接挑战。中国这样做的意图是要日本、韩国、澳大利亚、印度和其他东盟国家都处于战略附属地位。此外，在 2020 年之后，中国打算对美国的全球军事主导地位发起挑战。如果不加遏制，中国可能会获得成功。

奥巴马政府开始正面迎击中国了，但迄今做得还不够。我们需要加强在西太平洋的军事力量，除了加强反潜艇力量之外，还需要提高反导和反舰弹道导弹能力，并将那些老式弹道导弹潜艇升级为巡航导弹潜艇。

——摘自美国《华盛顿时报》，2010年10月18日

材料2：日本保守派前首相安倍晋三指责称，随着对存在争议领土的自信日益增加，中国正在实施现代版“生存空间”政策。

安倍在访问华盛顿时表示，对中国海军在东海等地区的扩张表示担忧。他在赫德森研究所发表演讲时说：“从上世纪80年代以来，中国的军事战略已倾向于‘战略边界’的概念……这种十分危险的想法认为，国家实力决定着边界和专属经济区的范围，只要中国经济持续增长，它在全球的影响力将会持续增加……这些可能使人联想到德国的‘生存空间’概念。”

安倍说，他仍支持同中国进行合作，但“合作方式要有助于亚洲的和平与稳定”。安倍说：“这是中国应该遵守的指导性原则，如果中国偏离这条道路，它应该遭到警告。”

——摘自法新社华盛顿10月18日电

材料3：无论哪一个新兴市场，只要一崛起，都会引起传统势力的关注，希望能纳入自己的控制范围之中，更何况这个是庞然大物、有自己行事方式的中国，其所引起的焦虑便不可言传了。

最近，东亚局势转趋紧张，令中国面对严峻的外交挑战。从“天安舰”事件到美韩联合军演，再到日本在今次钓鱼岛态度上前所未有地强硬起来，这一切似乎都是冲着中国崛起而采取的制衡措施。

——摘自《崛起的焦虑》，《澳门日报》，2010年10月11日

材料4：中国外交正面临史无前例的大变局。进入2010年以来中美关系、中韩关系、中日关系、中国和东盟的关系都在发生巨变。美国不断和中国周边国家在中国近海搞军演，而中国也不甘示弱。双方强硬的军事声音，似乎大于理性的外交声音。

中国如何抓住“机遇”？如何防范“忧患”？实际上，中国的选择不仅会决定中国自身的未来，也决定世界权力格局的未来。

——摘自《中国外交的大变局与大选择》，新加坡《联合早报》，2010年10月5日

请回答：

(1)美日为何要对中国加以“遏制”与“警告”？

(2)结合所学知识分析中国政府如何应付崛起所带来的焦虑。

【解题思路】

本题通过材料展示中国崛起引发的讨论，考查考生对当今世界与政治发展变化趋势的分析把握能力。命题意图在于让考生了解中国所奉行独立自主的和平外交政策的主旨，以说明中国发展对外关系的目的是为争取和平、稳定、有利于我国现代化建设的国际环境。

【答案要点】

(1) ①多极化在曲折中发展是当今世界政治发展的趋势。中国的和平发展正是这一趋势的突出表现。②美国凭借其强大的经济和军事实力，推行单边主义和霸权主义政策，对多极化进程构成了严重的挑战，它必然要遏制中国的迅速发展。③日本国内近年来政治右翼势力在进一步发展，这一势力认为中国崛起对日本构成直接威胁，影响其在亚洲及世界上的地位，故制造领土等种种事端来打压中国。

(2)中国是发展中的社会主义大国，也是维护世界和平和地区稳定的力量。中国奉行独立自主的和平外交政策，实现和平发展。中国发展对外关系的目的是为争取和平、稳定、有利于我国现代化建设的国际环境。

传统的西方国际关系理论也认为，一个大国崛起，必将损害现有大国的既得利益，使既定的国际格局和国际秩序发生剧烈的变动，甚至引发战争。中国提出走和平发展道路，表明中国顺应时代发展的新趋势，不走谋求世界霸权、侵略他国的道路，不会对任何国家构成威胁，而是抓住世界和平与发展的机遇，争取和平的国际环境发展自己，又以自己的发展促进世界的和平，从而走出一条实现民族复兴的新路。

2.(2008 年考研政治第 38 题)请阅读下列材料

材料 1：2007 年是“卢沟桥事变”70 周年，也是中日邦交正常化 35 周年，温家宝总理应邀于 4 月中旬对日本进行了正式访问，在两国发表的《中日联合新闻公报》中，确认双方将继续遵循《中日联合声明》、《中日和平友好条约》和《中日联合宣言》的各项原则，努力构筑“基于共同战略利益的互惠关系”。

温总理在日本国会众议院发表的演讲中，引用日本的谚语“尽管风在呼啸，山却不会移动”形容中日关系，引起日本国会议员们的广泛共鸣。

日本防卫大臣石破茂在为中国军舰“深圳”号访日举行的招待会上致词说，实现两国军舰互访，必将促进两国防务领域的深入交流，进一步提高彼此之间的信任关系，推进双方战略互惠关系向前发展。

材料 2：日本首相福田康夫就职后明确表示，他作为首相不会支持参拜靖国神社，他在就中日邦交正常化35周年致温家宝的贺信中说：日中两国在地理上是无法迁移的“一衣带水”的邻邦，不论今后国际形势如何变化，日中关系对两国而言乃为最重要的双边关系之一却是不会改变的，我愿意致力于构筑日中战略互惠关系。

曾480余次访华的日中协会理事长白西绅一郎认为，发展日中战略互惠关系，除了要“政治、经济两个轮子一起转”之外，还应特别注重扩大日中民间关系，这样才能夯实日中战略互惠关系的基石。

据日本海关统计，2007年1～9月，日中双边贸易额为1715.3亿美元，同比增长12.1%，其中，日本向中国出口786.3亿美元，增长17.8%，日本自中国进口929.0亿美元，增长7.7%，日本贸易逆差142.7亿美元，减少26.7%，中国继续保持日本第二大出口目的地和第一大进口来源国的地位。

——摘自商务部两国别数据库

结合材料回答问题：

(1)中日两国“战略互惠关系”的基本精神是什么？

(2)分析温家宝总理用“尽管风在呼啸，山却不会移动”形容中日关系的寓意。

【解题思路】

此题需要考生与时俱进地分析和思考问题，将所学知识与当前的时事热点相结合。“尽管风在呼啸，山却不会移动”的谚语形容中日关系，分为两个层次，“尽管风在呼啸”隐喻中日关系经历过风雨和曲折，“山却不会移动”强调了中日两国人民友好的根基不会动摇。所以应先总述这句话的寓意，然后针对这两个层次分别阐述原因。

【答案要点】

(1)中日两国战略互惠关系的基本精神是：中日两国共同为亚洲以及世界的和平、稳定与发展作出建设性贡献，是新时代赋予两国的庄严责任。基于这一认识，今后中日两国将全面发展在双边、地区及国际等各层次的互利合作，共同为两国、亚洲以及世界作出贡献，在此过程中相互获得利益并扩大共同利益，借此推动两国关系发展到新的高度。

(2)发展中日友好合作关系，顺应时代潮流，符合两国人民的共同愿望。温家宝总理在日本国会的演讲引用日本的谚语“尽管风在呼啸，山却不会移动”，引喻中日关系经历过风雨和曲折，但中日两国人民友好的根基不会动摇。

“尽管风在呼啸”原因如下：①日本国内民族情绪的大方向依然是民族

主义的。②日本政客削弱中国、裂解中国的敌对心理依然长期存在，还有美国的怂恿和相互利用。③长期以来，日本国内总有一些势力矢口否认日本发动侵略战争的性质和罪行，这些做法，不仅违背了日本政府在历史问题上的承诺，而且背离了中日关系的政治基础，严重伤害了中国和亚洲有关国家人民的感情。另外，台湾问题也是中日关系的症结之一。

“山却不会移动”强调了中日关系的根基不可动摇，有政治、经济、民间交流方面的要求：①中国和日本都是亚洲和世界上有重要影响的国家，中日关系问题不仅对于中日两国有着重大的影响，而且对整个世界的和平、稳定与发展也有着举足轻重的影响。②两国在经济上的相互依存关系日益加深，中国已成为日本最大的贸易伙伴。同时两国在东亚地区面临一系列传统的和非传统的安全威胁，需要通力合作，共同应对。两国的关系是一种共赢的关系。③中日民间交流是夯实日中战略互惠关系的基石。

中国政府发展中日友好合作关系的方针没有改变。两国领导人就构筑战略互惠关系达成了共识，我们将严格遵守《中日联合声明》、《中日和平友好条约》和《中日联合宣言》三个政治文件，坚持通过对话、平等协商，妥善处理中日之间的分歧，加强两国在广泛领域的交流合作，加强民间友好往来，增进相互了解，扩大共同利益，以实际行动致力于发展21世纪的中日友好合作关系，使中日关系健康稳定地向前发展，使中日两国人民世世代代友好下去。

第十四章　中国特色社会主义事业的依靠力量

名人名言

整个的历史过程是由活生生的人民群众本身的发展所决定的。

——马克思、恩格斯(《神圣家族》,《马克思恩格斯全集》，中文 2 版，第 2 卷，104 页，北京，人民出版社，2005)

人民这个概念在不同的国家和各个国家的不同的历史时期，有着不同的内容。

——毛泽东(《关于正确处理人民内部矛盾的问题》,《毛泽东著作选读》下册，757 页，北京，人民出版社，1986)

我国广大的知识分子，包括从旧社会过来的老知识分子的绝大多数，已经成为工人阶级的一部分，正在努力自觉地为社会主义事业服务。

——邓小平(《新时期的统一战线和人民政协的任务》,《邓小平文选》第 2 卷，186 页，北京，人民出版社，1993)

我们党所领导的改革和社会主义现代化建设的全部活动与整个过程，都必须全心全意地依靠工人阶级，这在任何时候、任何情况下都不能动摇。

——江泽民(《毛泽东邓小平江泽民论工人阶级和工会工作》，183 页，北京，中央文献出版社，2002)

专题讲授

专题一　工农、知识分子：根本力量

一、工人阶级是国家的领导阶级

1. 工人阶级在社会主义现代化建设中始终处于领导阶级的地位，是由以下几方面决定的：

首先，这是由中国共产党的性质决定的。我国是社会主义国家，中国共产党是中国工人阶级的先锋队，中国工人阶级是中国共产党的阶级基础。因此，无论是革命，还是建设和改革，中国共产党都必须紧紧依靠工人阶级，巩固自己的阶级基础。今天的中国，没有这一阶级基础的巩固，也就不可能有中国共产党的执政地位。

其次，这是由工人阶级特点决定的。工人阶级同社会大生产相联系，是先进生产力和生产关系的代表。工人阶级大多集中在构成我国国民经济命脉的现代化大企业，他们创造着最大部分的社会财富，是对国民经济起决定作用的生产力，是我国社会主义现代化建设的主导力量。工人阶级由于其在社会主义现代化建设中的主导地位和高度集中统一等特点，对于维护国家的安定团结具有至关重要的作用，是维护社会稳定强大而集中的社会力量。实行改革开放，进行现代化建设，解放和发展生产力，符合工人阶级的根本利益，因而工人阶级也是改革开放和现代化建设的最基本动力。

再次，工人阶级是改革开放和现代化建设的基本动力。其一，工人阶级是随着现代社会化大生产产生和发展起来的，是一个与社会化大生产相联系的阶级，是先进生产力发展的推动者，是先进生产力的代表者。其二，工人阶级是以消灭阶级为使命的阶级，是要终结阶级历史的阶级。从阶级的先进性上看，其他阶级在历史上也曾经起过进步作用，但这些阶级只是在已经过去了的一定历史阶段上呈现过它们的先进性，只有工人阶级，从它产生以后，不仅过去具有先进性，而且在人类社会消灭阶级和一切差别之前，它始终具有先进性，这是其他任何阶级都不能比拟的。所以，在一定意义上说，工人阶级的先进性是由它的历史使命决定的。工人阶级不代表先进的社会生产力就不能完成自己的历史使命。

2. 工人阶级的新变化

第一，工人阶级队伍增加了新的成分。农民工逐渐成为工人阶级主力军进入各个领域和一些新兴行业，工人阶级人数不断增加，力量不断发展壮大。据统计，农民工在我国第二、三产业工人中所占比例已高达59.8%。农民工从最初的散兵游勇到成为中国产业工人的重要组成部分，这是一个历史性的变化。

第二，工人阶级的岗位和构成与改革开放之前相比发生了变化。具体来说，工人阶级的岗位变化表现在：产业工人的数量虽有增加，但增长速度明显低于在职职工的增长速度；随着商业、服务业的迅速发展，从事第三产业的职工数量迅速增加；过去工人阶级只集中在全民所有制企业和集体所有制企业，现在有越来越多的工人在乡镇企业、外资企业和私营企业从业，乡镇企业职工成为工人阶级中数量最多的群体。

第三，由“无产者”向“有产者”转变。现代企业制度的建立和公有制实现形式的多样化，使合作制、股份制、股份合作制企业大量出现。各种所有制企业中相当一部分工人成为持股者。特别是留在国有企业和集体企业中的工人阶级在股份制改造中，掌握了一定数量的股份，他们既是公有财产的所有者，又是个人财产的所有者，由“无产者”变成了“有产者”。

第四，工人阶级处在不断分化过程中，失业工人有一定程度的增加。

产业结构的调整使一部分工人失去了原来的岗位，失业的压力日益增大，考验着劳动者的心理承受能力和执政党的应变能力。当然，出现一部分下岗或失业工人，并不意味着改变了工人阶级的领导地位。工人阶级“天然先进论”是错误的。工人阶级固然是同先进社会生产力相联系的阶级，而先进社会生产力是一个动态的发展过程，某些不符合先进社会生产力发展要求的行业总要逐步被淘汰，而那些符合先进社会生产力发展要求的行业必然要获得进一步发展。因此，出现一部分下岗或失业工人是难以避免的。

第五，工人阶级的素质正得到不断提高。首先，我国高等教育从精英教育开始走向大众教育，全民教育也初露端倪，受到高等教育的群体不断扩大，知识分子的队伍也不断壮大。知识分子是工人阶级的一部分的阶级特性认定，得到了社会各阶级阶层的普遍认同。知识分子融入工人阶级队伍，极大地提高了工人阶级的整体素质。其次，改革开放后，各类职业教育和其他社会教育飞速发展，工人阶级的劳动技能和文化素质都在不断提高，工人阶级中成长出了一大批懂技术、会管理的人才。

3. 当代中国工人阶级的新特点

第一，由于从事的职业和所在的岗位不同，工人阶级分层日益明显。

1999年，按十六个大行业分，职工工资水平最高的是最低的2.4倍；按细分行业分类，最高收入行业的职工工资水平是最低收入行业职工的4.5倍，而且工人阶级中个体收入差别还在继续拉大。

第二，由于所有制和分配制度的多元化以及价值多元化，工人阶级的职业身份也呈现出多元化。工人阶级在改革开放中呈现的职业身份的多元化，不仅体现在工人阶级内部的各个阶层的职业定位上，而且也体现在工人阶级成员职业身份的变动性和重叠性上，工人阶级内部各阶层之间、工人阶级与其他社会地位较高的社会阶级阶层之间社会流动增强。社会为工人阶级上升到较高的社会地位提供了平等的机会和众多的机遇。如果我们仍然把工人阶级的概念固定在传统的理解上，那就等于把党的阶级基础限制在狭小的范围内，必然动摇党的阶级基础，最终使党失去执政地位。

第三，由于科学技术的发展和自动化的普及，工人阶级的劳动类型趋向高技术化，更加突出了工人阶级的先进性。中国工人阶级劳动类型的高技术化，使工人阶级在高层次类型的劳动中发挥不可替代的作用有了可能，也使工人阶级在新的历史条件下获得了时代要求的先进性。

4. 全心全意依靠工人阶级，充分发挥工人阶级在社会主义现代化建设中的领导作用，关键在于维护和加强全体职工的主人翁地位

第一，必须切实加强党在工人群众中的工作，增强工人阶级的主人翁意识和建设中国特色社会主义的历史使命感和责任感，努力提高其政治觉悟和科学文化素质，把工人阶级锻炼成一支具有远大理想、具有社会主义道德、具有现代科学文化知识和严格纪律的强大队伍。

第二，党和政府要认真研究和解决新形势下出现的新情况和新问题，从政治、经济、法律等多方面、多渠道地探索依靠工人阶级的途径和方式，支持工人阶级当家做主。

第三，必须注意处理好职工长远利益和当前利益的关系，做好下岗职工的基本生活保障和再就业工作，以充分调动他们的积极性和创造性，更好地发挥其领导阶级的作用。

二、农民阶级是人数最多的基本依靠力量

1. 农民阶级也出现了前所未有的变化

首先，表现为从事农业生产的人口大大减少。从1990年到1997年，城镇新就业人数5841万人，其中来自农村的就有2295.6万人。截至2000年，农民职业人员45377万人，占在业人口的比重为64.46%。滞留在农村的农

民，也有一部分逐步地向第二产业和第三产业转移，活跃在当地农村和小城镇。

其次，传统的农民正向知识型农民转变，从事农业生产的农民在市场经济引导下走上了科技农业、生态农业、市场农业的道路。

再次，农民在进行农业生产的同时从事着其他行业，单一的从事农业生产的传统农民基本上已不存在。

最后，合作经济中的农民个人和家庭已经拥有了大量的生产资料。此外，从农民群体中产生了一大批私营企业主和个体劳动者；现在绝大多数所谓的农民只是二元户籍制度下的“户籍农民”。

2. 农民阶级继续分化，分层加快

农民阶级分化为：一是乡镇企业工人。农村出现的剩余劳动力大规模地向城市和非农产业转移，其中大部分进入农村工业领域，从事第二、三产业劳动。二是雇工阶层。受雇于私营企业或个体企业。三是农村知识分子阶层，主要从事教育、科技、医药、文化、艺术等脑力型职业。四是个体劳动者和个体工商户阶层，从事某项专业劳动或经营性的工商服务。五是私营企业主阶层。六是农村管理者阶层，包括乡镇集体所有制企业的经理、厂长及主要科室领导和供销人员，从事企业的经营和决策。

3. 农民阶级是人数最多的基本依靠力量与农业的地位和作用分不开

农业是国民经济的基础，农民是“基础”的主体。没有农业的牢固基础，就不可能有我们国家的自立；没有农业的积累和支持，就不可能有我国工业的发展；没有农村的稳定和全面进步，就不可能有整个社会的稳定和全面进步；没有农民的小康，就不可能有全国人民的小康；没有农业的现代化，就不可能有整个国家的现代化。农业是国民经济的基础，也是社会稳定的基础，而这个“基础”的主体是农民。发展农业就必须最大限度地把农民的积极性调动起来。

三、知识分子是中国工人阶级的一部分

1. 当代中国知识分子的新变化

第一，社会地位逐步提高，社会影响逐步扩大。知识分子在物质生产领域和精神生产领域都起着重要作用，在阶级属性上被界定为工人阶级中掌握科学文化知识较多、影响较大的一部分，肯定了知识分子在国家政治生活中的应有地位，知识分子对政治、经济、文化的发言权得到尊重和承认，社会影响越来越大。

第二，分布广泛，隶属于不同的所有制单位，遍布各种职业群体，有着强烈的个人诉求。由于知识分子在不同的所有制单位从业，获得物质利益的方法和方式以及多寡各异，形成了思想方面的差异，在非公有制经济组织从业的一部分知识分子中出现了主人翁意识淡漠、远离政治的不良倾向。

第三，职业重叠，变动频繁，流动性大。知识分子作为人才，是社会主义市场经济不可缺少的人力资源和智力资源，市场配置资源的规则使知识分子流动性加强，对单位的依附性减弱，知识分子率先由"单位人"变成"社会人"，主动地接受市场挑战，流动到那些更能发挥自我、待遇高、环境好的企业和地区，带动了技术、信息、资金流动，促进了社会发展。而且许多知识分子具备多种身份，从事着多种职业。

第四，文化程度高，知识结构合理，视野宽广，独立性强，人数众多。新一代知识分子处在改革开放的环境中，成长的社会氛围相对宽松，吸收多元文化的渠道畅通，特别是互联网的普及和信息公路的开通，使知识分子能够吸收各种文化，尤其是西方发达国家的优秀文化，进行比较鉴别，知识结构相对合理，知识面比较宽，有比较独立的思想和立场。我国高等教育和继续教育的不断发展，使知识分子在总人口中的比例不断攀升，学历层次不断提高，人数不断增长。

2. 当代中国知识分子的新特点

第一，具有强烈的爱国心。大多数知识分子都形成关注民族前途和命运的社会心理，崇尚"国家兴亡，匹夫有责"的价值观，在国家民族利益面前，总能以国家民族利益为重，牺牲自己的安逸和利益，能"对人类、国家、民族的生存状态和发展前景表现出深切的关注"。

第二，政治敏锐感强。由于知识分子有较高的政治素质，获得信息的渠道多，具备比较丰富的中外文化知识，有自己独立的政治见解。在社会转型时期或国内外发生重大政治事件时，他们能利用所学知识对政治发展趋势和重大政治事件的影响作出比较符合实际的判断，从而确定自己的政治取向和政治行为。

第三，具体政治要求不尽一致。由于知识分子分属于不同的所有制单位，获得经济利益的手段不同，在社会声望、个人收入和政治地位方面存在着较大的差别，导致他们在具体的政治要求上也不尽一致，存在着一定的分歧。

第四，在思想意识方面存在着多元化的趋势。全球化和多种文化的冲突、交融，再加上多媒体信息公路技术基础的奠定，年青一代知识分子利用其知识优势，可以广泛地涉猎和吸收各种文化，导致知识分子群体在思想意识方面错综复杂、五花八门。

3. 知识分子在改革开放和社会主义现代化建设中发挥着不可替代的作用

第一，知识分子是推动科技进步和经济发展的生力军，是先进生产力的开拓者。当今世界，科技进步和知识创新已成为经济发展的第一推动力，而科技进步和知识创新的主体是知识分子，离开了知识分子，科技进步和知识创新只能是一句空话，生产力的发展，人民生活水平的提高和综合国力的增强也只能是一句空话。

第二，知识分子是精神文明建设的先锋，是推动我国教育、科学文化事业发展的生力军。知识分子作为人类科学文化知识的重要继承者和传播者，作为"四有"公民的培育者和优秀精神产品的生产者，是社会主义精神文明建设的骨干和核心力量。此外，知识分子在推进社会主义民主和法制建设方面也起着重要作用。

总之，依靠知识分子推进科技进步、知识创新、经济发展和社会进步，已成为我国改革开放和现代化建设事业发展的关键性因素。

专题二　新的社会阶层：重要力量

一、新的社会阶层主要包括"六种人"

一是社会争议最大的私营企业主阶层。

二是就业领域最广泛的个体工商户阶层。他们是以家庭为单位，拥有少量私人资本，投资于生产、流通、服务业等领域，进行经营活动而获得生存的社会成员。

三是民营科技企业的创业人员和技术人员阶层。民营科技企业是我国在"科学技术是第一生产力"的思想指导下，积极发展各种所有制形式和经营方式的科技企业的产物，它采用灵活多样的产权结构形式，从事科技经济一体化、科技成果市场化、高新技术产业化的开发、生产、经营和服务活动。

四是受聘于外资企业的中方管理技术人员阶层。他们中的绝大多数人原来是国有企事业单位的专业管理人员和技术人员，后来有刚刚毕业的优秀大学生加盟。

五是中介组织的从业人员阶层。中介组织是随着我国市场经济体制的建立逐步发展起来的社会组织，主要有会计事务所、审计事务所和律师事务所，公证和仲裁机构，计量和质量检验认证机构，信息咨询机构，资产和资信评估机构，还有行业协会、商会等组织。

六是特殊的社会主义劳动者——自由职业者阶层。自由职业人员主要是指不供职于任何经济组织，而是凭借自己的知识、技能与专长，以个人的身份直接在市场交换劳动产品或服务并以此谋生的知识生产者和其他劳动者。自由职业者从事的领域范围极其广泛，有律师、自由撰稿人、歌星、影星、独立摄影人等。

二、新的社会阶层产生的贡献

第一，推动了经济发展，增加了国家税收。新的社会阶层运用自己拥有的生产要素，直接参与或服务于生产过程、流通过程等，为国家创造了经济财富，同时也增加了税收。

第二，扩大了就业门路，缓解了就业压力。新的社会阶层或自主择业、创业，或者以自己创办的企业招工的方式，吸纳社会上部分待业人员，扩大了就业门路，缓解了就业压力。

第三，为社会公益事业作出贡献。新的社会阶层中的不少人，自己富了不忘国家，不忘社会，积极参加“希望工程”等社会公益事业，以各种方式回报社会。

专题三 巩固和加强各族人民的团结合作

一、巩固和发展各民族团结的意义

第一，巩固和发展各民族团结，关系到国家的统一和边疆的巩固。我国各少数民族大多居住在边疆，战略地位十分重要。历史的经验表明，加强各民族团结，对保卫国家边疆安全，发展同邻国的友好关系，意义重大。

第二，巩固和发展各民族团结，关系到社会主义现代化建设成败、“小康”社会的实现和各民族地区的自身发展。中国的社会主义现代化是所有民族的现代化，中国的“小康”是各民族的“小康”。少数民族地区资源丰富、人口稀少，但经济文化落后，汉族地区人口多，资源相对较少，但经济、科学、文化较发达，加强汉族与少数民族的团结合作，优势互补，不仅能促进少数民族地区的发展和繁荣，而且是实现我国现代化、全面建设小康社会的重大战略问题。离开少数民族和少数民族地区，全面建设小康社会就是一句空话，实现社会主义现代化也是一句空话。

第三，巩固和发展各民族的团结，关系到人民民主专政国家政权的巩固和社会的安定团结。它是巩固和发展人民民主专政和安定团结的政治局面的一个重要条件。没有各民族的团结，就没有社会主义祖国的稳定和繁荣。

二、如何巩固和发展各民族团结

我国民族工作最基本的经验，就是党始终把马克思主义的基本原理同中华民族的具体实际相结合，坚持各民族平等、互助、团结和合作，坚持实行民族区域自治制度，在建设社会主义事业中促进各民族的共同繁荣，走出一条具有中国特色的解决民族问题的正确道路。

坚持民族平等、互助、团结、合作和各民族共同繁荣是社会主义时期处理民族问题的基本原则。民族平等是民族团结、各民族共同繁荣的政治前提和基础；民族团结是各民族的最高利益；各民族共同繁荣是我国各民族的共同要求，是解决民族问题的根本点和归宿。坚持民族平等、民族团结和各民族的共同繁荣，必须反对大民族主义、地方民族主义和民族分裂主义，坚决揭露和打击国内外敌对分子所进行的一切分裂祖国的行径。

坚持和完善民族区域自治制度，是加强民族团结、解决民族问题的正确途径。所谓民族区域自治，就是在我国领土范围内，在中央政府的集中统一领导下，遵循宪法的规定，国内各少数民族依照有关法律、法规，以聚居区为基础，建立自治地方，设立自治机关，行使自治权，享受当家做主、管理本民族事务的、综合民族和地区为一体的自治制度。当前，坚持和完善民族区域自治制度，充分发挥其优越性，是民族工作的重要任务之一。

加快少数民族地区的经济和社会事业发展，促进各民族的共同繁荣，是加强民族团结，解决民族问题的根本任务。搞好民族工作，增强民族团结的核心问题，就是积极创造条件，加快发展少数民族和民族地区的经济文化等各项事业，促进各民族的共同繁荣。民族地区只有发展才能稳定，只有发展才能安定团结。必须以经济建设为中心，切实把民族地区的经济发展好，这样才能增强中华民族的凝聚力。

专题四　巩固和发展爱国统一战线

一、统一战线是中国革命、建设和改革的重要法宝

无论是革命时期，还是建设时期，统一战线一直就是中国共产党胜利的法宝。党的十一届三中全会以来，我国进入改革开放和社会主义现代化建设的新时期，统一战线也进入了一个新的发展阶段。新时期统一战线是建设中国特色社会主义的重要依靠力量。

二、新时期爱国统一战线的内容和基本任务

1. 新时期爱国统一战线的内容

新时期爱国统一战线已经成为工人阶级领导的，以工农联盟为基础的，全体社会主义劳动者、社会主义事业的建设者、拥护社会主义的爱国者、拥护祖国统一的爱国者的最广泛联盟。

新时期的统一战线包括两个范围的联盟：一个是大陆范围内的，以爱国主义和社会主义为政治基础的，团结全体劳动者、建设者和爱国者的联盟，这是统一战线的主体和基础；另一个是在大陆范围以外的，以爱国和拥护祖国统一为政治基础的团结台湾同胞、港澳同胞和海外侨胞的联盟，这是统一战线的重要组成部分。这两个方面互相结合，互相促进，共同构成了一个整体，体现了新时期统一战线空前的广泛性。

2. 新时期爱国统一战线的基本任务

基本任务是：高举爱国主义、社会主义旗帜，团结一切可以团结的力量，调动一切积极因素，化消极因素为积极因素，为促进社会主义经济建设、政治建设、文化建设、社会建设服务，为促进香港、澳门长期繁荣稳定和祖国和平统一服务，要为维护世界和平、促进共同发展服务。

三、加强党对统一战线的领导

党的领导问题是统一战线中的核心问题。中国共产党领导的统一战线具有爱国主义的传统。新世纪新阶段，要高举爱国主义和社会主义旗帜，实现最广泛的团结，充分发挥统一战线在促进社会和谐中的独特优势，充分发挥统一战线在建设中国特色社会主义事业中的重要作用。

四、全面贯彻党的民族政策和宗教政策

1. 全面贯彻党的民族政策，正确处理民族问题

社会主义时期处理民族问题的基本原则是：维护祖国统一，反对民族分裂，坚持民族平等、民族团结、各民族共同繁荣。

民族平等是民族团结、各民族共同繁荣的政治前提和基础。民族团结是维护国家统一、实现各民族共同发展的根本保证。各民族的共同繁荣是解决民族问题的根本出发点和归宿。

2. 全面贯彻党的宗教政策，正确处理宗教问题

要全面贯彻党的宗教信仰自由政策，依法管理宗教事务，积极引导宗教与社会主义社会相适应，坚持独立自主自办的原则。一方面要尊重每个公民信仰宗教的自由和不信仰宗教的自由；另一方面宗教必须在宪法和法律规定的权利和义务范围内活动。

专题五　加强国防和军队现代化建设

一、人民解放军是建设中国特色社会主义的重要力量

中国人民解放军是一个执行革命政治任务的武装集团，我军的唯一宗旨是全心全意地为人民服务。加强国防和军队建设，在中国特色社会主义总体布局中占有重要地位。第一，人民解放军是人民民主专政的坚强柱石。第二，人民解放军是捍卫社会主义祖国的钢铁长城。第三，人民解放军是社会主义现代化建设的重要力量。

二、建立巩固的国防是国家现代化建设的战略任务

1. 按照革命化、现代化、正规化相统一的原则加强军队全面建设

胡锦涛强调，革命化、现代化、正规化，是一个相互关联的整体，必须全面加强、协调推进。第一，革命化是军队建设的政治方向。第二，现代化是军队建设的中心任务。第三，正规化是军队建设的基础。

2. 贯彻积极防御的方针

在新的历史时期，我们加强军队和国防现代化建设，完全是为了防御。实行积极防御的战略方针，从根本上讲，是由我们国家的社会主义性质所

决定的，也是保卫社会主义现代化建设的需要。

3. 坚持国防建设与经济建设协调发展的方针

正确认识和处理经济建设与国防建设的关系，是中国共产党一贯坚持的一个重要战略思想。从根本上说，国防建设和经济建设是统一的，是相互依存、相互促进的。统筹国防建设和经济建设，在全面建设小康社会过程中实现富国和强军的统一。具体要求是：第一，坚持以经济建设为中心，集中精力把经济搞上去，是解决包括国防在内的当代中国所有问题的前提和基础。第二，实现国防建设和经济建设协调发展，使国防和军队发展战略与国家发展战略相适应。第三，积极探索军民结合、寓军于民的发展路子。第四，增强国防观念。

三、新世纪新阶段人民军队的历史使命

新世纪新阶段，胡锦涛主席从国家总体战略需要出发，提出了“三个提供、一个发挥”的重要思想。人民军队要为党巩固执政地位提供重要的力量保证；要为维护国家发展的重要战略机遇期提供坚强的安全保障；要为维护国家利益提供有力的战略支撑；要为维护世界和平与促进共同发展发挥重要作用。

四、积极推进中国特色军事变革

第一，按照信息化的要求，积极创新发展军事理论。第二，大力实施人才战略工程，培养高素质新型人才。第三，继续对我军的体制编制进行改革，使之更趋合理。第四，围绕建设信息化军队、打赢信息化战争的目标，加快机械化和信息化复合式发展。第五，坚定不移地走中国特色的精兵之路。

案例分析

案例一　今日“老大哥”——深刻认识我国工人阶级的新变化

新中国成立前，中国的工人阶级是一个受压迫最为深重的阶级。新中国成立后，工人阶级从深受剥削和压迫的阶级一跃成为国家的领导阶级。尤其是国有企业的工人，一向以地位高、职业稳、收入好而自豪，“工人老大哥”的称呼响遍全国。改革开放以来，我国社会经济发生了深刻变化，那么，今日“老大哥”的情况怎么样呢？

工人阶级状况的新变化

改革开放以后，随着从计划经济体制逐步向社会主义市场经济体制转变，从单一的公有制经济向公有制为主体、多种所有制经济共同发展的转变，特别是随着国有企业改革的深化，我国工人阶级队伍状况发生了明显变化。

队伍迅速壮大。1978 年，全国在职职工总数为 1.2 亿多人。2000 年，全国在职职工总数近 2.7 亿人，占全国总人口的 20.61%，占城乡从业人员总数的 36.67%。我国每年新增城市就业人口有 1000 多万，大多数加入到工人阶级队伍中来。越来越多的进城务工的农民，也转化为工人阶级的一部分。2000 年，乡镇企业职工占职工总数的 49.14%，私营企业职工占职工总数的 7.71%。

内部结构发生重大变化。在队伍迅速壮大的同时，工人阶级内部结构也发生了变化。首先，工人阶级中知识分子的比重大大增长，工人阶级的科技文化素质明显提高。1978 年，在国有经济单位，平均 18 个职工里有一位专业技术人员；到 1999 年，5 个职工里就有一个专业技术人员。其次，职工所依存的经济组织的所有制形式日益多样化。目前，约有 1 亿多职工在私营企业、个体经济、“三资”企业等各类非公有制经济组织中就业，占全部职工的一半左右。随着第三产业的崛起，在各类服务业中就职的人数显著增加。1998 年，我国 1.23 亿城镇职工中，在文化、科技、教育、体育、卫生、管理等行业工作的人数，达到 3172 万；在交通、邮电、商业、金融、房地产、社会服务等行业工作的人数，达到 2798 万。再次，工人阶级队伍的年龄结构也发生了变化。据调查，目前全国职工平均年龄只有 36 岁左右。职工的年轻化，增强了企业的活力。

岗位流动加快。在国有经济和集体经济中，广泛地推行了劳动合同制。据统计，1997年，国有和城镇集体所有制的合同制职工人数比重已经达到一半以上，原先的“铁饭碗”已经被打破。另一方面，职工对单位的依赖性大大减弱，独立自主性大大增强。特别是职工个人可以进入劳动力市场，根据自己的能力、水平和意愿选择职业，在单位、地区、部门之间自由流动。

收入差距有所拉大。具体表现为不同地区、行业、所有制单位职工收入的增长幅度不一，不同群体之间的收入差距有所扩大。一部分职工由于企业经营不好或者自身的原因而下岗失业，收入减少。

——摘自《干部群众关心的25个理论问题》，中共中央宣传部理论局编，学习出版社，2002。

【案例点评】

面对工人阶级状况的这些变化，难免会有人对工人阶级的地位和作用产生疑问和困惑。有的问：“在高科技发展的今天，工人阶级还是先进的阶级吗?”有的讲：“大批工人下岗失业了，主人翁地位怎么体现?”还有人说：“劳动力进入市场了，企业改制了，董事会、老板说了算，工人还是不是主人了?”等等。对这些问题，我们究竟应该怎么看呢?

第一，工人阶级仍然是先进的阶级。工人阶级的先进性最根本地体现在它是先进生产力的代表。第二，工人阶级作为领导阶级和主人翁的地位没有改变。第三，工人阶级是我国的领导阶级，是指工人阶级的总体地位，并非指每个工人个体都是领导者。工人阶级的主人翁地位，是一个总体的政治判断，并不能把这种总体的政治判断等同于每个人的具体职业感受。

案例二　钱学森：一人能抵五个师

1935年，24岁的钱学森有感于当时国内豺狼当道民不聊生的状况，萌生了赴美留学、他日学成为国奉献的念头。到美国后，先在麻省理工学院航空系学习，一年后决定追随当时在加利福尼亚理工学院的“超音速时代之父”力学大师T·冯·卡门教授。在卡门教授的指导下，他的勤奋和创造力得到极大的发挥，著述甚丰，成果显赫。“二战”临近结束时，钱学森已经取得了在近代力学和喷气推进方面的宝贵的科研经验，成为当时有名望的优秀科学家和加州理工学院火箭小组的元老，对“二战”期间美国的火箭研究作出过重大贡献。1943年，受美国军方委托，钱学森与同事们合作研究，提出了一份题为《远程火箭的评论和部分分析》的重要研究报告，为美国在

40年代研制成功第一批地对地导弹奠定了理论基础。1945年，他成为美国空军顾问组专家。战争结束后，美国空军赞扬钱学森对胜利作出了“无法估价的贡献”。战后，钱学森担任了加州理工学院喷气推进研究中心的主任。他的贡献和价值，多次得到美国军方和官方的赞扬和确认，美国专栏作家密尔顿·维奥斯成曾写道，“钱是帮助美国成为世界第一流军事强国的科学家银河中的一颗明亮的星”，是“制定使美国空军从螺旋桨式向喷气式飞机过渡，并最后向遨游太空无人航天器过渡的长远规划的关键人物”。

1949年，新中国成立了，正当钱学森加紧回国准备，以便实现他多年的报效祖国的夙愿时，美国全国掀起了一股反共狂潮。1950年，美国情报机关指控他是共产党分子，取消了钱学森参加机密研究的资格。钱学森义愤填膺，他面见美国海军次长丹尼儿·金克尔，宣布返回祖国的决定。钱学森的郑重申明让金克尔大为恼火。等钱学森走出他的办公室，他几乎吼起来：“我宁可把这个家伙枪毙了，也不让他离开美国！那些对于我们来说至为宝贵的情况，他知道得太多了，无论到哪里，他都值5个师！”此后，美国政府将钱学森软禁在美国加州的特米那岛上长达5年之久，他的行动处处受到移民局的限制和联邦调查局特务的监视。

钱学森的遭遇很快传到国内，一直十分关注钱学森处境的中国政府，为他的回国问题进行了多方斡旋。当时，中美之间正在日内瓦举行马拉松式的大使级会谈，钱学森的回国问题也成为这次会谈的内容之一。经过不懈努力，1955年8月4日，钱学森终于接到美国移民局的通知，说他可以离开美国了。饱尝不公正待遇的辛酸后，钱学森收拾行装，返回祖国。据王炳南回忆，50年代末，周恩来总理在一次会议上，非常满意地对大家说：“中美大使级会谈虽然长期没有取得积极的结果，但是，要回来一个钱学森，就是这一件事情，会谈也是值得的，会谈是有价值的。”

金克尔对于钱学森的评价无疑并不充分，钱学森决不仅仅值5个师，回到祖国怀抱的钱学森，焕发出极大的工作热情和创造力。他参与部署并成功地组织了中国第一枚近程导弹、中近程导弹的制造和飞行试验，以及用中近程导弹运载原子弹的飞行试验；他在中国最早研究了星际航行理论的可行性，为中国第一颗人造卫星的研制解决了许多关键技术问题。他还在更广阔的学术领域从事研究工作，对运筹学、系统工程、系统科学、现代科学技术体系理论、人体科学、思维科学、地理科学等，均作出了开创性的贡献。1991年10月，金秋的北京繁花似锦，江泽民、李鹏同志签署命令，授予钱学森“国家杰出贡献科学家”荣誉称号和一级英雄模范奖章。钱学森当之无愧！

——摘自中华英模网

【案例点评】

科学技术作为第一生产力，是先进生产力的集中体现和主要标志，科学技术的这一重要地位，决定了知识分子在经济发展和社会进步中的特殊重要作用。知识分子作为人类科学文化知识的重要创造者、继承者和传播者，是推动我国科技进步和经济发展的生力军，是先进生产力的开拓者，也是社会主义精神文明建设的骨干和核心力量。离开了知识分子，科技进步和知识创新、文化教育的发展、思想道德水平的提高、“四有”公民的培育，都只会是一句空话。同时，知识分子在推动社会主义民主和法制建设方面也起着重要的作用。

疑难问题解答

1. 在新的历史条件下，如何正确理解工人阶级是我们国家的领导阶级？

工人阶级是我们国家的领导阶级，这是由我们党和国家的性质、工人阶级的特点及其历史地位决定的。首先，我国是一个由共产党领导的社会主义国家。党在领导革命、建设和改革的全部实践和整个进程中都必须紧紧依靠工人阶级，巩固自己的阶级基础，这是我们事业胜利的根本保证。其次，中国工人阶级是近代以来我国社会发展特别是社会化大生产发展的产物，是中国先进生产力和先进生产关系的代表。它始终站在时代前列，引领着先进生产力和先进生产关系的发展，善于顺应社会前进的潮流不断发展自身的先进性。再次，工人阶级是改革开放和现代化建设的基本动力。工人阶级由于其在社会主义现代化建设中的主导地位和高度集中统一等特点，成为国家和社会稳定的强大而集中的社会力量。

改革开放以来，我国工人阶级队伍发生了明显变化，呈现出许多新的特点：一是，队伍迅速壮大。二是，内部结构发生重大变化。工人阶级中知识分子的比重大大增长，科技文化素质明显提高；农民工中的许多人已成为我国产业工人的重要组成部分，是工业化、城镇化、现代化的重要推动力量；职工所依存的经济组织的所有制形式日益多样化，在各类非公有制经济组织中就业的职工已占全部职工的一半左右；工人阶级队伍的年龄结构发生了变化，全国职工的平均年龄只有36岁左右。三是，岗位流动加快。原先的“铁饭碗”已被打破，职工对单位的依赖性大为减弱，自主性大为增强。

工人阶级队伍发生的这些变化，没有改变中国工人阶级作为国家主人的地位。工人阶级仍然是社会主义现代化的主要建设者、社会财富的主要创造者、先进生产力的代表者，仍然是人民民主专政国家的领导阶级。工人阶级的先进性最根本地体现在它是先进生产力的代表。工人阶级作为我国的领导阶级，其领导地位和主人翁地位，是一个由宪法规定的总体的政治判断。工人阶级始终是推动中国社会发展的基本力量。“我们党所领导的改革和社会主义现代化建设的全部活动与整个进程，都必须全心全意地依靠工人阶级，这在任何时候、任何情况下都不能动摇。”

2. 如何理解“四个尊重”是党和国家的一项重大方针？

(1)党的十六大强调，“必须尊重劳动、尊重知识、尊重人才、尊重创造，这要作为党和国家的一项重大方针在全社会认真贯彻”。把“四个尊重”

作为一项重大方针，其着眼点在于最广泛最充分地调动一切积极因素，真正掌握和实践群众观点、群众路线，不断地推进中国特色社会主义事业向前发展。

第一，贯彻“四个尊重”，是时代发展对党和国家工作提出的新要求。“四个尊重”是我们党在深刻认识和认真审视了当代经济发展的本质特征以及对我国影响的基础上所作出的积极回应。认真贯彻这一方针，我国才能迅速提升综合国力和国际竞争力，从而在世界新一轮的竞争中占据有利的位置。

第二，贯彻“四个尊重”，是我们党代表先进生产力发展要求的本质体现。劳动、知识、人才、创造，是推动当代先进生产力发展的基本要素。抓住了这四个基本要素，也就抓住了发展中国先进生产力的关键。“四个尊重”是我们党在研究了当代中国社会先进生产力发展要求的基础上提出的重大方针。认真贯彻这一方针，才能从根本上体现先进生产力的发展要求。

第三，贯彻“四个尊重”的重大方针，是最广泛最充分地调动一切积极因素的必要条件。随着改革开放的深入和经济文化的发展，我国的社会阶层结构出现了重大变化，出现了民营科技企业的创业人员和技术人员、受聘于外资企业的管理技术人员、个体户、私营企业主、中介组织的从业人员、自由职业人员等社会阶层，他们中存在着多种劳动形式，获取收入的途径也不一样。只有正确看待劳动，承认其相应的合法权益，才能充分调动一切积极因素，促进党和国家事业的快速发展。

(2)“四个尊重”的核心是“尊重劳动”。当今世界经济、政治、文化的发展越来越大地依赖于知识、人才和创新的力量。科学知识是十分重要的，如果不通过现代科学劳动，知识就形不成力量。创造是十分重要的，只有通过劳动才能把理论和实际结合起来，不断总结实践经验，实现重大创造。人才更是十分重要的，但人才必须在创新劳动的实践中才能顺利成长，通过现代科学劳动才能充分发挥人才的力量。离开劳动，知识、人才、创造都无从谈起。只有通过劳动，包括现代科学劳动，才能充分发挥知识、人才和创造性的力量，创造先进生产力和先进文化，创造出大量物质财富，提高人民的物质文化生活水平。可见，尊重劳动是“四个尊重”的中心环节。

(3)当前贯彻“四个尊重”的方针必须做到以下四点：第一，要尊重一切有益于人民和社会的劳动。要尊重劳动、尊重知识、尊重人才、尊重创造，就要尊重一切有益于人民和社会的劳动，从根本上消除职业歧视。劳动者在劳动时间、收入报酬、工作场地、社会保险、劳动关系等方面更具弹性的灵活就业，既是当前世界范围劳动就业的一个突出特征，也是我国城乡劳动者就业的重要形式。不论是体力劳动还是脑力劳动，不论是简单劳动还是复杂劳动，一切为我国社会主义现代化建设作出贡献的劳动，都是光荣的，都应该得到尊重。

第二，要深化改革，努力创造一个平等竞争的社会环境。劳动、知识、人才、创造，只有在一个平等竞争的社会环境中才能得到确认和价值实现。平等竞争包括两个基本原则：一是社会所有能够提供的岗位、升迁等机会要对一切符合条件的社会成员平等开放，即机会平等原则；二是对所有劳动者的成果要采取统一的标准进行衡量，即标准平等原则。从我国目前情况来说，社会主义市场经济还不完善，社会生活中公共权力的滥用一时还难以杜绝。只有深化改革，在全社会建立起平等竞争的有效机制，制约权力对社会正常竞争秩序的干扰，才能形成有利于贯彻“四个尊重”的社会环境。

第三，要建立激励和保护创造的社会机制。创造是要承担风险的，有成功，也会有失败。尊重创造，就要建立一种激励机制，对成功者要给予重奖，以资鼓励；对失败者要承担其一部分风险，以减少其损失。尊重创造，还要对创造的成果给予保护，对假冒者要给予严惩。知识产权法的出现，就是保护创造的法律制度。当前我国的知识产权法律体系的基本框架虽已建立，但从社会实践发展来看仍然有待于进一步完善。

第四，要严格执法，保护劳动者的权益。对劳动者的合法权益给予保护。这里有几种情况：一是保护生产劳动者的合法权益问题，不仅是一个尊重劳动的问题，也是一个重大的政治问题。保护生产劳动者的权益，重点是贯彻执行《劳动法》，保护劳动者取得报酬的权利、休息休假的权利、获得劳动安全卫生保护的权利等。二是保护创业者、承包经营者的劳动权益问题。既要承认他们参与企业的经营管理是一种高风险、高智力的劳动，应当获得相应的报酬；也要承认他们凭借对生产要素的产权获得相应收益的权利。要维护他们的经营权，不能随意废止，对他们的合法收入要予以保护。三是保护科技人员的劳动权益问题。科技劳动是一种智力型的创造性劳动，它能够在同样时间里创造出比简单劳动多几十倍、几百倍的价值。因此，对他们的劳动应当给予与贡献相当的报酬，不能简单以社会必要劳动时间来测度。

3. 如何认识新的社会阶层的社会作用？

(1)新的社会阶层是社会主义的重要建设者。他们大多具有自立自强的主体意识，具有敢为人先的开拓精神，勇于冲破陈旧观念和习惯势力的束缚，善于把握市场经济大潮的走势，能够适时抓住和利用各种机遇乘势而上，使自己赢得发展的先机，依靠知识力量和人才优势开拓发展。正是凭借这些良好素质和品格，新的社会阶层以其创造性的诚实劳动和合法经营，在实现和提高他们自身价值的同时，也在改革开放中发挥着重要作用。新的社会阶层作为中国特色社会主义事业的重要建设者，是一支正在崛起的、可以大有作为的生力军。

(2)新的社会阶层为发展社会主义生产力和其他事业作出了重要贡献。第一，他们推动了经济发展，增加了国家税收。新的社会阶层运用自己所拥有的生产要素，直接参与或服务于生产过程，是推动我国经济发展的一支重要力量，同时也为国家增加了税收。第二，扩大了就业门路，缓解了就业压力。新的社会阶层或者自主择业，或者以自己创办企业招工的方式，吸纳了很大一部分待业人员和公有制部门的富余人员，从而扩大了就业门路，缓解了就业压力。第三，为社会公益事业作出贡献。新的社会阶层中的不少人，自己富了不忘国家，不忘社会，积极参加“希望工程”、“光彩事业”等社会公益活动，以各种方式回报社会。

(3)新的社会阶层是拥护党的领导和社会主义制度的。由于这些新的社会阶层的大多数成员来自工人、农民、知识分子、革命军人和机关干部，因此和共产党有着历史的联系；又由于他们是改革开放政策的直接受益者，因此他们对走中国特色社会主义道路、加快改革开放步伐大都赞成和支持。这些特点为我们党整合这些新的社会阶层的力量提供了条件，也有利于发挥他们作为执政党的群众基础的作用。这是当前实现党的先进性、进一步巩固党的执政地位的科学选择和战略性决策，它充分反映了马克思主义执政党的发展规律和我国社会结构发生新变化的客观要求。

实践教学设计

方案一　安排社会调查——新的社会阶层的基本情况和作用

【设计思路】

通过本次社会调查，使学生更加准确地理解和把握新的社会阶层的基本情况，明确其作用，同时培养学生的社会调研能力。

【步骤安排】

1. 确定调查选题范围为新的社会阶层的基本情况和作用

改革开放以来，我国出现了一些新的社会阶层，这些阶层归纳起来主要有：民营科技企业的创业人员和技术人员，受聘于外资企业的管理技术人员，个体户，私营企业主，中介组织从业人员，自由职业者等。

新的社会阶层是在党和国家改革开放政策的允许下出现的，是在社会主义公有制和社会主义上层建筑主导国家政治经济生活的总的条件下存在和发展的，其经营活动都要遵守国家的法律法规和政策。他们中的大多数人都是劳动者，是从工人、农民、知识分子和干部队伍中分化出来的。他们在党的方针、政策指引下，通过诚实劳动和工作，通过合法经营，为发展社会主义生产力作出自己的贡献。他们中的一部分人，即使占有生产资料和雇用工人，也不同于社会主义改造前的私营工商业者，也是中国特色社会主义事业的建设者。

2. 调查前必须做好充分准备，制定调查提纲

以5人为一组，各组自己选出组长，同时明确组员的分工。在调查提纲中要明确调查目的、调查对象、调查时间、调查方法、调查问题，设计调查问卷。完成调查提纲后，经老师批准，才能进行本次社会调查。在调查过程中，要经常和老师保持联系，以便老师了解调查活动的进展，并提供必要的帮助。

3. 撰写调查报告

撰写调查报告，字数3000字左右，必须交打印文稿。严禁抄袭舞弊，一经查出，平时成绩以零分论处。

4. 教师对学生调查报告反馈和点评

点评侧重于以下两点：

(1)如何撰写调查报告。

(2)调查材料和数据的处理方法。

方案二　观看《世纪大阅兵》

【设计思路】

通过观看视频资料，使学生了解新中国成立后我国军事建设的发展，深切理解和把握人民军队是现代化建设不可缺少的力量。

【步骤安排】

1. 组织学生观看《世纪大阅兵》

《世纪大阅兵》着眼于新中国成立后几十年我国军队建设事业的发展，以生动的事实阐释人民军队是钢铁长城，是现代化建设不可缺少的力量，是威武之师、胜利之师，正在走中国特色的强军之路。

2. 布置学生写读后感

通过写作读后感，达到让学生充分表达自己思想的目的，培养发散性思维。

方案三　课堂讨论“新的社会阶层人士的作用”

【设计思路】

通过“新的社会阶层人士的作用”的课堂讨论，使学生充分认识和理解到新的社会阶层人士在我国现阶段国家和社会生活中的重要作用。

【步骤安排】

1. 提前两周布置，要求学生阅读相关资料，了解当前实际情况，为课堂讨论做准备

2. 组织课堂讨论

设计问题，通过以下问题引导学生，进行讨论。

(1)新的社会阶层人士在我国经济建设中的作用。

(2)新的社会阶层人士在我国政治、文化和社会建设中的作用。

在讨论过程中，鼓励学生充分发表自己的意见，不正确的观点要及时指出和纠正。

3. 教师总结点评

新的社会阶层人士作为改革开放和社会主义市场经济的积极参与者，是经济增长的推动者，是自主创新的促进者和社会事业的践行者，在我国经济、政治、文化和社会建设中发挥着日益重要的作用。

考研题解

一、多项选择题

1. (2010 年考研试题第 24 题)我国是一个多民族国家，在社会主义时期处理民族问题的基本原则是(　　)
   A. 实行民族区域自治
   B. 维护祖国统一
   C. 反对民族分裂
   D. 坚持民族平等，民族团结，多民族共同繁荣
2. (2006 年考研试题第 31 题)农业、农村和农民问题始终是我国现代化建设的根本性问题，在现代化建设中必须依靠广大农民群众，因为(　　)
   A. 广大农民是我国现代化事业发展中人数最多的依靠力量
   B. 工农联盟是人民民主专政的基础，也是实现社会主义现代化的保证
   C. 农业是国民经济的基础，保证和支持着整个国民经济的运行和稳定发展
   D. 没有农村的稳定和全面进步，就不可能有整个社会的稳定和全面进步

参考答案　1. BCD　2. ABCD

二、材料分析题

1. (模拟题)阅读下列材料

中国火箭之父钱学森，被公认为世界级的科技伟人。第二次世界大战结束时，美国空军高度赞扬钱学森为战争的胜利作出了“巨大的贡献”，“无法估计的贡献”。1950 年 7 月，已经下定决心返回祖国的钱学森，会见了主管他科研工作的美国海军次长，并说准备立即动身回国，这位次长大为震惊。他认为“钱学森无论在哪里都抵得上 5 个师”。他说：“我宁肯枪毙他，也不愿意放他回中国。”钱学森不顾生命安危，历尽曲折，最终回到祖国。

——摘自《邓小平理论普及读本》，北京，人民出版社，1998。

请回答：

(1)结合本案例谈谈知识分子在革命和建设中的地位和作用。

(2)谈谈你对“尊重知识、尊重人才”重要性的理解和认识。

【解题思路】

本题考查综合分析知识分子作为中国特色社会主义事业的主要组成部分在革命和建设中的地位和作用及党的知识分子政策。

【答案要点】

(1)钱学森是中国千千万万个知识分子的优秀代表，他为我国科技事业的发展和进步作出了卓越的贡献。本案例告诉人们，国家之间的竞争是科技力量的竞争，归根到底是人才的竞争，知识分子在国家安全和现代化建设中承担重大历史责任。尤其是在当今世界，科学技术作为第一生产力，是先进生产力的集中体现和主要标志，科学技术的这一重要地位，决定了知识分子在经济发展和社会进步中的特殊重要作用。知识分子是推动我国科技进步和经济发展的生力军，是先进生产力的开拓者，依靠知识分子推动科技、经济发展和社会进步，已成为我国改革开放和社会主义现代化建设事业发展的关键因素。

(2)知识是创造财富的重要资源，人才是知识资源的载体。知识分子作为人类科学文化知识的重要创造者、继承者和传播者，是推动我国科技进步和经济发展的生力军，是先进生产力的开拓者，也是社会主义精神文明建设的骨干和核心力量。依靠知识分子，发挥知识分子的作用，必须努力营造更加有利于知识分子施展聪明才智的良好环境，在全社会进一步形成“尊重知识，尊重人才”的良好风尚；必须制定相关的政策和措施，积极改善知识分子的工作、学习和生活条件，在政治上对知识分子予以充分的信任，使其更好地承担起工人阶级的历史使命，在建设中国特色社会主义的伟大事业中发挥更大的作用。

2.(模拟题)阅读下列材料

材料1：人民，只有人民，才是创造世界历史的动力。

——摘自《毛泽东选集》第3卷

材料2：党坚持了马克思主义的人民创造历史的科学原理。人民要求拨乱反正，要求安定团结，要求集中力量进行社会主义现代化建设，要求社会主义物质文明和精神文明的提高。党正是集中了人民的意志，制定了正确的路线、方针和政策，才把祖国的社会主义事业重新引上康庄大道。

——摘自《十二大文件汇编》，北京，人民出版社，1982

材料3：尊重人民首创精神。这些地方都自觉坚持人民主体地位，及时掌握和有效运用人民群众在发展实践中创造出的新思路、新做法、新模式。各级党政干部都能够深入群众，体察民情，了解民意，珍惜民力，注重调动人民群众的积极性、主动性、创造性，为推进改革开放和社会主义现代化建设提供最深厚的力量源泉。

——摘自《人民日报》，2008年10月8日请回答：

(1)结合材料谈谈你对"人民"这个概念的理解。

(2)如何正确理解工人、农民和知识分子是建设中国特色社会主义事业的根本力量？

【解题思路】

本题考查综合分析我国各阶级阶层在建设中国特色社会主义事业中的各自不同的地位和作用。

【答案要点】

(1)"人民这个概念在不同的国家和各个国家的不同的历史时期，有着不同的内容。"在当代中国，一切赞成、支持和参加中国特色社会主义建设的阶级、阶层和社会力量，都属于人民的范畴，都是建设中国特色社会主义事业的依靠力量。包括知识分子在内的工人阶级、农民阶级，始终是推动我国先进生产力、先进文化发展和社会全面进步的根本力量。

(2)工人阶级是国家的领导阶级，是中国特色社会主义事业的领导力量，这是由我们党和国家的性质、工人阶级的特点及其历史地位决定的。改革开放以来，我国工人阶级队伍发生了明显变化，呈现出许多新的特点，没有改变中国工人阶级作为国家主人的地位。工人阶级仍然是社会主义现代化的主要建设者、社会财富的主要创造者、先进生产力的代表者，仍然是人民民主专政国家的领导阶级。

农民阶级是人数最多的基本依靠力量，农业、农村、农民问题的重要性决定了农民阶级的重要地位。依靠广大农民，调动农民的积极性和创造性，关系着改革开放和社会主义现代化事业的大局。改革开放和现代化建设符合广大农民的根本利益，他们衷心拥护建设中国特色社会主义的路线、方针和政策，成为改革开放和现代化建设的一支重要依靠力量。

知识分子是中国工人阶级的一部分，科学技术作为第一生产力，是先进生产力的集中体现和主要标志，科学技术的这一重要地位，决定了知识分子在经济发展和社会进步中的特殊重要作用。依靠知识分子推动科技、经济发展和社会进步，已成为我国改革开放和社会主义现代化建设事业发展的关键因素。

总之，在新世纪新阶段，推进改革开放和现代化建设，实现全面建设小康社会的宏伟目标，要依靠工人、农民和知识分子，他们是建设中国特色社会主义事业的根本力量。

第十五章　中国特色社会主义事业的领导核心

名人名言

中国共产党在革命斗争中的伟大的历史成就，使得今天处在民族敌人侵入的紧要关头的中国有了救亡图存的条件，这个条件就是有了一个为大多数人民所信任的、被人民在长时间内考验过因此选中了的政治领导者。

——毛泽东(《中国革命战争的战略问题》,《毛泽东选集》第1卷，185页，北京，人民出版社，1991)

我们需要实行党的内部的监督，也需要来自人民群众和党外人士对于我们党的组织和党员的监督。

——邓小平(《关于修改党的章程的报告》,《邓小平文选》第1卷，215页，北京，人民出版社，1994)

在新的历史时期，我们党肩负着领导全国人民进行改革开放和实现社会主义现代化的伟大任务，这是一场新的革命。我们党要领导和推进这场革命，自身必须坚强有力。

——江泽民(《推进党的建设新的伟大工程》,《江泽民文选》第1卷，404页，北京，人民出版社，2006)

专题讲授

专题一　党的领导是社会主义现代化建设的根本保证

一、中国共产党的性质和宗旨

1. 中国共产党的性质

《中国共产党党章》明确规定，中国共产党是中国工人阶级的先锋队，同时是中国人民和中华民族的先锋队，代表着中国先进生产力的发展要求，代表着中国先进文化的前进方向，代表着中国最广大人民的根本利益。

第一，中国共产党是以中国工人阶级为其阶级基础的，是马克思列宁主义与中国工人运动相结合的产物。工人阶级的产生和发展是建党的根本条件。中国工人阶级是近代以来我国社会发展特别是社会化大生产发展的产物，代表先进生产力和先进生产关系，具有大公无私、严格的组织纪律性和革命的坚定性彻底性等优秀品格。党集中体现了中国工人阶级的特点和优秀品质。

第二，中国共产党党员是中国工人阶级中有共产主义觉悟的先锋战士。中国共产党的阶级基础是工人阶级，但这并不意味着其他阶级出身的人不能入党，更不能说吸收这些人当中符合党章要求的人入党就会改变党的工人阶级先锋队性质。判断一个政党是什么性质的党，主要看它的理论和纲领究竟代表哪个阶级的利益。中国共产党的理论和纲领是代表工人阶级利益的，也是代表最广大人民的根本利益的。

第三，中国共产党是以马克思主义为理论基础和行动指南的，代表了中国社会发展的正确方向。党高度重视在思想上建党，坚持用马克思主义理论教育和武装全体党员，不仅要求党员在组织上入党，而且要求党员首先在思想上入党，指导他们为实现党的纲领和任务而奋斗。党及其领导的事业之所以能够不断发展壮大，与党始终注意巩固自己的阶级基础，始终保持工人阶级先锋队的性质是分不开的。

中国共产党同时是中国人民和中华民族的先锋队。也就是说，党必须始终代表中国人民和中华民族的根本利益，按照中国的实际和中国人民的意愿，艰苦奋斗，造福于祖国与人民；始终不愧为中国人民和中华民族的主心骨，能够把全民族全社会的力量高度凝聚起来，为着共同的理想和目标而团结奋斗。

中国共产党作为中国工人阶级的政党，为什么同时是中国人民和中华民族的先锋队呢？这是因为：

第一，中国工人阶级的根本利益同中国人民和中华民族的根本利益是一致的。马克思主义认为，工人阶级只有解放全人类，才能最后解放自己。中国工人阶级的利益，同中国人民和中华民族的根本利益始终紧密地联系在一起；它的历史命运也是同全体人民和整个中华民族的历史命运紧密关联的。共产党为完成工人阶级的历史使命而奋斗，就是为工人阶级的利益而奋斗，同时也就是为全体人民和整个民族的利益而奋斗。

第二，成为中国人民和中华民族的先锋队，是马克思主义执政党的内在要求。中国共产党执政的实质在于把人民赋予的权力用来为人民服务，其执政使命归结到一点，就是要把中国最广大人民的根本利益以及集中体现这种根本利益的国家利益维护好、实现好、发展好；党如果不作为中国人民和中华民族的先锋队去自觉实现这个要求，就会有丧失执政资格的危险。

第三，成为中国人民和中华民族的先锋队，也是党以实现民族振兴为己任的必然选择。把我国建设成为富强民主文明和谐的社会主义现代化国家，实现中华民族的伟大复兴，是一项前无古人的伟大事业。中国共产党要真正担负起这一崇高的历史使命，就要成为中国人民和中华民族的先锋队，始终坚持把马克思主义基本原理同中国具体实际相结合，不断开拓民族振兴的新思路和新境界；就要以工人阶级先锋队的政治胆识和胸襟，大力继承和发扬中华民族优秀文化传统，同时又积极主动地利用和借鉴当今世界一切先进文明成果；就要高举共同理想的旗帜，把整个民族的力量空前凝聚起来，最大限度地调动和发挥一切积极因素；就要把全民族各个阶层优秀分子积极吸纳到党内来，使自己真正成为中华民族赖以振兴崛起的“脊梁”。

2. 中国共产党的宗旨

中国共产党的性质决定党的宗旨是全心全意为人民服务。中国共产党代表中国工人阶级的利益，同时代表着中国广大人民和整个中华民族的利益，党除了工人阶级和最广大人民的利益，没有自己的特殊利益，也不追求特殊利益。坚持全心全意为人民服务的宗旨，是坚持马克思主义唯物史观的根本要求。为了谁、依靠谁，是否始终站在最广大人民的立场上，是区分唯物史观和唯心史观的分水岭，也是判断马克思主义政党的试金石。

二、中国共产党的执政地位是历史和人民的选择

中国的近现代历史充分证明了这样的道理：没有共产党，就没有新中国；有了共产党，中国的面貌就焕然一新。中国共产党的执政地位是在长期革命斗争中逐步形成的，是近现代中国历史发展的必然，是人民的选择。

新的历史条件下，在中国能够团结和带领全国各族人民实现这个宏伟目标的政治力量，只有中国共产党。

第一，坚持中国现代化建设的正确方向，需要中国共产党的领导。摆脱国家贫穷落后面貌，实现现代化和民族复兴，是中国人民的百年追求和梦想。近代中国历史反复证明，企图通过走资本主义道路使中国实现现代化，根本行不通。只有坚持中国共产党的领导，走中国特色社会主义道路，才能保证现代化建设事业的正确方向，才能制定和执行正确的路线方针政策，保证现代化建设事业不断取得进步，最终实现中华民族的伟大复兴。

第二，维护国家统一、社会和谐稳定，需要中国共产党的领导。没有国家的统一和社会的稳定，就没有国家的繁荣富强和人民的安居乐业。维护国家统一和社会稳定，历来是中国各族人民最关切的头等重要的大事。近代中国，深受外国入侵、军阀混战和政局动荡之害，中国人民对此刻骨铭心。在新世纪新阶段，中国共产党作为中国各族人民根本利益的忠实代表，以科学理论为指导，凭借其丰富的执政经验和驾驭全局的能力，统筹经济社会等各方面发展，努力构建社会主义和谐社会，能够维护国家统一和社会和谐稳定。

第三，正确处理各种复杂的社会矛盾，把亿万人民团结凝聚起来，共同建设美好未来，需要中国共产党的领导。中国幅员辽阔，人口众多，且城乡之间、地区之间发展不平衡，差异较大，面临着各种复杂的社会矛盾。只有正确调整和协调各方面的利益关系，才能最大限度地调动一切积极因素，集中一切资源、力量和智慧，解决关系国计民生的重大问题，保证经济社会的可持续发展。在中国，只有共产党才能总揽全局，协调各方，正确处理人民内部矛盾，顺利解决前进中的各种困难和问题，才能凝聚人心、汇聚力量，共建美好未来。

第四，应对复杂的国际环境的挑战，需要中国共产党的领导。当前，经济全球化和世界多极化在曲折中发展，科学技术发展日新月异，综合国力的竞争日趋激烈，敌对势力仍然对我国实施“西化”、“分化”战略。在复杂的国际局势下，只有以坚强的政治核心把全国各族人民团结起来，才能保证我国真正走独立自主的和平发展道路。

三、坚持党的领导必须改善党的领导

在新的历史条件下，只有改善党的领导，才能坚持和加强党的领导，这是因为：

第一，从国际上看，当今世界正在发生广泛而深刻的变化，为适应国际环境的变化，必须改善党的领导。当今世界，形势复杂，竞争激烈。只有改善党的领导，党才能够更好地应对日趋激烈的国际竞争带来的严峻挑战，团结和带领人民实现社会主义现代化的宏伟目标，使中华民族以崭新的姿态屹立于世界民族之林。

第二，从国内看，当代中国正在发生广泛而深刻的变革，新形势、新任务对我们党提出了新的要求。如果党的领导方式、工作方法和具体制度不加以改进和完善，党就难以适应新的要求。党长期以来形成的一套好的领导制度、方法和优良工作作风，都是应该继承和继续发扬的，但有的要随着任务、环境、条件的变化而改进、补充和更新。如果墨守成规，不思进取，势必脱离实际、脱离群众，党的领导和战斗力必然会受到削弱，坚持党的领导也就成为空洞的、没有感召力的口号。

第三，从党的自身状况看，目前，我们党的实际状况同党肩负的领导社会主义现代化的光荣使命还有许多不相适应的地方。党内存在着思想不纯、作风不纯、组织不纯的现象，有些问题还相当严重，损害了党的战斗力；在党的领导工作状况方面，一些党的组织不认真执行民主集中制，领导工作涣散软弱，治党不严，一些领导班子思想政治和业务素质不高，某些消极因素和腐败现象在党内滋长蔓延；在党的基层组织建设和党的领导制度方面也都存在着不相适应的问题。所有这些，都需要通过改善党的领导加以解决。

当前改善党的领导，应着力解决以下几个方面的问题：

首先，要正确处理党的领导和依法治国的关系。依法治国是党领导人民治理国家的基本方略，切实实施这一方略，有助于加强和改善党的领导。党领导人民制定宪法和法律，必然要领导人民遵守、实施宪法和法律，党自身的活动也必须在宪法和法律范围内进行，并成为遵守、实施宪法和法律的模范。这样才能把党对国家事务的领导同依法治国统一起来。

其次，要改革、完善党和国家的领导制度。革命战争年代，中国共产党实行了高度集中的一元化领导体制，这与当时党所面临的任务和所处的环境是相适应的。新中国成立以后，党在较长时期内仍沿袭了这种体制和领导方式。实践证明，以党代政，党的组织直接包办一切的领导方式，不利于充分发挥政权机关和各种经济文化组织的积极性，势必严重妨碍党对社会主义现代化建设的领导。改革领导体制，关键是要正确处理党政关系，解决党如何善于领导的问题。执政党对国家权力系统的领导，包括政治领导、思想领导、组织领导，是通过发挥政治影响、推荐重要干部、管好权力机构中的党组织和党员、提出有关国家重大事务的主张并使之经过法定程序变成国家意志来实现的。因此，在执政过程中，党政有各自的职能，不能随意混淆或合一。

最后，要进一步解决提高党的领导水平和执政水平、提高拒腐防变和抵御风险能力这两大历史性课题。面对形势和任务的不断变化，党必须与时俱进，不断推进民主法制建设，进一步扩大党内民主；建立最大限度地及时反映广大人民群众意志和要求、集中全党和全国人民智慧的制度和机制，促进党的民主和科学决策，不断提高领导水平和执政水平。为增强拒腐防变和抵御风险的能力，必须把严格执纪执法和加强思想教育结合起来，建立并完善思想道德建设和党纪国法约束这两道防线，形成从严治党的管理约束体系，切实解决在党的建设上失之于宽和疏于管理的问题。

专题二　坚持立党为公、执政为民

如何对待人民群众，是一个根本的立场问题。以毛泽东为代表的中国共产党人，依据历史唯物主义关于人民群众是历史创造者的基本原理，在组织群众、带领群众进行革命的实践中，逐步形成了一切为了群众，一切依靠群众，从群众中来、到群众中去的群众路线。邓小平说：“毛泽东同志倡导的作风，群众路线和实事求是这两条是最根本的东西。”①群众是我们力量的源泉，群众路线和群众观点是我们的传家宝。中国革命和建设的历史经验反复证明，坚持党的群众路线，保持党与群众的密切联系，革命和建设的事业就前进、就胜利；违背党的群众路线，严重脱离群众，革命和建设就会遭受挫折甚至失败。

一、保持党同人民群众的血肉联系

中国共产党的最大政治优势是密切联系群众，党执政后的最大危险是脱离群众。获得执政地位为进一步密切党群关系提供了有利条件，但也使

① 《邓小平文选》第2卷，45、368页，北京，人民出版社，1994。

党群关系面临新的问题。执政党之所以容易脱离群众，原因在于，执政党手中有权力，有资源的调配权，容易站在群众之上发号施令，一切依靠命令行事，从而脱离群众；执政的地位，也容易在党组织和党员身上滋长一种骄傲自满情绪，有些党员领导干部，稍稍有点工作成就，就夸大个人的作用，强调个人的威信，只能听人奉承赞扬，不能受人批评监督，久而久之必然脱离群众；有些党员干部没有真正理解和运用党的群众路线，自以为是先进分子，是领导者，比群众懂得多，遇事不向群众学习，不同群众商量，因而他们出的主意，经常在群众中行不通，但是，他们又不从错误和失败中取得教训，以为错误和失败，只是由于群众落后和其他临时因素的影响，因而滥用党的威信，继续一意孤行，这就使危害更为严重；有些干部利用手中的权力谋小集团或个人的私利，出现腐败现象，更是败坏了党群关系。

针对新时期党群关系中出现的新问题，党中央强调指出，能否始终保持同人民群众的血肉联系，直接关系到党的生死存亡。从生死存亡的高度认识党群关系，具有十分重要的意义。

第一，为了群众、相信群众、依靠群众，是马克思主义政党的本质要求。马克思主义政党是全心全意为民族、为国家、为人民的利益而奋斗的，除了最广大人民的利益，没有自己特殊的利益。中国共产党只有始终坚持唯物史观，把尊重社会发展规律与尊重人民历史主体地位统一起来，把为崇高理想奋斗与为最广大人民谋利益统一起来，才能把完成党的各项工作与实现人民利益统一起来，充分体现马克思主义政党立党为公、执政为民的本质特征。如果违背这一原则，必然会脱离人民群众，会被人民群众抛弃。

第二，保持同人民群众的血肉联系，是党能否长期执政的关键所在。政之所兴在顺民心，政之所废在逆民心。人心向背，是决定一个政党、一个政权兴衰的根本因素。党的理论路线和方针政策以及全部工作，只有顺民意、谋民利、得民心，得到人民群众的支持和拥护，才能永远立于不败之地。所以，在任何时候任何情况下，与人民群众同呼吸共命运的立场不能变，全心全意为人民服务的宗旨不能忘，坚信群众是真正英雄的历史唯物主义观点不能丢。

第三，始终保持同人民群众的血肉联系，是中国共产党战胜各种困难和风险、不断取得事业成功的根本保证。人民群众是历史的创造者，是真正的英雄，无论是革命战争还是现代化建设，都必须依靠群众。人民群众是中国共产党的力量源泉和胜利之本。中国最广大人民群众是建设中国特色社会主义事业的主体，是先进生产力和先进文化的创造者，是社会主义物质文明、政治文明和精神文明协调发展的推动者，是决定我国前途命运的根本力量。我国改革开放和建设的顺利推进，党的领导地位的不断巩固和加强，都需要人民群众的支持和拥护。

中国共产党作为执政党，保持同人民群众的血肉联系，应该落实到党和国家的制度与实施方针政策的工作中去，落实到各级领导干部的思想和行动中去，落实到关心群众生产生活的工作中去。

二、实现好、维护好、发展好最广大人民的根本利益

中国共产党来自于人民，植根于人民，服务于人民。实现好、维护好、发展好最广大人民的根本利益，是党的全部工作的根本目的。为实现好、维护好、发展好最广大人民的根本利益，中国共产党必须正确把握以下几个基本原则。

第一，根本立足点是考虑并满足最广大人民的利益要求。这是党在执政的条件下坚持为人民服务这一根本宗旨的必然要求。最广大人民的利益是最紧要和最具有决定性的因素，这始终关系党执政的全局、关系国家经济政治文化发展的全局、关系全国各族人民的团结和社会安定的全局。人民群众的整体利益总是由各方面的具体利益构成的。为真正代表最广大人民的根本利益，中国共产党着力处理好三方面关系：

一是正确处理利益关系多样化与根本利益的关系。制定和贯彻党的方针政策，基本着眼点是要代表最广大人民的根本利益，正确反映和兼顾不同阶层、不同方面群众的利益，使全体人民朝着共同富裕的方向稳步前进。

二是正确处理局部与全局的利益关系，自觉做到以大局为重，局部服从大局。党内既不允许搞宗派主义，也不允许搞地方和部门保护主义。

三是正确处理当前利益与长远利益的关系。改革使绝大多数人得到了实惠，但也使某些利益群体暂时受到影响，这是改革难以避免的。因此，在改革过程中，要切实关心人民群众的疾苦，帮助困难群体克服暂时的困难，把关心群众同引导群众正确认识改革结合起来，把当前利益与长远利益正确地统一和结合起来，坚定不移地推进改革。

第二，妥善处理与兼顾不同阶层、不同方面群众的利益关系。目前，我国已经不存在阶级对立，社会各阶层的根本利益是一致的。但是，也必须看到，当前我国正处于改革的攻坚阶段和现代化建设发展的关键时期，社会经济成分、经济利益的多样化，人们生活方式的多样化，就业岗位和

就业形式的多样化，使得各种利益矛盾错综复杂。中国共产党作为执政党，充分反映和体现各个方面的利益要求，最大限度地赢得社会各阶层群众的拥护和支持，这样才能更好地打牢执政的社会基础，巩固执政地位。党高度重视和维护人民群众最现实、最关心、最直接的利益，使工人、农民、知识分子和其他群众共同享受到经济社会发展的成果，既坚决维护工人阶级的主人翁地位，又认真考虑和兼顾其他各阶层、各方面的利益。

第三，切实解决好事关人民群众利益的实际问题。关心群众、代表群众利益，绝不是空洞的口号，必须十分具体地落实到解决群众生产和生活的实际问题上。党要求各级干部，对群众提出和反映的问题，必须满腔热情地对待和处理，绝不能漠然处之，更不能粗暴地对待群众；要到最困难的地方去，到群众意见最多的地方去，到工作推不开的地方去，同那里的干部、群众一道，努力排忧解难，化解矛盾，打开局面；关心群众，特别要关心困难群众的疾苦；为最广大人民谋利益，特别要为困难群众谋好利益，因为他们眼前最困难，最需要帮助；要注意关心那些工作和生活上暂时遇到困难的群众，把他们的事情摆上重要议事日程，重点考虑，重点解决，使他们的基本生活得到保障，特别是对下岗职工、农村贫困人口和城市贫困居民等困难群众遇到的实际问题，一定要带着深厚的感情帮助解决，把党中央为他们脱贫解困的各项政策措施落到实处，使他们切实感受到党的温暖、社会主义社会的温暖。

专题三　以改革创新精神全面推进党的建设新的伟大工程

高度重视和不断加强党的建设，是中国共产党从小到大、由弱到强，从挫折中奋起、在战胜困难中不断成熟的一大法宝，也是党领导的伟大事业不断取得胜利的根本保证。

一、党的建设是一项伟大的工程

在新的历史时期，以邓小平为核心的第二代中央领导集体，开创了党的建设新的伟大工程。邓小平提出了把我们党建设成为有战斗力的马克思主义政党，成为领导全国人民进行社会主义物质文明和精神文明建设的坚强核心的任务，并紧密联系党的政治路线，进行党的思想、组织和作风等方面的建设，对党的建设问题提出了一系列重要的指导性意见，阐明了在改革开放和现代化建设的条件下建设一个什么样的党和怎样建设党的问题。

面向新世纪，以江泽民为核心的第三代中央领导集体，领导全党继续推进党的建设这个新的伟大工程，提出要把党建设成为用邓小平理论武装起来、全心全意为人民服务、思想上政治上组织上完全巩固、能够经受住各种风险、始终走在时代前列、领导全国人民建设中国特色社会主义的马克思主义政党。

以胡锦涛为总书记的党中央在新的形势下，强调要坚持毛泽东提出的“两个务必”，提出加强党的执政能力建设和党的先进性建设，从而使党的建设的努力方向和检验标准更加鲜明，使我们党能够更好、更全面、更有成效地推进党的建设新的伟大工程。

在新的发展阶段，把党的建设作为一个新的伟大工程来抓，就是要把党的执政能力建设和先进性建设作为主线，坚持党要管党、从严治党，贯彻为民、务实、清廉的要求，以坚定理想信念为重点加强思想建设，以造就高素质党员、干部队伍为重点加强组织建设，以保持党同人民群众的血肉联系为重点加强作风建设，以健全民主集中制为重点加强制度建设，以完善预防和惩治腐败体系为重点加强反腐倡廉建设，使党始终成为立党为公、执政为民，求真务实、改革创新，艰苦奋斗、清正廉洁，富有活力、团结和谐的马克思主义执政党。

第一，当今世界广泛而深刻的变化，要求大力弘扬改革创新精神。当今世界处在大变革大调整之中，世界多极化不可逆转，各种政治力量深刻调整组合，国际战略竞争更趋激烈；经济全球化深入发展，各国围绕国际市场、科学技术、能源资源等的全方位争夺更趋激烈；综合国力较量中的文化因素日益突出，世界范围中各种思想文化交流、交融、交锋更加频繁；国家软实力竞争更趋激烈。面对这样一种深刻变化的国际形势，党要带领人民实现我国发展的战略目标，坚持和发展中国特色社会主义，在激烈的国际竞争中赢得主动，就必须大力发扬改革创新精神，以体现时代性、把握规律性、富于创造性的思想和作风，不断锐意进取，不断开拓奋进，深刻认识、自觉把握世界发展大势，紧紧跟上，自觉顺应时代发展步伐。

第二，中国特色社会主义事业的蓬勃发展，要求大力弘扬改革创新精神。创新是党的鲜明特征，也是党和人民事业不断取得胜利的重要保证。中国特色社会主义事业前无古人，没有现成的模式可循，必须在实践中不断探索、不断推进，必然是改革创新的事业。党必须真正做到勇于变革，勇于创新，永不僵化，永不停滞，不断解决好建设社会主义市场经济、社会主义民主政治、社会主义先进文化、社会主义和谐社会面临的大量新课题。这是时代和人民的要求。

第三，加强党的执政能力建设和先进性建设，要求大力弘扬改革创新精神。党之所以能够成为带领人民团结奋斗的坚强领导核心，归根到底，是因为我们党能够通过坚持不懈的改革创新来提高党的执政能力、保持和发展党的先进性。

二、加强党的执政能力建设

党的执政能力，就是党提出和运用正确的理论、路线、方针、政策和策略，领导制定和实施宪法和法律，采取科学的领导制度和领导方式，动员和组织人民依法管理国家和社会事务、经济和文化事业，有效治党治国治军，建设社会主义现代化国家的本领。

执政能力建设是党执政后的一项根本建设，是我们党执政后始终面临和不断探索的一个重大课题。新中国成立前夕，毛泽东把执政比作“进京赶考”，强调必须向一切内行的人们学经济工作，从作风和本领两方面提出了党的执政能力问题。十一届三中全会以来，邓小平紧密结合改革开放和社会主义现代化建设的实际，强调坚持党的领导必须改善党的领导，提出了党和国家领导体制改革的问题，对党的执政能力建设提出了新要求。以江泽民为核心的第三代中央领导集体把加强党的执政能力建设与推进社会主义现代化建设紧密结合，与保持党的先进性紧密结合，表明党对执政能力建设有了更深刻的认识，更具有时代紧迫感。2004 年 9 月，党的十六届四中全会通过的《中共中央关于加强党的执政能力建设的决定》，全面总结了半个多世纪以来党执政的主要经验，明确提出了加强党的执政能力建设的指导思想、总体目标和主要任务，是加强党的执政能力建设的纲领性文献。

在半个多世纪的执政实践中，中国共产党积累了执政的成功经验，主要是：必须坚持党在指导思想上的与时俱进，用发展着的马克思主义指导新的实践；必须坚持推进社会主义的自我完善，增强社会主义的生机和活力；必须坚持抓好发展这个党执政兴国的第一要务，把发展作为解决中国一切问题的关键；必须坚持立党为公、执政为民，始终保持党同人民群众的血肉联系；必须坚持科学执政、民主执政、依法执政，不断完善党的领导方式和执政方式；必须坚持以改革的精神加强党的建设，不断增强党的创造力、凝聚力、战斗力。上述这些经验，也是加强党的执政能力建设的重要指导原则，必须在实践中长期坚持并继续丰富和发展。

三、加强党的先进性建设

加强党的先进性建设，就是要通过推进党的思想建设、组织建设、作风建设和制度建设，使党的理论和路线方针政策顺应时代发展的潮流和我国社会发展进步的要求、反映全国各族人民的利益和愿望，使各级党组织不断提高创造力凝聚力战斗力、始终发挥领导核心和战斗堡垒作用，使广大党员不断提高自身素质、始终发挥先锋模范作用，使我们党永葆与时俱进的品质、始终走在时代前列，不断提高执政能力、巩固执政地位、完成执政使命。

中国共产党始终高度重视保持党的先进性，总是把党的先进性建设摆在突出的位置来抓。中国共产党保持和发展先进性的创造性实践，为进一步加强党的先进性建设提供了宝贵经验。第一，必须准确把握时代脉搏，保证党始终与时代发展同步伐；第二，必须把实现好维护好发展好最广大人民的根本利益作为党全部工作的出发点和落脚点，保证党始终与人民群众共命运；第三，必须使党的理论和路线方针政策不断与时俱进，保证党的全部工作始终符合实际和社会发展规律；第四，必须围绕党的中心任务来进行，保证党始终引领中国社会发展进步；第五，必须坚持党要管党、从严治党，保证党始终具有蓬勃生机和旺盛活力。这些宝贵经验来之不易，对于进一步推进党的先进性建设，具有长期指导作用。

案例分析

案例一 因为他，我们又按了三回红手印

6年前，沈浩来到小岗村，给我的第一个印象就是：干实事、能吃苦。我记得，他在村里做的第一件事就是修路。当时，友谊大道东边2里多的泥巴路，“雨天一身泥、晴天一身灰”，我们都盼着改成水泥路。一开始，村里打算从外面请工程队，可一算账，最少也得五十多万。考虑钱太多，沈浩把我们找在一起商量，定下来由村里租机械、群众出工自己干，不仅能省钱，还能让村里人挣些工钱。修路的那些日子，沈浩天天泡在工地上，和大家一起扛水泥、拌砂浆，什么活都干。有一次，看到刚拌好的水泥浆漏在模子外面，他生怕浪费了，一时找不到铁锹，他就把袖子一挽，双手插进水泥里，一捧一捧地铺到了路面上，弄得浑身都是泥浆，手上也烧起了泡……这些，群众都看在眼里，记在心里。等路修好了，我们一算账，整整省下了20万元。

这次修路是小岗村大包干以来的第一次集体劳动，村民们通过这件事看出来：这个书记是来干实事的。

沈浩知道，光凭种粮食很难让大家致富，必须发展养殖业和现代农业。他千方百计引进了上海大龙公司的养猪项目，采取公司带农户的形式，发动小岗村村民养猪。记得那是2004年的4月18号，天上下着毛毛细雨，大龙公司董事长汤卫平亲自押车，送来了100多头小猪。看着这活蹦乱跳的小猪崽，想到这引进的第一家企业给小岗村带来的美好前景，沈浩高兴极了，他抱起小猪就一只一只往猪圈里送，根本不顾身上沾满了猪屎猪尿。汤董事长说：我养了这么多年猪，还从来没这样抱过呢。跟沈书记合作干事，我放心！在场的村民们更是觉得，这位城里来的干部真是把自己当成了小岗人哪！

沈浩时刻都惦记我们老百姓，谁家有个难事、急事，他心里都有一本账。小岗人都说，有困难，找沈浩！其实，往往不等你去找他，他就会来找你。

2005年夏天，有一个晚上，突然下起了大雨。沈浩马上想到徐庆山一家，还住在三间危房里。他一翻身，从床上爬起来，摸把雨伞就往外冲。一路上，天又黑，路又滑，深一脚，浅一脚，鞋子陷到泥里拔不出来，他干脆光着脚，一口气跑到徐庆山家。一进门，看见屋里到处漏雨，房顶上的泥灰“哗啦、哗啦”直往下掉。沈浩跑到床边，急忙把孩子抱在怀里，冲

着正在发愣的徐庆山两口子喊道："还不快走!"他帮着徐庆山把要用的东西一趟趟搬到村委会，找了一间房子让他一家暂时住下来。忙活了大半夜，雨水、汗水混在一起，浑身都湿透了，才把徐庆山一家安顿好。

因为这件事，沈浩下定决心，要改善群众的住房条件。他想方设法，四处筹钱。年底，第一批住宅新区终于建好了。这一年的春节，26 户村民欢欢喜喜搬进了新居，徐庆山一家也在村里的帮助下，住上了两层小楼。

86 岁的邱世兰老大娘拐棍头子掰了，沈浩怕她不小心摔着，一直记着这事，回合肥时专门给她买了一个新的。老大娘说："我以为他是随便一说，没想到他真给我送来了。这拐棍拄着踏实!"

沈浩对待我们像亲人一样，群众也把他当成了自家人。2007 年大年三十早上，沈浩一开门，看见邱世兰老人站在门口，忙问大娘有什么事？老人说要请他吃顿年饭，沈浩一听放心了，但不想给大娘添麻烦，连忙说："老人家，你的心意我领了，饭就不吃了。"大娘说，我可是头一回请村干部吃饭，你不去可不行。老人备下了鸡鱼肉蛋，请外甥媳妇帮忙，做了一顿她这辈子最丰盛的年饭。沈浩怀着感激的心情，吃了这顿难忘的年饭。等他匆匆赶回合肥，已经是大年三十晚上 9 点多钟了，他的妻子、女儿还有那 90 多岁的老母亲，还坐在饭桌前，眼巴巴地等着他呢。

将心比心，乡亲们渐渐觉得已离不开这个省城来的干部了。

转眼间，沈浩到我们小岗快 3 年了。这 3 年里，他带着我们修通了道路，建起了住宅小区，盖起了农贸市场，全村的人均收入从 2300 元增长到 5000 元。他还对小岗的发展进行了全面的规划。小岗眼看着就要迈入发展的快车道了。这时候，3 年选派期快满，沈书记就要回城了。

说实话，我们这些"大包干"带头人当年连杀头、坐牢都不怕，却在 2006 年的秋天，真的"怕"了一回。怕啥呢？怕沈浩走哇！小岗的发展正在关键时期，他怎么能走呢？我们急得睡不好觉、吃不下饭，凑在一起合计，说什么也要把他留下来！

大家都相信我，也知道沈浩信任我，要我去找沈书记。那天下午，我找到他就说："沈浩，你不能走!"沈浩先是一愣，接着递给我一根烟，自己也点上一根。他抽了两口，叹了口气对我说："老金子，我真的想回家了。来小岗这三年，我与老母亲没有见过几次面，女儿跟我也不亲了。还有啊，我有些工作没做到家，觉得对不起你们……"听他这么一说，我握着他的手说："沈浩，这些年，你为我们把心都操碎了。可是，小岗正在大变样，你要真走了，我们怎么办？我们都想好了，一定要把你留下来。"就这样，我们村 98 户当家人，按下红手印，向组织上提出请求，硬是把他留在了小岗村。

这一留又是3年，眼看沈浩的第二个3年又要到期了。在一次会上，我试探着问他："沈浩，你给我们说个实话，到年底，你还愿意留下来吗？"沈浩大大咧咧地笑着说："只要你们欢迎我，我愿意一辈子留在小岗！"于是，2009年9月24号，我们186户当家人又一次按下红手印，想要再次留住这位好干部。

可是，万万没有想到，一个多月后，我们离不开的沈书记，竟这样悄悄地走了。大伙含着悲痛，第三次按下红手印，请求把沈书记永远留在小岗村。

去年11月8号，我们小岗人，流着眼泪，把沈浩的骨灰接回了村里。那天晚上，在沈浩的墓前，我大哭了一场。

沈浩呀！现在，我家每年收入好几万，生活越来越好了，我们从心里感激你。我家重新装修饭店，你还给起了个好听的名字：叫"金昌食府"。饭店就要开张了，可是，你还没喝上一口开业酒，怎么说走就走了呢？

老大啊！难道我们三年前把你留下来，留错了吗？现在，我们什么都有了，可是我们的沈书记却没了。沈浩，我对不起你呀！要不是当初我们大伙儿一起挽留你，也许这时候你正在省城上班，你早已把老母亲接到城里，尽你的孝心，你也能多陪陪爱人，帮她做做家务，你的女儿也不用送回老家上学了……

沈浩，我们的好书记，请你安息吧！（发言者为安徽省凤阳县小岗村村民严金昌）

——摘自中国共产党新闻网，2010年1月13日。

【案例点评】

沈浩，一名普通的共产党员，他真心实意地为老百姓做实事，为群众谋福利，拉近了党与人民群众的距离。从一个侧面展示了一名共产党员牢记党的宗旨、乐于奉献的时代风采。中国共产党来自于人民，根植于人民，服务于人民。实现好、维护好、发展好最广大人民的根本利益，是党的全部工作的根本目的。沈浩正是践行了"权为民所用、情为民所系、利为民所谋"的要求，成为领导干部的楷模。

2009年度感动中国人物评选组委会授予沈浩的颁奖词：两任村官，六载离家，总是和农民面对面，肩并肩。他走得匆忙，放不下村里道路工厂和农田，对不住家中娇妻幼女高堂。那一年，村民按下红手印，改变乡村的命运；如今，他们再次伸出手指，鲜红手印，颗颗都是他的碑文。

感动中国推选委员会委员刘汉俊这样评价他：你是一粒种子，深深地埋进这片多情的土地；你是一面旗帜，高高地飘扬在这希望的田野。你把人民捧在心里，人民就把你举过头顶！站起来，你是一尊雕塑，倒下去，你是一座丰碑！

案例二　历史“周期率”

在同黄炎培的一次谈话中，毛泽东问他有什么感想？黄炎培回答：我生六十多年，耳闻的不说，所亲眼看到的，真所谓“其兴也勃焉”，“其亡也忽焉”，一人，一家，一团体，一地方，乃至一国，不少单位都没有能跳出这周期率的支配力。大凡初时聚精会神，没有一事不用心，没有一人不卖力，也许那时艰难困苦，只有从万死中觅取一生，既而环境渐渐好转了，精神也就渐渐放下了。有的因为历时长久，自然地惰性发作，由少数演为多数，到风气养成；虽有大力，无法扭转，并且无法补救，也有为了区域一步步扩大了，它的扩大，有的出于自然发展，有的为功业欲所驱使，强求发展，到干部人才渐见竭蹶，艰于应付的时候，环境倒越加复杂起来了，控制力不免趋于薄弱了。一部历史，“政怠宦成”的也有，“人亡政息”的也有，“求荣取辱”的也有，总之没有能跳出这周期率。他说：“中共诸君从过去到现在，我略略了解的了。就是希望找出一条新路，来跳出这周期率的支配。”

听了黄炎培的这番见解后，毛泽东对他说：“我们已经找到新路，我们能跳出这周期率。这条新路，就是民主，只有让人民来监督政府，政府才不敢松懈。只有人人起来负责，才不会人亡政息。”黄炎培认为：“这话是对的。”“只有大政方针决之于公众，个人功业欲才不会发生。只有把每一地方的事，公之于每一地方的人，才能使地地得人，人人得事。把民主来打破这周期率，怕是有效的。”

——摘自金冲及：《毛泽东》(下)，719～720页，北京，中央文献出版社，1996。

【案例点评】

1945年7月，褚辅成、黄炎培等六位参政员访问延安，毛泽东多次同他们进行倾心交谈。本案例是毛泽东同黄炎培的一次谈话的部分内容。应该说自有阶级社会以来，所有的政权几乎都经历了始兴终亡的“周期率”，黄炎培先生看到延安一片欣欣向荣的景象，感到很高兴，同时也提请中国共产党人注意始兴终亡的问题。这也是中国共产党人极为重视和正在探索的问题，毛泽东把实行民主，看做打破“周期率”的“新路”，正是抓住了人民政权同历史上任何一个剥削阶级政权的根本区别。

一代伟人毛泽东走了，他所探索的始兴终亡“周期率”的历史课题并没有结束，跳出这“周期率”的探索过程是曲折的和长期的，打破始兴终亡“周期率”也是不能一次完成的，它是一个曲折长期的过程。共产党在全国执政以后，由于权力因素的增加，新的条件下党同群众关系会出现若干新的情况。从社会主义制度本身来说，它也将在实际生活的发展中发生变化，可能因为密切同人民群众的联系而变得更好，可能相反，甚至造成历史的暂时倒退。毛泽东为我们开辟的打破“周期率”的“民主新路”，需要一代又一代的共产党人坚持不懈地努力下去！

案例三　开国第一刀

天津地委书记刘青山、行署专员张子善，都是 20 世纪 30 年代初参加革命的老干部。他们在国民党血腥的白色恐怖下，在艰难的八年抗日战争和三年解放战争中，都曾为党和人民群众的解放事业英勇斗争，建立过功勋。

新中国成立后仅仅一年时间，刘青山、张子善便在资产阶级糖衣炮弹的侵蚀下腐化起来。他们利用职权，先后贪污国家救济粮、治河专款、地方粮，克扣民工粮、机场建筑款及骗取国家银行贷款等，共计 171 亿元（当时的货币）。

案件被揭发后，华北局将案件情况和如何处理刘青山、张子善的问题向中央写了请示报告。毛泽东看了华北局的报告后立即批示：“这件事给中央、中央局、分局、省市区党委提出了警告，必须认真对待干部被资产阶级腐蚀发生严重贪污行为这一事实，注意发现、揭露和惩处，必须当作大斗争处理。”

当时，党内有人出来想找毛泽东说情，认为刘、张虽错误严重，当判重刑，但考虑到他们在战争年代出生入死，有过功劳，可否给他们一个改过的机会，不枪毙。毛泽东知道后说：正因为他们两人地位高、功劳大、影响大，所以才下决心处决他们！只有这样，才能挽救 20 个、200 个、2000 个、20000 个犯有不同错误的干部。于是刘青山、张子善被处以极刑，这一处理结果，后来被人们称为“开国第一刀”。

——摘自《党史博览》1997 年第 11 期。

【案例点评】

1949 年中华人民共和国成立后，中国共产党成为全国的执政党，领导、管理和建设国家的艰巨任务，党自身地位和条件的变化，都使党面临新的严峻的考验，迫切要求加强执政党的建设。本案例反映了以毛泽东为核心的党的第一代中央领导集体建国不久就将执政党建设放在一切党务工作的首位，始终强调在日理万机的繁忙工作中，务必坚持“党要管党”，惩治党内的腐败分子毫不手软。严惩刘青山、张子善，表明了中国共产党反腐败的决心，不仅有效地防止了干部队伍的腐败，而且对形成50年代清新的社会风气和优良党风有很好的作用。

今天，党的主流总的来说是好的，但是，一些腐败现象在党内确有滋长和蔓延。我们要有忧党忧国忧民的意识，把反对和防止腐败作为一项重大的政治任务，在反腐败斗争问题上，必须旗帜鲜明，态度坚决。既要充分认识反腐败斗争的紧迫性，又要充分认识其长期性，毫不动摇地把党风廉政和建设反腐败斗争进行到底。

疑难问题解答

1. 当前执政党究竟面临哪些严峻考验?

中国共产党在全国执政，是历史和人民的选择。中国共产党将长期执政，既是党实现自身历史使命的要求，也同样是历史和人民的选择。夺取全国政权不容易，执掌好政权尤其是长期执掌好政权更不容易。

经过党执政以来60多年的奋斗，特别是经过改革开放以来30年的发展，我国社会生产力有了巨大发展，人民生活显著改善，在进入新世纪之际实现了由解决温饱到总体上达到小康的历史性跨越，在进入新世纪以后又继续实现了经济社会持续稳定发展。但是，我国仍然处于并将长期处于社会主义初级阶段。社会主义初级阶段的许多任务还远远没有完成。我国总体上达到的小康还是低水平的、不全面的、发展很不平衡的小康，人民日益增长的物质文化需要同落后的社会生产之间的矛盾仍然是我国社会的主要矛盾。中国共产党要在中国长期执政，还面临着许多严峻的重大考验。这种考验主要来自国际和国内两个方面。

在国际上，进入新世纪新阶段后，国际局势发生了一系列新的深刻变化。世界多极化和经济全球化的趋势继续在曲折中发展，科技进步日新月异，综合国力竞争日趋激烈，各种思想文化相互激荡，各种矛盾错综复杂，敌对势力对我国实施西化、分化的战略图谋没有改变，我国仍然面临发达国家在经济、科技等方面占优势的压力。中国实行改革开放后，同世界的各种联系日益紧密。这种联系既使我国获得了加快发展的条件，也必然会带来各种难以预测的风险。特别是2008年以来百年罕见的世界金融危机的爆发并迅速蔓延，已经使中国的经济发展遇到了前所未有的冲击。如何应对这场危机，是对中国共产党执政能力的又一次严峻考验。

在国内，我国的改革和发展正处在关键时期，社会利益关系更为复杂，新情况新问题层出不穷。党的十七大报告从八个方面详细论述了我国进入新世纪新阶段后面临的阶段性特征。主要是：经济实力显著增强，同时生产力水平总体上还不高，自主创新能力还不强，长期形成的结构性矛盾和粗放型增长方式尚未根本改变；社会主义市场经济体制初步建立，同时影响发展的体制机制障碍依然存在，改革攻坚面临深层次矛盾和问题；人民生活总体上达到小康水平，同时收入分配差距拉大趋势还未根本扭转，城乡贫困人口和低收入人口还有相当数量，统筹兼顾各方面利益难度加大；协调发展取得显著成绩，同时农业基础薄弱、农村发展滞后的局面尚未改变，缩小城乡、区域发展差距和促进经济社会协调发展任务艰巨；社会主义民主政治不断发展、依法治国基本方略扎实贯彻，同时民主法制建设与扩大人民民主和经济社会发展的要求还不完全适应，政治体制改革需要继续深化；社会主义文化更加繁荣，同时人民精神文化需求日趋旺盛，人们思想活动的独立性、选择性、多变性、差异性明显增强，对发展社会主义先进文化提出了更高要求；社会活力显著增强，同时社会结构、社会组织形式、社会利益格局发生深刻变化，社会建设和管理面临诸多新课题；对外开放日益扩大，同时面临的国际竞争日趋激烈，发达国家在经济科技上占优势的压力长期存在，可以预见和难以预见的风险增多，统筹国内发展和对外开放的要求更高。

上述阶段性特征，既涉及经济，又涉及政治、文化和社会；既涉及国内，又涉及国际；既概括了我们取得的成就、获得的起点和面临的机遇，又指出了面临的困难、问题及严峻挑战。

从党自身的状况看，中国共产党经过60多年的执政，已经取得了举世瞩目的成就，党的执政能力同党肩负的重任和使命总体上是适应的。但是面对新形势和新任务的考验，无论是党的领导方式、领导体制，还是党的干部队伍状况，都还存在着不少问题，影响着党的执政成效。提高党的领导水平和执政水平、提高拒腐防变和抵御风险的能力，使党始终永远保持先进性、成为经得住各种风浪考验的马克思主义执政党，仍是党需要长期解决的两大历史性课题，也是党在实现自身历史使命的道路上将长期面临的艰巨考验。

清醒地意识到这些风险和考验，坚持立足基本国情，牢牢抓住发展机遇，继续推进改革开放，加快中国的发展和强大，中国共产党就能不断地战胜各种困难和风险，不断地巩固执政地位和提高执政能力，不辜负历史的重托和人民的期待。

2. 怎样理解党的执政能力建设和先进性建设?

执政能力建设是中国共产党执政后的一项根本建设，是中国共产党执政后始终面临和不断探索的一个重大课题，关系着党的建设和中国特色社会主义事业的全局。高度重视和不断加强党的建设，是中国共产党从小到大、由弱到强，从挫折中奋起、在战胜困难中不断成熟的一大法宝，也是党领导的伟大事业不断取得胜利的根本保证。新时期，把党的建设作为一个系统工程来抓，就是要以先进性建设为主线，认真解决提高党的领导水平和执政能力、增强拒腐防变和抵御各种风险能力这两大历史性课题，全面推进党的思想、政治、组织和作风建设，把制度建设贯穿其中，从整体上提高党建设工作的水平，不断增强党的创造力、凝聚力和战斗力。新时期推进党的建设新的伟大工程的重点，是加强党的执政能力建设和先进性建设。只有根据时代的要求和人民的愿望，加强执政能力建设和党的先进性建设，党才能更好地完成执政使命。

加强党的先进性建设，就是要通过推进党的思想建设、组织建设、作风建设和制度建设，使党的理论和路线方针政策顺应时代发展的潮流和我国社会发展进步的要求、反映全国各族人民的利益和愿望，使各级党组织不断提高创造力凝聚力战斗力、始终发挥领导核心和战斗堡垒作用，使广大党员不断提高自身素质、始终发挥先锋模范作用，使我们党永葆与时俱进的品质、始终走在时代前列，不断提高执政能力、巩固执政地位、完成执政使命。

实践教学设计

方案一 阅读原著《社会主义从空想到科学的发展》

【设计思路】

通过阅读经典原著，使学生更加准确地理解和把握《社会主义从空想到科学的发展》的基本观点，对科学社会主义有一定的了解。

【步骤安排】

1. 布置学生阅读《社会主义从空想到科学的发展》

《社会主义从空想到科学的发展》是一部阐述科学社会主义的思想来源、理论基础和基本原理的重要著作。本书运用唯物史观的基本原理，阐述了科学社会主义是资本主义矛盾和冲突在工人阶级头脑中的反映，资本主义的矛盾和冲突是科学社会主义产生的物质经济根源。这些认识对于今天科学分析当代资本主义及其新变化，对于我们在当代背景下重新认识社会主义和建设社会主义，都具有十分重要的意义。《社会主义从空想到科学的发展》全书共三章，分别阐述了空想社会主义是科学社会主义的直接思想来源、唯物史观和剩余价值学说两大发现使社会主义从空想变成了科学，以及科学社会主义的基本原理等丰富的内容。

2. 要求学生撰写心得体会

3. 教师对学生心得体会点评

点评侧重于两个方面：

(1)如何撰写心得体会。

(2)如何领会和掌握《社会主义从空想到科学的发展》的基本观点。

方案二 观看影片《建党伟业》

【设计思路】

通过观看视频资料，使学生理解和把握中国共产党的执政地位是历史和人民的选择，我们必须坚持中国共产党的领导。

【步骤安排】

1. 组织学生观看影片《建党伟业》

《建党伟业》围绕 1921 年前后展开，展现了从 1911 年辛亥革命后到

1921年中国共产党成立这段时间内的历史故事与风云人物，它以毛泽东、李大钊、陈独秀、蔡和森、张国焘、周恩来等第一批中国共产党党员为中心，讲述了他们在风雨飘摇的时代为国家赴汤蹈火的精彩故事。

2. 教师点评

中国共产党的执政地位是经过长期斗争考验形成的，是历史的必然，是人民的选择。中国共产党是唯一能够将中国带出苦难、带向光明的政党。办好中国的事情，关键在党。当然，在新的历史条件下，坚持党的领导，还必须改善党的领导。

方案三　开展社会实践调查

【设计思路】

通过社会实践调查，可以提高大学生理论联系实际的能力，培养学生用马克思主义基本原理分析中国社会现实、解决实际问题的能力。

【步骤安排】

1. 布置选题，要求学生参考选题利用节假日开展社会实践调查

(1)中国共产党发展观研究；(2)关于全面落实科学发展观；(3)科学发展观与全面建设小康社会；(4)马克思主义中国化与21世纪的马克思主义；(5)“三个代表”重要思想的理论与实践创新；(6)全面推进党的建设的伟大工程；(7)全面建设小康社会与新世纪党的建设；(8)中国特色社会主义理论体系与党的理论创新等。

2. 撰写调查报告。要求学生写一份不少于2000字的调查报告，要求符合调查报告格式，条理清晰，思路明确，内容真实，有数据分析和现状思考。

3. 教师总结点评

关注社会、关心国家，是每一个大学生必须有的责任意识，通过对社会现状的调查，可以让学生关注党的建设，了解社会，关心民生，同时可以培养大学生的责任感意识。

考研题解

一、单项选择题

1.（模拟题）中国共产党是中国革命和建设事业的领导核心，党的这种领导地位是由（　　）

A. 党的宗旨决定的　　B. 党的性质决定的

C. 党的路线决定的　　D. 党纲党章规定的

二、多项选择题

2.（模拟题）中国共产党是（　　）

A. 中国工人阶级的先锋队

B. 中国各族人民利益的忠实代表

C. 中国最广泛的政治联盟和民族团结阵线

D. 中国社会主义事业的领导核心

3.（模拟题）中国共产党的三大优良作风是（　　）

A. 理论联系实际　　B. 密切联系群众

C. 批评和自我批评　　D. 勤俭节约、艰苦奋斗

参考答案　1. B　2. ABD　3. ABC

三、（模拟题）材料分析题

请阅读下列材料

材料1：1949年3月23日，中共中央领导离开西柏坡前往北京。在进行出发的准备工作时，毛泽东对周围的人说："同志们，我们就要进北平了。我们进北平，可不是李自成进北平，他们进了北平就变了。我们共产党人进北平，是要继续革命，建设社会主义，直到实现共产主义。"出发前，毛泽东只睡了四五个小时。他兴奋地对周恩来说："今天是进京的日子，不睡觉也高兴啊。今天是进京'赶考'嘛。进京'赶考'去，精神不好怎么行呀?"周恩来笑着说："我们应当都能考试及格，不要退回来。"毛泽东说："退回去就失败了。我们决不当李自成，我们都希望考个好成绩。"

——摘自《毛泽东传（1893—1949）》，917页，北京，中央文献出版社，1996

材料2：古人云："思所以危则安矣，思所以乱则治矣，思所以亡则存矣。"中央领导同志高瞻远瞩，洞悉目前存在的问题，告诫全党同志要增强忧患意识，居安思危。只要我们时刻牢记"两个务必"，大力发扬艰苦奋斗的作风，同一切危害党的肌体的腐败思想和行为进行坚决斗争，解决好两

大历史性课题，我们党就能够永葆蓬勃生机，我们的国家就一定能够长治久安。

——摘自陈顺武：《居安思危》，《人民日报》2002年12月27日

根据上述材料请回答：

(1)进京"赶考"所指的问题是什么，有何现实意义？

(2)为什么说执政能力建设是党执政后的一项根本建设？

【解题思路】

本题主要是讲如何加强党的执政能力建设，可以从党的执政能力建设的内涵以及加强党的执政能力建设的着力点方面来解答。

【答案要点】

(1)中国共产党从夺取政权转向治理天下的那一刻起，如何经受执政的考验，便成为其事业兴衰成败的关键。中国共产党的领袖们对即将要面临的考验早已有了充分的准备。新中国成立前夕，毛泽东把执政比作"进京赶考"，强调必须向一切内行的人们学经济工作，从作风和本领两个方面提出了党的执政能力问题。

执政能力建设是党执政后的一项根本建设，是我党执政后始终面临和不断探索的一个重大课题。几十年的正反经验表明，执政党最根本的问题就是要为无产阶级和人民大众掌好权，用好权，坚持"立党为公，执政为民"。

(2)加强执政能力建设，是我们党准确把握自身所处的历史方位作出的战略决策；是中国共产党正确应对面临的机遇和挑战、顺利完成肩负的历史使命的现实需要；是进一步提高党的领导水平和执政水平、推进党的建设新的伟大工程的内在要求；是深刻总结世界上一些执政党兴衰成败经验教训得出的必然结论，是我们党在新的历史时期构建社会主义和谐社会，实现继续推进现代化建设、完成祖国统一、实现中华民族伟大复兴的关键环节。

后 记

本书是《毛泽东思想和中国特色社会主义理论体系概论》配套的教学参考书。它是以高等教育出版社2010年修订的《概论》课教材为蓝本，以强化教学要点、吃透教材精神、活化教学过程、启发学生思考、活跃课堂气氛、使学生乐学真信为编写理念，通过“名人名言”、“专题讲授”、“案例分析”、“疑难问题解答”、“实践教学设计”、“考研题解”等板块的组合，来帮助学生系统掌握和领会马克思主义中国化的历史进程及其理论成果，并使他们在深化理论学习的过程中获得教育和启迪，真正做到学理论、懂理论、用理论三者的有机结合，从而化理论为方法，化理论为德行。这对于增强思想政治理论课教学的实效性和吸引力，对于调动广大青年学生学习《概论》课的主动性，使该课程真正成为大学生真心喜爱并终身受益的课程，具有重要意义。

本书是集体智慧的结晶，王炳林、周良书设计编写提纲，具体分工是：赵朝峰(第一章)、李海春(第二章，第五章)、张海荣(第三章，第四章)、彭敏(第六章)、佘君(第七章)、解莉(第八章)、朱燕丽(第九章)、李文婷(第十章，第十五章)、胡宗俊(第十一章)、陆泽歆(第十二章)、周良书(第十三章)、李祥兴(第十四章)。全书由周良书修改，并最终由王炳林定稿。

在写作和出版过程中，我们得到了北师大马克思主义学院副院长熊晓琳教授的指导和帮助，同时也得到了中共党史党建研究所全体同仁的支持和鼓励。在此，我们深表谢意。

在本书的编写过程中，我们参考、汲取了国内同行专家的诸多研究成果，特此说明，并向他们表示由衷的感谢。由于时间仓促，加之我们的水平有限，书中疏漏不当之处在所难免，恳请同行专家和广大读者批评指正。

编　者

2011年7月